反文化
亂世的希望與危險

Countercultures
The Promise and Peril of a World
Turned Upside Down

彌爾頓·英格　著
高丙中、張林　譯

譯者簡介

高丙中　男，一九六二年生，北京師範大學博士，一九九一至一九九三年於北京大學社會學人類學研究所做博士後研究。主要著作及譯作有：《民俗文化和民俗生活》，《滿族的社會組織》，《面具的奧秘》等。

張林　男，一九六四年生，北京師範大學外國文學碩士，譯本書第六章。

J. Milton Yinger

　　Countercultures: the promise and the peril of a world
　　turned upside-down

前　　言

　　在這樣一個盛行有人歡呼有人失望的溫和主義的時期，對反文化（countercultures）的研究可能顯得有點不合時宜。這本書的標題也許會使一些讀者聯想到某個歷史片斷，並推測我有再現六〇年代或更早的一代人的意向。如果他們讀完此書的印象不過如此，那麼，我的意圖無疑是徹底失敗了。我寫此書是想說明各種反文化絕不就是一套一套奇奇怪怪卻毫無意義的價值取向和行為，而是社會變革過程中的重要因素。它們產生的後果可能是破壞性的，也可能是創造性的。如果審慎地看待它們，對它們進行深入的比較研究，我們就能發揮其潛在的創造性；否則，我們就會激發其潛在的破壞性。

　　不止一個學科涉及到生活的許多方面所呈現的二元性（dualities）、倒置（inversions）、矛盾（contradictions）、對立（oppositions）和倒退（reversals）。因此，我循著這些問題從做為我的專業的社會學和人類學走進了其他社會科學如心理學、歷史學、宗教學和哲學等相當熟悉的領域，並且，我還涉足到一些我以前只是做為一個訪客、一個旅人或消費者而瀏覽過的領域。我的文學藝術素養整個來說屬於典雅型，我的音樂素養則更接近巴哈，而不是搖滾樂曲。

　　無論是選擇例證，還是闡釋現象，評述觀點，錯誤在所難免。我會為此而遺憾。但是，如果我沒有能夠體現多角度地審視

反文化的初衷，沒有在審視中進行這個論題的整合，沒有揭示它的穩定的關係，那才會引起莫大的遺憾。

　　儘管這主要是一本分析性的著作，但是，我也毫不猶豫地闡述了自己的傾向。我不能「放逐價值」（"valuefree"），在做出自己的分析和評論時，也不佯裝騎牆。這一點讀者諸君將不難印證。當我合情合理地闡明自己的價值觀時，我總是力圖使讀者理解我的價值觀在什麼意義上，從什麼角度介入了討論。

　　寫這麼個東西的念頭好幾年前就在我腦子裡萌發了，不過，那時它還只是一篇關於社會學和人類學理論的論文——現在成了本書的主腦。在書稿逐步形成的過程中，我的論題就越來越廣泛地涉及到時代危機。大家有目共睹，在我們面前擺著三個密切相關的巨大難題：如何在不同國家、不同階級、不同人種、不同民族以及兩種性別、多種年齡層之間增強正當性？如何贏得和平，取消有組織的和官方的做為解決爭端之手段的暴力？以及如何保護環境，扼制人口膨脹、資源濫用和各種污染？人類並非沒有意識到這些問題，人們已經擺出了一些試探性的姿態。但是，人類現存的各種社會制度似乎無力做出迫在眉睫的重大改革。這些制度必須攪得天翻地覆嗎？或者說，注定要努力這樣去做嗎？——近幾十年急驟的社會倒退正是這些問題的主要原因。我希望，本書對反文化的研究將引導大家用富於創造性的方法而不是充滿偏見的方法來對待這些問題。

　　很多讀者會留意到我的副標題之一部分——「被攪亂的世界」（A World Turned Upside Down）——採自《聖經》。這段在中世紀新教運動的短劇和漫畫中非常流行的典故曾被希爾（C. Hill）恰到好處地借用到他關於英國革命的著作《被攪亂的世界》（ *The World Turned Upside Down* ）中。甚至就在我寫這篇《前言》的時候，我還看到揚克洛維奇（D. Yankelovich）的一本書的廣告，該書題爲《美國人生活中的新準則：在一個被攪亂的

世界裡尋求自我實現》（ *New Rules in American Life: Sear-ching for Self-Fulfillment in a World Turned Upside Down* ）。儘管它被頻繁使用，但是它尚未變成老生常談，仍不失為一劑清涼散，能夠提示出文化挑戰和變遷是我們要竭力試圖理解的強大力量。本書意在對這個古老而又激動人心的短語進行系統的分析。

副標題的另一部分──「希望和危險」（ The Promise and the Peril ）──借自考克斯（ H. Cox ）的一篇極有價值的文章，該文題為〈變動的東方：新東方主義的希望和危險〉（ Turning East: The Promise and Peril of the New Orientalism ）。這個短語替我們表達了人們對待許多反文化現象的矛盾心態。一說到採用語詞──它們經常表示出生活的矛盾和倒置──表示這種二重感覺之間的巨大反差，八〇年代的人們就會想起核查部（ the Ministry of Truth ）在歐威爾（ George Orwell ）的《一九八四年》是如何負責官方謊言的。它的口號是：戰爭是和平；自由是奴役；無知是力量。這種顛三倒四與我們將要討論的某些反文化如出一轍。不過，或許其他反文化會顯得希望多於危險，它們甚至包括在精神上接近瓦澤曼（ D. Wasserman ）的 Man of La Mancha 之所言：「當生活本身顯得失常的時候，誰知道什麼是瘋狂，什麼不是瘋狂？太清醒或許就是瘋狂……把生活看成它所是的那樣而不是它所應該是的那樣則是狂中之狂。」

本書的寫作歷時多年，其間還穿插進來其他項目。非常感謝全國人文學科資助會惠予我一項學習和研究獎學金，感謝劍橋大學惠予我一項訪問學者獎學金，也感謝奧伯林學院的准假。除了曾與許多參與當代反文化或對它感興趣的人交流之外，我還有幸利用了伯克利加州大學、劍橋大學、夏威夷大學和奧伯林學院豐富的藏書。我希望，腳註和參考書目不僅表達了我對成百位反文化者和反文化研究者──這兩種身分並不一定總是互相排斥的

——的謝忱，而且對讀者的進一步閱讀或許不無助益。

特別感謝愛達・麥卡錫（Ada Macarthy），在某種意義上是她費力整理了草稿。我也感謝美國社會學會，它允許我使用了我以前爲《美國社會學評論》寫的兩篇文章中的一些段落，它們是一九六〇年的〈反文化和次文化〉（Contraculture and Subculture），一九七七年的〈反文化和社會變遷〉（Countercultures and Social Change）。我從讀過部分或全部初稿的同事和朋友的看法和建議中受益匪淺。我尤其要感謝 G. Simpson、S. Cutler、R. Casson、S. Johnson、J. Yinger、N. Yinger、M. Blecher 和 R. Longsworth 的批評。我特別要說的是，溫妮・英格（Winnie Yinger）曾以她特殊的方式爲本書煞費苦心。

約翰・彌爾頓・英格（J. M. Y）
奧伯林（Oberlin），俄亥俄（Ohio）
一九八一年五月

中文版序

大約八年前，當這本《反文化》脫稿時，我希望它能在讀者中起三個作用：

㈠為各種反文化下定義，並指明它們的種類及其在世界上的發生範圍（既包括現在的，也涉及過去的）。

㈡證明反文化做為人類經驗的一個方面，即使不是普遍的，也是廣泛的。

㈢描述並闡釋形形色色的反文化的結構的、文化的和個體的根源。

基於這三個目標，我希望我發展了這樣一種關於反文化的理論：當人們試圖解釋一些曾令人大惑不解、倍感迷惘的人類事件時，人們能從中有所借鑑。我也希望它是這樣一種理論：其他人可以在它的基礎之上建立一種關於社會變革的更有說服力的一般理論。

我的思考也涉及到道德層面、策略問題。讓我以提問的形式表述這一點：我們能夠通過對反文化的分析性的和富於同情心的研究發現重要的指導方針（既包括肯定的，也不排除否定的）以幫助我們創造一個更人道的世界嗎？如果我們還想針對在這樣一個突然顯得狹小了的星球上發生的快得令人難以置信的變化做出創造性的反應的話，那麼，對於反文化的研究確實顯得至關重要嗎？我們能夠學會建設性地處理人類文化的多樣性和人類相互之

間不斷增強的依賴性嗎？

在什麼程度上我的著作達到了預期的目標，這將由讀者諸君來評判。我在這裡只想強調，反文化——它們遠不只是六〇年代席捲美國和西歐的一種孤立的現象——已經見之於並將繼續見之於世界上的許多地方。請看下述例子：

中國、蘇聯和東歐國家的一些青年通過他們對來自西方的搖滾音樂和其他文化形式的狂熱勁表達了對社會變革的企求（這不排除它們對這種音樂本身的內在興趣）。

一些反文化中的否定性的和破壞性的形式仍然甚囂塵上。恐怖主義（terrorism）——我在書中已經簡要地討論過——仍然堅持他們綁架和殺害非戰鬥人員的權力。恐怖主義者爲了奪取權力，或許也爲了顛倒佔主導地位的文化價值，總是不擇手段。恐怖主義興起於其他尋求變化的策略不見成效之時。

各種反文化的宗教羣體仍能吸引世界各地的人投身其中，正如它們幾千年來所做的一樣。對早期基督教的研究澄清了它的反文化因素，特別是羅馬統治者所認爲的、從帝國宗敎的角度來看的反文化因素。那麼，對早期佛敎的研究是否也將對它向印度、中國等地的原來的宗敎的挑戰得出一種同樣的解釋呢？

在過去幾年裡，美國出版了幾本關於六〇年代反文化運動的著述。它們使人們相信，這段時期出現的公社、宗教的流行、「言論自由」運動、強勁甚至不乏暴力的反對政府、學校和公司等的政策的抗議都是歷史上的一些新東西。然而，事隔二十年之後再來看，它們更清楚地顯示了反文化是自然而然的現象。只要人們既定的行爲方式、祖宗的正統、現行的權力結構被一些個體看作是不合理的、殘酷的、不公正的和醜惡的，反文化就可能異軍突起。與此同時，它們則被看作幾乎是戰無不勝的、迫切需要的，因而是能造成急劇變化的反對勢力。

美國的二十世紀八〇年代一直處於相當保守的時期。儘管如

此，反文化也沒有完全隱形遁跡。它們以稍顯柔和的調子發出自己的聲音；其中有些則活躍在歷史舞臺的後臺。但是，對於一些美國人來說，仍然有相當强程度的失意、苦悶和異化感。我相信，這些感情必將導致對「使世界天翻地覆」的價值觀和行爲模式的越來越急切的呼喚。

我很高興高丙中先生對本書的理解並樂於將它譯成中文。我希望本書中文版的問世能夠在關於中國反文化的歷史和現狀的研究中起到「拋磚引玉」的作用。我毫不懷疑對中國此類問題的研究有助於中國和世界的同仁更好地理解社會變革的進程，有助於我們發現其他人羣中的破壞性反文化和建設性新選擇的一些根源，並進而有助於我們有根有據地探尋各種人道的社會。

約翰・彌爾頓・英格

奧伯林，俄亥俄州，美國

一九八九年一月

譯　　序

　　十三年前，一位著名的社會學家和人類學家在大洋彼岸鑿鑿
有據地寫道，「任何將允許人類在幾代人之後仍倖存於這個星球
上的文化，都必然已經吸取了大量反文化因素———一套與現在流
行的主導價值觀和規範根本不同，並且常常直接對立的價值觀和
規範。無論你指的是個別社會，還是指世界各地廣爲採用的標
準，概莫例外。今天，容不下反文化的社會是脆弱的，正如歷史
一次次所示；面對急遽變化的環境，它必然顯得僵硬、遲鈍。」
一個能夠容納反文化的社會必然是一個能夠最大限度地匯集一切
新生力量的社會，也肯定是一個充滿活力和朝氣的社會。比較一
下大陸和台灣十多年前與今天的社會狀況，我們深切地感受到，
意識形態以至整個文化的寬容給中國社會注入了令人振奮的強性
和活力。這一逐漸趨於寬容的過程蘊含著衝突，也孕育著希望。
不難理解，當我們讀到這段引文時自然會「於我心有戚戚焉」。

　　上述引文出自英格（J. Milton Yinger）的《反文化：亂世的
希望和危險》一書（見本書邊碼第 15 頁，下同）。在六〇年代的
西方，反文化運動風起雲湧，以其形形色色驚世駭俗的價值觀和
行爲令世人矚目。自此以來，對於反文化的調查研究成爲西方特
別是美國學術界的一個熱門話題。在過去的三十五年裡，反文化
人士的自述和自我標榜、正統人物的口誅筆伐以及學者的研究報
告在各種傳播媒體中層出不窮。在眾多的研究者中，英格既是始

作俑者，也算得上集大成者。他最先把「反文化」做爲一個頗具概括力的學術概定提出來（見其 "Contraculture and Subculture"，載 *American Sociological Review 25*, October 1960, pp.625-35），後來又在反文化研究的熱潮冷卻下來的時候，以較爲公允的態度吸收他人的成果，綜合運用社會學、人類學、經濟學、心理學、文藝學、符號學等的觀點和方法高屋建瓴地論述了形形色色的反文化和反文化的方面，於一九八一年完成《反文化》這部大作，迄今無有出其右者。

英格於一九一六年七月二十五日生於美國密西根州（Michigan）的昆西（Quincy），先後在 DePauw University、Louisiana State University、University of Wisconsin 獲得學士（1937 年）、碩士（1939 年）、博士（1943 年）學位，他的第一專業是社會學，其次是經濟學和人類學。他從一九四一年在俄亥俄州 Ohio Wesleyan University 任教，一九四七年在改換到該州 Oberlin College 擔任教授，直到一九八七年成爲該學院的終身教授。在這一期間，他還兼任密西根大學、夏威夷大學、華盛頓大學的客座教授。英格還是一位熱心於學術組織工作的學者，曾經擔任美國社會學會的秘書（1971~74）和主席（1976~77）。

英格教授在學術上非常活躍，先後在美國的一百所大學和英國、西德、比利時、匈牙利、南斯拉夫、日本、澳大利亞、紐西蘭等國的大學講學授課。除了《反文化》之外，英格教授的主要著作有：《爲權力而鬥爭的宗教》（*Religion in the Struggle for Power*, Duke Univ. Press, 1946; 1978 年由 Arno Press of the New York Times 重印）、《種族的和文化的少數民族》（*Racial and Cultural Minorities*，與人合著，初版於 1953 年，第五版於 1985 年由 Plenum Publ. Co.[企鵝出版公司]出版)、《邁向行爲的場理論》（*Toward a Field Theory of Behavior*, New

York: McGraw-Hill, 1965）、《宗敎的科學研究》（ *The Scient-ific Study of Religion*, Macmillan Publ. Co. 1970; 1989 年出日文版）。他還出版了另外七部書，發表了八十篇文章和九十篇書評。

　　「反文化」不是文化虛無主義，不是否定抽象的文化本身。準確地說，「反文化」（Counter-cultures）應被理解爲「逆反的文化」。英格敎授給它下過一個簡潔的定義，他說，反文化是「一套屬於某個羣體的規範和價值觀，並且這種規範和價值觀與這個羣體所屬的社會的主導性規範和價值觀尖銳衝突」（邊碼第3頁）。他又說，「只要一個羣體的規範系統包含一個基本的、與社會主導價值觀相衝突的主旋律，並且其成員的心態、需求和觀念都直接捲入了其價值觀的發展和保持；只要這個羣體的規範只有通過參照它與周圍主導社會和文化的關係才能被理解，那麼，使用反文化這個術語就不爲失當。」（第 22 至 23 頁）

　　反文化是相對而言的，不針對某種既定的主導文化也就無所謂反文化。人們出生在一個社會中，接受既定文化的薰染而被社會化。然而，任何既定的文化都不是萬能的，由於時過境遷，文化中開始出現越來越不能回答的問題，社會上存在越來越多不能滿足的需要，加上一系列結構和互動的、個人的和文化的原因，一些人與既定價值觀和規範契合的努力受到了阻滯，在痛苦地體驗困惑、迷惘、幻滅之後，他們轉而否定現有文化的可行性，頂著社會的壓力，有時要冒著自我毀滅的危險去開創一個適合他們的文化天地。所以，英格敎授說，「反文化是沒有土著的文化」（第 42 頁），「一個人不是被生於一種反文化中，而是後來投入其中，幫助形成它，以反抗他本來的文化」（第 47 頁）。六〇年代歐美的青年運動是針對以白人中產階級的標準爲核心的主導文化的，中國的「五‧四」新文化運動是反對以儒學爲正統的封建文化的，所以，它們被視爲反文化。

　　反文化的相對性還表現在時間上。英格教授說，「在確定反文化時，時間觀念是至關重要的。正如以前被接受但現在已萎縮或蟄伏的價值觀可能會被當作反文化性的一樣，眼前的有些逆反規範說不定以後哪一天就被吸收進主導文化中去。」（第36頁）基督教在對抗羅馬帝國的官方文化時，它是反文化，可是，它後來成為國教的時候，它卻是主導文化。

　　根據上述界定來觀照世界歷史，我們看到，反文化並不限於六〇年代歐美青年的造反運動。反文化不是特殊的、個別的、偶然的事件，而是人類社會的普遍現象，是人類經驗、社會生活和羣體文化的一種組成部分。在人類歷史上，社會的內部衝突和文化危機是無數的，由此出現的反文化也不勝枚舉。有奇奇怪怪的反文化，例如，十九世紀七、八〇年代俄國的一些青年男女，他們懷疑、嘲弄社會生活中普遍接受的信念和受到尊重的習慣，他們顛倒各種傳統，甚至達到外觀的細枝末節（男髮越長越好，女髮越短越好，等等）；也有嚴肅的反文化，例如交戰國的和平運動。人類社會多的是曇花一現的反文化，也不乏任重道遠的反文化，例如早期的基督教、本世紀初中國的新文化運動。

　　各種反文化是千差萬別的，它們發生在不同時代、不同社會的不同羣體之中，並帶著不同的宗旨以不同的面目出現。怎樣評價它們？怎樣對待它們？在當今世界可謂人言人殊。在七嘴八舌的議論中，有兩種人的聲音特別響亮。一種人義憤填膺，他們說，仁慈的上帝啊，為什麼要有這麼多不合時宜的人和事物？他們是乖戾和悲哀的淵藪，他們把我們攪得四分五裂。另一種人額手稱慶，他們說，感謝上帝給了我們別具一格的人和事物，如果沒有這些，這個世界將是多麼僵化和平庸啊！他們才是真正富於創造性的。前者把「反文化」用作一種貶義詞，用它表示缺乏教養、古怪、荒誕、墮落、異端或叛逆。在後者眼裡，「反文化」意味著不同凡響、絕處逢生、希望、創新、拯救，意味著這個令

人窒息的世界的新鮮空氣，意味著這個危機四伏的時代的文化曙光。

　　英格教授的立場是中立的。他說，「稱某種事物是反文化的，既不表示對它熱情歡迎，也不表示對它強烈憎惡。」（第35頁）他要求自己從客觀的立場出發把反文化做為社會緊張的顯示器和社會變遷的晴雨表看待：「反文化是緊張時期對幫助的呼喚，是文化維繫系統、神話和象徵等功能紊亂時的呼救，是信仰失落而又似乎不大可能失而復得時的不甘絕望。」（第9頁）他認為反文化是一個焦點，通過它可以透視許多重要的社會問題和理論問題。舉其犖犖大端而言，它們是異化與社會紊亂，佛洛依德和其他深層心理學說關於個人潛在世界的理論，社會化與社會控制，青年羣體與一般意義上的年齡羣體、代際衝突及其原因和後果，大衆社會、公社、革命、現代化與反現代化，社會分層、社會偏見、社會隔離與被統治者的反抗，以及集中反映上列各個方面的社會變遷。一葉知秋。作者研究反文化，並不止於對反文化本身品頭論足。這是一個眞正的學者應有的思想深度。

　　反文化是一種社會力量，它們既有所摧毀（甚至經常摧毀一些不該摧毀的），也有所培植（包括鮮花和荆棘）。我們研究它們，其中的重要目的就是趨利避害。英格教授在本書〈前言〉中寫道，「我寫此書是想說明各種反文化絕不就是一套一套奇奇怪怪卻毫無意義的價值取向和行為，而是社會變革過程中的重要因素。它們產生的後果可能是破壞性的，也可能是創造性的。如果審愼地看待它們，對它們進行深入的比較研究，我們就能發揮其潛在的創造性；否則，我們就會激發其潛在的破壞性。」

　　反文化特別活躍在社會文化急遽轉變的時期。我們恰逢其時。怎樣理解人言人殊的各種反文化？怎樣接納反文化的有益內容以發揮其建設性？這是英格教授的興趣之所在，也應該是我們關心的問題。在吸取反文化的活力以推動社會發展與不被反文化

的衝擊毀滅之間把握恰當的度，並不是一件容易的工作。唯願我
們知難而進！譯介英格教授的這本《反文化》，就算是爲我們自己
的研究工作做了一點鋪墊。

高丙中
北京大學中關園
一九九四年五月一日

目　　錄

那些攪得世界
天翻地覆的人
也到這裡來了。

——《聖經・使徒行傳》17:6

（Acts 17:6）

第一章
反文化：希望或危險

1

「人們承認法律和秩序實質上是好的。我們害怕無政府
狀態，害怕事情出格。『但是，如果我們邏輯嚴密，那麼使
我們充滿擔憂的不是動亂，而是秩序』，因爲世界瞬息萬
變，以致固守秩序就意味著彼此隔膜，意味著我們無法成功
地適應我們所面對的形勢」。

——埃德蒙德・利奇（ E. Leach ）
《一個不可捉摸的世界》

「在六〇年代那些摻水較多的神話裡，其中一個就是關
於反文化的神話。這個神話要我們相信那個年代的青年一枝
獨秀，要我們相信曾有一個文化突變正在中斷西方的歷史過
程。青年們掌握了拒絕的武器，正在設計一個嶄新的社會
——這個社會將不是充斥競爭的，將是反物質主義的，並且
充盈著一種共同感，當然還洋溢著愛……他們天眞。他們純
潔。他們與衆不同。那個時代，就是他們才體現著變化……
這種宣傳還在不斷進行」。

——彼得・哈密爾（ P. Hamill ）
《紐約時報書評》一九七五年十一月十一日 32 版

「反文化以及他們刻意共同創造的許多種類的社區都不

是什麼社會越軌現象。千百年來，我們一直在努力爲既存的
社會秩序提供選擇的餘地，以便不斷地爲對等級制和特權的
反抗、對官僚的不信任、對感官享樂主義和物質消費主義的
厭憎……這樣一些社會異議保留場所。生活質量的下降伴隨
著經濟影響的增長，這一下降成了技術社會趨向荒謬的絕好
諷刺。現在的反文化可以說就是深藏著的、幾乎是潛意識的
社會智慧的表現，這種社會智慧可以爲扼止上述趨向做出有
效的反應。」

——雷內‧杜博斯（R. Dubos）

《紐約時報》一九七二年九月二十四日 E-13 版

「所謂反文化，只不過是一種孩子們的改革運動，它努
力想抹去幻想與現實的分界線，並在解放的旗幟下迸發生命
的衝動。他們聲稱要掃蕩布爾喬亞的（bourgeois）假斯
文，實際上他們只不過在藐視父母們的私行。他們聲稱要做
新人和勇士，實際上只不過正以更粗劣的形式——以在大眾
傳播媒介的電子音響室放大了的搖滾噪音——重複著半個世
紀前一個格林尼治村波希米亞式的青年氣的嘲諷（the
youthful japes of a Greenwich Village bohemia）。與其
說它是一種反文化（counter-culture），不如說它是一種僞
文化（counterfeit culture）。」

——丹尼爾‧貝爾（D. Bell）

《資本主義的文化矛盾》

2　　這種大相逕庭的評價幾乎可以無休止地引用出來。類似的「辯
論」在我自己的頭顱裡已進行多少年了——或許讀者諸君亦如
此。有時我發現自己酷似麥得斯（Midas）(1)：我接觸什麼，什
麼就變成了我的反文化話題的內容。大約二十五年前，我開始在

講座中討論反文化，那時它的論域還相當狹窄。最初這個概念顯示出自己能有效地分析那些向一定的宗教派別所制定的主導價值標準進行的尖銳挑戰，能有效地解釋諸如異端邪說、社會狂熱、唯信仰論（antinomianism）[2]和諾斯提教（gnosticism）[3]的意義。在主導標準不僅被觸犯，而且被推翻了的一個個歷史時期，它也顯示了自己在研究犯罪及其他越軌行爲中的價值①。

　　其他一些課題也能從這一角度進行探討，這很快就是不言而喻的了。在這裡沒有必要全部列出那些因爲用反文化的觀點來看而拓寬了研究範圍並增強了其意義的課題。不過，那些課題中，除了宗派和犯罪問題之外，我們不能不特別提及幾個將在本書反覆出現的話題。直截了當地把它們列舉在這裡可以提示一下我們將要解決的問題：

　　異化（alienation）與社會紊亂（anomie）──規範無效的原因和後果以及相應的個人經驗

　　佛洛依德（S. Freud）和其他深層心理學說（depth psychologies）關於個人潛在世界（underworld）的理論──在個人潛在世界中，充滿了與自我（the ego）的有意識生活和超我（the superego）的規範性秩序尖銳衝突的衝動和傾向

　　社會化與社會控制──特別是那些干擾社會化的力量，那些增加或減低社會控制的緊張度的力量

　　青年群體（youth groups）與一般意義上的年齡群體；代際

───────────────

(1)麥得斯──希臘神話傳說中的弗里幾亞國王，觸物成金。──譯註

(2)唯信仰論──基督教之一派，主張信仰第一，廢除道德律。──譯註

(3)諾斯提教──尊重某種靈的直覺的初期基督教派，含有希臘、東方哲學思想，曾被視爲邪教。──譯註

衝突（generation conflicts）及其原因和後果

大眾社會；社區回歸；公社；烏托邦新教運動；革命；現代
化與反現代化（countermodernization）

社會分層、社會偏見、社會隔離與被統治者對它們的反抗

部落社會的造反儀式和倒置儀式（rituals of reversal）；封建
社會的狂歡活動（saturnalia）、弄臣宴（feasts of
fools）、安排狂歡飲宴的修道院（Abbeys of
misrule）

知識社會學，文學藝術和音樂社會學

當然還有做為綜合反映的社會變革──這是至關重要的。

3　　　儘管存在巨大差異，但這些話題所涉及的一個共同點是既定
的（the established）和邊緣的（the marginal）之間的張力
（the tension）。爲了處理它們的多樣性，這就需要一個統一的
主題，需要一個能做爲焦點向所有這些彼此孤立的部分進行輻射
的概念。

　　　「反文化」正切合這個目的。我想在此簡潔地把它定義爲一
套屬於某個羣體的規範和價值觀，並且這種規範和價值觀與這個
羣體所屬的社會的主導性規範和價值觀尖銳衝突。還有幾個相近
的術語偶爾也出現在文獻中。哈羅爾德・拉斯韋爾（H.
Lasswell）在《世界政治與個人安全》（1935 年）中提到「反習
俗」（countermores）──「主要求助於『本我』（the id）的那
些文化模式」。爲了說明一種次文化的意識形態方面，塔爾各
特・派森思（T. Parsons）寫道：「就與一個較大的社會之價值
體系和意識形態公開決裂的情況而論，我們用得上『反意識形態』
（a counter-ideology）」。他在後面的段落裡又說，「然而，
如果越軌羣體的文化，例如犯罪團伙的文化，仍是一種『反文化』
（a counter-culture），它就難以找到途徑去贏得更大範圍的影
響」②。

雖然這些術語都只是用在一時，但是，當我試圖系統地發展反文化概念時，它們無疑屬於慎重考慮之列。我以前喜歡在文化前加拉丁文前綴，組成「contraculture」。但是，大家的發音和通常的拼法現在是「counterculture」。我聽起來，「contraculture」更順耳，也更能避嫌。「counterculture」確實有接近「反革命」（counterrevolution）和「反改革」（Counter Reformation）的意味——後兩個概念明顯有要回到先前狀態的涵義。然而，我和馬克‧吐溫（M. Twain）一樣，不同情那些天眞的人，他們只知道一個詞的一種拼法。在指其他人的著作時，我將用她或他所採納的拼法，此外，我一律用"counterculture"這個詞。

權力、互惠、文化：
秩序的建立——無序的產生

用上述這麼一套「無序」（Disorder）的話題來努力展開我們關於社會進程和人類經驗的知識，多少有點令人難以把握。社會理論的中心問題一直是：我們怎麼解釋社會秩序？從一個有序系統向另一個有序系統的轉化是怎麼進行的？我建議我們另闢蹊徑探索這些問題，並尋求對於無序的解釋，以期在借助一個新的光源（in a new light）發現一些解釋時我們能增加自己的理解。這一光源當然要留下它的陰影和死角；因而，它最好與其他視角聯合著用或交替著用。所以，在從反文化的視角審視這些基本問題之前先從更習以為常的視角瀏覽一下它們，也許不無必要。

形成社會秩序是很成問題的，因為人類所看重的許多財物、服務和報酬都是供不應求的；實際上，其中一些的總和甚至是零：一些人的所得恰是另一些人的所失。雖然利他主義（altruism）不僅深深紮根於多種理論體系，而且還紮根於我們的遺傳之中，但是，在極大意義上，自我中心思想（egocentri-

4

city）還支配著我們的行動。然而，當我們把對於秩序問題的多種解釋聯繫在一起的時候，我們需要說明的是人類社會存在的事實，以及許多時候人類的行動和互動遵從某些預定模式的事實。

社會理論家們已發展了四種關於社會秩序的理論，它們之間當然有幾分競爭性。

一、社會秩序是互惠（reciprocity）和交換（exchange）的產物，是想像中的共同利益的結果。行為發生在他人給予報償之先。

二、社會秩序是一些人運用權力（power）使另外的人服從的後果——權力的對應物是對懲罰、損失或痛苦、死亡的恐懼。行為是對各種強制手段的反應。

三、社會秩序是文化的產物，是一個共同分享的規範體系的產物——這一體系是一羣人在互動中已經內化了的活動藍本（a blueprint）。行為的發生與行為人受社會化所接受的價值觀和規範保持一致。

四、社會秩序是我們的遺傳的一種表現。在物競天擇的進化過程中，那些有利他精神和社會組織的人類祖先較易於生存下來。行為做為我們的遺傳因素之表現而發生。

像這樣一些觀點最好被看作分析性的。某一特定的互動或社會環境可能是這四個因素共同作用的產物，儘管某個因素可能在起支配作用。而且，其中每一個因素都有「無序的」（disorderly）一面。

在對這四種秩序理論進行分析性區分時，我們不能不承認它們是經驗上的混合體（their empirical mixtures）。當人們認為遺傳基本穩定時，人們應該注意到那三個社會因素的互動：規範可能被用以加強權力（合法領導人可能攫取非法財富和其他擴展其權力的東西）；交換形式可以凝結進文化中〔關於「公平價

格」（fair price）或「基本工資」（living wage）的觀念就能對討價還價產生影響〕；權力長期握在人手，就會衍生出權威派頭（trappings of authority）──一個文化概念。

這些複雜的混合體影響了各種反文化的攻擊對象的性質。雖然反文化首先是與主導性規範系統或其中某部分相衝突的，但是，這通常也意謂著它們對權力分配的不滿。權力中那些已被轉化爲權威──也就是說，已經被文化合法化，實際上已變成文化的一部分──的成份首先成爲各種反文化的靶子。政府的權威、大學行政部門的權威、宗教領袖的權威、雇主的權威以致父母的權威都受到挑戰。在反文化人士看來，權威總是以自我或某位新領袖或某個新團體爲基礎，它由那些宣揚新價值觀並決心捍衛這些價值觀的人們所建立。

反文化也常常對交換的處理方式（（arrangements）表示反對，因爲人們努力達成的關於社會交易的條款並不僅僅是個人的，它們在一定意義上是文化的。那些被稱爲「公平交易」（fair exchange）的東西現在也遇到了挑戰③。

因此，反文化組合了三種反抗形式：矛頭直指主導性價值觀，也反對權力結構和與那些價值觀糾結在一起的模式化了的交換。

理論家們關於秩序的「眞正」（true）原因或「基本」（basic）原因的爭吵似乎不切要領。當務之急是弄清一系列經驗上的文化、權力、互惠和遺傳的混合體，並進而探討這種混合發生的條件。混合體在不斷變化，因而社會秩序的研究必須同時是社會變化的研究。決定秩序的這三種社會原因中的任何一種──或者更爲常見的某種相互組合──都可以介入變化過程：規範的一致可能破裂；權力平衡，更準確地說，恆常的權力不平衡，可能發生轉化；個人和羣體在他們必須有所付出的交換中難免有得亦有失。在這些情況下，原來想像中的滿足尚未實現，新

擬想的滿足又一直可望而不可及。

6　　這就是形形色色的反文化湧現的時機。一些生活在我們將要努力解釋和說明的條件下的個人和羣體，特別強烈地感覺到社會秩序不能帶給他們那些習慣的或想望的滿足。根據各自的社會角色和個人性格，他們對糟糕的社會秩序（即規範的、強權的、互惠的系統）的攻擊或強硬或軟弱，或訴諸暴力或訴諸符號。攻擊的性質千差萬別，它們各自與人們的認識相關：有人相信他們被捲入了非常惡劣的契約，還有人以為他們正被不義不智的領導或君王所利用著，還有人則強調他們被一個極差的規範和價值系統所圍困著。三個因素都能在大多數抗議運動（protest movements）中找到，甚至還能進行分析性區分。更嚴格、更詳細地說，改革運動（reform movements）旨在變更社會交易──交換的比率；造反（rebellions）則意在改換統治者；反文化運動（countercultural movements）則要迅速重建有序社會的規範基礎──文化。或許這樣說更能令人滿意：縱使一場運動能夠被賦予對抗的基本性質，其他性質也可能介入。革命（revolution）──它們百年難逢，並且通常需要好幾十年才能完成──包括上述三種運動。

　　在這裡我們關心的是與流行文化尖銳對立的規範系統，是做為對立文化的支持者和負荷者的羣體和個人。由於注意到衝突總是地區性的，加上這一事實喚起對於綜合的需要，所以我們還要輔之以對於社會組織和社會結構的研究，這已是異口同聲的看法了。同樣，在趨向綜合時，強調規範的整合（integration），強調做為支配性藍圖的文化，同時，都必須對於各種反文化給予持續的（continuous）的關注，以便對上述強調做出適當的修正。我所建議的並不只是一個哲學辯證法，而且也是一個文化辯證法（a cultural dialectic）：每一個規範系統都孕育著、滋長著反對它自身的種子。我並不是在宣揚什麼真理，而是想指出研究社

會的一個轉捩點，一條卓有成效的研究途徑。

在本章開頭提到的每一個話題中，文化與反文化的辯證法就已經出現了；只有對它處理得當，我們才有望解決緊迫的分析問題和解釋問題。要取得一個視角既是同時地又是持續地考察結構和變化、文化和反文化，證據和觀念因素都會使我們做起來難上見難。這不是否認文化整合是做為事實還是做為價值觀的重要性，而只是強調：我們需要把它與它相應的事物聯繫起來進行研究。

同時，我與一些人不同。他們把社會看成壓根兒是無意義的，意義只形成於達成交易的日常遭際（day-by-day encoun-ters）之中。人們不斷把聚光燈投向衝突和越軌行為，成心掠過那些由自己和他人適應文化範式的行為所構成的穩定的流程。「當代各種社會」，圖賴納（A. Touraine）寫道，「不可能再用歷史方法確定，因為它們自己創造自己的歷史」。「長期以來，我們習慣於把社會科學定義爲社會研究，並且把社會想像成這樣一個功能系統：基於一定的價值觀和規範而建立，產生秩序和文明。這一『古典』的觀念應該拋棄，甚至『社會』這個概念本身也應一筆勾銷④。」

依我看來，一個好觀點被扯到極端了。我們需要一種辯證的觀點，既關心結構，也關心反結構（anti-structure）。我們需要一種理論，它既引導我們研究價值觀和規範的持續性，也引導我們研究它們的倒置。一個中心任務就是去探討這些社會焦點或極點（social poles）相互作用的原因和結果。

既然萊曼（S. Lyman）和斯各特（M. Scott）是在努力通過增加對「荒誕」（the absurd）的關注進而拓展社會研究，而不是想取代人們對現世、對常規、對傳統的關注，那麼，大家就會贊同這兩人之所言：「社會秩序究竟是怎樣從被說成本來毫無意義的動亂和衝突中產生出來的呢？這種神秘的難題是研究社會

現象的動力」⑤。確實，社會生活比許多以前的社會學和人類學著作所描述的更要鬆散、更開放、更多意外。角色創造，而不僅僅是角色扮演，是一個重要的過程。然而，忽略社會結構和文化模式不斷的影響，不過是想建立一種以觀察片斷——通過與想像的、通常的情況形成對照而顯得極度清晰的觀察片斷——爲基礎的社會理論。

任何社會的一個關鍵問題都是轉換權威的程序，無論是通過一小部分人之間錙銖必較的討價還價——各自竭力爲自己這一個派系爭取較大的權力，還是通過軍事政變，抑或通過較大比例人口參加的公開選舉。一個相關的問題是在各種情況下都行之有效的控制結構的隨機變化程度，以及各種模式的效果。我們總想知曉，誰是這裡的主宰。在許多社會中，地方主義、民族自治、州省權力以及授權都是棘手的政治問題。

很少有人注意文化的承續（succession）問題。一個社會如何從一個文化系統轉到另一個系統？在一系列形形色色的條件下，多大程度的文化多元性才是可能的，並且，不同程度的文化差異性又會產生什麼後果？對反文化的研究是一條審視社會變化的這些規範層面的途徑。

幾十年前，大多數西方經濟學著作主要致力於對「自由市場」的分析。在卷末的一、二章也許會討論一下壟斷，到三〇年代中期，書的這些位置也會用於討論短缺經濟學和不完善的競爭。同樣，近代社會學也遭到批評，因爲它用太多的精力強調秩序和整合，而把變化、衝突和無序當作討厭的例外處理。依我看來，有些批評未免誇大其辭，其原因一方面在於強調變化、越軌和衝突的重要性的願望，另一方面在於強調它們的價值的觀念。（換一個角度說，先前著重一致和整合之價值的觀念曾造成了對無序和越軌的忽略。）不管怎麼說，對變化、無序和衝突的注重畢竟是對社會分析的一個極大豐富。

衝突理論對於理解國際關係的重要性是不可低估的。共同的價值標準會被看作盟國之間合作的一部分原因；但是，在許多國際交往中，其他影響更可能被看作決定性的。「除了武力，他們對其他東西無動於衷」，一個美國外交官這樣說蘇聯，「除非武力用不上，他們才轉向直接的東方式的物物交換或貿易手段」⑥。

儘管馬克思（K. Marx）、韋伯（M. Weber）、齊美爾（G. Simmel）、龔普洛維奇（L. Gumplowicz）、格盧克曼（M. Gluckman）、達倫道夫（R. Dahrendorf）、柯塞（L. Coser）等產生了巨大影響⑦，但是，要社會研究者們充分關注社會之間和社會之內的武力和衝突所造成的無休無止的影響，以及爭取權力的鬥爭，還需要一段時間。

在本文裡，我的努力是想發揮一個同等的觀點，引述並討論文化秩序、規範體系的持續張力（tension）。雖然我贊成當前的研究對權力和交換的側重，但是，我的贊成僅限於這種側重是對文化分析的補充，而不是對它的取代；還必須指出，這種側重易於使我們忽略深層的非理性力量在各種社會中的作用，忽略圍繞象徵、儀式和神話生成的力量。我們多數人願意承認個人生命中存在潛意識和非理性的一面，但是，我們滿不在乎整個社會相應的這一面：共享的神話和禮儀——如果危機（crises）降臨，我們總是共同借助它們防止危機，克服危機。我們可以在最抽象、最神秘的層面把文化看作一種型範（paradigm），它選擇、解釋、並強有力地左右我們的感覺、感情和慾望。當文化中開始出現太多不能回答的問題、太多不能滿足的需要時，當個人連自己的情感和經驗都不敢相信，連自我都無法辨認時，文化體系可能要被棄置一旁了⑧。文化危機（cultural crisis）時期不僅是信仰失落時期，而且也是掙扎著尋找新途徑以平息對危機的恐懼或渡過危機和動亂的現實的時期。

當代反文化人士（counterculturalists）可以被理解為都市

9

社會的薩滿,他們做著新奇的夢,創造著嶄新的神話,塑造著替代性型範。分析起來,他們與孤僻者(the eccentric)和越軌者不同,因為他們多少引起了他人的共鳴。我並不滿意德弗羅的整個說明⑨,但是,我從他對薩滿的敍述中看到了一個基本事實:薩滿與瘋子、越軌者迥然不同,他正通過的危機是其他許多人在生活中所重複的。儀式活動——薩滿通過它們表現他的徵兆——雖然是做為他的保護手段而進行的,結果卻「鼓起了觀眾的信心。……他把我們所需要的告訴我們。相比之下,瘋子洩露給我們的內容是他的不典型的或極端獨特的潛意識。他把我們所懼怕的告訴我們」⑩。

那麼,從某種觀點來看,反文化是緊張時期對幫助的呼喚,是文化維繫系統、神話和象徵等功能紊亂時的呼救,是信仰失落而又似乎不大可能失而復得時的不甘絕望。

反文化研究的多維視角

一個關於反文化的分析性陳述面臨著關於藝術或宗教的類似陳述一樣的問題。讓那些基本上是一種審美的、道德的和感情的體驗的東西接受分析,對參加者來說,就好比是取走心臟,失去了活生生的本來面目。那些包括著價值、感情、色調的現象似乎被分析極蹩腳地弄得平淡無味了。一個人怎麼能夠從外面實實在在地看透一扇染色的玻璃窗戶呢?

倡導者可能與懷疑者一樣不願意用純客觀的眼光來看待反文化。保留自己對別人目為愚不可及或危險之至的信仰和實踐的判斷,可以給他們信心,否則,就會造成倡導者原本並不虔誠的疑慮。

10　　你不支持我,就是反對者。或者用當代的話來說,如果你不

屬於答案，那麼你就屬於問題。在大量關於反文化、關於文化倒置和逆反的文獻中可以看到，只有極少數的研究者在審視，而大多數參與者都抱著人應該立場堅定的信念，不是為之歡呼，就是為之慟哭；不是熱烈支持，就是無情攻擊。我想，人是應該有立場，然而，這不是絕對的。也許我們所歡呼的只不過是些曇花一現的時尚或怪念頭，或者是一些極端破壞性的標準，也許我們所慟哭的、所反對的基本上是一些新價值觀，或者是無傷大雅的小範圍的反常之舉；只有在我們對反文化的原因及其後果有了比現在更切實、更充分的瞭解之後，我們才可能有更清醒的態度。

　　正是文化與反文化的辯證法（cultural-countercultural dialectic）的要義要求我們權且「退後一步」看問題。福婁拜（G. Flaubert）的議論不無可取之處：「如果你已積極地投入進生活，你就不能對它一見無礙：因為你不是磨難太多，就是歡樂太多⑪。」可是，這話未免意謂著要從我的興趣退離得太遠，卻又無涉所謂的「教友派旨趣」⑷（Quakerly concern）參與，勿需冗繁地證明自己的信仰。這有點接近人類學家所努力保持的所謂人道的中立。親身研究了幾種不同的文化之後，李維·史陀說，人類學家對它們充滿了同情。同時，「人類學特有的方法（the method peculiar to anthropology）帶有『間離化』（distantiation）的特點，這一特點也給文化迥異的人之間的交往打下了烙印。人類學家就好比是社會科學中的天文學家：其任務是揭示那些由於距離和形體的關係而與觀察者直接所見大不相同的星體的真相」⑫。

―――――――――――――――――

⑷教友派――Society of Friends，創始人是喬治·福克斯。他囑咐信徒們：「戰戰兢兢地慎用主賜的語言」。所以其信徒被稱為「戰慄者」（Quakers）。在該派的集會中，多沉思，少言語，甚至非因感召不得開口。――譯註

　　不過，我們將討論的主要不是異域文化，而是我們生存於其中的那種文化。在這種情況下，「間離」或同情，兩難兩不宜。這裡需要在全神貫注與靜觀默察之間做出選擇，或者混合兩者。華茲華斯（W. Wordsworth）這樣論詩，「強烈的感情驟然盈懷：它源於平靜中的感情積聚」⑬。這也可以用來說明社會分析。如果我在這裡能被允許以一種不好的習慣來發揮這句詩評的話，那麼，我希望，既要以平靜中積聚的感情（體驗，投入）為源泉，也要以投入時保持的平靜（靜靜的沉思和研究）為源泉。這就是我們要忍受的一種割裂（schism）。

11　　我與之交談過的一些人不樂意聽別人說反文化是社會生活一部分的繼續。他們多數採取了某種新生活方式，並且他們認為這種生活是獨特的、了不起的突破和創新。如果把它僅僅看作一系列雖然不同但密切相關的文化倒置（reversals）之一，對他們來說就好像是一種貶斥，是對它的意義的輕視。他們的反應是宗教情緒似的：敵視一切對其經驗的獨特性所持的懷疑。他們的這種情緒隱隱地由近年來討論「獨一種」反文化（"the" counterculture）的那一羣作者支持著。

　　另一些人則不同意反文化在許多歷史時期和許多地方都發生過的說法，他們成了周圍各種反文化現象的對立面。對他們來講，說當代的價值觀倒錯屬於有悠久歷史的一種現象，無疑給了反文化擔當不起的信任和尊嚴。

　　儘管我們可以理解這兩種信念，但是，我必須指出，它們都根據不足。說歷史上存在一系列反文化，這既沒有剝奪當代反文化的價值，也沒有證明它們的意義。每種反文化都與一種特定的背景相互作用，是對一般人類狀況的評價，也是對其所屬背景的評價。每種反文化都可以根據它對其背景的影響——好或壞——來做出判斷。我們不應該否認反文化間的差異；每一種反文化都有自己獨特的構成——因為某些原因，它們自然成了引人注目的

焦點。同時，各種反文化與它們周圍社會的關係的相似也很重
要。阿德勒（N. Adler）說，採取一種比較的、非歷史的（ahis-
torical）研究方式「意謂著人們可以借鑑歷史，意味著人可以超
越自身，可以重塑自身」⑭。

　　反文化時而如洪水滔滔，時而如小溪潺潺；時而潛行地下，
時而噴湧而出。我們將會討論到，人格和社會過程是它們取之不
盡的源泉。用一個很彆扭的說法，有文字的社會也有一個反傳統
的傳統（a tradition of antitraditions），它使新的運動在崛起時
有所憑藉。近代和當代反文化人士都直接或間接地從溫斯坦利
（G. Winstanley）、布雷克（W. Blake）、馬克思（K. Marx）、勞
倫斯（P. Lawrence）等這樣一些互不相同的人那裡吸收了為己所
用的東西。

　　人們已從許多不同的角度對各種反文化進行過研究。讓我們
借用一個最鮮明的對照。要反映出迥異的思想模式，人們可以
問：每一片雪花怎麼個不同法？或者問：鯨魚、獅子和蝙蝠有什
麼相似？有成百上千種對於個別反文化羣體和事件的詳細的民族
誌式的（ethnographic）描述，其目的均在於展示它們豐富的獨
特性。也有大量對「一般反文化」的討論，有些討論旨在評論零
散的歷史事件，強調它們之間的共性，但是更多的討論涉及的是
最近幾十年發生的事件，如宗教熱、搖滾音樂、改變著的性規
範、經濟價值的倒掛等其他一些我們將在下面討論的現象，它們
都被當作一場廣泛運動的組成部分。

　　這些研究方式都有各自的價值。然而，多種研究方式的結合
才是最有力的。儘管我們很少觸及這種結合，但是我們大多贊成
康德的這個著名見解：「離開概念的感知莫可名狀，離開感知的
概念則空洞無物」。我的目的就在於提供豐富的關於各種反文化
的感性材料，這並非由於偏愛民族誌式的描述，而是希望我們關
於各種反文化的概念不致流於空泛，不致與具體事件風馬牛不相

12

及。我也將展開一系列概念，這並非由於它們本身怎麼重要，而是因爲它們有助於我們認識從其他角度容易忽視的反文化事件。

理論家的任務（the task of the scientist），特別是對系統性理論感興趣的理論家的任務很像亞里斯多德（Aristotle）所說的詩人（或者更廣義地說作家）的任務。弗萊（N. Frye）巧妙地發揮了亞里斯多德的這種觀點：

> 詩人的本份不是告訴你過去發生了什麼，而是告訴你現在正發生著什麼；也就是並非告訴你偶然發生的東西，而是經常發生的東西。他向你呈現典型的、反覆的、也就是亞里斯多德所說的普遍的事件。看《馬克白》（Macbeth），你不能指望從中瞭解蘇格蘭的歷史，卻可以感受到一個人在攫取了一個王國之後，在精神錯亂之後的慾念。當你讀到狄更斯（C. Dickens）作品中的米科伯（Micawber）這樣一個人物時，你不會以爲肯定有這樣一個狄更斯所認識的人存在過，而是覺得幾乎在每個你所認識的人身上包括你自己都有那麼一絲半縷的米科伯的影子。我們關於人生的印象是一鱗半爪地撿拾而來的，並且，對我們大多數人來說，它們常常是零散駁雜的。但是，我們都會發現，文學作品中的一切都是井井有條的，大量的這種印象都有了共同的焦點，可以說，這也是亞里斯多德的「典型的或普遍的人類事件」之所指⑮。

一些人用亞里斯多德的觀點說明文學家與社會科學家之間的尖銳衝突。我卻認爲他的觀點顯示了兩者的合作關係。儘管他們的方法和所用的材料種類不同，但是，他們的目的是相同的。用弗萊的話說，我所嘗試的是描述和分析「發生著的事」，而非「過去發生過的事」。我試圖爲各種反文化的研究設計一種範型（par-adigm）（一種原型、一套語法、一個模式、一個範本——它們將

被用作範型的各種不同義項）。它以我對現存的可資採用的理論和方法的評估為基礎。因而，我將盡力統攝我們自信我們所知的關於反文化這樣一個人類生活中引人注目的部分之架構的知識，並把它們加以整理。然而，理論的使命並非到此為止，它還包括構擬對象的內在結構，嘗試著合理說明相互衝突的、矛盾的和不完全的觀察資料，以便指導繼續進行的調查過程。統攝和指導，這就是我在這裡的理論追求。

做為反文化研究的導論，做為這方面的研究手冊，以下各章建議你：如果想涉獵某個特定的地區和時代（當然不排除現在），這裡向你提供一些關於你所需要的東西的概要。當然，正如肯尼斯‧伯克（K. Burke）所言，有所看也就是有所不看。說過類似的話的還大有人在。在建議你採用特定的反文化視角的同時，我希望你一定兼取其他視角，我也假定你將這樣做。

幾個類比（analogies）有許多類似於文化與反文化的對立關係，雖然其中有些拿來類比顯得牽強，但是，它們都能激發我們的想像。在最近幾十年裡，物理學家發現，每一種物質都有某種對應形式的反物質。每一個電子都有它的陽電子；對每一種中微子來說，都有一個顛倒的以反中微子形式出現的對應部分。

再說一個更有意義的類比。基因傳承的生物過程在某些條件下被突變（mutation）中斷了。「反基因」（counter-genes）的出現造成了出乎意料的變異。我以後還要詳細討論這個類比。我這裡還想說一個更易於觀察到的類比。園圃不僅生長鮮花、蔬菜或穀物，也生長「野草」──一種「反莊稼」（counter-crop），一些生錯了地方的植物。然而，什麼是莊稼，什麼是野草，不同的人、不同的時代有不同的看法。西紅柿是「毒物」，這種說法並不太久遠。對許多人來說，大麻是毒草，但對另外一些人來說則是價值連城的莊稼。

在心理學意義上，我們的社會互動所要求的正常禮節和規則

是可行的，這只是因爲夢、投射（projection）和轉移（displacement）使它們得以保持平衡，這是佛洛依德所證明的。人們也可以把夢、投射和轉移稱作心理學上的反禮節（psychological counter-civility）。在其進行過程中，那些與社會公認的規矩相牴觸的秘密慾念可以偷偷地得到滿足。廣而言之，個人中否定性的東西可以在潛意識層面上發展，也可以在意識層面上發展。我們將看到，擁有否定精神的人，在他們公開反對所處的環境時，就成了反文化產生的一種根源。

　　或許最富於啓示性的類比還是來自哲學。按黑格爾對辯證過程的理解，一切理論論爭都是自動產生的：每一種理論都包含著它自身的反對因素。在他看來，辯證法（dialectic）是一種內在的思辯過程。任何發展都有它的肯定方面——增長（growth），也有它的否定方面——揚棄（rejection）。否定性是思辯的本質。馬克思在廣泛使用辯證思維的時候，強調的是外在關係，而不是理念。「我的辯證法」，他在《〈資本論〉第二版序》中寫道，「不僅與黑格爾派不同，而且恰恰相反」。對於黑格爾來說「客觀世界」是理論的外在形式；對於馬克思來說，觀念是移入大腦的物質世界⑯。

　　就近些年的各種反文化中所存在的理論因素而論，它的形成在極大程度上靠的是馬克思和黑格爾的辯證思維，靠的既是他們之間的分歧，也是他們的一致。這主要是通過馬庫塞（H. Marcuse）的著作，更廣點說，是通過法蘭克福學派（the Frankfurt school）的著作實現的。黑格爾的當代支持者們稱他的理論體系爲一種「否定哲學」，「因爲其中一切直接賦予的形式都要轉化成它的對立面，並且只有這樣才能獲得它的真實內容」。馬庫塞寫道，「肯定」哲學易於「使思想屈從既存的一切」⑰。

　　因此，辯證思維的著重點在於否定，在於對現存事物的批

14

判。任何現象的不同方面之間的矛盾產生出張力，這些張力就是產生變化的主要根源。

　　無論是否採取辯證過程這一說法，許多人在社會分析中使用了這一思想。蓋內普（A. Van Gennep，舊譯汪繼乃波）在人生「通過儀式」（Rites of Passage）的討論中採用過它。通過儀式把人帶入一個閾限階段（a stage of liminality），此時，規範化的律則被解除了，與規範不協調的行為可以恣肆一時。特納（V. Turner）就強調過在文化格局和開放形勢之間的這種選擇的重要意義。在這種暫時的閾限中，人們可以逸出固定的社會角色，去「自由選擇一系列可以不受限制的社會活動」。流行的說法是，部落社會意識到這樣做的危險性，於是造成許多禁忌，通過它們「使那些規範不能控制的人有所收斂」。而在工業社會中，則由法律和習慣勢力來約束那些「把文學作品、電影以及高級一點的雜誌做為這種閾限來衝擊現存的社會公理和標準」的人⑱。特納把這種文化的靈活性視為適應性的必要條件，這就像生物過程中的變異性，它使為適應突如其來的環境變遷而採取的遺傳調節成為可能。

　　人們可以在佛洛依德、韋伯、米德（G. H. Mead）以及其他許多人的研究中看到成雙成對相似的對照。他們每個人都討論了同時既相互對立又相互依存的現象，討論了這種做為辯證過程之核心的「對立統一」（unity of opposites）現象。這種矛盾關係「產生著促成從一端向它的對立面轉化的張力和生生不息的潛力」⑲。

　　文化與反文化的關係非常適於這個模式。我們將恰到好處地從辯證的視角（a dialectical perspective）審視做為我們的興趣中心的規範倒置現象（normative reversals）。

　　既然本書所論的是「天翻地覆的世界」，是一個倒置的可逆的世界，我不妨在這章導論中就陳述一下我的結論。並且，不僅

在結尾，在其他的章節中我還要不斷回到這個話題上來。

任何將允許人類在幾代人之後仍倖存於這個星球上的文化，都必然已經吸取了大量反文化因素———一套與現在流行的主導價值觀和規範根本不同，並且常常直接對立的價值觀和規範。無論你指的是個別社會，還是指世界各地廣為採用的標準，概莫例外。今天，容不下反文化的社會是脆弱的，正如歷史一次次所示；面對急遽變化的環境，它必然顯得僵硬、遲鈍。

與此同時，我還必須毫不猶豫地說：前些年和現在的大多數反文化都極不明智。它們是痛苦的吶喊，偶然的突變；是對統治秩序的缺憾的笨拙反應，還談不上要取而代之。那種注意所追求的目標、注意利益衝突、注意雖可忽視但無法避免的生物的、心理的和社會的不變因素的反文化運動極其難得。

在以下章節的討論中，讀者將會看到，似乎有一些與這種相當悲觀失望的論調不相符的例外，一些我們能以資借鑑的例外。過去也確實有一些反文化運動把它們的世界改造得差強人意了（儘管這種變化並不總是一目瞭然）。當代的一些逆反價值觀有希望產生出一種新秩序，或者更可能的是，有希望達成與舊的不變因素的成功結合。

我們需要的是一種日積月累的變化過程，是對日新月異的人類經驗的逐步適應，而不是偏激的意識形態所操縱的狂飆突進。

第一章註釋

① 詳見英格（M. Yinger）〈反文化與次文化〉（"Countraculture and Subculture"），載於《美國社會學評論》之二十五，1960年10月。

② 派森思（T. Parsons）《社會體系》（*The Social System*, New York: Free Press, 1951）p.355, p.522.

③ 關於社會交換，可參見下列文獻：布勞(P. Blau)《社會生活中的交換和權力》（*Exchange and Power in Social Life*, New York: Wiley, 1964）；莫斯(M. Mauss)《禮物》（*The Gift*, London: Cohen & West, 1954）；霍曼斯(G. Homans)《社會行為：它的基本形式》（*Social Behavior: Its Elementary Forms*, New York, 1974）；希思(A. Heath)《理性選擇和社會交換：對交換理論的批評》（*Rational Choice and Social Exchange: A Critique of Exchange Theory*, 1976）；埃克(P. Ekeh)《社會交換理論：兩種傳統》（*Social Exchange Theory: Two Traditions*, 1974）；格根(K. Gergen)等《社會交換：理論和研究的新發展》（*Social Exchange: Advances in Theory and Research*, 1980）；古德(W. Goode)《英雄們的慶祝：做為社會控制系統的特權》（*The Celebration of Heroes: Prestige as a Social Control System*, 1978）；以及埃默森(R. Emerson)的〈社會交換理論〉（"Social Exchange Theory"），載於《社會學年鑑》（*Annual Review of Sociology*, Vol.2, 1974, A. Inkeles, J. Coleman, and N. Smelser, editors）。

④ 圖賴納（A. Touraine）〈聲音和眼光：論行動者與分析者的相互關係〉（"The Voice and the Eye: On the Relationship Between Actors and Analysts"），載於 *Political Psychology 2*（Spring 1980），pp.3~14。

⑤ 萊曼（S. Lyman）和斯各特（M. Scott）《荒誕社會學》（*A Sociology of the Absurd*, 1970）p.9。

⑥ 見《聖・彼得斯堡時報》（*St. Petersburg Times*, February 2, 1977）p.

10。

⑦關於社會衝突，可以參見：馬克思《路易‧波拿巴的霧月十八日》；齊美爾(G. Simmel)《衝突》(*Conflict*, 1955)；達倫道夫(L. Dahrendorf)《工業社會的階級和階級衝突》(*Class and Class Conflict in Industrial Society*, 1959)；柯塞(L. Coser)《社會衝突的功能》(*The Functions of Social Conflict*, 1956)，《再論社會衝突》(*Continuities in the Study of Social Conflict*, 1967)；吉登斯(A. Giddens)《高度工業化社會的階級結構》(*The Class Structure of Advanced Industrial Societies*, 1973)；柯林斯(R. Collins)《衝突社會學》(*Conflict Sociology*, 1975)；韋伯(M. Weber)《韋伯文選》(*From Max Weber*, 1946)。

⑧見梯里阿堪(E. A. Tiryakian)《可見的邊緣：社會學、秘教和神秘學》(*On the Margin of the Visible: Sociology, the Esoteric, and the Occult*, 1974) p.p.1～15。

17 ⑨德弗羅(G. Devereux)〈常態的和變態的：精神病學人類學的核心問題〉("Normal and Abnormal: The Key Problem of Psychiatric Anthropology", 1956) pp. 3～32。

⑩拉巴爾(W. La Barre)《鬼舞：宗教的起源》(*The Ghost Dance: Origins of Religion*, 1972) p.p.207～8。

⑪見斯蒂格馬勒(F. Steegmuller)所編《古斯達夫‧福婁拜書信集》(*The Letters of Gustave Flaubert*, 1980) p. 132。

⑫李維‧史陀(C. Levi-Strauss)《結構人類學》(*Structural Anthropology*, 1967) p. 376，參見他的 *Tropical Sadness*, 1974，第6章。

⑬華茲華斯(W. Wordsworth)〈《抒情歌謠》序〉(the Preface to *Lyrical Ballads*, 1926)。

⑭阿德勒(N. Adler)《潛流：新生活風格與唯信仰論者的人格》(*The Underground Stream: New Life Styles and the Antinomian Personality*, 1972) p.xxiii。

⑮弗萊(N. Frye)《習得的想像》(*The Educated Imagination*, 1964)

pp.63～64。我第一次注意到這本書是在讀紀爾茲（C. Geertz）的〈深奧的遊戲：關於巴厘人鬥雞的札記〉（"Deep Play: Notes on the Balinese Cockfight", 1972）的時候。

⑯見馬克思《資本論》（*Capital*, 1906）p.25, 以及他的《早期著作》（*Early Writings*, 1964）pp.195～219。

⑰馬庫塞（H. Marcuse）《理性與革命：黑格爾與社會理論的興起》（*Reason and Revolution: Hegel and the Rise of Social Theory*, 2d edition, 1954）p. 325, 327。參見巴克—莫斯（S. Buck-Morss）《否定辯證法的起源》（*The Origin of Negative Dialectics*, 1977）。

⑱特納（V. Turner）《戲劇、場景和隱喻》（*Dramas*, Fields, and Metaphors, 1974）pp.13～14。

⑲梅丁（J. Meddin）〈人性與關於永恆的社會文化變遷的辯證法〉（"Human Nature and the Dialectics of Immanent Sociocultural Change"），載於《社會力量》（*Social Forces*, 55, December 1976）p. 392。關於近年來對社會理論中的辯證法的討論，可以參見：鮑爾（R. A. Ball）〈辯證方法：它在社會理論中的應用〉（"The Dialectic Method: Its Application to Social Theory"），載於《社會力量》57, 1979 年 3 月；卡羅爾（J. W. Carroll）〈反文化中的先驗存在和神秘事物〉（"Transcendence and Mystery in the Counter Culture", 1973）；施奈德（L. Schneider）〈社會學的辯證法〉（"Dialectic in Sociology",1971）。

第二章　反文化的定義

　　尤其是在出現了文化緊張（cultural stress）的時代，總有一些術語顯得特別引人注目。關鍵性的詞語的再度流行或新詞的發明似乎都有助於我們熱情地、理智地對待大量令人振奮或滋擾人心的經驗和觀感。若干「大」（big）概念成了某種知識傳統的電碼，被用作解釋語，而不是被用作有待解釋的複雜形勢的標誌。當這些詞語從最初的來源擴展到一個又一個相關的現象時，就呈現出多種意義。最後，它們可能涉及廣泛領域的問題；它們的內涵可能是一種時代情緒，一種知識傳統，而不是指某一種特定的事物①。

　　考夫曼（W. Kaufman）所肯定的一個說法被我們引證得太頻繁了。他說，如果要在一個研究領域保持與事實一致變得越來越困難的話，許多人就感到有一種約定術語的需要，「這些簡易語詞不用費什麼力去研究，就能以專門術語的面貌出現在各種不同的上下文中」②。這種策略對於我們來說，使用起來不會很成功，因為我們的關鍵術語既包含價值因素，也包含客觀因素；它們既是對社會的批評，也是對個人傾向的批評，它們都力圖從這兩個方面進行描述。

　　任何對反文化的分析都面臨著這個問題。一些人把「反文化」用作一種謗詞，用它暗示缺乏教養、墮落、異端或叛逆。而在另一些人眼裡，「反文化」則意味著希望和拯救，意味著一種

獨特的，或許就是最後的使人類走出滅絕之途的機會。因而，我
們需要小心翼翼地界說反文化，盡可能清晰地劃出它的範圍。

　　自從我二十多年前建議使用這個術語以來，人們已經提出了
幾個正式的、幾打不很正式的反文化定義。現在我們可以通過檢
討這些定義來勾劃它的參數。

19　　　韋斯特休斯（K. Westhues）在他的定義中涉及到意識形
態、行為和社會結構：

　　　　「在意識形態層面上，一種反文化是一整套信仰和價值
觀，它們全盤排斥一個社會的主導文化，並確定一種宗派性
的選擇。在行為層面上，一種反文化是這樣一羣人，他們因
為接受了上述信仰和價值觀，行為舉止根本與衆不同，以致
他們都傾向於獨立出這個社會③。」

　　反文化羣體傾向於獨立出社會的說法令人疑竇叢生，韋斯特
休斯也承認這種說法有問題。事實上，一些人是這樣；另一些人
仍然捲入在社會中，並希望改造社會及其價值觀；還有一些人則
比較內向，他們尋求自己的靈魂，但是並不出世。

　　繼人類學大量使用「文化」以致形成時尚之後，像韋斯特休
斯一樣，人們用反文化這一術語既指範式和價值觀，又指與這種
範式和價值觀認同的羣體。這都快成為大家奉行的標準了。我卻
不以為然。我認為它模糊了常常需要澄清的差別。不過，我也不
想給大家增加負擔，並列使用另外的新名詞，如「反羣體」
（countergroup）或「反社會」（countersociety）。因而，我
將通過各種修辭手法來區分文化和社會，區分規範系統和擁有它
們的羣體；當上下文不會引起誤解時，我也會用反文化兼指二
者。

　　有些定義主要是用例釋的形式展開的。戴維斯（F. Davis）
在文化視野內比較了細小變異和巨大變異之後說：

「團伙中男孩的情況……與英格所說的反文化正相吻合；團伙的意義和固有性質存在於其成員背離美國主導文化模式的模式化越軌行為之中……嬉皮也是一種反文化的突出例子，它的存在是其成員對美國中產階級的基本價值觀和實踐活動的逆反④。」

然後，戴維斯詳細臚列出價值觀和實踐方面的種種對立：

「……以直接反應對歷史反思和深謀遠慮；以自然天成對人為雕鑿；以斑駁陸離和奇形怪狀對典雅、嫺靜和均衡；以直接了當對借助媒體、借助中介或仰仗他物介入……；以自發的對組織的；以原始對教養；以神秘對科學；以人人平等對等級森嚴；以多樣與混合對單一；以鬆散（the diffuse）對歸一（the categorical）；以共享對私有⑤。」

正如許多對反文化的討論一樣，為了造成盡可能鮮明的對照，戴維斯的描述體現了一種把社會主導標準和嬉皮的標準刻板化的傾向；不過，他的過人之處在於巧妙地捕捉到了許多近、當代反文化的意識形態性。而其他許多闡釋者抽繹出這種極端差異，不是為了讚譽，就是為了痛斥。

「幾乎有無數的兩極性」（polarities），施萊特（P. Slater）寫道，「我們可以根據這些兩極性區分出兩種文化。舊文化在被迫做出選擇時，總是把產權置於人權之上，把技術要求置於人的需求之上，把暴力置於性之上，把積累置於分配之上，把生產置於消費之上，把手段置於目的之上，把保密置於公開性之上，把社會形式置於個人表現之上，把拼搏置於滿足之上，把俄狄浦斯之愛置於互愛之上，如此等等，不一而足。反文化則總是反其道而行之」⑥。

在稍後的句子中，施萊特起碼以他寫作時的美國方式提

供了反文化觀（the countercultural view）的縮影：「美國人常
常發現自己置身於這種處境：自己為了避免與人分肥而殺了人，
但後來的事實是一人獨享又太肥⑦。」

這些廣泛的概括不應該只當作經驗層次的研究來讀。它們與
一定的信仰互為表裡。做為反文化的種族中心主義（countercul-
tural ethnocentrism）並不一定比其他形式的種族中心主義少帶
一些成見和誇張。它使我們既對一定的逆反價值觀，也對這種價
值觀所屬的時代知之甚多。

一些來自對立角度的描述則是：

> 「現在流行的反文化，特別是在青年中很時髦的反文
> 化，是膨脹到極點的漫不經心和少得可憐的歷史意識之蹩腳
> 的產物，是一種對草莓捷徑（strawberry shortcut）——借
> 用馬克斯（Chico Marx）的話——的可憐地渴求。現存宗
> 教，見鬼去；科學，見鬼去；哲學，見鬼去；經濟學和政治
> 學，都見鬼去；什麼文科理科，也見鬼去，——一切耗時費
> 力的東西統統見鬼去。喜歡搖擺節奏，亂過性生活，擺一副
> 若有所思的樣子，在牆上釘一幅斯奎克‧弗羅姆（Squeaky
> Fromme）的畫像⑧。」

儘管用語很不一樣，但是，當代馬克思主義的解釋——「反
文化是一個發展的徵兆，一個腐朽的暗示」——與保守主義的觀
點多有相同之處。達維多夫（Y. N. Davidov）寫道，一言以蔽
之，當代西方反文化是對理想主義、知識主義以及被視為客觀必
然的、理智的或由法律支配的一切的否定。它否定傳統神學，否
定勞動道德和責任，否定基督教徒對家庭和性的一絲不苟。它否
定做為西方文化核心的個體主義原則。根據她的判斷，當代反文
化的所有這一切從一個方面表現了西方資本主義的深刻危機，反
文化已經「影響了西方資本主義的社會化機制，影響了至關重要

的道德價值和思想價值代代相傳的機制⑨。」

對近當代各種反文化的大量描述既揭示了它們各自的獨特性質，又揭示了在各種抗議運動中經常出現的它們的共同性質。威德（D. L. Wieder）和齊默爾曼（D. H. Zimmerman）在其對美國「頹廢派」（Freak）文化的研究中，以曼海姆（K. Mannheim）的「代」（generation）概念爲討論的基礎。代，不僅僅是一羣同齡人，而且，他們經歷了明顯的社會變遷。這些變遷給予他們的社會景觀和知識明顯不同於他們的先輩和後人所獲得的社會景觀和知識。威德和齊默爾曼依據長期訪問調查和問卷調查所獲得的信息，勾勒出諸種「把中產階級標準頭腳倒置」的反文化規範（norms）。頹廢派對受信奉的經濟上和事業上的成功規範不屑一顧，把它們視爲對人的本性的壓抑和摧殘。延期享受和有中間環節的實踐活動他們都不感興趣，急功近利才對他們的口味。生活應該是無數慾望自由流淌的長河⑩。

十九世紀三〇年代法國的「喧囂放縱派」（Les Bouzingos），雖然細節與此不同，但與主導文化的關係與此相似。Bouzingos，意爲喧囂浮躁、法紀廢弛、奢靡放縱，是年輕的反叛者們「用粗野的歌曲發表戰鬥誓言」時自豪地使用的一個詞。「他們視自己爲一伙剽悍的韃靼人，用頭顱做水壺，在大街上瘋狂地跳裸體舞，要不就裸坐在自家的花園裡以騷惹左鄰右舍⋯⋯他們的行爲帶著虐待狂、強姦犯、惡魔和狼人的影子⑪。」

《大英百科全書》一九一一年版把十九世紀七、八〇年代的一些俄國學人描述爲：

　　「一種新的、前所未有的類型——一幫不修邊幅的青年男女懷疑、嘲弄社會生活中普遍接受的信念和受到尊重的習慣⋯⋯他們顛倒各種事物的傳統次序，甚至達到外觀的細枝末節方面，如男性讓頭髮往長裡長，女性把頭髮往短裡剪，

22

另外再配戴一付藍眼鏡作標誌⑫。」

這些肖像相似但並不等同於其他一些觀察者所刻畫的嬉皮（hippies）形象。他們也不是循規蹈矩的，也不是尊重習慣的。在一個繁榮時代，他們大為不解，既然唾手可得，為什麼要推遲享受；特別是想到在明天的核戰爭中這一切享樂都會灰飛煙滅，那就更無理由不及時行樂了⑬。廣泛的吸毒和性禁忌的廢弛都充分表現出這種價值觀。然而，嬉皮所強調的一些主題使他們與威德和齊默爾曼所描繪的頹廢派區別開來了。嬉皮在某種程度上是反對揮霍的：哪怕一無所有，我們也能快活。他們注重團體，反對淹沒個人的都市；他們倡導和平、友愛，抗議社會被衝突攪得四分五裂⑭；他們支持公平參與，衝擊由少數專家制定的專門標準與多數人被動旁觀所形成的格局。

如果把程序、計畫和將來的享受都當作陳腐的東西置之不顧，現在就無法被導入未來。在這種背景裡，一些嬉皮發現了一個古老的正搔在他們的癢處的觀念：人們可以靜候即將來臨的世界變遷⑮。這一觀念有助於說明為什麼某些嬉皮加入神秘的或基要主義（fundamentalist）⑴的宗教團體去尋求安謐。

在頗有影響的《反文化的構成》（ *The Making of a Counter-culture* ）中，羅斯札克（T. Roszak）強調，反對工藝技術社會（technocratic society）是六〇年代反文化的宗旨。〔自從亞當、

⑴基要主義（fundamentalism）：第一次世界大戰以來，在西方，尤其是美國，基督教新教一些自稱「保守」的神學家為反對現代主義，尤其是聖經評斷學而形成的神學主張，以 1895 年在美國尼亞加拉城（Niagara）舉行的《聖經》研討會提出的五要點為核心主張。即承認《聖經》字句無錯謬，耶穌基督是神，耶穌是童貞女瑪利亞所生，基督為人代死而使人類同上帝重新和好，人類終將身體復活且基督將以肉身再次降臨人世。

斯密（A. Smith）和馬克思擔心技術的腐蝕性影響以來，現代各種反文化在這個題目上已經有了相當龐雜的一批思想資料。〕其他主題也是密切相關的：過分強調「窒息人的理性」，忽視人類經驗中非理性的意義，使社會遭到了扭曲；高壓制度使社會發生畸變；不切實際地把科學奉爲通向眞理的唯一途徑，敗壞了社會生活。

在如此多樣且褒貶懸殊的描寫和定義中，要把「反文化」重建爲一個能共同廣泛使用的術語是很困難的。通過審視我常提及的或用以自問的幾個問題，我想我們有望給這個詞帶來一些確定性。首先，一個比較正式的定義應伴有一個標準，以便檢驗對問題的評論時有所依據。只要一個羣體的規範系統包含一個基本的、與社會主導價值觀相衝突的主旋律，並且其成員的心態、需求和觀念都直接捲入了其價值觀的發展和保持；只要這個羣體的規範（norms）只有通過參照它與周圍主導社會和文化的關係才能被理解，那麼，使用反文化這個術語就不爲失當⑯。

「價值觀」（values）這個術語在定義中可以理解爲行爲優先指向的狀況和目標。價值觀是「事物合意的觀念」，做爲指導行爲的主要依據而起作用⑰。它們可以通過同一個羣體最願意花費寶貴的資源去換取什麼來確定。（當然存在個體價值觀，但是它們不在這裡所考慮的文化或反文化之列。）正如小威廉斯（R. Williams, Jr.）所指出的，這些關於事物的合意的狀況的觀念「或者被用作愛好或選擇的標準，或者被用作對預設的或實際的行爲的評判」⑱。規範是由文化所證明的一些程序，人們相信它們必定使價值觀在特定條件中更好地實現。規範和價值觀之間的這種區分相似於羅克阿奇（M. Rokeach）所說的中介價值觀（Instrumental values）和終極價值觀（terminal values）之間的區別⑲。這有些接近常說的手段和目的之分。上述每一組對立都不應該被僵化，因爲今天的價值觀或目的強烈地影響著，或許

23

事實上就變成了明日的手段。

　　一個反文化運動既是行為的，也是符號的。它的壯大取決於對社會秩序的觸犯和批判的配合，正如**圖表 2·1** 所示。

　　當然，這兩股潮流從不曾完全分開過。有些人既是文化反叛的榜樣，又是文化批判的理論家——宗教大師、富有感召力的領袖（charismatic）或預言家都是如此。另一些人則基本上可以歸入象徵類或者行動類。然而，這兩者合流之日（正如本世紀六〇年代的美國和西歐，在十七世紀四、五〇年代的英格蘭，或者在西元前二世紀的羅馬帝國），就是重大的反文化狂飆發生之時。

反文化的範圍

24　　　本書做為一個整體才有望恰當地界定反文化。然而，簡略地對以下幾個問題加以評述，可以大致列出它的參數（parameters）。

　　一、當一個社會的次要價值或隱藏的價值被該社會的某部分人擡高到主要地位時，我們應該用「反文化」這個詞來談論嗎？馬查（D. Matza）寫道，天啓、人民黨的政見，以及美國學生激進分子的福音熱，都是主導傳統的一部分。然而，當這些「反調」唱到極端時，它們就會受到「公開指責」。犯罪青年也能借用統治社會的隱蔽的傳統。尋求刺激、走門路、侵犯，這些都不限於犯罪的人；按維布倫（T. Veblen）的說法，它們是統治社會的，特別是其中的有閒階級的次要價值觀⑳。

　　在某種意義上，一種膨脹的價值觀常常由於這種膨脹轉變成一種反價值觀（countervalue）。「一個社會將接受一種適度使用的模式，甚至會為它喝彩，但是，卻要詛咒對它的濫用。並且，這種模式在文化所讚賞的程度內的個人生活中的意義不同於

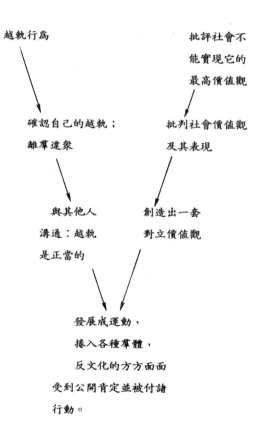

（圖表　2·1）

它變成社會的主旋律之後的意義」㉑。我們所面對的是一個變
量，只有細緻的研究才能告訴我們，在什麼意義上一個膨脹的價
值觀將變成反文化的，正如倡導者們和反對者們的態度和行爲之
所示。

　　潛在的價值觀（subterranean values）的實際表現與這一事
實有關：許多，或許大多數社會都在它們的文化中包含了較明顯
的衝突和愛憎並存的矛盾心態（ambivalence）。至少從歌德
（J. W. von Goethe）以來就一直存在著關於「兩個德國」的討
論。與此相似，在托奎維勒（A. Tocqueville）看來，從一個半
世紀前到現在，研究美國自由和平等這兩種價值觀之間的張力一
直是文化分析的核心。在《童年與社會》（*Childhood and
Society*）中，埃里克森（E. Erikson）認爲，通過這樣的兩個極
點（point-counterpoint）之間的張力，而不是通過一系列互相
包容的價值觀來研究一種文化，我們將會獲得關於這一文化的更
豐富的定義㉒。

　　只要這些不同的極點仍然保持相互協作關係，它們就不是文
化與反文化衝突的表現。在特定的歷史時期，不是這一點就是那
一點會被格外突出出來，但是，只要它的相對的一點對它的格外
突出起著修正、調節作用，並且一般也被當作相應條件下的規範
而被接受，這兩點就同屬一種文化的組成部分。然而，當若干時
間之後這些極點分崩離析，而某部分受到了幾乎是排他性的支持
時，受到如此推崇的價值觀，儘管本來是從大文化中剝離出來
的，但現在已成爲反文化的。

　　舉兩個例子對大家理解這種關係也許不無裨益。反戰主義
（Pacifism）確信這種價值觀：愛國和軍備，與和平和友愛不能
不分割開。他們只強調後一極：和平和友愛。即使是在那些反戰
主義者至少有那麼一點決定地位，並更多地得到宗教支持的社會
裡，他們也不被大衆認爲選擇了一個雖然不合羣但尚可接受的文

化立場，而被大衆看作惹是生非。通過僅僅強調一組雖不穩定但尚可維持的二元對立的一方面，他們採取了與標準立場形成巨大反差的文化立場。然而，許多軍事考慮似乎支配了公衆的行動，通常用不著給予它一種排斥其他一切價值觀的獨尊地位。確實，軍事行動通常被論證爲保衛和平、促進友愛的必由之路。當然，也有這樣一種人，他們把愛國和軍備當作價值觀和政策片面強調。他們也同樣應該被看作反文化人士。

法律—秩序和無政府主義（anarchy）聯繫在一起構成另一對矛盾。大多數美國人認爲，至少應該有那麼一點無政府主義㉓。但是，我們應該立刻補充一句：「應該有一項法律」。當後者演變成沒有法律思想、正義信念和秩序思想的僵硬的「法治和秩序」時，演變成並不與大多數公民的利益一致的「法治和秩序」時，這一對文化極點（cultural polarity）的平衡就被破壞了，反文化的種子就落地生根了。當無政府主義這一極受到強調時，「自行其事」就脫離了「他人同樣的權力不受侵犯」和「不要違背公衆的長遠利益」這樣一些附加前提。如此這般，一種新的反文化湧現了。（我想，幾乎每一個讀者都將不樂意接受被割裂對立面的這一極或那一極。）

默頓（R. Merton）用同樣的方式討論了社會結構產生社會衝突的途徑。他把社會結構區分成不同的等級、組織、社區，它們都隱含著相互衝突的利益和價值觀。這樣，他所謂的「社會學的矛盾心態」（sociological ambivalence）概念被納入了以不可調合的期望的形式和「規範與反規範（counternorms）的動態選擇」而出現的規範性結構（normative structures）㉔。

二、必須要有多少價值觀和規範受到了挑戰，我們才能談得上反文化？文化這個術語意味著各個方面的生命活動的指南（a blueprint）。難道反文化不應該作如是觀嗎？許多人注意到，在過去幾十年裡，逆反價值觀幾乎在生活的每一個方面都得到了確

認——家庭的、宗教的、經濟的、政治的、教育的，無一例外
㉕。反語言（anti-language）、反精神治療（anti-psychiatry）以及
藝術方面的乾坤顛倒都不勝枚舉。

　　然而，我認為我們應該把這個術語當作一個變量（as a
variable）。拿分析化學作類比，我們需要在複雜的化合物中檢
測「微量元素」（trace elements）的方法，而勿需搞清「純物
質」（pure substances）。最普遍的還是合成物。一個羣體的
價值觀可能是極端反文化的，也可能是溫和反文化的；所反對的
制度性的（institutional）模式可以是幾個或一些，也可以是極
其大量的。勿庸置疑，小模樣的反文化與大規模的反文化無論是
在原因上還是在後果上都有巨大的差異，但是都是我們的研究課
題，兩者不可偏廢。

　　這樣說也有不如人意之處。我們知道，做為一次行動或一系
列行動的後果，個人會被定型為罪犯或英雄，哪怕他們的大多數
行動是遵紀守法的或稀鬆平常的。我們最好說：他們有五花八門
的傾向；在特定情景裡，他們幹出了罪惡勾當或做出了英雄壯
舉。如果以同樣的方式考慮反文化，考慮在什麼程度上反文化因
素被融進了一個羣體的規範系統，我們將不無收穫。即使是融進
的少量因素，它們在成員的自我認同中，在周圍社會的態度和行
動中，都會產生巨大影響，並隨即對社會互動產生影響。

　　三、在描寫一個反文化羣體並列舉它的價值觀時，必須始終
考慮到眞實性（authenticity）或眞誠性（sincerity）嗎？許多新
運動都招引了一些投機者，他們投身其中並非出於對一套新價值
觀的信仰，而是為了尋求刺激、實惠或其他與這一反文化格格不
入的目的。那些曾被戲稱為「塑料嬉皮」（plastic hippies）㉖
的人與其說是為了追求一種新生活方式，不如說是為了歡度周
末。一些參加抗議活動的學生與其說他們傾向革命，不如說他們
喜愛同學們的騷鬧。搗亂鬼能一下子湧現出來，與其說是出自渴

望推出一種逆反價值觀的後果，不如說是出自渴望大出風頭和花樣翻新的後果。

在《極端措施與毛毛黨人⑵》（ *Radical Chic and Mau-Mauing the Flak Catchers* ）中，伍爾夫（ T. Wolfe ）描寫了一些黑人出於應對策略而採用「好處費」（ extra dividend ）和「奶酪點心」（ creamy dessert ）──經濟上的和感情上的。他們發現，當他們 doing the "savage number" 的時候，再也不必「故作鎮靜地玩這種策略；──這是約翰遜（ C. S. Johnson ）所使用的一個漂亮短語；既要介入，就不必裝得若無其事；不必像羅馬時期豬一樣的白鬼們⑶（ Ofay Pig Latin ））那樣以躲藏在墓窖裡的秘密方式進行反抗活動。毛毛黨人讓你見識的是直接的反抗形式，即恐怖和妒恨」㉗。

正如一些黑人在白人中用暴力製造恐怖一樣，一些白人中的闊人也對有色人種特別是黑人的黨派採取「極端措施」。這種模式並不少見，也並不能確鑿地說它事關鄉土之戀或「羅曼蒂克式的尋根」（這是伍爾夫的用語），因為這裡也滿含著真誠和獻身精神。但是，行動方式和極端措施在其中起了重要作用。

此外，「有這樣一些人物，他們假借性革命的名義，爲他們的父輩非常隨意地實踐過的平淡而過時的淫穢活動正名」㉘。格拉克（ L. Gerlach ）和海因（ V. H. Hine ）繼續評論道，每次革命都無一例外地要捲進投機分子。有些帶頭稱道異端價值觀的人發現權力、榮耀和收入比起他們當初憧憬的新世界來更有誘惑力。從先知中區分出宗教上的反對派藝術家（ conartists ）有時

⑵毛毛黨人：五〇年代初期在肯亞成立的一個黨派，以 kikuyu 族人爲主，以驅逐白人爲目的，常使用恐怖手段。

⑶早期基督徒曾以羅馬的墓窖爲避難地，爲秘密活動的據點。「 Ofay 」是對白人的蔑稱，這裡譯爲「白鬼」。

是很困難的。一些建立在與那些被普遍接受的原則形成鮮明對照的原則之上的所謂新心理療法，就其急功近利和有失人道而論，被證明是相當陳舊的。

　　當然，人們還可以詰難其他人的眞誠，並給他們貼上投機分子的標籤，特別是發現他們所突出的價值觀不受歡迎時，人們最易於這樣做。要想避免貼這種標籤的隨意性，同時我們必須認識到反文化羣體不可能避免這些在主導性社會（the dominant society）司空見慣的傾向。

　　四、在多元社會中，整個反文化概念不是被階級和民族成見（class and ethnic bias）弄得千瘡百孔嗎？越來越多的人傾向於把都市社會看作在文化上是如此五花八門，以至其中的任何一個部分與其他部分相對來說都稱得上反文化。正如我們在第一章中的陳述，對於一些人來說，這個世界似乎根本就缺乏文化整合（cultural coherence），而無序狀態總是地方性的。萊曼（S. Lyman）和斯科特（M. Scott）曾描述過一股在他們看來正在漫延到整個社會學領域的新思潮。他們稱其爲「荒誕社會學」。它包括許多研究角度——人種誌方法、標籤式定性理論，新的符號互動論等等，它們都淵源於這個假設：「從根本上說，這個世界沒有意義」（without meaning），意義只發生於互動和協商的時刻㉙。與此相反，另一些人則說，所有的社會都凝聚於自己的共同價值觀和信仰之上，都不乏相互合作㉚。

　　這種相互抵牾的觀念是常見的，有些事倒可以適用兩種觀念，不過，其中一個受到另一個的制約。然而，文化承襲和變異的程度因時因地而有所不同。關於反文化的理論必須考慮到如此廣泛的社會環境，從那些價值整合度和一致度較高的環境直到那些共同點很小的環境，概莫例外㉛。只要整個社會有一個共享的文化，就可能有相互關聯的一些反文化。並且，每一個社區也可能又有自己的一些反文化。龐克（Punk）搖滾樂不僅是藍領階

級對上流社會音樂的反動，它也與它所由出的勞動階級的音樂鑑賞力和其他價值觀形成尖銳衝突。

因為打破常規富於新聞價值，因為各種社會都需要不拘格套的人才，又因為那些投身於「文化革命」的人要渲染他們的力量，所以就有一種對文化越軌（cultural deviation）言過其實的傾向。對西方社會的一些經驗研究證明，大多數青年（youths）擁有大社會的價值觀（values）。坎德爾（D. B. Kandel）和萊塞（G. S. Lesser）根據他們對丹麥和美國高中的研究，得出結論，「我們所研究的青少年們遠遠不曾發展出一套與成人社會格格不入的對立文化，而是表現出成人社會的價值觀」。一份關於英國十六歲少年的報告揭示出一萬六千人的抽樣中的大多數地地道道是傳統型的。楊克洛維奇（D. Yankelovich）和瓦滕伯格（B. Wattenberg）的研究顯示了幅度較大的變異，特別是在大學青年中，但是，他們總體上仍然相當接近社會的價值觀㉜。

伯傑（B. M. Berger）巧妙地引起我們注意由一代人的一部分創造一個文化神話的傾向，同時，他也明確指出認識文化差異的必要性。關於年齡組中實際的經驗分享，我們在那些從文化上談論「代」（generations）的資料分析中所知無幾：

> 「『青年』並不是一個充滿反抗意味並以其銳意使我們感到窒息的字眼。我的父親是二〇年代的青年，但是他就從來沒有沾過一點私釀的杜松子酒，⑷也從不曾跳進市中心廣場的噴泉，並且他也不英俊不瀟灑不惹人憎厭。然而，我敢說，他的經驗就其本來面目而言，比那些被捲進了二〇年代的神話的那些人的經驗更具有普遍性。但是，就文化而論，彷彿不曾有他這種人活過；歷史就像神話一樣沒有銘記他。

29

⑷在當時的美國，私自釀酒賣酒是違法的。——譯註

在我們拋棄了人總是代代相似的神話之後，當對年輕一代的研究又揭示出大量青年通常是其父輩的一個全面承續時，我們仍將是困惑不解㉝。」

五、究竟一種觀念或一個行為（假定其表達了一個羣體的某種規範或價值觀）必須具備多大的對抗性後我們才能把它看作反文化的？嚴格說來，它應該是與既定價值觀針鋒相對的。長期以來，人們對「天翻地覆的世界」（the World Turned Upside Down）有一個傳統的廣為人知的解釋。請注意我們引述過的那些定義中「極端」（polarity），「倒置」（reversal）、「逆反」（inversion）這樣一些詞語的用意。P. 伯傑（Berger）和 B. 伯傑說嬉皮「絕對反對」美國社會制度，雅布隆斯基（L. Yablonsky）則說他們「全盤否定」美國社會制度。實際上，這些提法都屬於反文化概念的基本原意㉞。

然而，我們斷然不敢說尖銳對峙的規範、觀念和行為與主導價值觀正好是一百八十度的對立狀態。「顛倒」、「倒置」的說法最好被看作比喻的用法，而不是被看作毫末不爽的尺度，不要固守它們意義的極端。我這樣說完全無意於忽視文化對立的重要性，也不是認為帶著各種不同視角的人對文化逆反缺乏基本一致的認識。當主導羣體的成員說「他們與基本價值觀針鋒相對」時，反文化人士的反應可能是：「不錯，我們就是如此。」這種關於一個被顛倒的文化世界的觀念以及獨立的程度，正是衡量反文化的關鍵指標。

六、越軌行為與反文化行為有何區別？反文化行為只是一種形式的越軌行為；用默頓的話說，它是不從流俗的，但不是變態的㉟。不從流俗的人（nonconformist）相信自己是正確的；他宣告自己的桀驁不馴，向既定秩序的合理性提出挑戰。變態者（aberrant）總是努力掩蓋其不軌行為，他們接受社會規範，卻又總是千方百計逃避應受的懲罰。

　　無論一個反常行爲被宣告出來了，還是被遮掩了，我們都應該重視不從流俗者與變態者之間的基本區別。有時，一個變態者會坦白他的罪過，甚至可能是爲了尋求懲罰。有時，一個不從流俗的人會掩飾他的異常行爲，可能是爲了等待一個更有利的時機去宣示它，也可能是爲了免禍避災。那麼，其基本區別爲：不從流俗者對他的脫俗引以自豪，並堅信他的所做所爲是道德的；變態者則有一種犯罪感，並以爲他所做的勾當是不道德的，是大錯特錯的。當然，在經驗層次上，許多行爲介於這兩個極端之間。以偏離正道的方式表現出來的犯罪或以受到肯定的支持爲掩飾的自豪，顯示了這種混合㊱。

　　反文化行爲除了不從流俗外，它還是受一定羣體支持的。任何形式的文化都是一種羣體現象；是一個共享的規範系統。雖然單獨一個不從流俗的人不可能導向一種反文化，但是，在其行爲被一個羣體當作規範接受之前，他的行爲還不具備文化的性質。而且，關於一種反常生活是怎樣、應該是怎樣或將是怎樣的個人描述都不是屬於反文化的。薩德（the Marquis de Sade）所繪的一幅解禁後的個人放縱圖——例如，每個人都追求淫樂的無政府狀態——會影響共同規範的發展，但它本身不是什麼規範。我們還不知道這種文字描述對實際行爲會有什麼大的影響，儘管曾有人熱情肯定，也有人不以爲然。像其他烏托邦一樣，只有在它影響逆反規範的發展或變成象徵傳統的一部分時，它對反文化研究者來說才具有意義。

　　當反文化被用以指越軌行爲，而越軌行爲是變態的舉動，抑或是受一定羣體支持的不從流俗的舉動又不甚了然的時候，我們難以辨識那些只是表面相似，而實際上其原因和結果都迥異的行爲。它們的共性往往影響個人關於行爲準繩的感情態度，往往傾向於强化個人固有的自信㊲。在通常情況下，越軌者並不明顯地有一種罪感，更爲普遍的是，有一種朦朦朧朧的矛盾心態。

30

變態和不從流俗，各自的性質並不是完全由行為者決定的。社會的評估和反響也參與到其中。根據個人的或次文化的標準，我可能感到自己離經叛道，而我的行為在社會中卻被認為是可以接受的。阿曼教(5)的一個年輕人會因搭乘汽車而生罪感，但是，非阿曼教徒絕不會把這一行為當作犯罪。同樣，做為偏離了統治律則的不從流俗行為也可能得到這種反應：你的違衆尚屬可以容忍的限度。只有當一種越軌行為表現了某個羣體不從流俗的價值觀或規範，同時又被流行標準判為離經叛道（aberrant）時，它才屬於反文化。

特定的行動難免不是被固定在上述的這一類，就是那一類。拉爾夫·特納在一篇重要文章中考察過這一事實——「分裂和暴力的羣衆運動有時被視為社會反抗的表現，有時被視為犯罪或暴亂〔用我們的術語來說，它們常被視為反文化。〕，並導致各種不同的社會反應㊳。」一個特定的分裂行動的定性可能會被一些人（既有反對者，也有支持者）推向一種反文化，他們想使它盡可能顯得具有進攻性和破壞性；也可能會被其他支持者和那些想緩解衝突、結成聯盟或想在協商過程中利用抗議旨意的人推向一種「社會反抗」，一種社會溝通形式。這樣，做為反文化的越軌行為（countercultural deviation）就部分地因背景、因政治而得到界定。一個社會的文化指南——被過多的筆觸弄污了——有時是很模糊的，也很難說得清楚。

---

(5)阿曼教徒：1523 年在瑞士興起了一個新基督教派，孟諾（Menno）教派，該派只信奉《新約》，反對嬰兒洗禮、誓約、任公職、服兵役等。阿曼教派是雅各布·阿曼於 17 世紀創立的一個孟諾教派的分支。他們不能接受市政公共服務設施，過著極簡樸的苦行僧似的生活。往往遠離其他人而聚居。——譯註

　　霍羅維茨（O. Horowitz）和利博維茨（M. Liebowitz）在他們關於社會問題和政治進程的動態關係的討論中得出了一個相似的觀點㊴。在他們看來，這種區別「已變得過時了」。他們認為社會問題和政治問題的區別正在逐漸以一邊倒的勢頭被取消——這個問題或許應該被懸置起來。我則寧願說，在一定情況下，被看作變態的行為標準被推上了政壇，而推動者就是那些自稱有權讓這些標準被當作政治道路的得到承認的支持者；並且，另外那些曾被當作政治道路的行為模式則遭到排斥或面臨排斥，因為它們已被標明為反文化的或變態的。因而，確認什麼是變態的判決及其控制機制的性質都部分地由政治過程所決定。

　　當越軌和政治競爭的區別顯而易見時，我們看到：

　　　　一、違法的越軌：其判斷依據在於有權的多數，因而由行政手段控制。和二、合法的異議：多數和少數都接受這一事實，因而靠政治競爭決定。

　　但是，當大多數或輿論的決定權突然失落時，我們看到：　　32

　　　　一、有權的少數起來說，「我們的觀點是合法的」，並努力把它推上政壇。例如，抽大麻的人為了使大麻的使用合法或讓控制顯得不合理而投身抗議活動。和二、有權的群體出來提及以前得到接受的政治異議，「你們的觀點是違法的」，並努力把它排擠出政壇，歸入越軌行為一類。例如，「生命權維護者」會說墮胎是極端邪惡的，並尋求制裁的法律，至少努力讓它不受公眾支持㊵。

　　當特納、霍羅維茨、利博維茨等人強調越軌行為賴以定性的公眾程序時，他們正在形成一個極有價值的看法。儘管他們沒有用專門術語，我們還是可以在這裡按我們的需要把這一看法轉述為：是否屬於反文化，不是由特定行動的內在性質所決定的，而

是部分地由源出於一個政治過程（political process）的一些定
義所決定的，這一看法還可以從不同的角度來理解。從純經驗的
觀點看，「研究越軌行為的學者所能做的只是界說引起這種或那
種制裁的犯罪行為。」與此不同，萊曼認為，這些社會學家可以
成為「自稱受到壓抑的羣體或歷史本身」的辯護人，力求「指明
那些反對並損害了那些羣體或敗壞了歷史的官方因素中的邪惡」
④。這也是古爾德納（A. Gouldner）所持的立場。在他看來，
強者就是這種人，他們能「使自己的道德缺陷成為天經地義的東
西」，而平民老百姓則發現自己的所謂不軌行為總要受到排斥和
制裁②。

　　我引述這些觀點並不是想表示我要與徹底的相對主義立場保
持一致。為了獲得反文化的完滿定義，我們必須探討相對主義
（relativism）的涵義。

　　薩姆納（W. G. Sumner）曾說，「風習（mores）可以使任
何事物天經地義」，此後又有人說，人們說社會事件是什麼，它
們就是什麼，人們怎麼估價它們，它們就有什麼價值。這些觀點
強烈地影響了大多數社會學家。我是這樣理解「風習可以使任何
事物天經地義」的：如果世界上各種社會的風俗習慣經過比較研
究，我們將會看到它們呈現出巨大差異。在一個社會裡被看作邪
惡的，在另一個社會裡則會是義不容辭的。如此這般，幾乎沒有
什麼例外。這並不是說，人們接受這一事實就算了事。薩姆納所
做的是一個經驗論斷，而不是一個道德評價；並且，如果我們細
想一下，我們就會明白，這話不能照字面全盤接受。一些成為風
習的實踐活動也許會毀滅一個社會。這裡既有創造性的、保護性
的等有益的準則，也為殘酷的、邪惡的等有害的標準留有餘地。
文化相對主義正確地提醒我們在相關民族的生活條件這一背景
（context）中判斷這些，避免某種絕對化。

　　標籤理論（labeling theory）也與反文化的定義有關。按其

極端方式，它斷定標示一個事件的權力也就是創造這一事件的權力。套用薩姆納的句型就是：標示（Labeling）可以使任何事物大謬不然。如果折衷點，它的說法為：標示伴隨其他因素介入一個程序，就會左右誰將被看作並因而變成頭腦健全的成功者；誰將被看作並因而變成失常的越軌者。標籤理論若被用於反文化，它就意謂著被當作反文化的並不是一個與主導價值具有內在差異的價值系統，並不是主導價值的顛倒；而只是一個被如此標示的規範系統。並且，弄出這麼個系統的那些人已經注定要通過一個標示過程如此作為。伯克（H. S. Becker）寫道，其中的事實為：越軌行為「是社會造成的……通過制定規則——這些規則的違犯就包括越軌行為，又通過把這些用到特殊的人們身上並把他們標示為局外人㊸。」

那麼，對待反文化的越軌，是只參照一個特定社會的價值觀來定義呢，還是只靠一次標籤手續來說明呢？抑或另闢蹊徑，採納更宏大的人類標準來界說呢？人們可以想到各種回答，從純粹的相對主義到絕對主義，從「是否所謂越軌由鬥爭著的羣體此勝彼敗的過程作定，由成功的標示所決定」，到「所謂越軌是對善與惡的基本準則的侵犯」。如果前者是對的，人們很難還提什麼反文化，因為受反對的所謂文化就不成其為文化，那不過是政治和經濟權力引起的偶然事件。如果後者是對的，人們也沒有什麼必要要研究各種反文化，因為它們如此看來不成其為文化，只不過是一些基本準則的矛盾。顯然，我以為這兩種立場都不合適。

對極端相對主義者的觀點，我想進一言：在社會和心理層面有一些限度和制約，它們相似於生物和物理層面的限度和制約。戈登威澤（A. Goldenweiser）曾指出：世界各地的獨木舟大同小異，這並不是傳播的結果，而是因為水和可資利用的建築材料的屬性限制了多樣性的可能。誰能無視這一限制了他的自由和創造力的可能性而要一隻易沉的方形獨木舟呢？庫利（C. H.

34

Cooley）以同樣的態度說，世界各地「原始部落的理想」──
強調高尚、清平和自由──是相似的，因爲如果沒有這些理想，
小羣體內部密切的互動就不可能順利地長期保持。並非所有的價
值觀都在文化上是偶然的；其中一些似乎是歷史事件累積起來的
產物⑭。

　　庫利遠遠不是想說所有價值觀都是社會的和個人的永恆因素
的必然產物。他的著眼點在於說明文化的可變性不是無限的，可
惜這一點現在常常被我們忽略了。只有當這一觀點被用作文化的
不易律則時，它才成其爲文化絕對論，換句話說，對「七大罪
惡」（seven deadly sins）或無論哪一套被人們視爲根本的規則
的反對，對所有文化來說都是必不可少的；肯定這種「反對」的
價值觀不可避免地屬於反文化。

　　而對絕對論的說法，我想說的是：環境日新月異，人口或增
或減，規範常常反映著滿足需要的特定能力的水準，而這些水準
又是變動不居的。組織結構到一定時期就會僵化、凝固，並產生
出與結構本來的目的相反的結果──正如我們在後面將要見到
的。社會需要越軌者或異端分子，這不僅是因爲他們能夠提供新
的可能，以確認已經確立的價值觀，正如涂爾幹（E. Durkheim）
之所言──或者如曼德維爾（B. Mandeville）在他的《蜜蜂的寓
言》（*Fable of the Bees*）中之所言，其中，他頗具諷刺意味地把
「私家的邪惡」與「公衆的福利」聯在一起（Private Vices,
Publick Benefits）；而且，還因爲生活條件大爲改觀時，對新
價值觀的需要勢在必然。

　　七、從定義來看，違法行爲（illegal behavior）屬於反文化
嗎？如果侵犯行爲與其說是不從流俗，不如說是變態表現，那
麼，我們的回答很乾脆：不！並且在下述情況下，違法行爲也不
是反文化：如果被違犯的某條法令並不代表流行的規範；如果它
實際上已被廢棄，只是一個幾乎已被遺忘的過去時代的遺留物；

或者，如果它的被採用只是由於一小撮人為著某種利益而努力的
結果，而主導價值標準實際上是反對這一法令的。

　　當一個民族的主體參照早先的習慣和規範，認為某條法令無
理，並公然觸犯它時——在一九二〇年至一九三三年期間，美國
憲法第十八修正案(6)的遭遇即為如此，這個問題就比較複雜了。
這種情況可能就是「一個社會在其內部已發生明顯的社會分化的
標誌」，正如威廉斯（R. Williams）所指出的。對大麻法案的
觸犯或許也可以做同樣的看待，除非在許多人的腦子裡，大麻的
使用與一個更大更複雜的反文化運動聯繫在一起。這一聯繫現在
正在淡化。依我之見，如果違法行為第一被相當可觀的所謂「少
數人」接受，第二只受到輕微的或象徵性的懲罰，它們最好不要
被看作反文化。當然，這兩條標準不易把握，這就使違法準文化
（the illegal-quasi-cultural）和違法反文化（the illegal-counter-
cultural）之間的分界線變得模糊了。

　　當對法律的全盤接受如果並不被看作完全是反文化的，而被
看作變態的時候，反文化與法律之間的關係就更加複雜了。威廉
斯就道德律令描述了這種情況，但是它也適用於與此一致的法
令。那些堅決主張全面實施有關空氣和水污染的法律或嚴格堅持
反對種族歧視、性別歧視和年齡歧視的法令的人，也許會被看作
傻冒和搗亂分子。正如威廉斯所說，「哪裡充滿被動的遵從，連
越軌行為也是謹小慎微，哪裡的習俗制度就會興旺鼎盛；但是，
這些習俗制度常常極端討厭人們全面地、積極地遵從更理想的規
範㊺。」

　　重視這些不同的限定的同時，我們還必須說：是的，法律是
文化的組成部分；而違法行為則屬於反文化，其條件是，如果這

35

(6)美國憲法第十八修正案即禁酒法案，於1919年1月被通過，次年開始實
施，直到1933年12月才被美國憲法第二十一修正案撤消。

種行爲屬於不從流俗，如果它被一個羣體做爲自己的規範體系的表現而接受，如果它並未受到羣體所屬之大社會或明或暗的實質性支持。例如，恐怖主義做爲一種生活方式，屬於反文化，反戰主義者——他們一方面利用法律拒服兵役（正如我們前面說過的，哪怕他們找得出法律根據，他們還是會被視爲變態），另一方面做出燒毀兵役委員會的辦事處這種違法的事——明顯地是反文化人士。我們不要因爲這兩個例子都包含著極強烈的感情色彩而忘記，稱某種事物是反文化的，旣不表示對它熱情歡迎，也不表示對它強烈憎惡。這一點在說到每一個例子時都必須切記，具體情況應該具體分析。從平衡起見，或許我應該指出，羅賓漢（Robin Hood）——或羅賓漢的傳說——也是反文化的，正如那些要求在實行「法律上」的種族隔離的餐館喝上一杯咖啡的民權運動參加者們一樣。

八、我們有理由認爲「復古運動」（reactionary movements）（取其「回歸到早先的價值觀」之意，不含任何貶意）也算得上反文化嗎？這樣一種回歸突出了與當代主導文化的對立；但是，就它的批評法則而言，它面向的是一些先前的、基本的、「原始的」東西。它們可能現在還在「官方」文化中佔一席之地，還由歌曲和故事在傳頌，儘管與其說它們是傳統的，不如說它們是空想的。復古運動所呼喚的過去，其中一部分是虛構的，一部分是有其歷史眞實性的。當代美國各個打著「回歸大地」（return to the land）旗號的公社和俄國傳統的崇古者（Old Believers）可以爲證。

然而，這種運動也可能具有極強烈的反文化因素。它們顛倒了統治集團的許多價值觀，激活（revive）了蟄伏的價值觀——這些價值觀雖然曾經一度廣爲流行，但現在被認爲不合時宜了。這些性質見於形形色色的一些「復興運動」（revitalization movements）。華萊士（A. Wallace）在他那篇關於這個主題的

著名論文中把復興運動定義為：「一次社會成員有目的、有組織地建設更合適的文化的明確努力⑭。」在他所描述的六種復興運動中，只有「復古的」一種帶有濃厚的努力恢復被假定早先曾存在過的價值觀和風習的特性；其他五種中多數——例如，土著保護主義的（natiristic）相信千福年的⑺（millenarian）、相信救主即將降臨的（messianic）——是此類遺留物與新的烏托邦因素和泊來因素之混合。

在後來的復興運動的討論中，華萊士巧妙地用化學做了一個類比，以示舊的與新的如何從各不相干的因素發展成一種化合物。多種物質可以呈分開的形式共存於一溶液中，但是，當加進催化劑並升高溫度時（它所類比的是：當一位先知或富於感召力的領袖出現在社會紊亂的熱潮中時），新的化合物就形成了。也就是說，「互相矛盾的信仰和風俗習慣」凝聚成一個新結構⑰。我認為，某些反文化帶有復古性質。但是，它們已與新的因素和擬想的因素混合在一起產生了與當代主導價值系統尖銳衝突的標準。

九、社會將會傾向於採納對立羣體的某些規範和價值觀嗎？在確定反文化時，時間觀念是至關重要的。正如以前被接受但現在已萎縮或蟄伏的價值觀可能會被當作反文化性的一樣，眼前的有些逆反規範說不定以後哪一天就被吸收進主導文化中去。（當然，其他規範或者消逝，或者繼續做為對立的文化因素而存在。）這一吸收過程無論是做為事實還是它所引起的觀念都影響了反文化羣體的存續，並促成了它們的循環過程。如果我們在時間或空間上站得遠一點，我們就可能發現，一個羣體與它的文化背景的若干相似性及其根源。近距離觀察，我們看到的多是它們的區別和反差。

37

⑺千福年：基督教神學說法，基督將再度降臨並統治人間一千年。見《聖經‧啓示錄》20章1～5節。

　　在本世紀三〇年代，一些「早熟的或有先見之明的反法西斯戰士」或受監禁，或被剝奪職業，或遭放逐。他們中一些人的做法在幾年後的反法西斯戰爭期間被官方政策所採納。在十七世紀五〇年代，英格蘭清敎聯邦（the Puritan Commonwealth in England）的領袖們確信早期美以美會的喧囂派（the Ranters）和掘士派（the Diggers）⑻都是反文化的（有人會說，他們是早熟的民主黨人），無可懷疑，無論在宗敎、經濟、政治，還是其他方面，他們都是如此。很難全面、精確地描述激進的宗敎派別所反對的文化；但是，英聯邦中的保皇黨、貴族及長老會之流在下述問題上是一致的：對私有財產的尊重、上帝的眞實性、《聖經》的眞理性、天堂和地獄的可信性以及等級社會的有利性。「新長老（presbyter）只不過是多寫了幾筆的舊牧師（Priest）」，密爾頓（J. Milton）寫道。不難想像，各階層保守的英國人會對早期美以美會的聖誕歌（1650年）做何反應：

> 「他們空談上帝；人啊人，請相信，根本沒這回事，一切都是自然天成。我們知道，一切都來自烏有之鄉，自然又將使它們回到原來的狀況；他們還不折不扣地大撒其謊，胡說什麼人有永生的希望。如果他們果眞能說出什麼是靈魂，我們甘願皈依這些迷狂的精神病人⑱。」

　　再早一代人，清敎徒們（the Puritans）自己也曾被保皇黨視爲越軌者。清敎徒們那時可謂是早熟的共和黨人，正如後來的結果一樣。他們爲崛起的中產階級利益而奮鬥，反對貴族（也反對無地而靠掙工資活命的那些人），打著建立「上帝之城」（the City of God）的神聖旗號。不僅國王的權力基礎受到了

⑻掘土派（Diggers）：英國十七世紀資產階級革命時間代表無地、少地的農民謀利益的一個激進主義派別。

威脅，而且許多基本信仰都面臨著挑戰：關於自由意志的國教教義被命運信仰所取代；祭壇被搬出教堂，國教的儀式和標誌被罵為「天主教的迷信」。毫不奇怪，那些政治領袖們——如詹姆斯國王一世（King James I）和查理國王一世（King Charles I）和宗教領袖們——如理查德·班克勞夫（Richard Bancroft），倫敦主教（Bishop of Lodon），後來的坎特伯利大主教（Archbishop of Canterbury）——都要把宗教上的異端邪說等同於政治叛亂。然而，鎮壓顯得反而更加激發了清教徒們的反抗。

我們要明智地努力找到分辨那些顯得很可能存續下去和被吸收的反文化因素的方法，因為這些因素包含著重要的社會需要和社會趨勢的徵兆。

十、文化跨社會地發生衝突意味著一種反文化的出現嗎？正如我對這個術語的使用，反文化指一個社會內的規範和價值觀的衝突，而不是指社會與社會之間的這類衝突。對異民族的種族中心主義論斷（ethnocentric judgements）——自以為其他社會的價值標準是愚蠢的、邪惡的、醜陋的——廣泛存在⑲。這些價值標準事實上通常被視為對做人行事的正確方式的顛倒，在這一意義上，它們可以被看作反文化。米德爾頓（J. Middleton）告訴我們，關於最先到達東非的歐洲人的概念，在盧格巴拉人（the Lugbara）的語言裡與身體發生逆變是一個意思。並且，所有這些來自遠方的異種人都被說成「體質變態，吃人，亂倫，有魔法，無結婚財富，不勇武，住在世外」⑳。然而，如果把盧格巴拉人所描繪的他們自己與外來人之間的對立看作反文化的表現，這未免把反文化的意義引申得離我的本意太遠了。各種反文化都出現在某個社會之內，它們是個人所深深體驗到的困惑、迷惘與集體衝突的表現。它們展示了艱苦卓絕地創造一個別開生面的文化天地的努力，它們企求在這個文化天地裡能夠形成新品質新屬性，或者切盼一些纖細的、薄弱的、萌芽的因素能夠圍繞合理的

價值觀和規範得到培育，得到加強。

　　外部文化衝突的特徵常常表現為種族主義，而相對於反文化來說的內部文化衝突實際上有時難以定性。人們在判斷一個羣體的價值是否反文化之前，需要知道在多大意義上這個羣體充分參與到所說的社會中去了。一個羣體的文化強烈反對一個社會的統治力量，而它卻說不上屬於這個社會──這是一回事；一種文化反對它所屬於的那個社會，換句話說，它完全是這個社會的一員──這卻另是一回事。當我們這樣仔細惦量時，「一個社會的成員」就變成了一個異常複雜的概念，很難準確衡量。這裡，我只想建議：在任何完整的反文化定義中都有必要把它當作一個變量考慮。

　　一八七○年至一八九○年，平原印第安人的「鬼舞」(9)（the Ghost Dance）的價值觀和規範就與美國主導文化的價值觀和規範尖銳衝突。現在正在南非青年中擴展的黑人人權運動建立在這一信念之上：官方價值觀臭不可聞。在美國黑人穆斯林（Black Muslims）至遲於六○年代中期所宣稱的一套價值觀中，許多與大社會的價值觀南轅北轍。黑爾·克里什那運動（the Hare Krishna movement）的成員雖然大多出身於中上層家庭，卻接受了一套在許多方面與他們生長於其中的生活模式相反的準則。我想說明的是：這四個羣體一個比一個更充分地參與到它們所生存的社會中，其中「鬼舞」與大社會的聯繫最疏遠，而黑爾·克里什那運動與大社會的聯繫最密切。以此類推，也可

(9)「鬼舞」（Ghost Dance）於19世紀九○年代流行在美國內華達以東至密西西比州的平原地帶的印第安人之中，而「鬼舞崇拜」（Ghost Dance Cult）於19世紀七○年代流行在加州以外一帶的印第安人之中。就巫術意義而言，這種舞蹈和崇拜都象徵白人入侵者開始消失，晚近亡故的印第安人和許多土產，特別是已經絕滅了的水牛，都會重返回來。

以說它們的價值體系一個比一個更富有反文化色彩：

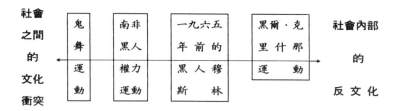

這些例子的配置可能不盡如人意，還可以商榷，但是，上述簡略
的評說可能有助於我們理解社會內部的文化衝突在反文化的程度
上是千差萬別的，有些甚至在極大意義上是一個社會之間的文化
衝突。

　　在下述各章中，我們將要不時地涉及到這十個問題。它們不
可能清晰、完滿地勾勒出反文化的全部範圍。但是，它們無疑有
助於我們在範圍問題上趨向某種程度的一致。

文化　次文化　反文化

　　我們需要搞清反文化的文化特性。在林林總總的文化定義
中，我比較傾向於那些總的來說把文化當作一幅藍圖
（blueprint），當作一系列規範性指南（normative guidelines）的
定義。用克拉克洪（C. Kluckhohn）和凱利（W. H. Kelly）的話
說，文化是「所有歷史地創造的生活方案（designs for living）的
總和──顯現的和潛在的，理性的、非理性的和反理性的，它們
做為人們行動的潛在指導而存在於任何特定的時期㉛。」

　　那麼，相比而言，反文化是所有情境性地（situationally）
創造的生活方案的總和──它們形成於社會動蕩和社會內部發生

40

衝突的背景中，是對那些歷史地創造的方案的顛倒，並處於與其尖銳對立的狀態。

　　文化和反文化的這種定義都對規範和行為做了區分。這種區分似乎再明白不過了，但是，這裡有一種把文化看成一個民族或一個羣體的「生活方式」（the way of life）的強烈傾向，並因而帶來了另一個問題：「生活方式」是指實際的行事方式，還是指依照相類羣體的準則應該如何行事的方式，這一點非常含糊。林頓（R. Linton）曾嘗試澄清這個問題，他的做法是分辨「文化事實」（real culture，社會成員的實際行為）、「文化結構」（culture structure，衆多事實所體現的形式）、「理念模式」（ideal patterns，人應該如何作為的普遍觀念）⑬。

　　行為部分地由文化所引起，並且部分地與文化相協調，但是，也部分地由交互作用的環境和個人傾向所引起。如果籠統地提「文化事實」，這些區別就被掩蓋了。清楚地意識到做為行為藍圖的反文化與把這種藍圖做為範本的那些人的實際行為之間的區別，具有同樣重要的意義。有些人的行為（behavior）與反文化指南一致，可是他們並不把這些指南當規範（norms）而接受。他們對主導性規範的違犯是默頓所說的越軌，但是他們並不曾向反文化規範認同。另一些人或許在觀念上有這種認同，行動起來卻向主導價值標準看齊。

　　或許這些區別可以通過展示信念和行為的多種組合可能性而得到說明，正如**圖表２·２**所示。

是否信服反文化規範

		是	非
是否按反文	是	反文化人士	越軌闖禍者
化規範行事	非	潛在或隱藏的反文化人士	正統人士

（圖表２·２）

當然，這樣一個表格過於簡化了複雜的情況，沒有考慮模糊帶和邊緣現象——它們或許還是眾數；但是，它畢竟突出了區別行為·與規範的必要性。這四種組合包含著一套套各不相同的原因和結·果·。

41

大多數當代社會在一定程度上是根據種族、區域、階級、職業等界線來劃分的。如果這些界線能夠做為足以區別亞社會（subsocieties）的穩定而深刻的標誌，那麼，注意這種劃分是必要的。綜觀這些社會結構的界線，可以看到，它們所體現的是不同強度和廣度的文化差異。一個在語言、宗教和經濟生活上有自己的特色，並且又聚居在一起的種族羣體，很可能在規範、價值觀、物產、所關心的歷史事件等方面都體現出不同於主導文化的民族特色。其他類別的羣體內部可能就沒有這麼廣泛的一致性了，例如一個職業羣體，其內部共享的不過只是一定的詞彙，對特定技術的推崇和一些觀念。無論就對一致性達到何種廣泛程度的羣體而言，只要次文化能夠表徵一種社會關係的網絡，這個概念就是有意義、有價值的。

除了審視次文化（subculture）與反文化·的關係，我在這裡不打算過多地討論次文化的概念問題㊿。很清楚，次文化不能納入反文化之內。一個種族羣體的宗教觀、語言模式、飲食嗜好和其他規範別具一格，這些基本上不是與它所處的大社會發生衝突的產物，而是亞社會內特有的社會化和相互影響的結果。生長在這樣一個亞社會的孩子們的個人傾向不曾被導入大社會的規範系統却具有自己的形成過程。

反過來說，反文化是否該納入次文化之內呢？這個問題就不那麼清楚了。人們做出何種回答，這主要看他是想強調這兩個概念之間的共性，還是差別。兩者都指不像總體文化那麼包羅萬象，並且在某種程度上與它區別開來的規範系統。但是，反文化主要由它對主導規範的顛倒來界定，而這一特徵在次文化中則只

是偶然的，甚至是不存在的。

　　依我之見，我們應該在承認這兩個概念所指的現象在經驗上有時難解難分的同時，適當地從分析的角度區分這兩個術語所涉及的社會過程。各種反文化都是危機性的（emergent）現象，它們並非植根於傳統的亞社會、種族團體、職業羣體或其他相當穩定的社會單元。通常，周圍社會的變遷導致反文化的急驟發展；而次文化的演進總是要緩慢得多。因為它所表現的規範和價值觀是對大社會的規範和價值觀的極端改變，所以，反文化傾向於既由它們自己來界定，又要由相關的方面來界定，它們自己的規範系統與它們所反對的規範系統在界定中具有同樣重要的意義。

42　　　　一個羣體的成員的行為既可能表現出文化的因素、次文化的模式（反映著鮮明的階級分野或不同的種族背景），而一些人還可能表現出越軌行動，甚至反文化的價值觀。在其引人入勝的文集《騙子和淫穢籃子：論伊麗莎白時代的下層生活》（*Cony-Catchers and Bawdy Baskets: An Anthology of Elizabethan Low Life*）之中，薩爾加多（G. Salgado）不僅滙集了關於「一個有自己統治規則和統治者的亞社會」的描述，而且滙集了關於階級差異和個人越軌行為的描述。這種經驗層次上並不罕見的混合現象（mixture）不應該阻止我們做必要的分析。

　　我將在下面的章節裡討論「對立語言」（anti-Language）這一概念。哈里迪（M. Halliday）在他直接以此為題的文章中說，對立語言是不屬於任何人的母語的語言。它做為一種應急的言語形式使它的使用者與對他們來說充滿傷害並因而受到憎恨的社會保持距離；它被用以反對這一社會。它是第二語言。與此類似，反文化是沒有土著的文化。雖然它也會吸收另一文化，但是，一套逆反的規範系統是一些人從衝突和困惑中發展而來的，他們先前受過大社會的價值觀的社會化。儘管曾經受到薰染、訓

誠，但是他們與這些價值觀契合的努力受到了某種阻滯，因而，他們轉而否定它們的可行性，或者鄙視它們。

進行這種對照的另一方法是指明反文化人士爲異端分子，而不是異己分子或外國人——均取這些術語純粹的描述性意義(54)。

在這裡可能還應該說到另一個有用的概念。「選擇性文化」（alternative culture）這個術語現在已相當流行，其原因一方面是爲了避免提到觸目驚心的反文化，另一方面是爲了把它納入各種大相徑庭的多樣選擇。在這後一層意義上，次文化和反文化都可以看作新的選擇。

依我之見，我們會明智地不用選擇性文化做反文化的同義詞甚或取而代之。按其通常的用法，另闢蹊徑是指通過另一條路到達目的地，「殊途」，但「同歸」。而反文化之路指向的是另一個目的地——相反的目的地。

林頓曾在更嚴格的意義上使用選擇性文化這個術語，用以指這些行動模式：按照主導標準衡量，它們不普遍也不受歡迎，但至少是可以接受的，並被看作大文化的一部分(55)。也僅僅限於這一意義上，我才會使用這一概念。

這幾個概念的特徵及其相互關係可以用**圖表 2・3** 說明：

反文化的衡量

只有當我們確認了基本因素並懂得如何衡量它們時，我們才有望建立適當的反文化理論。衡量（measurement）以定義爲基礎，又比定義更嚴密。我們如果沒有達到反文化的若干維度（dimensions）的較爲嚴密的衡量，就不可能使我們的定義達到

43

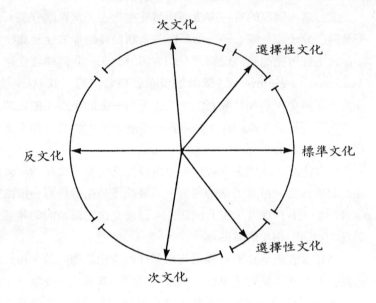

（圖表 2·3）

應有的清晰度。衡量不是取代，而是豐富充分的民族誌式的描述。它使貫穿歷史的和跨超空間的比較成為可能。

看了這些陳述，有些研究者無疑會驚詫萬分，因為衡量之說與他們的世界觀方枘鑿圓。那些把衡量人的行為的企圖視為敗壞人的完整統一性的又一根源的人文學者，也會有同感㊻。以一種盡量減少分析態度的方式來看，我也會驚詫。確認價值觀是被體驗的而不是旁觀的，這很容易。然而，我的主導態度是反對把分析與生活和行動分開。只有當我們審視了選擇的背景和選擇的幅度時，我們才能相信我們的價值觀建立在合理的基礎之上，並發揮著正常的作用。

從知識社會學（the sociology of knowledge）的角度來看
對反文化的辨識和衡量問題，我們發現了可資觀察它們的不同的
立足點。但是，沒有一個立足點可能提供一個足夠豐富的描述
㊗。我在通篇中都將至少依賴四套觀察方式（observations）來
確定並衡量各種反文化：

　　一、擬想的（perceived）：局外人，固守主導文化，
視這種價值觀爲刺耳的反調。
　　二、經驗的（experienced）：參與者，認爲他們的價
值觀與既定的老一套形同水火。
　　三、衡量的（measured）：考察者，系統地記錄並比
較唱對臺戲的羣體與佔多數的羣體兩方面的價值觀。
　　四、解釋的（interpreted）：非正式的考察形成了判斷
的基礎。雖然這些判斷尚未受到檢驗，但是它們能夠使考察
所得之描述變得更精確、也富於概括性。

　　從這些不同角度所獲得的印象有多大程度的一致性——甚或
毫無一致性可言，這本身就是一個重要的社會學問題。所有的盲
人加在一起也不一定能完整地描寫一隻大象，我們不應該把它僅
僅看作一隻矛或一條蛇。我們的大多數關於中世紀晚期和近代早
期的激進派的知識都是由反對者們提供的。而關於當代反文化的
大量議論和著述或者出自堅決反對者，或者出自參予者，或者出
自同情者。我們需要比較這些人的觀點，需要用更系統地收集的
資料補充它們，只有在這一前提下，我們才能增強對當代反文化
的理解。
　　我們已經著手於從人類關係社會學（sociometry）角度研究
主導價值觀㊘，並著手於衡量反文化㊙。對地下出版物、對參與
對立羣體的人的陳述、以及對著作者的褒揚進行系統的內容分
析，可以幫助我們更富有判斷力地處理那些活生生的陳述——無

44

論是正面的，還是反面的，它們都是一種更爲普遍的定性形式。

有鑑於此，馬斯格羅夫（F. Musgrove）設計出一些測驗反文化價值觀的量表（scales）。它們對於衡量逆反標準來說是頗爲有用的。答卷者被要求對一套共四十八個陳述分別表示同意或不同意。他認爲，當對這些問題的回答進行分析時，蘊含著基本的反文化價值觀的五個因素就突出來了。有三個因素至少從數學上看是相當明晰的：支持快樂道德原則和無拘無束的關係，反對等級森嚴和束縛重重；支持簡潔、中立的生活，反對國界的制約；支持流行藝術、神秘主義、手工藝品和孩子的集體撫養，反對組織的規章制度。

另外兩個因素比較複雜。其一，反映對失調的技術增長、汚染和人性淪喪的關心。與此相應的陳述組成了馬斯格羅夫所稱的拉斯金—索塞（Ruskin-Southey）量表。其二，他稱爲戈德溫—謝利（Godwin-Shelley）量表：「這一量表所反映的因素是舛驚不馴的、無政府主義的、改革的、活躍的；它反對條令和貫徹法律的機構；它因不滿家庭的權力結構而批判家庭。它反對國界。它拒絕工作道德原則。它支持淫亂、吸毒和公社⑥。」

下面所引的是馬斯格羅夫用以組成量表的一個樣本（sample）：

> 詩人和神秘人物高於科學家和工程師。
> 我們都需要那些能豐富我們的精神的生動、感人和新奇的經驗。
> 富於冥想的東方生活獨具魅力。
> 現行家庭結構已經過時。
> 教育應該是取之不盡的快樂源泉。
> 工作有趣才值得做。

當然，也有一些相反的陳述：

45

非常遺憾，人們需要人爲的刺激才肯「動」。

我們必須對權威有敬畏之心。

合法婚姻應該保持。

流行藝術和詩歌是極大的騙術。

包容在馬斯格羅夫的量表中的主題與出現在斯帕蒂斯（J. Spates）和列文（J. Levin）所做的對「地下」出版物（underground press）與中產階級報刊的比較性內容分析中的主題相似。雖然在對一打以上的雜誌進行逐句逐句的分析中發現它們之間的內容有極大的重叠，但是，也非常關鍵地發現了它們做爲表現工具的鮮明差異。中產階級報刊的工具主義（instrumentalism）表現在強調成功，強調理性，強調爭取財富的職業奮鬥。而地下出版物則視強調成功爲費力不討好的事，視理智活動爲人生目標的狹隘化，視經濟活動爲剝削——它們認爲所有這一切都導向對更重要的需求的壓抑和對更富有表現性的價值觀的貶損。地下報刊的主要命題是自我表現、關心他人、入會結盟的需要、流連神秘的通常來自東方的宗教和哲學。百分之七十五的項目可以歸入表現性範疇，這就暗示「一種反文化已經確立」；但是，應該一提的是，這些項目在本世紀五〇年代末或六〇年代末的中產階級報刊中並不少見⑪。

另一項對一九七〇年至一九七二年的有關的各期（一些加拿大和英國的地下和「公開」報刊也被考慮進來了）的內容所做的研究，揭示出中產階級報刊不存在一個向更強調表現性價值觀的轉移——這種轉移是羅斯札克、賴克（C. Reich）和其他一些人所曾經預言過的。倒是地下刊物在一九六七至一九六九年、一九七〇至一九七二年這段時期發生了變化，越往後，自我表現的主題越少見，而實用的和政治的主題越常見⑫。

然而，「後工業」（post-industrial）時代的美國文化屏幕

46

是相當難以捉摸的。最近一項哈里斯調查（Harris Survey）顯示了强調表現性價值觀而不是實用性價值觀的强烈傾向：百分之八十九的人說他們在尋求「使他們內心平衡的經驗」；百分之八十一的人想參與「人們在其中合作而不是爭鬥」的活動；百分之九十一的人企求「發揮他們的創造才能的廣泛機會」；百分之七十二的人寧願「來一次大破壞而得以回歸更人道的生活」⑥。今天屬於反文化的，明天可能還是如此，也可能會消失，也可能會流進居於統治地位的文化主流。

　　或許會有這麼一個時期到來，那時，基本價值觀的延續和轉換將受到像天氣和股票市場那樣詳細、充分的監測──這樣完備的監測使我們得以比較四種反響：正統派的價值觀；他們關於反文化人士的價值觀的觀念；反文化人士的價值觀；他們對正統派的價值觀的看法。這將允許我們從比較的角度依賴從研究中心和民意測驗機構源源而來的資料。當然，價值觀問題還會存在。發現氣壓下降、風雨欲來，對某些人來說，可能意謂著野餐將會被打斷，而對另一些人來說，則可能意謂著秋後將會有一次更大的收穫。

第二章註釋

①見英格（J. M. Yinger）〈無序、異化和政治行為〉（"Anomie, Aliena-tion, and Political Behavior", 1972）p. 172。

②考夫曼（W. Kaufman）的話見於沙奇（R. Schacht）所編《異化》（*Alienation*, 1971）p. xlix。

③韋斯特休斯（K. Westhues）《社會陰影：反文化社會學的研究》（*Society's Shadow: Studies in the Sociology of Countercultures*, 1972）pp. 9～10。

④戴維斯（F. Davis）《論青年次文化：嬉皮變異》（*On Youth Subcultures: The Hippie Variant*, 1971）p. 4。

⑤同④，pp. 14～15。

⑥施萊特（P. Slater）《追求孤獨：轉折點上的美國文化》（The Pursuit *of Loneliness: American Culture at the Breaking Point*, 1971）p. 100。

⑦同⑥，p. 103。

⑧加德納（M. Gardner）〈評亞當·斯密的《腦力》〉（Review of *Powers of Mind*, by Adam Smith），載於《紐約書評》（*New York Review of Books*, Dec. 11, 1975）p. 46。

⑨達維多夫（Y. N. Davidov）〈反文化——是發展的徵兆，還是腐朽的標誌？〉（"Counter—Culture—A Symptom of Development or an Indica-tion of Decay?" 1978）未刊稿，p. 19。

⑩威德（D. L. Wieder）和齊默爾曼（Don H. Zimmerman）〈代的經驗和頹廢派文化的發展〉（"Generational Experience and the Development of Freak Culture"），載於《社會問題雜誌》（*Journal of Social Issues* 30），No. 2（1974）。參見曼海姆（K. Mannheim）《知識社會學論集》（Essays in the Sociology of Knowledge, 1952）。

⑪見阿德勒（N. Adler）《潛流：新生活風格與唯信仰論者的人格》（*The*

47

Underground Stream: New Life Styles and the Antinomian Personality, 1974）p. 44；參見米勒（R. Miller）《波希米亞：基本文化的過去和現在》（*Bohemia: The Protoculture Then and Now*, 1977）第 3 章。

⑫由利普塞特（S. M. Lipset）引自思羅爾（C. A. Thrall）和斯塔爾（J. M. Starr）合編的《技術、權力與社會變遷》（*Technology, Power, and Social Change*, 1972）p. 86。

⑬參見戴維斯（F. Davis）《論青年次文化》（*On Youth Subcultures*, 1971）；米爾斯（R. Mills）《年輕的局外人：對選擇性團體的研究》（*Young Outsiders: A Study of Alternative Communities*, 1973）；雅布隆斯基（L. Yablonsky）《嬉皮概覽》（*The Hippie Trip*, 1968）。

⑭參見斯塔爾的〈和平友愛的一代，學院青年對色情和暴力的態度變化〉（"The Peace and Love Generation: Changing Attitudes Toward Sex and Violence Among College Youth"）載《社會問題雜誌》（同註⑩）。

⑮米爾斯，同註⑬，pp. 104～8。

⑯參見作者的〈反文化與次文化〉，載於《美國社會學評論》，1960 年 10 月，第 629 頁。這是一個特定場合的理論定義。只有考慮到文化的、性格的和結構的因素，考慮到至為重要的它們三者之間的相互作用，才有可能完整地得出反文化的定義。在文化層面上，定義涉及直接影響反文化興起的個體傾向。嬰兒是被生在一種文化中，而我們又都在某種程度上影響了文化環境，這是一個常識。然而，一個人不是被生於一種反文化中，而是後來投入到其中，幫助形成它，以反抗他本來的文化。定義的第三個因素是社會結構和與它同在的互動。我們給反文化下定義不可能不總是參照它與大社會以及大社會的文化的關係，反文化無一不是從這種關係的背景中產生並發展的。

⑰出自克拉克洪（C. Kluckhohn），見派森思（T. Parsons）和希爾斯（E. Shils）所編《普通行為理論引論》（*Toward a General Theory of Action*, 1962）pp. 395～96。

⑱小威廉斯（R. Williams, Jr.）《美國社會》（American Society, 1970）p.

442；著重點是原有的。

⑲羅克阿齊（M. Rokeach）《人類價值觀的本質》（ *The Nature of Human Values*, 1973 ）。

⑳見馬查（D. Matza）和賽克斯（G. Sykes）〈青少年犯罪與潛在價值觀〉（ "Juvenile Delinquency and Subterranean Values" ），載於《美國社會學評論》26, 1961 年 10 月。

㉑英格〈次文化和反文化〉，1960 年。

㉒埃里克森（E. Erikson）《童年和社會》修訂版（ *Childhood and Society*, 1963 ）pp. 285〜287；凱‧埃里克森（Kai Erikson）在他的《各行其道》（ *Everything in Its Path*, 1976, pp. 79〜93 ）中很巧妙地發揮過這一主題。他說，文化這個術語既指一個民族在行為和世界觀上合羣從衆的方式方法，也指他們「進行新的多樣化重組的方式方法」。

㉓見德利翁（D. Deleon）《做為無政府主義者的美國人》（ *The American as Anarchist*, 1979 ）

㉔默頓（R. Merton）〈社會學的結構分析〉（ "Structural Analysis in Sociology" ），載於布勞（P. Blau）編《社會結構研究的探索》（ *Approaches to the Study of Social Structure*, 1975 ）p. 35。

㉕例如，可以參見伯克(J. Berke)所編《反文化：創造另一種可供選擇的社會》(*Counter-Culture: The Creation of an Alternative Society*, 1969)格洛克(C. Glock)和見拉(R. Bellah)編《新宗教意識》》(*The New Religious Consciousness*, 1976)羅斯札克(T. Roszak)《一種反文化的構成》(*The Making of a Counter Culture*, 1969)伍思勞(R. Wuthnow)《意識改造》(*The Consciousness Reformation*, 1976)。

㉖見雅布隆斯基《嬉皮概覽》(同註⑬)。

㉗伍爾夫（T. Wolfe）《極端措施與毛毛黨人》(1970) p. 120。

㉘格拉克（L. Gerlach）和海因（V. H. Hine）《生活方式的飛躍：美國變化的動力》（ *Lifeway Leap: The Dynamics of Change in America*, 1973 ）p. 184。

㉙萊曼（S. Lyman）和斯科特（M. Scott）《荒誕社會學》（*A Sociology of the Absurd*, 1970）。

㉚希爾斯（E. Shils）《中心與外圍：宏觀社會學論集》（*Center and Periphery: Essays in Macrosociology*, 1975）。

㉛見阿伯利（D. Aberle）〈複雜社會的共同價值觀〉（"Shared Values in Complex Societies", 1950）；威廉斯（1970，同⑱），第 10 章。

㉜見坎德爾（D. B. Kandel）和萊塞（G. S. Lesser）《兩個世界的青年》（*Youth in Two Worlds*, 1972）p. 168；國家兒童署（National Children Bureau）《十六歲的英國人》（*Britain's Sixteen-Year-Olds*, 1976）；揚克洛維奇（D. Yankelovich）《新道德：七〇年代美國青年剪影》（*The New Morality: A Profile of American Youth in the* 70's 1974）；瓦藤伯格（B. Wattenberg）《真實的美國：對凝聚狀態的一次驚人的考察》（*The Real America: A Surpring Examination of the State of the Union*, 1974）。

㉝伯傑（B. M. Berger）《美國探尋：青年問題及其他美國難題論集》（Looking for America: Essays on Youth, Suburbia, and Other American Obsessions, 1971）p. 41。

㉞巴布科克（B. Babcock）編《可逆的世界》（*The Reversible World*, 1978）；伯傑（P. Berger）和伯傑（B. Berger）"The Blueing of America"，載於《新共和》（*New Republic*, April 3, 1971）p. 20；雅布隆斯基《嬉皮概覽》（同⑬）p. 320；英格〈反文化與次文化〉（同⑯）

㉟見默頓（R. Merton）和尼斯比特（R. Nisbet）所編《當代社會問題》（*Contemporary Social Problems*, 1966）第 15 章。

㊱賽克斯（G. Sykes）和馬查（D. Matza）〈中立化的技術：一種犯罪理論〉，（"Techniques of Neutralization: A Theory of Delinquency", 1957）。

㊲參見揚（F. Young）〈逆動的亞體系〉（（"Reactive Subsystems", 1970）；康特（R. Kanter）《承諾與共同體：社會學視野中的公社和烏

托 邦》（ *Commitment and Community: Communes and Utopias in Sociological Perspective*, 1972 ）。

㊳特納（ R. Turner ）〈公眾關於抗議活動的觀念〉（ "The Public Perception of Protest", 1969 ）。參見奧爾森（ M. Olsen ）〈社會抗議行動在觀念中的合法性〉（ "Perceived Legitimacy of Social Protest Actions", 1968 ）；利普斯基（ M.Lipsky ）〈做爲一種政治策略的抗議活動〉（ "Protest as a Political Resource", 1968 ）。

㊴霍羅維茨（ I. Horowitz ）和利博維茨（ M. Liebowitz ）〈社會越軌和政治邊緣地位：探索給社會學與政治學的關係重新定義〉（ "Social Deviance and Political Marginality: Toward a Redefinition of the Relation Between Sociology and Politics," 1968 ）。

㊵摘自辛普森（ G. E. Simpson ）和英格（ J. M. Yinger ）《種族的和文化的少數羣體》（ *Recial and Cultural Minorities*, 1972 ）p. 666。

㊶萊曼（ S. Lyman ）《七大罪惡：社會與邪惡》（ *The Seven Deadly Sins: Society and Evil*, 1978 ）p. 3。

㊷古爾德納（ A. Gouldner ）《西方社會學面臨的危機》（ *The Coming Crisis of Western Sociology*, 1970 ）。

㊸伯克（ H. S. Becker ）《局外人：越軌社會學的研究》（ *Outsiders: Studies in the Sociology of Deviance*, 1963 ）pp. 8～9。他在該書中進行了全面的討論。

㊹文化可變性的限度一個時期以來在文化人類學中受到廣泛關注。我在此只想增補一個參考資料。羅威（ R. Lowie ）說：「雖然外在表現存在不可否認的差異，但是，關於基本的人際關係，野蠻人與文明人展示了同樣的情操。被奉爲得體的社會活動是規範式的，不是失控的自我放縱，而是適時適地的收斂；不是粗野，而是友善；不是無視左鄰右舍，而是關心他們。所不同的基本上只是這些情操所適用的羣體範圍（ the extent of the group ）。」──轉引自詹寧斯（ H. S. Jennings ）等《關於人種問題的科學觀點》（ Scientific Aspects of the Race Problem, 1941 ）p.

233，着重點爲我所加。

㊺威廉斯《美國社會》（同⑱）p. 420。

㊻華萊士（A. Wallace）〈復興運動〉（"Revitalization Movements）載於《美國人類學家》58，1965 年 4 月，p. 265。

㊼華萊士（A. Wallace）《宗教：一種人類學的觀點》（*Religion: An Anthropological View*, 1966）pp. 210～1。

㊽轉引自希爾（C. Hill）《被顚倒的世界：英國革命時期的激進思想》（*The World Turned Upside down: Radical Ideas During the English Revolution*, 1975）p. 184。

㊾參見薩姆納（W. G. Sumner）《民俗模式》（*Folkways*, 1906）；萊文（R. A. Levine）和坎貝爾（P. T. Campbell）《種族中心主義：關於衝突、種族態度和羣體行爲的理論》（*Ethnocentrism: Theories of Conflict, Ethnic Attitudes and Group Behavior*, 1972）；蘭特納利（V. Lanternari）〈種族中心主義與意識形態〉（"Ethnocentrism and Ideology," 1980）。

㊿米德爾頓（J. Middleton）《盧格巴拉人的宗教：東非一個民族的儀式和權威》（Lugbara Religion: Ritual and Authority Among an East African People, 1960）p. 236。

(51)克拉克洪（C. Kluckhohn）《文化與行爲》（*Culture and Behavior*, 1962）p. 54。

(52)林頓（R. Linton）《人格的文化背景》（*The Cultural Background of Personality*, 1945）pp. 43～53。

(53)見阿諾德（D. Arnold）編《次文化社會學》（*The Sociology of Subcultures*, 1970）；法恩（G. Fine）和克萊曼（S. Kleinman）〈對次文化的再思考：一種互動論的分析〉（"Rethinking Subculture: An Interactionist Analysis", 1979）；克拉克（M. Clarke）〈論次文化概念〉（"On the Concept of 'Subculture'", 1974）。

(54)見羅伯茨（K. Roberts）〈探討把反文化做爲普通概念〉（"Toward a

Generic Concept of Counter-Culture", 1978）p. 120；哈里迪（M. A. K. Haliday）〈對立語言〉（"Anti-Languages", 1976）；薩爾加多（G. Salgado）所編《騙子與淫穢簍子：論伊麗莎白時代的下層生活》，1972 年。 50

(55)林頓（R. Linton）《人之研究》（*The Study of Man*, 1936）第 16 章。

(56)韋伯（M. Weber）《馬克斯・韋伯文選》（From Max Weber, 1946）第 5 章；伯傑（同㉝），對這個問題做了有益的討論。

(57)默頓（R. Merton）〈個中人與局外人：知識社會學之一章〉（"Insiders and Outsiders: A Chapter in the Sociology of Knowledge", 1972）。

(58)例如，羅克阿奇（同⑲，1973）；揚克洛維奇（同㉛，1974）；小威廉斯（Robin Williams, Jr.）〈價值觀概念〉（"The Concept of Values", 1968）；麥克里迪（W. McCready）和格雷利（A. Greeley）《美國人的至上的價值觀》（*The Ultimate Values of the American Population*, 1976）。

(59)除前面提到的作品如斯塔爾（同⑭，1974）；瓦滕伯格（同㉛，1974）；威德和齊默曼（同⑩，1974）；伍思羅（同㉔，1976b）之外；還可以參見馬斯格羅夫（F. Musgrove）《迷狂與神聖：反文化與開放社會》（*Ecstasy and Holiness: Counter Culture and the Open Society*, 1974）；斯帕蒂斯（J. Spates）〈反文化與主導文化價值觀〉（"Counter-culture and Dominant Culture Values", 1976）；斯帕蒂斯（J. Spates）和列文（J. Levin）〈搖滾樂、嬉皮、頹廢的一代與美國中產階級：對價值觀的一項分析〉（"Beats, Hippies, and the Hip Generation and the American Middle Class: An Analysis of Values", 1972）。

(60)馬斯格羅夫（同(59)，1974）p. 91。

(61)斯帕蒂斯和列文（同(59)，1972）p. 342。

(62)斯帕蒂斯（同(59)，1976）。

(63)克利夫蘭（Cleveland，美國俄亥俄州）：*Plain Dealer*，5 月 17 日，1979，p. 22A。

第三章
反文化的多種根源

51

　　個別反文化所採取的形式和所呈現的強烈程度可以部分地由其所處的特殊環境來解釋——在當代世界，可以由二次世界大戰後（而在美國，又多了一個越南戰爭後）的幻滅來解釋；可以由富裕生活、都市化和教育普及來解釋；可以由在消費著多種大量合法藥品的社會中有非法藥品被利用這一事實來解釋；或者由其他境況中另外的一些因素來解釋。然而，除此之外，我們還應該考慮到對人類來說反覆或經常發生作用的那些根源（sources）。後者將是我們在這裡的注意的焦點。通過確認這些具有最普遍意義的，在許多時期和地區都可以見到的根源，我力圖促使我們進一步理解做爲人類經驗不可分割的一部分的反文化。

　　儘管人們可以通過分析來區別反文化的根源（the sources of countercultures）及其表現現象，但實際上，後者中的一部分往往又回流到它們所由出的社會文化環境，成了後續反文化過程的根源。在第一種情況下，這種過程是社會變遷的晴雨表，是一個社會正承受沉重壓力的顯示器。某些條件——我將在下面予以概述——創造了那些特別可能發現、接受並宣揚反文化價值觀的個體。如果這些最容易受到這類條件影響的個體與那些易於受人左右的人進行交流，那麼，哪怕後者對唱反調的價值觀沒有什麼特別強烈的興趣，也可以說一個反文化羣體出現的形勢已經具

備了。如果條件嚴峻，受影響的人數眾多，那麼，這樣的一個羣體或多個羣體將不僅是社會變遷的標誌，而且能夠爲導致變遷的社會運動推波助瀾。

52

　　不過，在本章中，我們僅僅把反文化當作結果來討論。許多種社會變遷都常常要要攪亂一種社會秩序的動態平衡，攪亂特定歷史時期的結構、文化和人格的相互平衡，因而使反文化運動的降臨合乎時宜。在我將論及的諸因素中，沒有哪一個單獨就足以釀成一場反文化運動，不過，有些因素可以說是至關重要的。爲了便於表達，我將把諸因素分爲結構與互動的根源、文化的根源、個體的根源等三個方面。然而，這種條分縷析只是分析性的，而不是經驗性的，絕不能因此而抹煞它們之間的相互作用。

產生反文化的結構的與互動的根源

　　一、經濟因素（economic）。一方面是人們謀生手段的頻繁更迭和調整，一方面是人們追求富裕的成功與挫折。

　　這些情況不僅牽涉著權力的分配和相沿成習的互惠，而且關係到共享的價值觀和規範。經濟的高速增長和相應的政治變革，無論是在工業化社會，還是在發展中社會，都與職業變動唇齒相依，並且極大地增強了職業變動對社會穩定的衝擊①。工作環境的極度刻板和人情味的喪失是人類經濟生活中的一次重大轉折，並且，這種轉折在歷史過程中總是與反文化聯繫在一起。馬斯格羅夫（F. Musgrove）在他對經濟變化和增長的六個階段的考察中發現，反文化傾向與其中五個階段聯繫在一起②。馬斯格羅夫認爲，文藝復興時期也許不合乎這種模式，因爲它不是一個伴隨著大批移民和大量人口增長的時期，而其他幾個時期則是如此——這說明多種影響因素之間是互相依存的。

經濟的變革和反文化的發展相聯繫的性質是複雜的。一方面是高速發展的經濟展現了燦爛的富裕前景，一方面是相應的職業變動提出了棘手的調整問題。有充分的材料證明，在西方世界近些年反對既成經濟制度的人中，家庭優越者佔很高比例。此外，正如弗拉克斯（R. Flacks）、韋斯特比（D. Westby）和其他人所指出的，這些家庭更傾向於是反新教的和人道主義的。它們看重批判意識、自主精神和中間偏左的政治觀點。這些家庭中的父母很少是經商的，而大多是從事律師、醫生等專門職業的。出身於這些家庭的學子最通常的是攻讀非職業性的專業，所學習的課程也最大程度地遠離法人組織結構的經濟基礎，這與他們的父母相對獨立於這種結構正相吻合。不過，他們的獨立在部分上是虛幻的，因為隨著就業大軍的增長，與他們的教育水平相應的就業機會，特別是技術領域之外的這種機會，正在不斷萎縮③。在美國歷史上，極大比例的中產階級子弟或許要首次面臨不如父輩富裕的可能性。

身處「外圍」（being on the "periphery"）所受的這種衝擊不只是職業變動的一個結果。源於他們家庭的價值觀和興趣無形中促使這樣一些學生偏向於部分學科，而這些學科又使他們特別容易受到這種變動的損害。

還有其他更普遍的影響。「第二十二條軍規」（A "Catch-22"）是與富足（the abundance）聯繫在一起的。也許達到富足有賴於工作努力和技術純熟，再加上不錯的運氣和出身，而在一個富裕（affluent）的社會，工作和技術上的有些因素則不是現存具備的。有些至關重要的資源，在一個社會已經變得仰仗於它們時，結果卻發現它們是不可更新、不可替代的。並且，最關鍵的是，人的各種慾求往往超越哪怕是快速增長的資源。雖然需要的滿足越來越充分，短缺卻依然在不斷擴大；雖然經濟條件得到了實實在在的改善，那種對生活的清苦感卻與日俱增。對一些人來

說，所謂經濟上的成功原來只不過是一種欺騙和一場災難，無論
就其所許諾的多於其實際實現的（應考慮到人們不斷膨脹的胃
口）而言，還是就其過程中所產生的醜惡和貪婪而言，都給人這
種感覺。馬斯格羅夫曾言及一些反文化人士所特有的無政府主
義、對權威和家庭的冒犯、對職業道德的置之不顧以及對公社生
活和毒品的鍾愛。他還曾言及另外一些人，他們儘管壓根兒不是
無政府主義者，但是，他們對環境和生態的關注、對技術的漠
視、對工作應富於表現性和人道的要求，導致他們棄絕既定的經
濟秩序④。他所描述的這些唱反調的人和事是與十九世紀初英國
的經濟增長和工業化聯繫在一起的。

　　一個半世紀之後，同樣的反調在一個富有的美洲奏響。一場
環境保護和技術抵制運動聲稱現行經濟秩序的基礎是被人扭曲了
的價值觀。與此同時，這種反文化的一個快樂主義變種（a
hedonistic version）──它對富裕的承諾比對富裕的代價更為
注重──則從恰恰相對的方面攻擊這一經濟秩序。「舊文化的
核」，施萊特（P. Slater）寫道，「是經濟短缺」。

　　　　「這種文化中的一切都基於這樣一個同樣的假設：這個
　　世界不具備滿足寄居其中的人類之需求的必要條件。以此而
　　論，人們為了攫取有限的資源必須你爭我鬥──如果萬不得
　　已，謊言、欺詐、竊奪以至殺戮，無不可資利用。……舊文
　　化的根本毛病顯然在於資源短缺事實上是一種假象──就身
　　體滿足而言，這是人為的；從物質產品而言，這也是人的意
　　願許可或維護的。……新文化則基於這樣一個假設：人類的
　　重要需求易於被滿足，並且，可資利用的資源綽綽有餘。爾
　　詐我虞是不必要的，而對人類的唯一危險是人類對自身的侵
　　犯行為。固執地不讓和平之歌響徹環宇，不把生命投入到歡
　　樂與美的耕耘之中，其根源不外是人性的扭曲」⑤。

如果施萊特曾經追問過需要和慾望究竟是否很容易被滿足，

並且曾經對被扭曲的人性所表現出的智巧和粗暴深思熟慮過，他對「舊文化」的反對可能就有所不同。鑑於人類及其環境所付出的巨大代價，舊文化的生產力才會成爲批評的對象。實際情況大出意料，所謂「充足經濟」（economy of abundance）在他及其同道身上釋放出充分的樂觀主義。他的異乎尋常的言論使他聽起來就像一個反文化的羅曼·文森特·皮爾（Norman Vincent Peale）。我們的問題並非高深莫測。可以說離拯救只有七步之遙。勿庸贅述，大家的步子不會踏在同一條道上，但是，大家的心情是相似的。

　　二、人口學方面的因素（demographic factors）。人口在幅員、地望、年齡結構和兩性比例上的變化。

　　　「幸福在於活躍，年輕如在天堂」。

　　　　　　　　　　——威廉·華茲華斯：《先聲》

　　　　　　　　　（ William Wordsworth: *The Prelude* ）

　　在他對法國大革命洋溢著青春的熱情的文辭中，華茲華斯提示我們，絕大多數革命的和反文化的運動是由熱血青年，特別是熱血男兒領導的。錄像機向我們展示今天，歷史記錄則向我們敍述昨天。舉例來說，在英國內戰時期的大多數極端的宗派人物在戰爭結束的時候還不到三十歲。布爾什維克革命的領導人決心獻身革命時的平均年齡是十七歲，儘管他們取得權力時已年長了許多⑥。

　　如果有其他因素推波助瀾，擠滿了年輕人的社會或社區大有可能湧現唱反調的運動⑦。年輕人的集中幾乎總是反映出這樣一個時期：人口的高速度增長降低了人口平均年齡。英國人口在一六○○年和一六四○年之間發生了高速增長，這正是一個宗教的

和政治的反抗變得日益嚴峻的時期。從一八八○年到一九三○
年，德國人口的平均年齡穩步不降。「當大蕭條襲來的時候，勞
動力市場充斥著年輕人，他們構成了德國歷史上最大的潛在勞動
大軍⑧。」

55

被人口學家稱爲「混亂的同輩人流」（disordered cohorts
flow）就產生在低出生率緊隨其後的一個簡短的增長期。其原因
在於人口突然增加，一下子湧上了一個年齡階梯，而不是像先前
一樣存在一個個較小的年齡羣體的依次相續。一九八○年的美
國，十五歲至三十歲之間的人就比十五歲以下或三十歲至四十五
歲之間的人多幾百萬。

並不是數量本身導致了釀成反抗運動的傾向。當年輕人的比
例越是增長，把他們吸收到制度結構，特別是吸收到職業行列中
去通常就越是困難，因爲人的社會角色方程式失去了平衡。韋林
（J. Waring）強調說，年齡羣體隨著年齡的增長，不僅自自然
然地佔據並空出一定的年齡層，「而且按部就班地進入或退出帶
有年齡區別色彩的角色系統中的位置」⑨。如果只有一百個位置
被空出來，卻有一百五十個人湧來填補它們，這就不可能不滋生
事端。混亂的同輩人流（disordered cohort flow）所造成的後
果當然要受到任何一種相隨的變化的影響，如可選擇的工作種
類、教育體制（影響人的導向和素質）、被承認合格的個體（如
婦女和少數民族可能被允許進入職業競爭大軍）等等方面的變化
都能產生影響。這些變化可能會緩和人員與社會角色的失衡，但
是，當成長起來的青年大軍比通常更龐大而不是更少量的時候，
他們更大的趨勢是加劇這種失衡。

赫利希（D. Herlihy）問，在中世紀的歐洲社會爲什麼有那
麼强有力的反抗家庭的情緒和那麼衆多的宗教異端？從十一世紀
直到二十世紀中儘管時有不同，但總的說來，人口增長是快速
的。文化的理想（cultural ideal）是一個穩定的社會，其中兒子

們要循序漸進地取代父親們。但是，當兒子比父親多，盯著位置的人比可資利用的位置多時，文化理想就無法達到⑩。要求社會秩序發生天翻地覆的變化的運動就是從這些人口學的事實所滋長的。

人口壓力並不是被一個社會的各個部分同樣感受到的。年輕人在一些特殊情況下可能特別集中。在南非的黑人城「索韋托」（Soweto）的居民中，一半以上處於二十五歲以下，他們遭受了幾乎一切暴力和法律制裁。他們中的一些人變成了政治上的左派和極左派；另一些人則維護一種高度簡樸的生活方式——它與流行的模式形成鮮明對照，並努力通過說明和強制手段去推行它⑪。在一個美國東部城市的黑人社區「布萊克斯通」（Blackstone），平均年齡低於十八歲⑫。反常的以及不同尋常的行為在那兒司空見慣。歐洲、日本和美洲的許多大學的在校生都超過了二萬人。甚至在小校園裡，年長的人與年輕人之間的聯繫也被居住及其他變化減少了。然而，既然在反文化群體的發展與學生人數的幅度之間只存在一個極低的對應關係，那麼，在一個特定的校園裡，人數的直接影響是很小的。最關鍵的是整整一代人的多寡。

一定幅度的年齡群體所產生的社會衝擊與其他因素是密切互動的，這一點通過對年齡（生命圈——Life cycle）、代（qeneration，或同輩群體——cohort）、時效（period effects）的分析可以看得很清楚⑬。例如，二十至二十四歲的人受到社會中與其年齡組相聯繫的地位和角色的影響；但是，當他們沿生命圈順時移動時，它們繼而又被後來者所取代。隨著他們年歲增長，他們又受到他們所屬的代的影響。而且，他們要受到左右所有年齡群體的時效的影響——時效或許會改善生活條件，或許會造成更大的社會混亂。當所有這三個方面的影響都促成一個群體不穩定的時候，一場轟轟烈烈的反文化運動就大有爆發之

56

勢。

如果我們從代的角度審時度勢，這一點最易得到理解⑭。如果形勢趨於使一部分人增強對「我們這一代」的意識，並淡化他們對親族、社區、地位或民族的歸屬感，那麼，反文化大有可能湧現。急驟的社會變革，個人和社會的流動性，紊亂的同齡人羣體，重大的經濟、技術和軍事事件，青年時期所經歷的這一切都能增強一個人對他所屬的「這一代」的認同感。在本世紀六、七〇年代，這些因素極大地影響了世界上許多地區的青年。例如在美國，大學校園生活的重大變化、越南戰爭、電視的廣泛使用、毒品的易於獲得、富裕、對原子時代的恐懼和憧憬，這些都產生了有力的影響。雖然其中有幾個因素對大家來說只是曇花一現的東西，但是，它們對青年具有特殊意義，使他們成其為獨具特質的一代。第二代世界大戰以來出身的人根本不能想像一個沒有原子彈或沒有電視的世界。對於其中許多人來說，富裕是本來就如此的一種狀況。雖然戰爭的最大壓力總是落在青年的肩上，但是，只有當這一戰爭在道義上自相矛盾或令人憎惡時，壓力才被它們感到特別沈重。

57　　伍思勞（R. Wuthnow）在他對全國性和地區性的民意測驗和訪問的分析中顯示，代的這些影響明顯地關涉到人們對近些年的反文化活動的參與⑮。代的概念也被威德（D. L. Wieder）和齊默曼（Don. H. Zimmerman）用於對一個人口稠密的（主要由學生居住的）大學宿舍區的分析。在那些生活不從流俗的人中，有相當大的一部分標榜「怪誕」（freak）價值觀。他們對看重工作成績和經濟保障的傳統態度不以為然──職業意味著自我表現；他們反對按部就班──僵硬的計畫禁錮不期而然的靈感；他們認為傳統的行為方式和道德必然帶來對衝動的壓抑──不斷尋求滿足就是善。這些態度和價值觀，以及相應的行動，「徹底顛倒了中產階級的價值標準」，「與第二次世界大戰之後

出生的中產階級青年的分明以『代』意識爲基礎的經驗有關⑯。」

　　即使是在被作者們描述成「特別適宜」於一種風起雲湧的反文化發展的居住區，也只有少部分青年人倡導越軌的價值觀。這一點提醒我們切莫對代的影響力誇大其辭。

　　雖然他也提到了各種具有代的性質的經驗，但是，伯傑（B. Berger）主要依靠年齡因素來解釋青年價值的變異——無論這些變異是受歡迎的，還是受抨擊的。社會儼然設計好了一種勞動分工，其中，「道德官能」（moral organ）的角色就分配給了年輕一代，「所有成人都忙於在社會等級中追名逐利（不可避免地有他們自己的協議、手段、給予和索取），以致不能讓他們自己專心致志於『理想』。」伯傑認爲年輕人由於頗少受制於家庭、社區及事業的羈絆，或許最能扮演理想主義者的角色，「正是在這種意義和這種理由上，柏拉圖否定了他的哲學家之王的正常的家庭生活，羅馬天主教會否定了教士們的正常的家庭生活⑰。」正如伯格所指出的，某些人因爲把它看作道德發展的一個根本動因，所以肯定這種角色適易於青年；而另一些人恰是因爲認識到脫離制度化的責任意謂著理想主義在道德狂熱的驅策下可以自由地、不負責任地變成侵略性的和恐怖主義的，所以爲之痛心疾首。

　　涉及年齡或生命歷程的人生轉變在各種社會中的表現總是異象紛呈。艾森斯塔特（S. N. Eisenstadt）認爲，人生轉變在工業社會中相當缺乏連續性。當一個孩子離開其家庭進入行業和社會時，就出現了一個轉折：在家裡，他的身份（他是誰）起作用（判斷是特殊性的）；而在行業和社會中，他的能力（他能做什麼）更爲關鍵（判斷是普遍性的）。「青年文化」猶如一座橫跨時常引起麻煩的水域的橋樑⑱。這種缺乏連續性的轉變發生得越急劇，青年的行爲準則就越可能與社會規範相抵牾。

　　當個人逐漸進入一個新年齡組的時候，奠基於年齡之上的對

抗性規範有被放棄的趨勢。反文化的標準爲人進入成年增加了一個轉變過程，所以它們實際上起了「人生通過禮儀」（Rites of passage）的作用。然而，當這些標準或多或少體現了一代人的獨特經驗時，它們就難以消逝。它們深深地紮根於做爲人們終身自我認同的重要根據的經驗。一個人不會永遠十九歲；但是，做爲「垮掉的一代」或「經過越南戰爭的一代」的一員，他終身都銘刻著這種認同。在這種意義上，在同一個年齡檔次中，或許存在著幾代。不過，其中的某一代可能更主要，更引人注目。正是在缺乏連續性的成年轉變過程中，在代的有力影響以及富於衝擊性的時尚形成合力的時期，人口問題對反文化的刺激達到了頂點。

　　在本世紀的第三個二十五年裡，世界大多數國家的人口年齡分布一直都有助於反抗運動的發展。在大部分發展中國家——中國是一個很大的例外，平均年齡的偏低今後幾十年裡無疑將一如既往。發展中國家大量的反抗運動一直都是針對國外的，它們反對帝國主義列強和被視爲掠奪者的發達國家。然而，隨著帝王的倒臺和掠奪機會的減少，針對內部的反抗增長了，並且有進一步增長之勢。新的、不穩定的王朝需要外部敵人，如果把歷史記憶、神話、他們自己的敵對行動、發達國家使用過的舊的和新的統治方式等攪和在一起，他們就很輕易地造成了這種敵人。不過，依我之見，把敵意投射到國外，這將變得日益不容易。國內衝突將加劇，其中一些是爭權奪利的，也有一些是反文化的。

　　在高度工業化的社會，情況則大不相同，並且，既然人口的年齡分布是一個影響因素，那麼這些社會不管怎樣都能指望層出不窮的反文化相對減少。大約在一九六五年，人們普遍認爲；不久，美國的一半人口將處在二十五歲以下。幾乎就在這個時期，人口發展勢頭開始起變化。到一九八〇年，平均年齡超過三十歲，並且，如果現在的趨勢不變，到本世紀末平均年齡將是三十

五歲左右。美國的老年化（灰化）將被證明是比「美國的年輕
化」更爲準確的預計。這並不是說，我們的話意謂著紊亂的同輩
羣體所形成的洪流所造成的後果將不再發生，因爲這些後果並不
限於出現在最龐大的同輩羣體是年輕人的時候。大家可以推測，
到二〇二〇年左右，人口的百分之十六七超過六十五歲，這時，
相當溫和的「灰色美洲虎」（gray panthers）將致力於比較激
烈的老年人運動。儘管這些運動的更大可能是爲了謀求更多地分
享政治權力和經濟財富，然而，我們想說，其中必然有反文化運
動向以青年爲取向的社會的價值觀進行挑戰──這並非聳人聽
聞。

　　同時，當代人口的發展趨勢所產生的影響將變得不那麼激
烈。雖然伊斯特林（R. Easterlin）關於人口形勢的後果未免誇
大其辭，但是，他還是頗有見地：簡言之，一系列社會病──犯
罪、自殺、失業、離婚──隨人們進入工作市場的難易程度而上
升和下降⑲。因而可以說，在本世紀八〇年代，這些社會病的發
生率將有所下降。雖然他沒有做這些聯繫，但是，只要取得所希
冀的教育程度和職業地位的困難是一個影響因素，我們就還會在
眼下的若干年裡看到少量的反文化運動。

　　三、相對剝奪（relative deprivation）。突然湧現的太多的
選擇、希望、夢幻及其實現，必然伴隨著心理的遲滯狀態，伴隨
著實際的喪失或對喪失的極度恐懼。

　　這樣的一系列事件很久以來就一直被認爲是引起革命的一個
因素。我以前也說過，這樣引起的革命通常既包含社會結構和人
格的變化，也包含反文化。無論它們是不是更廣泛的革命的一部
分，反文化運動一般不在這種時候──需要變得越來越難以滿
足，對主導價值觀的追求變得越來越難以實現的時候──發生，
儘管很可能是它們所激起的思想觀念提出了新的行爲標準。反文

化運動更易於出現在需要已經比較充分地得到了滿足和對主導價值觀的追求已經比較充分地獲得了實現的時候。然而，這些滿足和實現的到來慢於希望和要求的增長。當需要和價值觀的滿足條件在一個相當長的時期裡不斷得到改善之後突然來一次緊縮時，情況更是如此。希望和憧憬不斷扶搖直上；它們與現實的差距越拉越開。結果就是一種強烈的相對剝奪感（sense of relative deprivation），儘管根本談不上「絕對」的剝奪。

例如六〇年代的美國學生，他們顯然遭遇到了一些嚴重的喪失或對喪失的恐懼：被認爲不道德的用於戰爭的威脅生命的軍事裝備，擁擠的等級森嚴的大學，謀求專業地位的殘酷競爭。與此同時，他們在許多方面都比其父輩活得好，可惜他們所獲得的一切被看作與更高的憧憬和渴望相去甚遠。他們越是闊氣，通常越享有生活方式上的自由，他們所追隨的性道德（幾十年的一場變化所造成的後果）也就更開放。然而，生活的迅速改進總是使一個人朝前而不是朝後尋找參照標準。例如，被認爲與人們對性樂園的憧憬和想像大異其趣的當代景象可以被描述成僞善的和苛酷的。勞倫斯（D. H. Lawrence）、米勒（H. Miller）、梅勒（N. Mailer）等人爲我們憧憬通過肉體而獲拯救，而這一憧憬又被扭曲、誤解並包裹成「花花公子哲學」，如此一來，既要贏得豐富多彩的性關係，又要使他們與其它價值觀諧調、整合，追求這種目的似乎給人一種治絲益棼的感覺。而且，許多人對新行爲標準的更極端的逆反有一種非常矛盾的心情。通向拯救的便道在被經驗證明也是崎嶇不平之後，常常顯得像是迂迴之路。通過把較強的一面理想化和把較弱的一方漫畫化，造成反文化與文化的一種對照，人們可以暫時壓抑上述那種矛盾心情。

一種獨特形式的相對剝奪感，即身分不一致（status inconsistency）的經驗，值得特別注意。我這裡不打算審視使用這一概念的大量文獻，而只想指出它在促成反文化湧現的過程中

的意義⑳。儘管不同的學者們使用了各種方法來衡量它，並由此
產生了不同的看法，但是，這個概念本身是相當簡單明瞭的：每
個人在社會等級中的地位在傳統秩序中是由收入、權力和聲望這
些因素的結合而形成的，在近代的各種用法中則是由專業和教育
成就、收入和種族身分這些因素的統一而形成的。根據所使用的
特定標準，一個人被一慣地設置在高級的、中級的或低下的地
位，這是一回事；如果牽涉到自我意識和關於他人的觀念，他並
非被一慣地安置在某種地位，那麼情況就完全不同了。高等教育
的意義對於一個高收入和高地位的人來說與對於那些只受到普通
教育而其收入處於中流或偏低的人或其種族受到歧視的人來說，
是很不一樣的。

　　身分不一致產生影響的全部過程尚未充分地被我們所理解，
不過，在我看來，它們似乎呈兩種形態。經驗了身分不一致的個
體傾向於相信他們所得的報酬應該根據他們的最高尺度來決定。
如果不被給予這樣的報酬，則被認為不公正。然而，為之提供的
機會可能更充分地反映了較低尺度的作用。或者，我可能與一個
其身分的不一致正和我的身分不一致相對的人構成相互作用，以
致他的公平恰是我的不公平。一個只受過普通教育的闊人不大可
能像受過很好教育的人那樣強調學術；而是更多地注意他的生意
經和冒險，或他的富裕這一純粹的事實。收入平平的大學研究生
則很可能要反其道而行之。每種人都可能體驗到某種被剝奪感，
只不過相對於他或她所採用的主導標準來說，一種被剝奪感是因
地位而起的，另一種則是因收入而生的。

　　身分不一致的不同類型生發出不同的後果。簡而言之，受過
良好教育而又手中無權且袋中少錢的人士傾向於自由或激進；文
化程度低的闊佬則大有可能趨於保守甚至復古，特別是當他們處
於某種權力的要津時更是如此。當然，除了不一致的程度之外，
其影響力的強度還要取決於許多其他因素。

61

　　有些學生，特別是被嚴格遴選進大學和學院的學生，體驗到相當嚴重的身分不一致，主要是這種不諧調把他們推向了政治的和文化的激進主義。他們大多數曾在他們高中時期的班級裡處於前三分之一的地位。其中竟有三分之二的人在大學班級裡處於後三分之二的地位。大多數還在大學裡保持領先地位的學生之所以如此，只不過是一種老老實實學習的結果，這種結果也不是他們在高中的時候就立志追求的。一些學生主要是通過大眾傳播媒介，另一些學生則主要是通過他們在富有的家庭中的經驗，獲得了對一個意趣盎然的世界的憧憬。可是，身處這樣一個難於進入的世界實際上在他們看來似乎不僅缺乏樂趣，而且簡直就是烏七八糟。

　　在家裡，在進入擇優錄取的大學之前，這些學生的許多人或許分享著與他們的父母相一致的上流社會的優越性。雖然父母地位的基本標誌在某些學院和大學裡還可以以兄弟會、姊妹會、俱樂部、轎車、度假等形式表現出來，但是，總的說來，它們已在相當大的程度上被平民化或平均化了。學生文化不允許一個人沾太多家庭地位的光，並且，教授先生們在對學生們的要求和公正的成績評價上堅定不移地傾向於一視同仁——毫無疑問，這部分是由於他們對學生背景缺乏瞭解。

　　雖然身分不一致本身做為導致反文化傾向的原因還談不上有多麼重要，但是它們增強了我們所討論的其他原因的作用。

　　對相對剝奪和身分不一致的體驗在不同的羣體中表現得極為不同。既然我下面有一章將討論少數民族中的反文化，那麼我在這裡就只想說明這樣一些方式：通過它們，那種經驗有助於解釋像黑人人權運動之類的強烈對抗行為的原因。它並不是一種步步惡化的形勢的結果。在上一個世紀轉折點及其以後的幾十年中，大多數美國黑人在收入、權力、教育以及其他身分變量方面的惡劣處境一直一成不變。一場史無前例的人權運動——它掀起於一

九四四年聯邦最高法院宣判「唯白人有權競選」（white primary）爲違憲的具有重大象徵意義的時期，直到一九六四和一九六五年的《人權法案》達到巔峯——極大地改變了美國黑人的教育、政治和經濟地位。我不想在這裡用具體材料充實這一陳述，而只想指出，他們的政治參與既以選舉的形式，又以坐辦公室的形式急遽增長著；白人和黑人在收入和高級工作的擁有上的差距縮短了三分之一（竟還存在三分之二！）；兩者之間在教育水平上的鴻溝也戲劇性地得到了塡補，特別是自聯邦最高法院一九五四年通過《布朗敎育法案》和六〇年代通過《人權法案》之後，鴻溝縮小得更其迅速。

除了立法和執法行爲之外，當然還有許多其他力量介入進來造成了這些變化。黑人以前所未有的數量遷移到北部、西部和南部的城市中來；產業工會在一九三五年至一九四〇年之間的工作起色在受到第二次世界大戰的衝擊之後，在四〇年代末又重新開始強大起來；民族意識被這一場反對法西斯的戰爭激發起來了；民間人權團體常以其高謀良策贏得巨大的支持；所有這些力量都彼此呼應，結果是愈戰愈強。

正是在這種背景下，黑人人權運動和其他一些更厲害地反對白人的團體脫穎而出了。它們帶著幾許文化逆反的意味，有時成功居多，有時失敗居多，但是它們都能從中受到激勵。一九六五年以後，更多的是失敗，因爲爭取地位平等的運動越來越止步不前了。輕而易舉的成果都採摘殆盡了，特別是關係到參與全國的、公衆的活動，關係到種族隔離標誌的取消之類的問題，它們都如願以償了。而像已成習俗慣制的特權和對待他們的態度這樣一些問題則仍然是老大難問題。越南戰爭消耗了巨大的資源，吸引了舉國上下的注意力，接著又分散了全國的注意力。能源短缺加上其他經濟問題、高層的政治腐敗、曠日持久的世界緊張局勢以及高漲的犯罪率把人權運動推到了在國家戰事日程上一個不起

眼的地方。

63   然而，全美黑人的憧憬和追求並非與這一系列事件同步興起
並沈落。一九六五年之後，在前輩成績的激勵下，它們仍在蒸蒸
日上，愈演愈烈。儘管他們較之第二次世界大戰之前已變得相當
富足，但是，他們的相對剝奪感很強烈。對過去成績的評估，眼
下高居不大的失業率〈兩倍於白人失業率〉，以及種族歧視的根深
蒂固，都促使一些美國黑人——儘管所佔比例較小——相信：只
有在美國的制度上來一次暴風驟雨式的變化，並且對主導價值觀
來一個天翻地覆的改造，正義才有望來臨。有些人從而走上了宗
教鬥爭之路，有些人從而採取分離主義的軍事政治行動。「種族
平等議事會」（CORE, the Congress of Racial Equality, the
Fellowship of Reconciliation 的一個分支），以及「學生非暴力
調解委員會」（SNCC, the Student Nonviolent Coordinating
Committee, the Southern Christian Leadership Conference 的
一個分支），對政策策略突然做出的重要改變就是很好的例證。
這時，粗暴的批評文章出現了，例如萊斯特（J. Lester）的
"Look Out Whitey, Black Power's Gon' Get Your Mama"。然
而，忽視種族平等議事會和學生非暴力調解委員會的發言和宣傳
遠遠超過了它們涉及的暴力行動這一事實，顯然是一個錯誤。就
主要事實而論，它們的反抗是非暴力的㉑。

少數民族成員的相對剝奪感被一種尚未受到普遍重視的身分
不一致增強著。它不僅僅涉及一個社會在其成員中無論公平還是
不公平地分配的收入、權力和尊嚴，而且還包括希望和追求。客
觀上小小的改進也許會導致產生直線上升的希望和要求立竿見影
的夢想。這些改進能釋放出海闊天空的想像。其結果可能是身分
的主觀的方面與客觀的方面之間的割裂———種與諸多客觀標準
之間的不諧調一樣嚴重的割裂㉒。一個統治民族想要保持少數民
族的依附地位，它不僅必須防止他們低水準的收入、權力和教育

突然改觀，還要扼制他們的希望。如果行之無效，它就會遭遇到反抗運動，並且，如果根據所造成的相對剝奪感來評價，它只取得了微乎甚微的成效，反文化這時就會宣傳，它的主導價值系統，而不僅是權力系統，是應該受到詛咒和拋棄的。

美國士兵過去經常唱：「既然他們已經看見了帕尼（Paree），你又怎麼能要他們靜候在田裡？」面對著現代化的千頭萬緒，中國的領導們無疑正殫思竭慮於如何在幾位農民看見了上海（或源源不斷來自香港的親戚們）的商品之後，還能把他們都穩在農村裡。南非政府竭力把一些黑人束縛在農田裡（所謂「部落家鄉」──tribal homelands），而限定其他黑人僅僅在他們的工廠勞動時間內才能待在城裡；棘手的問題是這兩組人都已看見了 Paree 這枚「禁果」。在美國，類似的問題已不存在。只是研究和道德問題滲和到一起了：只要盡快消滅不利於少數民族的種族隔離，就足以使高漲的希望激發出應有的成就嗎？或者說，如果相對剝奪感導致這樣一種不是在少數人中而是在多數人中彌漫的幻滅和苛責，那麼逆反價值觀將會風靡一時嗎？

關於身分不一致對促成反文化潮流出現的意義，有必要補充幾句。雖然證據還不很充分，但是基本上能夠支持這種觀點：美國猶太人──或許可以推而廣之到其他地區的猶太人──在那些支持反文化價值觀的人中總是表現得有過之而無不及（"over represented"）㉓。其部分原因是一個統計學上的結果，一種簡單相關（a simple correlation），因為他們在受過良好教育的中上層階級人士中也顯得「有過之而無不及」，而許多反抗運動恰是興起於中上層階級。然而，另外的部分原因還是由於猶太人文化史的結果。猶太人世世需要付出巨大的集體和個人的天才去應付敵視他們的環境，並在其中求生存。他們由此發展出一種得心應手的「對抗文化」（"culture of opposition"）。──如果這一巨大的思想財富不被重視，做為一個介於自由和激進之間而並

64

不屬於猶太民族的人士（a non-Jew），我一想到這一損失的重大就爲之不寒而慄，因而，我也爲發生在各地的排猶而擔憂。在我看來，這一對抗性文化把一些猶太人捲進了反文化浪潮。

　　然而，在這裡，我感興趣的主要不是純粹統計學上的聯繫，也不是猶太人的傳統，而仍然是被牽涉到的身分不一致。排猶主義（Anti-Semitism）現在在美國雖然大受責罵，但持這種態度的肯定大有人在，它把社會地位與收入、與職業的佔有和教育程度割裂開來。對於如此瘋狂地發生在歐洲的爲時並不遙遠的排猶主義，人們記憶猶新，這種記憶强化了當代種族歧視與偏見的衝擊力。上述記憶引起一種恐懼，而這種恐懼則做爲身分不一致這一復合體之中的一個心理學因素起作用：一個人也許今天在敎育、職位、收入和權力方面一貫地處於中到高層；但是，切不要把這視爲一成不變的形勢；切不要忘記環境是如何在瞬息萬變。猶太人的這種感情持續不斷地被一九七六年奧運會期間的暴力事件增强著，被蘇聯的排猶主義增强著，被阿拉伯國家與以色列之間的衝突（儘管它更多的是地緣政治的衝突）增强著，被美國陰魂不散的種族歧視增强著，以致傾向於像分解結晶體一樣分解身分，並引起一種不公正感。正像美國黑人的那種希望和恐懼一樣，身分不一致的這種心理因素使一些猶太人與替代性的（alternative））和對抗性的（oppositional）生活方式一拍即合。

　　四、孤獨。甚少投身於親密的、有益的社會圈子，如家庭、左鄰右舍、職業羣體㉔。

　　「……我們的研究結果證明，那些造成社會文化分崩離析的最清楚、最直接的有害因素是那些妨礙愛的獲得、妨礙得到承認、阻滯本能、影響對一種道德秩序的歸宿感、挫傷

對自己所作所爲的自信心的因素。」

——萊頓（D. Leighton）等：
The Character of Danger

反文化人士從被剝奪殆盡的人到「可憐的闊少爺」（ "poor Little rich kids" ），什麼人都有，但是他們之間有一種極度的相似：掙脫了父母與孩子之間的紐帶，因而使後者傾心於許多表現逆反心理的形式。當父母把溫情和規矩弄得很融洽時，孩子們會向它們認同，並內化成自己的標準㉕。再直接了當點說，如果一個孩子體驗了溫情而沒有規矩，他就沒有去向父母認同的必要；如果他習得了規矩而缺少溫情，他就沒有認同的感情衝動。當然，這些相互關係要受到它們實際所處的情境的嚴格制約。例如，那種與羣體和社會的模式相矛盾的傳統規矩的訓練——孩子對其中的矛盾是一目瞭然的——可能被認爲是不正當和强制性的。最後顯出原來只不過是縱容而受到冷落的溫情可能被覺得一無是處。

一些人把因掙脫這種紐帶而起的否定性衝動轉向內心。在我們這個時代，這意味著焦慮和自殺率猛增㉖。另一些人尋求團體的幫助，把敵意向外轉化。馬斯格羅夫（F. Musgrove）發現，一個美國大學的學生們——他們在一個反文化量表上積分很高——有一種强烈的社會錯位感和游離感；「積分高的人自我觀念是徹底否定的和孤苦伶仃的㉗。」福伊爾（L. Feuer）把老一代的威信下降當作是有他認爲基本上是個人的戀母情結參與其中的反叛活動的主要原因㉘。他對威信下降的原因的討論顯得含糊其詞，威信下降本身尚需解釋，因爲它不大可能成爲一種反文化長足發展的起點。不過，威信下降看來的確是一個與我們已提到的其他原因共同起作用的要素。

「人過三十，誰也不信。」這話雖然涵義極其豐富，但是就

我們正在討論的問題而言，其旨意爲：我怎麼能相信你們呢？你們拋棄了我們。父母可能被急遽的社會變遷剝奪權威；他們也可能自己剝奪自己。在年輕一代喊出這句話之前，一些富裕者和成功者受成功、錢財或享樂的驅策，「正在忙他們自己的事㉙。」

因受排斥和感情孤獨而產生的後果出現在許多類型的社會裡。在一個包括對一百零一個社會進行跨文化調查並應用其他方法的研究中，羅納（R. Rohner）發現，一定的「發展趨勢」在每一處都顯露出體驗到「他們愛我，他們不愛我」（作者把這話用作標題。）的影響。這一事實與「下述結論正相吻合：在孩子們以及做爲孩子曾受到排斥的成年人之中，父輩的排斥（rejection）就導致敵意、侵犯、被動的侵犯（passive aggression），或者，在處理敵意和侵犯時引起一系列問題；導致依賴；可能還導致感情的冷漠和否定的自我評價（對自尊的否定和對自足的否定）；並且還可能導致否定的世界觀和感情的波峯浪谷㉚。」

羅納的探討對他這樣一個反文化研究者來說並非沒有什麼疑難。我欣賞他爲探索是否存在社會化經驗的普遍屬性而做出的努力；但是，他有幾個術語如果不參照特定的文化是難以界定的。關於排斥所引起的「有害」影響的參照問題，或許應該通過對下述情況——對排斥的反響也許包含了對付它的創造性努力，這些努力可能對其他人有極高的價值，也可能包括了適應變化了的環境的新的文化標準的萌芽——的調查研究來確立。不論創造性的影響和致命的影響是多麼難解難分的混合體，缺乏與親密的社會圈子的感情維繫總是引起反文化傾向的一個重要原因。

代際親密關係的喪失似乎並沒有被「愛」的一代（the "Love" generation）所彌補，他們的孩子有時在溺愛下所受到的忽視，並不下於他們自己曾經遭遇的冷落㉛。

反文化的個人根源

「然而它絕對是無可挑剔的美味！
它竟任人品嚐真乃天大的遺憾！」

————斯湯達爾（Stendhal）：談冰淇淋

當我母親帶我去看《白雪公主》時，每一個人都愛上了白　67
雪公主；我竟對那位邪惡的王后一見鍾情。」

————艾倫（W. Allen）："Annie Hall"

是否有些人對「倒行逆施」的規範、對無論什麼標準的否定特別著迷呢？或者說，這些傾向是否司空見慣，是否由社會生活造成的緊張和煩躁的必然結果呢？或許還可以說，是否這些傾向大量蘊藏於一定的社會條件之中，蘊藏於與社會急遽變化或動亂相聯的緊張徵象之中呢？我認為，對這三個提問的回答都是一個"yes"。要完成向主導標準認同的「充分社會化」，這一向大成問題。有時，環境增加了人口中大部分人，或許就是一「代」（正如我們前面使用這個詞時之所指）人的困難；一定的個體，因其別具一格的經驗，而對「禁果」和「倒行逆施」特別著迷。

重申一遍，做為一般原則，我既不為這些反文化的個人原因歡呼，也不為它們悲傷。人們可以說，感謝上帝給了我們不合時宜的人和事物；如果沒有這些，這個世界會是多麼僵化和平庸啊！他們才是真正富於創造性的。人們也可以說，仁慈的上帝啊，為什麼要有這麼多不合時宜的人和事物？他們是乖戾和悲哀的淵藪；他們把我們攪得四分五裂。或許，我們大多數人覺得這

兩種感嘆被用在不同的時期是必要的。然而，我們在這裡的任務
是努力確證那些使個體趨於創造、宣傳或接受逆反標準的經驗，
從最普遍的到最特殊的，並努力做到巨細無遺。

　　把個人傾向列入反文化產生的根源的陳述需要特別審慎。如
果這種陳述不是在強調制度的、文化的和個人的諸因素之間的相
互依賴關係的場理論（field theory）的上下文中做出的，它們
就很容易引起誤解。參照一些人的騷動和天才，或者甚而參照許
多人共同承受的焦慮來理解主要的社會事件，在我看來，這似乎
過於簡單化了。在極大程度上，在這些個人傾向成為某種原因
前，它們還是其他因素的結果：它們是重大的社會、人口、經濟
和其他方面的變化的產物。然而，這種辯論可能被推得太遠得
點。我們需要檢驗這些理論：它們把心理學和生理學的普遍原則
問題懸置起來，專門探討使一些人趨向對立的生活方式的社會化
中的偶然事件（the casualties of socialization）——從主導秩序
的觀點來看的偶然、異常事件。無論非道德律者（antino-
mians，取其字面意義，指對道德法則的必要性不以為然的人）
是否在任何時代和任何地方都不乏其人，我們都無可懷疑在我們
的時代存在著大量可以據以建構反文化的素材。為什麼有些人受
新標準的吸引，而另一些人則受它們的壓迫？一種關於反文化的
理論必須考察旨在推行對立規範的運動與個體人格之間的聯繫幅
度。

　　許多作者在心理學的層面上對反文化做了一個類比
（analogue）。佛洛依德以他全部的工作，探討了一種隱藏在人
的心靈深處的存在，它總是與可見的人自身做對，並與表示出來
的觀點、價值觀和顯在行為相抵悟。佛洛依德把我們全看作對於
冒犯規範的行為躍躍欲試的人，因為——正如他所指出的——
「被我們得意地稱作『我們的文明』的東西實際上對我們的不幸負
有主要責任」，它總是抑制起於強烈衝動的活動。「既然文明把

這麼重大的犧牲不僅強加在人的兩性關係上，而且還強加在人的侵犯衝動上，那麼，我們能夠更好地理解為什麼人在此等文明中難得幸福㉜。」

雖然佛洛依德是在一九三〇年前後寫這話的，但是他還一直堅持下述現在已變得過時了的觀念：「原始人在不知道什麼是對本能的禁錮這一點上是幸運的。」然而，他緊接著又通過強調原始生活的不安全來限定了這一陳述；然後，他又證明「在原始家庭裡，只有一家之主享受到這種本能的自由」㉝，這幾乎推翻了這一陳述。因此，對佛洛依德來說，對文明的敵意是常在的。上述限定把他的觀點擴展到包括部落社會的大多數人。現代人將自己與原始人比較之後，發現原始人要自由得多，並且他們還認為，技術從來不曾為他們的生活增添什麼滿足。事實上，我們與之糾纏的不僅有「文明及其缺陷」，而且還有人性及其缺憾。

正如馬克思發現了一個社會的整個上層建築是建立在決定性生產關係的基礎上一樣，佛洛依德發現文化的上層建築建立在本能的壓抑（instinctual repression）之上，它被設計出來是為了掩飾所謂的原始的俄狄普斯（戀母）之罪。這一判斷使他傾向於不情願的保守主義。人類學的和社會學的理論證明了所有社會都存在對性的壓抑和對侵犯衝動的壓抑之類的事實。然而，如果這被看作「文化標準的控制」，不同的解釋就會層出不窮。從佛洛依德主義的角度看，「個體是出發點」，這一觀點也被一些社會學家所接受㉞。從這一觀點來看，當被壓抑的傾向衝破早已變得不堪一擊的社會束縛時，反文化就初具雛形。

依我與庫利（C. H. Cooley）的看法，說自我與社會是孿生關係更為準確。這並不意味著它們是從不同角度觀察到的同一現象，而是指它們總是出現在一起。我們的羣體性建立在長期的嬰幼兒期和依賴性、對生存問題缺乏本能的回答、對語言的仰仗（明顯地是一種羣體現象）等因素之上，並不稍遜於我們的個體

69

性。戈登威澤（A. Goldenweiser）曾寫道，一個未被感覺到的重量只是準重量。當文化體系開始出現裂痕，個體與羣體需要的微妙平衡被打亂的時候，社會控制的重量就被人們感到了。這一重量肯定會變得使支撐者力不從心。負荷它並不帶來相沿成習的報償和期待的好處。此時此地，反文化也許呼之欲出。參照佛洛依德所強調的重壓，換句話說：反文化可以解除對侵犯的控制，暴力將蕩滌污垢；或者說，可以解除對性的控制，禁律將形同虛設。

在他的討論中，佛洛依德陳述了我們現在稱爲快樂相對論（hedonic relativism）的原則，這一術語與我們的相對剝奪感相似。「我們被如此造就」，他寫道，「以致我們只能從一種對照中感到極度的快樂，從事情本身獲得的快樂其實極少。因而我們的幸福的可能性已經嚴格地被我們的構造限定了。經歷不幸則要容易得多㉟。」雖然涂爾幹（E. Durkheim）並不把原因歸於個人心理，但是他早先曾得出過一個相似的觀點。一個人只會失望，他說道，如果他向著一點追尋，而這一點卻「以與他的前進相同的幅度退卻。……這就是一切像我們所處的這種歷史時期——它已經領教了無限憧憬造成的禍患——必然染上悲觀主義的原因㊱。」佛洛依德和涂爾幹都是指的慾望（wants），而不是需要（needs），正像亞里斯多德一樣使用這些詞語。千眞萬確，慾望是「無休無止」的，而我們對它們的滿足是相對的。有條件滿足需要的社會常把注意轉向慾望，這就增加了貪得無厭的要求無限膨脹的可能性。

從經驗和實驗中我們都知道我們是怎樣樂於向新的享受標準看齊，從而昨天還顯得令人愉快的東西，今天其平庸已令人不能容忍。「在涉及到快樂的地方，人就是永不知足的動物，當滿意的獲得水準上升時，他們就把他們的標準升高，以致經驗一次又一次被測定爲三分之一的快樂，三分之一的痛苦，三分之一的無

聊㉟。」我們並不是一經歷沒落景況就能立即適應的。正如維布倫（T. Veblen）所說的，天下的痛苦莫過於從一種生活標準破落下來。或許我們需要的只是把這句話說得更具普遍性：天下的痛苦莫過於「違背一種快樂的標準而降格以求」。

根據這一規律，如果一個社會極大地喚起了人們的憧憬，卻只能很平庸地給予其成員或部分成員一點滿足，那麼可以說，這個社會正在為自己準備基本的反對因素。即使在某種客觀的意義上社會有所進步，人們不乏收穫，但是，許多人會覺得被社會欺騙，對它的價值觀大感失望。用特納（R. Turner）的術語來說，這些或許就是一種轉變——從對「現實自我」（the real self）的制度性規定向衝動性規定的轉變——發生的條件。有些人將體驗到他們自己的越軌行為是對他們的「現實自我」的一種恐懼。其他人則會把這種行為看作現實自我對制度性束縛的衝破。在特納看來，當代的各種條件增加了後一種經驗。「佛洛依德帶給現代世界的最大衝擊或許是把規範行為和道德意識看作我們的真實自我的偽裝表演而剝除了它們的岸然道貌，並提高了本能衝動的地位㊳。」我寧願把佛洛依德看成一個大勢所趨的標誌，在這一形勢下，制度性的自我（institutional selves）已為更多的人覺得不滿。特納所謂的本能衝動的自我（impulse self）也需要來自其他人的社會確認和支持。一開始做為本能衝動的自我出現，後來可能在集體中被部分確認為一種反文化的制度性自我。

特納為本能衝動的自我下定義的標準與凱尼斯頓（K. Keniston）等人據以描述異化（alienation）的標準相似。今朝有酒今朝醉，視功名如弊履，強調「存在」（being）更甚於強調「作為」（doing），自我表現，盡量減少束縛，凱尼斯頓把所有這些傾向看作對既定的價值觀的一點一點的否定，並由對立價值觀取而代之㊴。

70

　　那西塞斯主義或曰顧影自憐（Narcissism）也是近年來廣爲使用的一個詞，它通常被用來以批評的語氣描述與本能衝動的自我相似的傾向。在《人類共同性的失落》中，森尼特（R. Sennett）把當代社會形勢描述成：在這種形勢中，不是社會結構和共同的文化，而是個人情感成了眞實的尺度。伍爾夫（T. Wolfe）把「賓格我」的十年（the "me" decade）做爲本世紀七〇年代的標誌，以突出新宗教和心理治療的「最細緻的內省內視」。或者用拉希（C. Lasch）的話說：「活著爲眼前是流行的情緒——爲你自己而活，而不是爲你的父輩或後代而活⑩。」

　　這樣使用那西塞斯主義這個概念遠離了它的精神病的本義，並且易於模糊個人傾向與文化格局之間的區別（就像拉希的書名《那西塞斯主義文化》所做的）。不過，細心點閱讀，關於那西塞斯主義的文獻有助於我們理解追求「非制度化」自我的傾向，有助於我們理解追求新穎的、有時是逆反的標準的傾向。

71　　　除了本能衝動的自我、異化的自我和那西塞斯主義之外，其他一些概念也可以被用來幫助我們審視反文化在個體上的對應部分。阿德勒（N. Adler）討論了道德叛逆人格，卡弗里斯（V. Kavolis）討論了潛在人格，特里林（L. Trilling）討論了文學作品中對立的自我，而埃里克森（E. Erikson）或許用最有用的反文化在心理學上的類似術語，發展了「否定性認同」（negative identity）這個概念。如果要人們分別在做一個失敗者，一個小人物，一個「默默無聞」的人爲做一個轟轟烈烈的叛逆英雄，一個欲「以輕蔑和高傲的敵意對待其家庭或周圍社會滿懷企望地爲其預設的適當角色」來表示其厭煩的人士之間做出選擇，有些人通常會選擇後者。然而，標準角色也不是直接了當被拋棄的。「他們轉而選擇否定性身分，這種身分發展、定型的關鍵步驟以呈現在他們面前的最不受歡迎或最危險的卻也是最現實的認同和角色爲起點⑪。」

　　埃里克森傾向於認為否定性認同是不健全的。對每一個個案都指出這樣一些問題———一個人否定的是什麼，在有用的肯定性認同中發現在創造和愚蠢之間如何平衡，多種選擇分別對個人和社會產生什麼後果——並保持自己的判斷力，也許更為明智。例如，尼采關於他的否定一切就是完全直言不諱的。「我的趣味」，他寫道，「可以說正與兼容並蓄的趣味相對立，在這裡甚至與毫無保留地說一個『是』也大異其趣：一言以蔽之，它討厭說『是』，它寧願說『不』㊷。」在另一處，他則說，「談什麼知足常樂？要權力，權力！談什麼和平？要戰爭！談什麼道德？要進步㊸！」

　　一旦一種否定性認同取得了主導地位，它就要求他人的確認。如果其他人不立即通過同樣的反對和責難給以確認，有否定傾向的這些人就通過他們自己的行為——或許會通過退學或暴力——引起確認。僅僅根據它們的緣起以評估這種行為是不明智的。亨丁（H. Hendin）認為，革命的學生們終身受充滿激情的精神和反抗所折磨。然而，「這些革命學生決不因為內心痛苦而放棄他們的社會批評㊹。」他們對社會的控訴需要冷靜地考慮，事實上，這種控訴與其他社會因素的結合使它變得異常引人注目。

　　埃里克森所使用的否定性認同的概念建立在他做為一個精神治療醫生的工作經驗之上，可能在許多否定性自我認同的案例中確實存在精神病因素。但是，這種感情不僅可能出自精神病患者，也可能出自預言家或高度富於創造性的人——他們發現自己所嚮往的身分注定屬於一個尚未成為現實的社會。不僅個體可能被異化，社會也可能正在進行異化。一個精神治療醫生，「當他被問到他認為什麼是最好的治療被越南戰爭嚴重異化了的學生的方法時，回答說，『結束這該死的戰爭』」㊺。

　　為了減少埃里克森使用的否定性認同這個概念必然只包涵它

的不幸的方面的危險，反認同或對立認同（counter-or contra-identity）或許不失爲一個更合適的術語。阿德勒創造性地使用了非道德律者（antinomian）這個舊概念，卻因而不能像表明受反對的規範一樣表明受擁護的規範。然而，我使用否定性認同和非道德律者時，則把它們當作反人格（counter-personality）這個概念的近義詞。

無論個人和社會因素之間處於怎樣的平衡態，一種否定性認同的選擇反映了環境的極端惡劣，「反映了爲了在肯定性認同的各要素之間互相內耗的環境中重新獲得某種主動權的鋌而走險。這一選擇的歷程揭示了這樣一種處境：在其中，個中人從與別人最不希望他成爲的那種人的完全認同中獲得一種身分感，比拼命追求雖然大受歡迎但他的內在素質不允許他達到的那種角色要容易得多⑯」，或許我們還可以補充說，除了內在因素之外，這種角色的實現還受到缺乏外在條件的阻滯。

一時的否定性認同是小孩們自我發現的努力和行爲的一部分。他們探索物質世界，發現各種界限，發現棘手之處和順利之處。他們也探索社會，試探那些可能的和被允許的事物的界限。起初，就有關的社會規範而論，他們的行爲是隨心所欲的，但是，他們很快就從其他人的反應裡學到社會究竟像什麼。從他們的觀點來看，學習並不完全是受歡迎的：隨心所欲的行爲必須減少；出自強烈衝動的舉止被那些強大的巨人——小孩得依靠這些三倍於自己的高度，五六倍於自己重量的強者——證明是出格的。例如，年幼的妹妹的輕摟最後成了故意有所表示的緊抱，這似乎傳達出成人不想聽到的一個信息：需要父母最大量的時間和熱情，這個妹妹往好裡說是淘氣包，往壞裡說是攫奪者。大一點的孩子一旦放棄了敵手是一個短暫的訪客的觀念，他就可以轉而求助於策略，而不是直接進攻。他可能自私地要這要那，以便獲得他是否仍然被愛著的信息；根據父母的評價，他是「壞的」；

他退讓了，希望自己像嬰兒一樣的行動能夠博得與之同樣的注意。如果這些强有力的成人這時顯得熱情並恢復起他的信心，其否定性認同的發展傾向將被來自肯定性認同的更大滿足所取代。然而，如果接踵而至的只是對這種「壞」行為的懲罰和對他的更大漠視，孩子就會用一種否定性的自我意象籠罩自己。至少，這促使他以鬧得那些責罵他的人不舒服為樂。他這麼看，也這麼做。

　　我並不是旨在通過這個例子說明：年長的孩子的地位特別容易促進向否定性認同發展的傾向。論述「兄弟姊妹地位」（sibling location）的文獻有一大堆，我沒有打算評價它們。但是，如果說這堆文獻中能夠吸取什麼有關的肯定的結論的話，這一結論就是：一般而論，最年長的孩子更可能接近父母的價值觀，更有責任心，更保守。進一步調查研究，就會發現這個問題的複雜性。在一些家庭環境中，較小的孩子們常常感到一種特別的緊張。在寫比利·卡特（B. Carter）的文字中，格雷德（W. Greider）認為，「老么覺得自己遠遠地隔離於像父母的憤怒這樣一些足以在兄姊之中激起硝烟的爭鬥性情感。他從許多途徑獨享自由。……如果這位小弟弟受阻，他總能像舞臺上的丑角一樣輕鬆地擺弄出一條路來。……另一方面，這位老么也覺得苦惱和困惑無休無止⑰。」不要使標題所指的這位精神漂泊的小弟弟太難堪，因為為了在那些天資聰穎、老謀深算的兄姊面前成其為一個角色，他有一個步履維艱的時期。因而，他「對他們亂嚷嚷……說一些難聽的和挑釁性的話，以迫使他們做出反應。」並且這一模式可能被帶到了成年時期。有一段時間，卡特的貪杯遠不是適可而止，而是大酗特酗；他不遺餘力地炫示自己的滿不在乎；甚至在一個相當公開的事件中與利比亞[吉米·卡特的埃及和以色利條約的敵人，阿敏（Amin）的支持者，恐怖主義分子的堡壘]有聯繫。

　　所有的孩子在一定程度上拋開了哪怕是最能敎養孩子的成年
人的時候都發現自己是誰。因爲某些在這裡只略微涉及的原因，
一些人發現「佔據他人的角色」（take the role of the other）
——這是米德（G. H. Mead）的著名短語——是困難重重的。
他們不從他人的角色審度自己，不向這些人認同，因爲他們知道
這樣做太痛苦了——如果如此，你成了無知的、討厭的、惡劣
的。一些孩子發現，他們初次的認同努力只導致了滿腦子的困
惑，因爲他們獲得的信息是雙重的、矛盾的。正如貝特森（G.
Bateson）所說的，他們陷入了雙重束縛之中：媽媽說，去睡
吧，寶貝，這樣，你能好好休息，長成一個壯健的少年；但是，
孩子分明看出了另一層意思，去睡吧，我不能忍受你在我面前，
你使我覺得不適，儘管我需要你，並希望你將仍然依賴我⑱。雖
然這孩子發現了矛盾，但是他不能承認他的發現，因爲這將是對
他的母親——自我的來源——的愛和資格的懷疑。這孩子因善解
人意而受懲罰，因木訥支吾而受獎賞。這樣下去，母親無所改
正，而孩子呢，用貝特森的話說，變成了「一個他母親無意識的
矯飾的合作者（an accomplice）。」在嚴重的情況下，這種對
公開交流的防堵是導致精神分裂症的一個原因。更爲普遍的是，
我們中的許多人向我們的孩子時時發出的含混信息常是他們達到
肯定性自我意象的路障。

　　某些造成否定性認同的原因在青春期影響尤巨。如果對一個
多少有些脆弱的肯定性認同缺乏獎賞，如愛、賞識、參與受敬重
的團體，那麼，一些青春期的這種經驗可能使一個人相信一種否
定性認同會更愜意。如果一個人生活在這樣一個社會，在其中，
他開始發現，那些他在孩提時代被敎給的價值觀並沒有受到多少
尊崇，經驗方面的代際差異非常突出，社會形勢或個人處境已使
性角色的習得困難重重，種族歧視窒息了自信心，那麼，這將增
加否定性自我意象被採納的可能性。

　　造成否定性認同的密切的人際關係方面的原因，尤其是來自家庭的原因，可能發展成社會的原因。在後一情況中，自我認同是一種內在經驗，同樣也是一種外在標誌，正如兩篇著名的文章之所示：伯克（H. Becker）的《局外人》（*Outsiders*），高夫曼（E. Goffman）的《歇斯底里症的特徵——關於處理受傷害的自我認同的札記》（*Stigma: Notes on the Management of Spoiled Identity*）。遭受偏見的少數民族成員（minority group members）可能有強烈的人際和次文化的思想感情，這些思想感情有助於他們抵制隱含在統治民族中的關於他們的印象和對他們的待遇中的否定性自我界定（the negative self-definitions）⑭。然而，不被大多數所注意的經驗，或者如杜波伊斯（W. E. B. DuBois）幾年前提出的，在多數人中「默默無聞」的經驗必然在某種程度上浸透了一個人的自我。其結果當然既是肯定性的，又是否定性的。建設性和敵對性都可能源於受歧視的經驗。

　　否定性自我意象（a negative self-image）與接受反文化價值觀之間的聯繫絕不是直接了當的或必然的。社會和文化條件很難說是否就把適應人格變化的規範進行倒置的可能變成現實。並不是這麼回事：越軌可能性大的人先學會一個與眾不同的小團體的價值觀，然後再依照其價值觀行事。行為上的變化通常表現在先，然後，其中一些人想出或採納與他們的經驗一致的解釋，並賦予它以正義性，把它理性化——米爾斯（R. Mills）關於嬉皮（hippies）就是這樣論述的⑮。"Im Anfang war die Tat"，歌德的浮士德宣稱。行動在前；只有在行動發生的整個場構成的參照系裡，行動的意義才顯現出來。

　　那些受到影響而用與他們所處的時代和社會的標準相反的意義認識自我的人常常處於矛盾心態（ambivalence）而飽受心靈的折磨，這種精神矛盾既來自心理上的互相對立的情感、願望和信仰，也來自社會上的互相對立的期待和規範與反規範的衝突，

75

這樣一種矛盾感就歸因於他們的角色系統⑤。凱尼斯頓寫道，「由於存在潛在的可效法的年長者，被異化的人捲入了一場克制他們蠢蠢欲動的羨慕和模仿衝動的鬥爭；他們必須堅持這場鬥爭，因為他們受到了要成為他們的榜樣的那些人的太强烈的吸引⑫。」

雷德爾（F. Redl）和瓦恩曼（D. Wineman）說，儘管有些犯人與犯罪行為達到了如此一致的認同，以至他們談不上有什麼負疚感，但是，「他人並不是都滑得如此遠。他們還有很大範圍的受價值觀認同的超我（Superego）未受影響。……在這種情況裡，『犯罪的自我』（delinquent ego）有一個『欺騙它自己的超我』的額外任務，以致犯罪的衝動很容易被罪感所消解」⑬。有什麼比運用反叛行為——當一個人諷刺、詛罵被社會承認的、也隱藏在他心中的觀點時，他對這種行為滿懷矛盾心態——更好的方法去對付一個人的超我呢？

或許與此相對應的是一個投身到主導社會中去的人——他對主導價值觀也滿懷矛盾心態——欺騙他自己的本我（id）的需要。「長髮病態的吸毒者形象」是他自己的生活的被隱藏和受壓抑的部分，他夢寐以求從程式、禁錮和工作要求中解脫出來。如果設法使提倡這種解脫顯得可憎，人們就能比較容易地抵制誘惑。

然而，這種解釋不能推到任何一個極端。真正的價值衝突是存在的，實際上的對手是那些持對立價值觀的人，而不是隱藏自我的人。

傑里·魯賓（Jerry Rubin）是最近說出了他們的矛盾心態的幾個叛逆運動的領袖之一。「我以前總以為我是父母的對頭。我公開反對他們，把我們家庭裡的虛情矯飾看成整個社會的縮影。在六○年代後……我發現，儘管我是父母的叛逆者，但實際上，我在身內複製了他們的心理結構。」曾經有一篇關於他的文

章的標題為：「嬉皮領袖告訴孩子們去宰了他們的父母」。五年後，他的口號變為：「對我的本意我終於恍然大悟：除掉『你身上的父母』㊎。」當然，「你身上的父母」（the parents in you）可能取勝，這已經被並不少見的反文化人士（counterculturalists）對既定社會中的位置的回歸所證實，傑里・魯賓即為一例。

雷尼・戴維斯（Rennie Davis）是六〇年代激進的反抗運動的一個中心人物，後來變成了十五歲的苦行僧瑪哈拉伊・吉（Maharaj Ji）的追隨者㊏。這種從與主導文化對立的存在方式一下子轉向另一種大相逕庭的存在方式的突變（abrupt shifts）戲劇性地揭示了矛盾心態。

因為他們內心充滿衝突，所以反文化人士需要對立，需要反抗。在最近一年裡，他們要求有一個「警察國家」（police state），並為已經存在的這種趨勢推波助瀾㊐。尖銳的對抗有助於使他們的感情和行為顯得合情合理，也有助於使他們從眾目睽睽中擺脫出來；有助於他們贏得關心、同情和信徒；有助於他們劃出更鮮明的對立價值觀的分野。

矛盾心態這個概念也有助於說明卡弗里斯（V. Kavolis）所描述的現代主義者的人格類型與潛在的人格類型（the modernistic and the underground types of personality）之間的對照。其理論認為，當社會潮流產生了心理影響的時候，「其結果或者是社會潮流正好反映在人格結構上，或者恰恰與之對立——一種心理上對流行的社會潮流的拒斥和表現這種拒斥的人格特徵（與文化因素）的發展。」如果其潮流是趨向理性化的、非人格的制度，一個結果就是造成井井有條地奉行規章制度的理性化的人；但是，還有一個結果則是造成這一潮流的反抗者——一種「傾心於無政府的羅曼蒂克、表現主義、神秘主義、『狂熱』的政治和教育」的人士㊑。

在我看來，卡弗里斯的「或者—或者」理論公式顯得有點誇大其辭。我們無一例外地要受到主要社會潮流的影響，這種影響既通過我們之被吸引到潮流的漩渦裡去，也通過我們對它們的要求和個人代價的抵制來實現。他所謂的潛在的人格傾向，是由那些要求和代價對他們來說顯得過高但他們卻已經深受這一社會潮流濡染的人表現出來的。對立性傾向的影響力是通過壓制一方的同時肯定它的對立一方來發揮作用的。

埃里克森重視已介入到否定性認同的矛盾心態。打上如此烙印的人似乎故意要做其社會告訴他不要做的一切。但是，他們果眞被他們的否定性認同支配著嗎？埃里克森不以爲然。他們以他們的父母驚慌於他們的裝扮或行爲爲滿足，因爲他們正是要尋求一種迥異於其父母的肯定性認同。然而，他們的乖戾行爲又想博得「同伴的認可」。這體現了「一切叛逆的自我認同模式的二律背反（paradox）」⑱。

儘管有否定性認同感的人的出現是反文化的前兆和部分根源，但是仍然有必要從羣體層次上區別出個體來。並非一切懷有否定性認同的人都擁護反文化價值觀或反文化團體；也並非一切擁護反文化的人都懷有否定性認同。然而，在某些條件下，正經受認同問題困擾並倒向否定性的一方的人們易於捲入到使他們的自我定義被接受並因而有助於他們制服爲他們的矛盾心態打上烙印的懷疑和罪感的社會運動中去。否則，在缺少一個促使他們的否定性認同被接受的反文化團體的情況下，各個個體就可能互相做出一些試探性的和意義朦朧的姿態以表示出對抗性的價值觀，但是，如果諸般探索性姿態沒有導致對立性價值觀達到一致，他們保留讓步或調整自己的餘地⑲。因而，這樣的個人——他們面臨著同樣的困擾，對向他們關閉的路與向他們敞開的路抱著同樣的觀點，對值得追求的價值和惹人憎厭的價值擁有同樣的看法——可能通過某種合適但不一定完美的反文化形式一致達到對他

們的否定性認同問題來一次集體「解決」（a collective "solution"）。

　　讓我重申一遍，「否定性」自我認同在被用於反對某種特定的價值觀時，其文化後果不一定是否定的。對許多當代人來說，它們顯得怪誕、不道德、甚至喪心病狂，但是，歷史將對它們另眼相看。在它變成某個團體的規範之前，一個異乎尋常的人處置他的焦慮的努力可能展現了適應其他人的需要的模式。一旦被他人吸取，這些模式就大有可能先變爲反文化性的，繼而變爲文化性的⑩。一些人特別強烈地感受了他們所處時代的衝突和矛盾。偉人，或事後被人們相信爲出類拔萃的人，總是用芸芸眾生不能無動於衷的方式處理那些衝突，並因而成爲一場巨大社會變革的媒介，正如埃里克森在《青年路德》（*Young Man Luther*）中所說的。

　　我不贊同佛洛姆（E. Fromm）和麥考比（M. Maccoby）的觀點，他們認爲，叛逆人格是社會變遷程序的核心。是的，正如他們所強調的，擁有傳統人格的人可能難以適應新的環境，而「新環境形成前尚屬叛逆型」（deviant character type）」的人則較易於利用新出現的條件⑪。然而，我們不應忽視，其結果總是個人傾向與他們生活於其中的環境所提供的約束和可能性之間相互作用的產物。

　　因此，我們不能絕然分開「個人生活中的自我認同危機與歷史發展過程中的當代社會危機，因爲這兩個方面是互相界定的，也是互相介入，互相牽涉的⑫。」

　　即使我們考慮進了社會因素的影響，我們也還是不能說自我認同（identity）概念沒有其他什麼問題了。它早已變得充滿了與我們這個時代的變化無常相應的意味和涵義。特別是對自我認同的尋求——埃里克森認爲這是最基本的——可能產生了意想不到的後果。它也許並不是發現自我之途徑。古德曼（E.

78

Goodman）描述一個曾走出校園尋找她的自我的學生，「彷彿她是一串失落了的鑰匙。她有這樣一個念頭：她的大腦由一大堆荷包袋子組成，只要她肯花時間找遍它們，她就會找到鑰匙，進而發現藏匿的自我。」她變成了「一個專門的內省者（introspector），一個針對自己的偵探。」古德曼並不反對在內心旅行；她甚至為那些終身不曾潛入內心「訪問他們自己」的人惋惜。但是，她對這樣一種信念——「人生下來就具備完美、合諧的內心存在，這一存在只需要你去發現，去表現就夠了」——確實大惑不解。在她看來，人與生俱來的只是眾多的傾向性和可能性，但是需要自己去「栽培」自己。「少數最自覺的人首先取得了他們的機會，其次才獲得了他們的性格。……畢竟大多數人沒有發現他們的自我；他們就那麼變成了他們自己。而生命自有方法去妨礙最易休眠的內省的『眼睛』⑬。」用《聖經》上的話說，只有放棄生命，才會發現生命。

　　伯傑（B. Berger）在與此有關的一個評論中對自我認同的一種失落感是否會開拓創造的可能性發生了興趣。他問道，「誰竟如此愚妄，以致會宣稱他發現了自我認同？」在伯傑看來，「發現它」未必是一個褒語。「一個對『自己是誰』懵懵懂懂的人可以是無論什麼人，因而對飛速發展的工業社會提供的出人意表的機會和境遇無往而不適⑭。」在我反覆考慮過在現代世界中不僅是不可避免的，而且是最為基本的各種異化（alienation）和紊亂（anomie）之後⑮，我在某種程度上同意伯傑的觀點。然而，我們遠沒有理解什麼是自我認同的傳播和各種層次的異化、社會紊亂所產生的遠期後果。不管在什麼情況下，需要研究的是特定個人傾向與反文化的互動關係，這種研究應分別既把它們看作對方的原因，又把它們看作對方的結果。

　　研究這個問題，人格被當作了起點，社會環境也被當作了起點。卡普蘭（H. Kaplan）發現，「早先的否定性認同極大地增

加了後來對環境做出叛逆性應對的可能性」，但是他也強調，規範體系也在形成否定性認同中起了作用⑥。查爾斯·曼森（Charles Manson）一家的反文化的生活是由他的心理上的領袖氣質（charisma）所決定的；但是，如果對他在獄中的二十二年及其一生的坎坷一無所知，他的心理和反文化的生活就是不可理解的。

反文化的文化根源

「只有當兩個時代、兩種文化、兩種宗教雜處在一起的時候，人類生活才蒙受到真正的苦難，才墮落到地獄般的境況。……現在，這種時期降臨了，整整一代陷進了這樣一條介於兩個時代和兩種生活方式之間的狹道，其後果是這代人失盡了理解自己的能力，沒有了行為準則，沒有了安全保障，沒有了默契和順從。」

——赫塞（Herman Hesse），
見 *Steppenwolf*，一九六三年英文版，P.22

我們需要用兩個形成鮮明對照的主題來討論反文化的文化根源。在某種程度上，逆反性標準是主導性標準的直接——儘管有所漫畫化——表現。然而，它們也是對社會紊亂（anomie），對無秩序的經歷、對擬想的主導文化的失當或對文化和諧的喪失等的反響和應付。

無論非道德律者顛倒了多少流行的信仰和價值觀，他們都不能避免這些信仰和價值觀的影響。儘管文化的主軸可能被拉斷，正如我前面之所言，但是，新生的標準總是把舊標準毀成碎片之後又重新組合成自己。技術也許不討人喜歡，但電吉他還是必要

的。尋求化學手段以建立一個較好的世界的人並不只是利里（T. Leary）及其同道。阿德勒寫道，今天唱道德反調的人「事實上相信體現在『偉大的著作』中的文化，相信學習十課就可以速成的音樂，相信獲得一種新人格不比染髮更難，而且，他們尋求多聲道的音響和多彩的色調，尋求藥物刺激⑥。」

在第二章，我曾引述過馬查（D. Matza）的一篇論學生中的激進主義（student radicalism）的著名文章，他在其中描述了一種反抗運動能夠從中吸取營養的大文化的幾個主題。《聖經・啓示錄》所展現的邪惡世界終將被取代的情景，對創造性和優越地位也屬於普通百姓這一觀點的信仰，傳播福音的精神——爲了重大的社會事業而招募同情者和支持者——都是有極強的傳統性的淵源並受到運用的主題⑥。然而，它們也能夠被以反文化的名義使用，能夠被用作攻擊既定秩序的武器。

儘管非道德律者脫不了他們生活於其中的文化的胎記，但是，他們也以流行規範和價值觀被認爲不如人意的結果而出現。我在這裡不是想說我相信越軌行爲、矯飾行爲和不公正的行爲甚囂塵土，社會中處於支配地位的成員經常侵犯他們自己的價值觀，而是想說那些價值觀本身不適當。高水準的越軌行爲無疑會弱化流行的標準。不過，飛速變化的環境也起著這種作用，變化的環境使原來的標準顯得文不對題或過分壓制。事實上，當標準正在改變，正在變得缺少制約性的時候，這更可能發生。「在新西班牙」，所羅門（B. Solomon）寫道，「存在一種巨大的反對文化、政治、社會或性生活中任何一點嚴格的東西的憎厭情緒。……在上一個七月，一個青年無政府主義團體在巴塞隆納（Barcelona），在五十多萬信仰無政府主義的青年工人中舉行慶祝活動，他們在薄伽丘（Boccaccio）小說似的背景中裸體騰躍，並表演鷄姦；舊西班牙的左派成員對此驚愕不已。這些無政府主義者相信自己正在做一種異端邪說的、反權威的表現⑥。」

司空見慣的是，當遲遲不發生的變遷終於來臨時，它們在一些人的眼裡總是顯得太小太遲。根據任何標準——除了中庸之道——來判斷，它們也確實常常如此。

那些因為一個社會未能達到它自己的價值標準而批判它的人熱心於復興運動（revitalization）；而那些認為其價值標準本身就很糟糕的人則熱心於文化變革，也可能熱心於反文化。在《增長著的荒誕》(Growing Up Absurd)裡，古德曼（P. Goodman）寫道，青年的越軌最好不要解釋成社會化的失敗。這種解釋意味著：其價值觀是無可挑剔的，美中不足的只是青年被帶進成人社會的路不合適。他說，假設我們採取了一條相反的思路，假設我們問，「社會化化向什麼？」「那種青年不能充分向它社會化的合諧的組織難道不可能違背人性或不合於人性並因而造成了成長的困難嗎⑦？」

即使主導性文化受到誇張的表現和直接的批判這一現象是造成反文化的重要根源，但是，它們的實際影響或許不及人們經驗到的社會紊亂、無秩序的狀態、社會的儀式和深層象徵的意義喪失。為什麼會出現社會價值觀的正統性的大幅度降低（而不只是區域性的零星的懷疑論的出現）？我們遠沒有真正懂得其中的原因。我們已經討論過的反文化的其他各種個人的和社會的根源無疑會對意義的喪失（the loss of meaning）起作用，正如反過來說它也對它們有加強作用一樣。然而，我們能夠更自信地指出不同時代的意義喪失的事實並確證其部分後果。人們不必追隨聖西蒙（Saint-Simon）或時代更近的索羅金而相信——用聖西蒙的話來說——存在擁有共同信任的「有機」時期（"Organic periods）和對基本信仰感到困惑的「批判」時期（"critical periods）。「被排除的中間期」也許是更普遍的情形，特別是在工業世界。然而，確有這種時候，此時，信任和共同分享的意義這兩者的失落變成了舉足輕重的經驗事實。在最近一次對六個

國家的一千多名大學生的研究中，我發現百分之六十的學生相信
意義問題是人類面臨的最基本的問題（大約有一半人也提到了不
公正、苦難、或者這二者）⑪。在最近一些年的美國，對我們的
體制的信賴一直很低落，儘管從一九七五年以來有所回升。

　　我們可以在最抽象的或最玄奧的層次上把文化看成一種左右
我們對信仰、觀察和感情進行選擇和解釋的範型（paradigm）。
只要存在價值觀與事實的互滲融貫，正如阿德勒所指出的，主導
性文化就會繼續被肯定爲指導我們行動的正確藍圖
（blueprint）。在改變了的環境裡，當文化顯得對滿足我們的需
要無能爲力，對我們的問題懸而不答，使我們的熱情備受懷疑，
使我們的自我認同含含糊糊的時候，它也許會被一腳踢開——或
者說，深受這種變化感染的那些人將會做出極大的努力來拋棄
它。

　　對佔主導地位的價值觀和規範進行攻伐常常伴有一個先聲，
這就是對一個社會的禮儀（rituals）的漠視和反對——這些象徵
性的行動既反映了，也維繫著一個羣體的紐帶。正如道格拉斯
（M. Douglas）之所示，禮儀這個詞被用來表示一個空洞的符
號，一個沒有內容的形式，一個沒有承諾的行爲。當默頓（R.
K. Merton）在這一意義上把儀式主義（ritualism）這個概念用
於他關於社會紊亂的著名討論中⑫，我們大都覺得他的闡釋合
情合理，也許，這流露了我們關於他對社會紊亂的反應的分析的
一些評價。

　　如果說儀式是等待認同的空洞符號，那麼，我們將把表達承
諾（commitment）和信念的象徵性行動稱作什麼呢？道格拉斯
曾寫道，在小小的、面對面交往的社會裡，「個人的意義和公共
的意義之間不可能形成鴻溝」，在原始宗教中不存在「儀式化了
的（ritualized）儀式」⑬——我覺得，她的話說得有點過頭。然
而，她提出的區別是至關重要的，並且，她的論斷——我們應該

82

把儀式這個術語當作中間詞使用，而不是看作尙無承諾的象徵性行爲的同義詞或者純粹的等待行爲認同的一個符號——顯得很有見地。我們對一些傾向中的某一種傾向流行的程度的感知是一個瞭解文化氛圍的極有價値的線索，也是一個瞭解這種傾向在多大意義上有利於反文化的生成的有用線索。

只要文化情景被人們覺得是有創傷的，而批評也不再停留於一味反對新標準的形式，我們就會看到新儀式、新象徵形式的湧現，它們的湧現使新標準得到確認，使信仰新標準的羣體獲得自己的表現符號。正如道格拉斯所指出的，這些新儀式通常不被承認是那些先前曾受到斥責的儀式本身。但是，一種觀察世界的新方式總是要求一個新神話及其象徵性行動來與之配合⑭。

他們確認的新儀式和標準常常包含一些外來因素。來自「異」邦或早期的觀念、物品、技術和價值觀，特別可能在大動亂（high anomie）時期引入。那些對既定文化的價値觀極度失望，但又爲他們所經歷的道德混亂感到難過的人，渴望擁有特色鮮明的觀念。他們降低了通常的文化交流的關卡。對於西方工業社會的反文化人士來說，「神秘的東方」的價値觀或「原始人」的生活方式具有獨特的感召力，因爲它們被視爲與流行標準構成尖銳的矛盾。當然，絕大多數社會都從域外引進貨物、思想和價値觀。然而，多數引進都旨在滿足某種特殊需要或豐富自己的文化。反文化的引進則謀求暴露現存秩序的虛弱（the weakness of the existing order），進而用一種逆反的秩序取而代之。實際上，眞正意義上的「取而代之」是難以實現的，即使本土的「叛逆者們」（"deviants"）受到外來的軍事的、經濟的和敎會的支持。不過，在這種條件下，外來事物對既定生存方式能夠起巨大的分解作用。

雖然我們關於衡量動亂的方法意見不一，但是，我們很少有人懷疑這是一個面臨文化危機的時代。亨丁（H. Hendin）措詞

激烈：「文化之戰正愈演愈烈，青年人在前線衝鋒陷陣⑦。」伯傑（P. Berger）認為現代性（modernity）已經陷入進退維谷的境地。現代性創造了世俗化（secularization），但是，「世俗化困擾著一系列根基深遠的人文精神——其中最重要的是生存在一個有意義的和充滿希望的世界的人文精神⑦。」用韋伯（M. Weber）的話來說，人類對「神正論」（theodicies）——解釋並對付苦難與邪惡的方法——有一種永恆的需要。可惜它們並非總是手邊的靈丹妙藥。

現在的意義危機已經捱過了一代人那麼長的歷史；用阿諾德（M. Arnold）的詩來說，許多人覺得他們正在

> 「徘徊於兩個世界的歧途，
> 一個已死，一個先天不足……」⑦

許多陷入如此窘況的人求助於信仰；他們發明他們力所能及的五花八門的事物（其中幾乎沒有堂皇的宗教。），他們也借鑑那些看起來尚未受他們所處的社會腐蝕的意義系統。

> 「是否我們需要主題？那麼就以此為題：
> 我們在信仰與懷疑之間淒徨度日，
> 北極星和太陽已經隕落，指南針也不再靈驗，
> 疲倦的心臟眼看起勃無力，
> 靈魂的躁動卻永遠無法平息——
> 我們必須要有主題，要想點什麼，
> 要說點東西，在黎明與黑暗之際，
> 要堅持點什麼，要愛點東西⑦。」

我們更多地是被詩人而不是被平凡的事實所感動，但是，我認為我們有必要防止以多元論為藉口的無知，防止對虛假事實信以為真。也許是，對基本價值觀的共同感減弱一點點，就被弄得如此赫人聽聞，以致我們一下子就被吸引到使人特別敏感的聲音：災難即將來臨。

反文化與大眾傳播

我討論過的這些社會的、文化的和人格的因素共同造成了反文化得以發生的具體情境，但是，至少還有一個因素是必不可少的：帶著某些傾向生活在能匯聚反文化價值觀的情境中的人們之間的交流。潛在的反文化人士需要彼此認同；領袖需要聽眾；來自統治社會又發向統治社會的強烈信號必須有助於給反抗者們一種認同感，必須為大家指明活動範圍。當小小的印刷品大量出現的時候，當文字使用能力普及的時候，當正在鬥法的清教徒和保皇黨為了贏得廣泛支持而在一個時期內對激進的動議相當寬容的時候，掘土派（Diggers）、喧囂派（Ranters）、求索派（Seekers）——且不說比較溫和的平等主義者（Levellers）——迅速播及整個英倫，這決不是偶然的巧合。我們毋需特別提及電視錄像、大眾雜誌和報紙、電影、以及五花八門的地下印刷物在當代西方世界傳播了多少信息。更概括點說，反覆出現的反文化的條件得益於與過去的直接交流，得益於對歷代領袖和歷史運動的再次發現和重新推崇㉙。

反文化團體形成於立意叛逆的人和有心壓制的人之間的互動過程，許多人介乎其間，但也通過他們的有所為或有所不為影響最後的結果。廣泛引人注目——哪怕主要是否定性的出風頭——有助於一個反對團體確認自己，並且可以吸收受感召而來的大量

84

新成員。粗暴的對待也能加強一個反文化團體的力量。我已論證
過，反文化團體的成員具有二重矛盾心態。殘酷或者說可以定性
爲殘酷的官方行爲幫助壓抑自我中被引向壓抑者的標準的那一部
分自我。如果我的對手不夠粗暴，我可以迫使他們採取更有力的
壓制性手段。只是稱權力機構的人員爲猪玀，我不能使我確信我
已做出了正確的價值選擇；但是，如果我能使他們像猪玀一樣行
動，我要按捺自己的懷疑就較容易了。

　　與此對等的是，正是增加文化逆反的傾向性的那些條件造成
了社會中極大的意義危機。正如不守本分的人需要猪玀一樣，被
文化懷疑和困惑瓦解了的羣體需要運用魔法來幫助他們確定他們
的標準，他們這時會毫不含糊地參照叛逆者的對立的標準和對立
的行爲。

　　因而，羣體內部和羣體之間的信息交流是一條紅線，通過
它，諸個體的反價值觀的（counter-valuative）行爲被聯結起
來，形成了羣體性的反文化價值觀。當然，這個過程交織著我們
剛才討論的全部（結構的、文化的和個體的）根源的作用。

第三章註釋

①見韋伯（M. Weber）《新教倫理與資本主義精神》（*The Protestant Ethic and the Spirit of Capitalism,* 1930）；派伊（L. Pye）《政治學、人格和國家建設》（*Politics, Personality, and Nation-building,* 1962）；勒納（D. Lerner）《傳統社會的消逝》（*The Passing of Traditional Society,* 1958）；貝拉（R. Bellah）《超越信仰：後傳統世界的宗教論集》（*Beyond Belief: Essays on Religion in a Post-traditional World,* 1970）；伯傑（P. Berger）和凱爾納（H. Kellner）《無家的思想》（*The Homeless Mind,* 1973）；英克爾斯（A. Inkeles）和史密斯（D. Smith）《進入現代：六個發展中國家的個體變化》（*Becoming Modern: Individual Change in Six Developing Countries,* 1974）。

②馬斯格羅夫（F. Musgrove）《迷狂與神聖：反文化與開放社會》（*Ecstacy and Holiness: Counter Culture and the Open Society,* 1974）。

③弗拉克斯（R. Flacks）《青年與社會變遷》（*Youth and Social Change,* 1971）；韋斯特比（D. Westby）《充滿陰雲的一幕：二十世紀六〇年代美國的學生運動》（*The Clouded Vision: The Student Movement in the United States in the 1960s,* 1976）。觀察角度不同的著作有德克特（M. Decter）《自由主義的父母與激進主義的孩子》（*Liberal Parents, Radical Children,* 1975）。

④馬斯格羅夫（同②）p.13。

⑤施萊特（P. Slater）《追求孤獨：轉折點上的美國文化》（*The Pursuit of Loneliness: American Culture at the Breaking Point,* 1971）pp.103～104。

⑥布雷斯福德（H. N. Brailsford）《平等論者與英國革命》（*The Levellers and the English Revolution,* 1961），第10章；巴昆（M. Barkun）《災

85

難與千福年》（ *Disaster and the Millennium*, 1974 ）p.126。

⑦見蓋内普（ A. Van Gennep，舊譯汪繼乃波 ）《通過儀式》（ *The Rites of Passage*, 1960 ）；普魯厄斯（ J. Pruess ）〈光榮與失足：一個佛教聖地的「波」樹崇拜〉（ "Merit and Misconduct: Venerating the Bo Tree at a Buddhist Shrine", 1979 ）；瓦倫丁（ B. Valentine ）《非正當勾當與其他重活：市内少數民族聚居區的生活方式》（ *Hustling and Other Hard Work: Life Styles in the Ghetto*, 1978 ）；史密斯（ S. Smith ）〈做爲十七世紀青年的倫敦學徒〉（ "The London Apprentices as Seventeenth-Century Adolescents", 1973 ）。

⑧巴昆（ 同註⑥ ）p.188；里格利（ E. A. Wrigley ）《人口與歷史》（ *Population and History*, 1969 ）。

⑨韋林（ J. Waring ）〈社會繼遞與社會變遷：混亂的同輩人流問題〉（ "Social Replenishment and Social Change: The Problem of Disordered Cohort Flow", 1975 ）p.238。

⑩赫利希（ D. Herlihy ）〈中世紀的文化和社會中的異化〉（ "Alienation in Medieval Culture and Society" ）載於約翰遜（ F. Johnson ）編《異化：概念、術語和意義》（ *Alienation: Concept, Term and Meanings*", 1973 ），第 5 章。

⑪尤伊斯（ S. Uys ）〈南非的新黑人清教徒〉（ "South Africa's New Black Puritans", 1976 ）。

⑫瓦倫丁（ 同註⑦ ）。

⑬賴利（ M. Riley ）〈年齡增長與輩的承續：解釋與誤解〉（ "Aging and Cohort Succession: Interpretations and Misinterpretations", 1973 ）；格倫（ N. Glenn ）《同輩羣體分析》（ *Cohort Analysis*, 1977 ）。

⑭關於代的一般理論，參見曼海姆（ K. Mannheim ）《知識社會學論集》（ *Essays in the Sociology of Knowledge*, 1952 ）；艾森斯塔特（ S. N. Eisenstadt ）《從代到代：年齡羣體與社會結構》（ *From Generation to Generation: Age Groups and Social Structure*, 1956 ）。

⑮伍思勞（R. Wuthnow）〈近來的世俗化模式：一個關於代的問題〉（"Recent Patterns of Secularization: A Problem of Generations"），載於《美國社會學評論》四十一，1976 年。

⑯威德（L. Wieder）和齊默爾曼（Don Zimmerman）〈代的經驗與荒誕文化的發展〉（"Generational Experience and the Development of Freak Culture"），載於《社會問題雜誌》三十，1974 年。

⑰伯傑（B. Berger）《美國探尋》（ *Looking for America,* 1971）p.106。

⑱派森思（T. Parsons）《社會學理論論集》（ *Essays in Sociological Theory,* 1954）pp.89~103。

⑲伊斯特林（R. Easterlin）〈1984 年情形如何？年齡結構的失常對社會經濟的影響〉（"What Will 1984 Be Like? Socioeconomic Implication of Recent Twists in Age Structure"），十五，1978 年。

⑳這裡的討論在一定程度上依據韋伯的觀點——見《韋伯文選》（ *From Max Weber,* 1946）pp.180~95。

㉑見辛普森（G. E. Simpson）和英格（J. M. Yinger）《種族和文化上的少數民族》（ *Racial and Cultural Minorities,* 1972）。

㉒英格《美國社會中的一個少數民族羣體》（ *A Minority Group in American Society,* 1965）pp.10~14。

㉓參見格拉澤（N. Glazer）《美國共產主義的社會基礎》（ *The Social Basis of American Communism,* 1961）；福伊爾（L. Feuer）《代際衝突》（ *The Conflict of Generations,* 1969）pp.423~425；格洛克（C. Glock）和貝拉（R. Bellah）編的《新的宗教意識》（ *The New Religious Consciousness,* 1976）中的派亞查（T. Piazza）的文章，pp.245~64；羅斯曼（S. Rothman）〈羣體迷狂與猶太激進主義〉（"Group Fantasies and Jewish Radicalism", 1978）；利布曼（A. Liebman）《猶太人與左派》（ *Jews and the Left,* 1979）等。

㉔見亨丁（H. Hendin）《動情的年齡》（ *The Age of Sensation,* 1975）；蘭曼（L. Langman）、布洛克（R. Block）和坎林安（I. Cunninghan）

86

〈一個天主教大學裡的反文化價值觀〉（ "Countercultural Values at a Catholic University", 1973 ）。

㉕懷特（ R. White ）和利皮特（ R. Lippitt ）《自治與民主》（ *Autocracy and Democracy*, 1960 ）；參考比（ E. Maccoby ）〈社會化研究中的變量選擇〉（ "The Choice of Variables in the Study of Socialization, 1961 ），載於《人類關係社會學》二十四，1961；西爾斯（ R. Sears ）參考比和萊文（ H. Levin ）《哺育孩子的模式》（ *Patterns of Child Rearing*, 1957 ）。

㉖亨丁（ 同註釋㉔ ），第 9 章。

㉗馬斯格羅夫（ 同註② ），p.11。

㉘福伊爾（ 同註㉓ ）。

㉙科爾斯（ R. Coles ）《特殊階級：美國的大富翁和富裕者》（ *Privileged Ones: The Well-off and the Rich in America*, 1977 ）。

㉚羅納（ R. Rohner ）《他們愛我，他們又不愛我：對父母的接受與拒絕的影響的世界性研究》（ *They Love Me, They Love Me Not: A Worldwide Study of the effects of Parental Acceptance and Rejection*, 1975 ）p.168。

㉛羅斯恰爾德（ J. Rothchild ）和沃爾夫（ B. Wolf ）《反文化的孩子》（ *The Children of the Counter-Culture*, 1968 ）pp.302～5。

㉜佛洛依德（ S. Freud ）《文明及其不滿》（ Civilization and Its Discontents, 1962 ）p.33、p.62。

㉝同上，p.62。

㉞登尼斯‧朗（ Dennis Wrong ）〈過度社會化人的觀念〉（ "The Oversocialized Conception of Man", 1961 ）載於《美國社會學評論》二十六，1961；霍曼斯（ G. Homans ）〈使人回頭〉（ "Bringing Men Back In", 1964 ），載於《美國社會學評論》二十九。

㉟佛洛依德（ 同註㉜ ），pp.23～24。

㊱涂爾幹（ E. Durkheim ）《道德教育》（ *Moral Education*, 1973 ）p.40。

㊲坎貝爾（ D. Campbell ）〈論生物進化與社會進化的衝突和心理與道德傳

統的衝突〉（"On the Conflicts Between Biological and Social Evolu-
tion and Between Psychology and Moral Tradition", 1975）p.1121，載
於《美國心理學家》三十，1975。

㊳特納（R. Turner）〈真實的自我：從制度到衝動〉（"The Real Self:
From Institution to Impulse", 1976），載於《美國社會學雜誌》八十一，
1976。

㊴凱尼斯頓（K. Keniston）《美國社會中的異化青年》（*The Uncommitted:*　87
Alienated Youth in American Society, 1965）p.81；也可參見布洛依
（M. Bloy）〈異化青年、對立文化以及牧師〉（"Alienated Youth, the
Counter Culture,, and the Chaplain", 1969），見於卡特勒所編《宗教形
勢》，1969。

㊵森尼特（R. Sennett）《人的共同性的失落》（*The Fall of Public Man,*
1977）；拉希（C. Lasch）《那西塞斯主義的文化：在一個希望萎縮時代
的美國生活》（*The Culture of Narcissism: American Life in an Age of
Diminishing Expectations,* 1978）p.5；伍爾夫（T. Wolf）〈賓格我的十
年與第三次偉大的覺醒〉（"The 'Me' Decade and the Third Great
Awakening", 1976）。

㊶埃里克森（E. Erikson）《認同：青年與危機》（*Identity: Youth and Cri-
sis,* 1968）pp.172~4。參見阿德勒（N. Adler）《潛流：新生活方式與非
道德律者的人格》（*The Underground Stream: New Life Styles and the
Antinomian Personality",* 1972）；克拉普（O. Klapp）《集體尋求認同》
（*Collective Search for Identity,* 1969）。

㊷尼采（F. Nietzsche）《偶像的黃昏》（*Twilight of the Idols,* 1968）
p.105。

㊸尼采《反基督》（*The Anti-Christ,* 1968）p.116。

㊹亨丁（同註㉔）p.300。

㊺布洛伊（同註㊴）p.651。

㊻埃里克森（同註㊶）p.176。

㊼格雷德（W. Greider）〈比利・卡特：漂泊的小弟弟〉（"Billy Carter: Errant Little Brother"），見《華盛頓郵報》（Washington Post, 1979 年 2 月 25 日）。

㊽貝特森（G. Bateson）等〈建設精神分裂理論的嘗試〉（"Toward a Theory of Schizophrenia", 1956），載於《行為科學》之一，1956。

㊾見科爾斯（R. Coles）《危機中的孩子》（ Children of Crisis, 1967 ）。

㊿米爾斯（R. Mills）《青年旁觀者：對選擇性社區的研究》（ Young Outsiders: A Study of Alternative Communities, 1973 ）。

51關於矛盾心態，參見默頓（R. Merton）主編的《社會學的矛盾心態及其他》（ Sociological Ambivalence and Other Essays ）pp.3～31；埃里克森（同註41）p.26。

52凱尼斯頓（同註39）p.96。

53雷德爾（F. Redl）和瓦恩曼（D. Wineman）《充滿恨的孩子》（ Children Who Hate, 1951 ）p.144。參見布法羅（M. D. Buffalo）和羅傑斯（J. W. Rodgers）〈行為規範、道德規範以及依附感：變態與循規蹈矩〉（ "Behavioral Norms, Moral Norms, and Attachment: Problems of Deviance and Conformity", 1971 ），載於《社會問題》十九，1971；克洛沃德（R. Cloward）和奧林（L. Ohlin）《越軌行為與機會》（ Delinquency and Opportunity, 1960 ）p.110。

54魯賓（J. Rubin）《三十七歲仍在成長》（ Growing Up at 37, 1976 ）pp.67, 128。

55見《堡壘》十二所載凱利（K. Kelley）的文章，1973。

56道格拉斯（J. Douglas）《動亂中的青年》（ Youth in Turmoil, 1970 ）p.179。

57卡弗里斯（U. Kavolis）《後現代的人：對社會趨勢的文化心理反應〉（ "Post-Modern Man: Psychocultural Responses to Social Trends", 1970 ）p.179。

58埃里克森（同註41）p.26。

(59)科恩（A. Cohen）《失足少年》（*Delinquent Boys*, 1955）pp.59～65；克拉普（同註㊶）。 88

(60)拉巴爾（W. LaBarre）《鬼舞教》（*The Ghost Dance*, 1972）。

(61)佛洛姆（E. Fromm）和麥考比《一個墨西哥村莊的社會性格：一項社會心理分析的研究》（*Social Character in a Mexican Village: A Sociopsychoanalytic Study*, 1970）。

(62)埃里克森（同註㊶）p.23。

(63)古德曼（E. Goodman），見克利夫蘭的《*Plain Dealer*》，1978 年 9 月 10 日，p.15。

(64)伯傑（同⑰）pp.90, 97。

(65)英格（J. M. Yinger）〈論紊亂〉（On Anomie, 1964），載於《宗教的科學研究雜誌》三，1964；以及《建設行爲場理論的嘗試》，1965，第九章。

(66)卡普蘭（H. Kaplan）〈自我態度與越軌反應〉（Self-Attitudes and Deviant Responses", 1976），載於《社會力量》五十四，1976, p.788。

(67)阿德勒（同㊶）p.49。

(68)馬查（D. Matza）〈青年的秘密傳統〉（Subterranean Traditions of Youth, 1961），載於《美國政治和社會科學學術年報》，1961 年 11 月。

(69)所羅門（B. P. Solomon），見於《紐約時報・書評》（New York Times Book Review，1977 年 9 月 18 日）p.3。

(70)古德曼《增長著的荒誕》（*Growing Up Absurd*, 1960）p.11。

(71)英格〈宗教亞結構的比較研究〉（“A Comparative Study of the Substructures of Religion, 1977），載於《宗教的科學雜誌》十六，1977。

(72)道格拉斯（M. Douglas）《自然符號》（Natural Symbols, 1970）；默頓〈社會結構和紊亂狀態〉（“Social Structure and Anomie），見於他的《社會理論和社會結構》（*Social Theory and Social Structure*, 1968）。

(73)道格拉斯（同上）p.2。

(74)朗格（S. Langer）《運用新鑰匙的哲學》（*Philosophy in a New Key*, 1972）。

⑦⑤亨丁（同㉔）p.1。

⑦⑥伯傑（P. Berger）《直面現代性》（ *Facing Up to Modernity*, 1977 ）p.79。

⑦⑦阿諾德（M. Arnold）《詩作》（ *Poetical Works*, 1907 ）p.321。

⑦⑧艾肯（C. Aiken）《岌岌可危的時代》（ *Time in the Rock*, 1936 ）p.2。

⑦⑨希爾（C. Hill）《天翻地覆的世界》（ *The World Turned Upside Down*, 1975 ）第 18 章。

第四章
形形色色的反文化

89

　　多姿多彩的文化伴隨著形形色色的反文化。爲了把握大量的各種各樣的價值逆反現象，我們需要一套行之有效的原則。値得慶幸的是，這套原則我們可以從對傳統的、旣定的社會因素的研究中吸取。

　　要審視價値觀（values）和規範，人們「習慣上」（"institutionally"）可以採用正統的或主導的經濟、政治、教育、家庭和宗教等模式——它們被認爲是與那些顚倒起支配作用的標準的現象針鋒相對的。雖然大多數反文化羣體總是從好幾個方面對抗社會，但是，焦點透視式的研究可能顯得更爲深入。例如，對逆反的經濟價値觀（economic values）進行比較研究可以揭示反文化運動之所以專門針對流行的生產方式和工作類型、針對主導的經濟觀念、以及針對經濟上的不平等的條件。當然，這種反抗運動很可能不僅意謂著經濟問題，而且也意謂著其他的體制問題。

　　第二種分析方法是在眞、善、美的範疇內審視反文化針對現行信仰和實踐的逆反現象。雖然一定的羣體也許會從這三個範疇展開全面的攻勢，但是他們大有可能偏重於強調旣定秩序或愚不可及（哪怕它擁有高超的技術知識），或罪惡累累，或醜陋不堪。分別看待反文化羣體的知識理論（the theories of knowledge）、善惡觀念（the conceptions of good and evil）和審美

判斷（the aesthetic judgments），我們將發現這種分析方法是
有用的。因為他們的反抗——僅就其表現在語言上而言——常常
體現在這些術語之中，所以他們從這三個方面所做的判斷變成了
投在主導社會上的三支聚光燈，展示出他們究竟把什麼看作這個
社會的病根。

90 　　　在本章的後面部分和以下幾章中，我將採用這兩種分析方
法。不過，在此之前，讓我們看一看另一種審視各種反文化的方
法，也許不無裨益。有一種在其他幾個領域被證明行之有效的分
析方法，它有助於我們弄清各種反文化用來擡高自身價值的方法
有何不同。在頗有影響的《我們時代的精神病患者的人格》（ *The
Neurotic Personality of Our Time*）一書中，霍尼（K. Horney）
指出，精神病患者習慣於以三種方式處理他們的焦躁情緒：進
攻、退縮、尋求庇護。約翰遜（C.S. Johnson）睿智地描述了少
數民族成員（minority-group members）對付種族歧視的方式：
侵犯、逃避、接受。最後一種方式通常伴隨著旨在降低現實的嚴
峻性的調整過程。特納（R.H. Turner）和基利恩（L.M.
Killian）對權力取向、價值取向和參與取向的社會運動做出了一
個極其類似的解釋。投身於權力取向的運動的人們想的是控制社
會，並可能要改變社會或社會的某些部分。持價值取向的人們首
先想的是捍衛並保持一套已受到某種威脅、遇到某種危機的價值
觀。有時為了達到此一目的，他們也許會退縮到一個有所保障的
社區裡。對於持參與取向而從事運動的人來說，經驗本身，參與
這一事實本身就是至高無尚的。此外，與關於處理或以求改變不
如人意的形勢的三種方法的描述非常相似的材料在韋伯關於先知
者的、苦行僧的和神秘的宗教派別（religious sects）的記敘中
也能找到①。

反文化的三個方面

　　很明顯，反文化羣體適合這種三重模式，而不適合於人們經常採用的實踐—退縮（activist-versus-withdrawal）這一種二重性模式。許多研究者區分了兩種類型的反抗，並給這種區別貼上了各自的標籤，例如，用考利（M. Cowley）的術語來說，社會與個體、政治與審美、積極進取與玩世不恭、向資本主義的造反與向清教的造反等兩兩之間存在區別。②這種區分是有所助益的，但不是完全的。尋求個人狂歡，尋求酒神精神的發洩，尋求神秘的內省，這些可以與激進的、抨擊社會不公及其賴以存在的價值標準的反抗活動形成鮮明對照。然而，它們也可以與通過要建立一個獨立的對立性的社區的努力所表現的反抗形成鮮明對照。在許多實例中，那些從一個被認爲基本上是邪惡的社會退隱下來的人們，無論他們是進入一個與世隔絕的社區，還是進入一個被社會鴻溝環繞的宗派，都更像是禁欲主義的（ascetic），而不是酒神精神的（dionysian）。他們探索讓新價值觀變成現實的途徑，而不是探索獲得新型體驗或達到神秘內省的途徑。

　　當然，這些都是通過分析所得出的區別，而不是經驗性的描述。然而，要理解經驗上渾然一體的東西，概念上明晰的分類又是必不可少的。在我前面提到過的擡高自己的價值觀或達到既定目標的幾套方式中，對宗派類型的比較是對反文化的最貼切的整體比較。按韋伯的說法，激進的實踐主義者（activist）反文化人士是「祈禱、創造或要求新的活動機會」的先知。可以看作一種宗派類型的公社的成員是退縮到一個孤零零的社區的禁欲主義者（the ascetic），在這裡，新的價值觀由於最少受到來自邪惡社會的壓制，所以能夠付諸實施。這些描述顯然與正在尋找眞

理、正在尋找他們自己的神秘主義者（the mystics）的所作所為大不相同。按照他們的觀點，只有轉向內心，他們才有希望實現他們的價值。在兩種可能性都存在的情況之下，他們對社會的攻擊並不像他們對社會的貶斥那樣多，他們飄浮在社會之上，針對社會成員的心靈做一些啓蒙工作。「敵人就在我們自己身內」，賴克（C. Reich）如是說③。

每一個反文化羣體都大致是一個混合體；其成員所經歷的壓力以及羣體的分裂通常可以歸因於他們對於什麼是實現他們的對立性價值觀的最佳途徑有明顯不同的觀點。當霍夫曼（A. Hoffman）在一九六九年的伍德斯托克節（Woodstock festival）說在一個「正在獄中衰朽」的激進分子獲得自由之前這個節日毫無意義時，「誰搖滾樂隊」（the Who rock band）的一個成員——用《滾動的石頭》（*Rolling Stone*）的話說——「用他的吉他把霍夫曼趕下了臺」④，這是一個表示這一衝突的巧妙的象徵方法。從做為先知者的反文化人士的角度來看，許多參加到「新左派」中來的人有一種在個人問題（常常是用關於異化的語言）範疇裡界定政治問題的傾向，這顯得與贏得一個以新價值觀爲基礎的社會這個根本目標偏離太遠⑤。「嬉皮都是馬克思主義者。……我們效法格勞喬（Groucho）、奇科（Chico）、哈珀（Harpo）和卡爾（Karl）的革命傳統⑥。」霍夫曼做出的把激進派和嬉皮的觀點結合起來的類似努力明顯地見之於他的《革命是爲了好玩》一書的書名上和本書第一章的標題——「革命：高於一切的生活方式」。不過，與其說他是一個革命者，不如說他是一個嬉皮，因爲他抱怨新左派缺少風趣，卻有太多的犧牲精神、專心態度、責任、、煩惱和罪感。「瞧，你喜歡更多的風趣，你願意痛快點，你想與朋友們發生爭執，你要爲你的創造力尋找一個發洩口，接著就逃學，辭職。闖出一點名堂，並爲建立和保衛你所追求的那種社會而費力盡心。除了爲你

自己著想，不要再爲任何人瞎操心。開始實行你的夢想⑦。」

一個馬克思主義的反文化人士認爲，在社會得到改造之前，奢求享樂的舉動是徒勞無益的：「……在一個窳敗的社會裡，你的娛樂無論如何免不了要受到腐蝕。這就是當人們不努力理解社會運作，不嘗試去改變社會的時候，往往從伍德思托克（Woodstock）到阿爾塔芒（Altamount），從利里（Leary）到曼森（Manson），或者說從《髮》（Hair）到《超級巨星耶穌‧基督》（Jesus Christ Superstar）只有小小一步的部分原因⑧。」那些認爲推翻現存制度的主要的、第一位的戰鬥發生在大街上的人只看見了賴克（C. Reich）和利里（T. Leary）等認爲它發生在頭腦裡的說法的缺點。就理論上講，而不是總就他們受意識形態支配的行爲而論，賴克和利里的說法與韋伯的下述觀點是相同的：「尋求他自己和別人的靈魂得救的人，絕不該通過政治途徑去尋求」⑨。

同時既肯定列寧（Lenin）的極其嚴格的「清教徒式的」（puritanical）道路，也支持與埃瑪‧戈德曼（Emma Goldman）聯繫在一起的「快樂政治」（politics of joy），這是困難的。在六〇年代末到七〇年代中期的幾年裡，德國雜誌 Konkret 探討怎樣把共產主義意識形態與對性的強調聯繫在一起，但是，編輯們最後所下的結論是：後者轉移了對前者的注意力。六、七〇年代最重要的反文化雜誌之一《滾動的石頭》，也曾進行過雖然不那麼極端但與此也相差無幾的這種聯繫，不過，幾年之後，它大量削減了娛樂性的色情材料。

把迥然不同的反文化模式聯繫在一起的努力所產生的張力既是組織性的，也是個人的。做爲一名青年婦女，米恩霍夫（U. Meinhof）既是一個基督教和平主義者，又是一個政治激進分子。她曾是「巴厄德—米恩霍夫幫」（Baeder-Meinhof gang）——它的宗旨是推行承認殺人和無拘無束的自我表現爲合理的觀

念——的一員領袖。她的「舊左派」的傾向性很勉強地與這個幫的「新左派」的氣氛攪和在一起，與它對自我證明的偏愛攪和在一起。她在一九七六年的自殺反映了她心靈矛盾的極度激化。

是否通過合法途徑實行反文化的價值觀所形成的內在衝突可以用幾種不同的方式表達出來。克利弗（E. Cleaver）起先參加了個體取向的反抗活動，強調的是反文化的生活方式；並爲魯賓（J. Rubin）的《做》（Do It）寫了引言。然而，他又與其他幾個美國黑人一起，轉向了革命的反抗運動，這一方面是出自義憤，另一方面則是由於受到了中期人權運動的豪情壯志的激勵。由於幫助建立了黑豹黨（the Black Panthers），他逃到阿爾及利亞，以便避開嚴屬的法律制裁。在那裡，他與利里的觀點大相牴牾。他公開說，「自我迷醉的生活方式和對魔杖的企盼……說明白人的反文化有進行嚴格的再檢討的必要」，並說魯賓、霍夫曼、金斯伯格（A. Ginsberg）和阿爾伯特（S. Albert）所從事的是一場「愚蠢地製造幻象的運動」⑩。最近，克利弗聲稱自己是一個「再生的」基督和「太陽與太陰合一教會」（Sun Myung Moon's Unification Church）的支持者，這樣，他就轉向了應對被認爲基本上是邪惡的社會的第三種方法。

實踐主義的預言家與神秘主義的經驗者的兩大混合無論在個體身上還是在個體與個體之間都是極不穩定的。這並非什麼新現象。對於現代幾個早期的基督敎宗派來說，儘管曾有追求放浪形骸的勢頭，但是，他們同時也尋求社會變化的暴風驟雨⑪。如果他們不把自己發展成更地道的預言家的或禁慾主義者的宗派，他們的團體勢必短命。

多種反文化的反抗和批評模式交織在一起，但是，其中的每一種模式都可以通過歷時的和共時的方法（historically and contemporaneously）分析出來。在近年興起的各種公社中，有這樣一些團體，它們企圖把神秘經驗的方式與禁慾主義的方式融

合起來,直到探尋智慧和最高存在方式的努力明顯變得無濟於事時為止,隨後,這種團體或者解體,或者有些成員分離出來,去尋求更加適合他們的志趣的環境。在十七世紀,許多美以美會初期狂熱的說教者(Ranters,喧囂派)變成了教友派教徒(Quakers),轉向了一場更富於禁慾主義色彩的運動。這些年來,那些通過吸毒和性放縱尋求解脫的人部分轉向了禁慾主義的和禁忌嚴格的宗教團體,如聖光傳教團(the Divine Light Mission)、黑爾・克里什那(Hare Krishna)、梅赫・巴巴(Meher Baba)⑫。其他人也已經從預言家的反文化模式轉向了禁慾主義的和神秘主義的模式。

團體破裂,這是因為一些成員以為一套對他們來說較次要的方法或目標正在變得要壓倒主要的那一套。在最早論及嬉皮的一篇文章中,辛克勒(W. Hinckle)寫道:

> 「如果年輕人對鐵石心腸的寂靜主義(quietism)這種嬉皮政治姿態趨之若鶩,那麼,實踐主義的、嚴肅的政治注定要受到影響。嬉皮們已經證明,識時務地放棄駕馭一個棘手的、沒什麼意義的社會這種繁重的任務,你會如釋重負地歡欣。但是,若果真如此,你就把主動權交給了地獄的安琪兒(the Hell's Angels)⑬。」

儘管存在分裂傾向,但是,兩個或更多類型的反文化運動常常互有聯繫地重現。考利(M. Cowley)注意到,在兩次世界大戰之間的那些年裡,藝術家中的玩世不恭者(bohemians)也閱讀馬克思的著作,而激進分子也帶有狂放色彩,因而要確鑿地指明這兩種人的觀念的差別,不免使人躊躇。考利寫道,對巴黎的國際大學生團體來說,「社會主義,一無束縛的愛,無政府工團主義,自由體詩」都是同一事業的各個側面⑭。

音樂家們創作的《髮》(*Hair*)也顯示了這種激進主義

94

（radicalism）與放浪不羈（bohemianism）的合而爲一。它們
相互被用以加強對方。那些對於克服他們的性困惑，感情波折和
種種禁忌感到力不從心的人把激進主義用作不竭的力量源泉：你
們知道，這都是爲了一種高尚的道德目標，爲了正義與和平。
（不止一個讀者會發現我上面的敍述不夠周詳。確實，《髮》所拒
斥的正是大社會的性禁忌和苦惱。這是毋庸置疑的。同時，在我
看來，這曲戲爲了處置作者以及觀衆對於性的矛盾態度，對這樣
一個「清教的」、「壓抑的」、「性倒錯的」社會給予了自己的
評判。）另一方面，那些需要更大的能量來維持他們激進的衝動
的人則在性發洩中如願以償或希望有所得：你知道，如果激進主
義的新世界被創造出來，那將是一個迷人而快樂無邊的世界啊！

　　總而言之，反文化團體和運動總是由全知全能的實踐主義、
公社制的或烏托邦的退隱以及尋求狂歡和神秘的內省這三者的不
同混合而形成。混合是必然的，但又是不穩定的，其原因在於影
響各種目的的實現的手段和這些目的本身具有互相矛盾的性質。
如果人們最大的願望是免於受一個拘謹而刻板的社會的各種檢查
和限制，以便新鮮體驗能夠源源而至，那麼，這些人就難以調動
並利用對於改變這個社會的基本價值觀必不可少的多種力量和因
素。如果其基本目標恰恰是一個受改變了的價值觀支配的新世
界，那麼，反抗鬥爭就大有可能是政治性的和激進的。不過，如
果人們對於成功地建立一個維繫於對立的價值觀的新世界抱悲觀
態度的話，似乎他們最好的出路是建立一個自己的社區，在那
裡，他們可以有所建樹，也可以希望自己能在改變這個不宜直接
進攻的大社會的過程中成功地起榜樣作用。這三種反文化類型及
其各種混合的關係可以用**表 4.1** 來圖示。

　　在我看來，大多數社會都要對這三種價值系統給予文化支
持。不過，主導因素之所以成其爲主導的，就在於它們在促使所
有這三套價值觀進行優化的過程中贏得了各方面——其中有些是

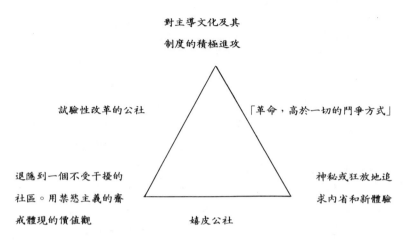

對主導文化及其
制度的積極進攻

試驗性改革的公社　　　　　　「革命，高於一切的鬥爭方式」

退隱到一個不受干擾的　　　　　　　　　　神秘或狂放地追
社區。用禁慾主義的齋　　　　　　　　　求內省和新體驗
戒體現的價值觀　　　　　　　嬉皮公社

表 4.1

極其排外的和自相矛盾的——的妥協。由於他們這一代人的經歷和他們個人的遭際不同尋常，這一些人或者把這些妥協看成徹底失敗，或者把其中的一套價值觀奉爲至高無尙，他們就必然受到這些妥協，受到這些失敗的傷害。這一主導文化受到詛咒，同時一種反文化得到確認。

　鑑於這種知識的、道德的和政治的鬥爭，人們也許會說：感謝上帝，多虧有這樣一些拒絕接受這樣一個糟糕的世界而追求美好天地的人。或者會說：眞遺憾，建設並保持一種文明的艱巨複雜的使命遭到了如此粗魯的攻擊。（就我個人而言，這兩種話我都可能說，這要視具體情況而定。）無論如何，只要人們還有點現實頭腦，人們就不會說，這些文化衝突微不足道或事不關己。它們不僅僅是一個社會科學所關心的基本問題，而且關聯著更大的人類事業。

眞善美

　　比起這些判斷──這是眞，而且這就是我們以其爲眞的思維方法；這是善，其善已經如此這般地被證實了；以及這就是美，其美業已被這樣一些基本標準的運用證明了──再也沒有哪一組價值觀和行爲模式能更好地賦予一種文化以特色，能更清楚地把這種文化與其他文化區別開來。儘管我們這個時代存在無比廣泛的文化接觸，但是，我們仍需要提醒自己，眞善美的種種原則總是深深地植根於具體的文化之中。對於大多數被一種種文化所社會化了的人們來說，做出判斷的標準是不證自明的。如果我們有種族中心主義（ethnocentrism）的傾向，這是因爲我們在對另一種文化做出反應時自動地使用了這些判斷標準，彷彿它們放之四海而皆準。

96　　　當然，美──眞和善無疑也是如此──存在於觀賞者個人的眼中。但是，對我們大多數人來說，個體變異不超乎一個由文化所建立的框架。從另一面說，人類做爲一個整體，享有某些共同的標準──它們是從相同的需要、觀察和經驗中發展而成的。然而，比較研究揭示出，文化和次文化強烈地影響了我們的判斷標準。進入異邦（這就是說，與他自己的祖國迥異的地方）的任何一個旅行者都可能感嘆：他們怎麼會吃這玩意兒？他們怎麼能這樣做？他們怎麼會信仰那東西？

　　文化對形成我們的認知、道德評判和審美評判等標準──這些稍微大一點的概念是派森思（T. Parsons）所慣用的──所發揮的作用爲我們提供了一條確定和審視反文化的重要線索。一個毫不觸犯這些標準的團體無論對社會秩序的反對多麼強烈，都難以被看作是反文化的。而一個正在顛覆這些標準的團體則可以說

正在掘一種文化的根。因此，在審視規範的倒置時，我們需要問一下：

其標準和方法——一個羣體賴以宣稱自己知道什麼是真善美——是否存在急劇的轉變？
那些被認為真善美的典範是否存在急劇的轉變？

按照傳統的哲學範疇，我們可以根據其認識論，根據其倫理學，根據其美學來確定反文化。我們所研究的事件差不多都將結合這些因素中的兩個或更多來討論；但是，如果我腦子裡有各個因素，我們就能更好地理解這些因素所構成的複合物。

真——文化的與反文化的

我們幾乎毋庸強調論證規則是文化性的。在人們以為他們知道的事物中，多數有賴於他們的社會確定證據的特殊方法。如果我宣布火星上有生命，大多數讀者就想知道我是怎樣知道的。如果我說這是上帝告訴我的，上帝還指給我看過，我將贏得的是極大的懷疑。如果我說劍橋大學、麻省理工學院和威斯康辛大學的科學家都在從外層空間收集的物質中的粒子裡發現了證據，對我的懷疑就會大為減少⑮。不管怎麼說，反響總是建立在對一些權威的信賴之上，建立在世界觀之上。

當一種世界觀顯得不再有助於一個人組織經驗，處理危機和難題的時候，另一種迥異的世界觀就可能被接納。儘管認識論在當今所面臨的挑戰與約翰·多恩（ John Donne, 1573～1631 ）的時代已有很大差異，但是，這不妨礙我們從他的詩行中獲得某種理解：

「新哲學把一切都釘在懷疑柱上；

　　　燃素被放棄得那麼突然；

　　　太陽和地球變得不可理解，

　　　也無人指明到哪兒尋找答案。」

　　從多恩寫此詩以來的幾個世紀裡，「新哲學」一直無休止地把一切釘在懷疑柱上。活性懷疑論（曾有人這樣給科學下定義）極大地增長了我們對自然的理解和控制。有人要問，果真如此嗎？並且，如果是這樣，它的真理摧毀了其他的真理嗎？科學已經使許多疾病受到控制，擴大了食物供應，把人帶到了月球——也創造了原子彈。它是否完全忽視了人對神秘性的需要——這顯得人性被理解得多麼可憐——呢⑩？它是否忽視了與科學的經驗和邏輯程度毫無關係的通向真理的途徑呢？儘管經歷了啓蒙運動、現代主義、理性主義和科學的巨大發展——一套統治了西方思想達幾世紀的力量，但是，一場並不微弱藐小的挑戰一直堅持著。確實使許多人大感不解，這場挑戰的力量在二十世紀後期不斷加強，哪怕是面對著重大的科學發現（也許有人會說，其力量正是源於這些發現）。從布雷克（W. Blake, 1757～1827）採取一種武斷的後啓蒙主義（post-Enlightenment）爲起點，經浪漫主義者、先驗論者、各種宗教傳統的追隨者、一些實驗心理學家等，直到當代復活起來的對神秘主義、被改變的意識狀態和鬼神之事的濃厚興趣，科學和理性主義一直大受懷疑。反文化人士宣稱，科學的暫時判斷總是有待修改，它使我們在這樣一個不確定的世界裡對牢固的知識的深層需要永遠得不到滿足。

　　現在的反文化人士宣稱，真理不是通過枯燥無味的研究所獲得的，而是通過神秘的內省而獲得的。它可以在普通民眾的、樸實的智慧中發現，可以在與宇宙的直接交流中發現，可以在冥想中發現，在讚美詩中發現，在吸毒中發現，在失去感覺中發現，在對直觀的右半腦所傳達的信息敏銳感覺中發現——所有這一切都與科學、技術、專門知識和冷靜的理性主義大相牴牾。羅斯札

克（T. Roszak）言簡意賅地表述過這種觀點「古老的靈知
（gnosis）。源於先驗知識的意象。神秘主義……對法術和夢、
科學和煉金術、偶然崇拜和聖禮意識、意象詩和觀念中的計謀等
的探索⑰。」

在羅斯札克看來，科學現在可以被看作一個學派──關於意
識的不同學派之一，正如古代藝術傳統被看作不同流派一樣。沿
著這條思路，史密斯（A. Smith）在《精神力量》（*Powers of
Mind*）中探討了所謂的「新意識學派」（new consciousness
school）。他相信，工業社會誇大了理性的、起認知作用的左半
腦的價值。他要求我們接觸更直觀的感知方法，從先驗的冥想，
到非洲的神秘活動，到麻醉藥麥角酸二乙基酰胺（LSD）的服
用，以及獨處在造成失重的潛水艇中等。史密斯用一種輕鬆愉快
甚至有些輕率的方式對待這個題目。他的所有觀點都是很奇怪
的，除了他認爲他只有在遠離科學的時候才能看見有趣的事情發
生這一觀點。不論這是否是眞的，這些事情都沒有超出某些科學
家試圖探索它們的努力範圍。有一羣造詣頗深的物理學家自稱
「反文化物理學家」，他們出版了一種雜誌，《物理學基礎》，他
們以此爲陣地探討預見、特殊的時空體驗、傳心術、洞見、以及
「對於有機物與無機物如何通過時空發生聯繫的新感覺。這些體
驗並不等於說著重點發生了轉換，而是等於說時、空、能、光、
物質、有機物、無機物被認爲發生關係的方式實質上消解了」
⑱。海里奇（M. Heirich）注意到，有人提出問題，是否這一刊
物唯一的意義是標誌著幾年前這些參與者發生了精神錯亂？

一些神秘知識的追求者並不藉助於工藝、化學和其他現代工
具開展活動：「站在赤裸裸的大地上──我的頭沐浴在快樂的空
氣中，升騰在無限的空間──這一切意謂著自我中心的消滅，意
謂著物我融通。我變成了透明的眼球；我什麼也不是；我洞見一
切；宇宙萬物通過我進行交流；我是上帝的一部分或一個包

裏」。「透明的眼球」！這是地下報紙上的一整頁繪畫，還是一個搖滾樂隊的名字？這一短句，還有這一整段引文，出自愛默森（R.W. Emerson）之手。富於想像的解釋則是由漢密爾頓（W. Hamilton）做出的⑲。

對於愛默森的反響通過賴克（C. Reich）對「第三意識」（Consciousness Ⅲ）的描述反映出來，不過，他較少用神秘語句。只有當我們從一個高壓社會強加給我們的歪曲意象中解放出來，我們才能抓住真實。「最終，團體所要做的就是把人與他的意義和真理的源泉隔離開⑳。」只有足夠幸運或聰明而贏得這種解放的人才有望獲得了不起的內省：

> 「擁有第三意識的人，無論他多麼年幼無知，可能都擁有異乎尋常的『新知識』。……他不『知道』事實，但是他已經『懂得』了似乎是隱藏在其他東西之後的真理。對於這種政治上的成熟的解釋首先是對假裝和虛妄的拋棄……擁有第三意識的年輕人一眼就能洞悉什麼是政治上的欺騙和虛偽，洞悉什麼是建築和城市規劃中的醜陋和輝煌。而一個長者要使自己具備同樣的意識水平，他就不得不經過數年教育。一個擁有第二意識（Consciousness Ⅱ）的人要『理解』法律是一種壓迫工具，他得花二十年時間研習激進傾向的文獻，而使用藥物的年輕人對此『一目瞭然』㉑。」

童子出自天真的智慧是一個古老的主題。每每使天下父母驚喜交集的是，他們發現，由於了無文化障礙，好奇心未遭阻滯，一個孩子往往能夠說出對一個成人來說是荒誕不經的真理。儘管喜悅與驚愕之比例會有所下降，但是很少有父母放棄這一對於年輕人在家庭圈子裡的表現的認識。（在有些情況下，在一些年之後年輕人會有一種類似的經驗：當他們長到二十一或三十歲時，他們奇怪地發現老人在以往的歲月裡學了那麼多。）然而，對大

多數成年人來說，這些只是部份眞。缺少比喻意義上的和本義上的文化的有色鏡、顯微鏡和望遠鏡，這會使年輕人不能獲得或推遲獲得許多知識和智慧。這不是賴克的反文化觀點。靠掌握一些技巧，靠研究一堆文獻，或靠經驗都不能使一個人變得聰穎。而是要靠你「對假裝和虛妄的拋棄」。（正如賴克的討論之所示，如果你不對假裝和虛妄實施快刀斬亂麻，你就難有所獲，不過，如果你不先「斬」了你自己，這把「快刀」使用起來又是很棘手的武裝。）

反文化關於通向眞理的途徑的信念不是單純的，而是合成的，其中包含著不同程度的對「天慧」（natural wisdom）的強調和不同比例的傳統因素。要解析其中的反文化因素，這不是輕而易舉的；但是，如果我們要審視挑戰者的認識論，我們不得不勉爲其難。幾乎見不到它們以純粹認識論的形式出現。按照庫珀（D. Cooper）的說法，其形式明瞭地見之於我們可以稱爲一種思想流派的反精神分析（antipsychiatry）㉒。它的意義應該被理解成對以往精神分析的前提和方法的反對，而不應該被理解成反對追求精神健康。既然反精神分析發展了不同於傳統的對精神病的解釋，並提供了自己的治療方法，同時又沒有超出於科學的解釋範式，那麼，它就難以被稱作反文化的。儘管許多關於醫院治療效果適得其反的研究，關於標明精神病原因的意義的研究與把「醫學模式」（medical model）當作對於精神病的解釋不一致，但是，這些研究都是在「傳統的」認識論框架內進行的㉓。

對於反精神分析者們本身——如庫珀、薩斯（T. Szasz）、特別是萊恩（R.D. Laing）——來說，就不完全是這樣了㉔。是的，他們對醫療觀點——例如，精神分裂只存在病人自己身上——的駁斥建立在家庭理論和精神治療的基礎之上。和貝特森（G. Bateson）一樣，他們則認爲精神分裂的起因在於家庭衝突和不諧調的交際㉕。然而，在其他方面，例如在他們據以宣稱自

100

己知道關於真的原則和方法上，在被認爲真的典範上，他們引起
了急劇的轉變。按照萊恩在《經驗政治》（*The Politics of Expe-
rience*）中的解釋，精神分裂並不只是一種需要一個醫療過程的
病。關鍵是社會瘋狂了。在一個強制性社會，我們不應該去尋找
增加所謂的規範性和合理性的方法，相反，我們應該努力一點一
點地從不知不覺的念頭中學會如何滌盡這些規範性和合理性本
身，學會如何滌盡這些文明化所造成的創傷上的血污㉖。

這些「反精神分析者」（antipsychiatrists）的觀點，以醫學訓
練爲基礎，逐漸向一系列承諾用新方法增强人類潛能的發揮的其
他反文化心理治療方法靠攏。一些人用宗教狂熱擁戴他們，而另
一些人則把他們視爲危險的騙子，視爲「人天生要弱化、歪曲、
逃避他的現實處境並使它庸俗化」的表現，正如科克（S. Koch）
之所言㉗。這些形形色色的交友團體（encounter groups）⑴、感
受性團體或冥想團體，從最近乎精神治療的醫學形式的團體到由
一個獨具法力的領袖支配的神秘的準宗教團體，無所不有。

我們在這裡所感興趣的不是它們不同的方法或療效。已有大
量的著述做了這些工作㉘。我只想澄清在什麼意義上他們推翻了
曾被廣泛採納的精神治療的操作，並確立了與以理性主義傳統爲
基石的信念相矛盾的信念。通過對情緒的儀式化操作（儘管他們
的行動也許不被施動者和參與者這樣看），他們造成一種「心理
開放」，通過提高了易受暗示性而減弱心理防禦。這個時候，
「心理建構上的重大變化就可能發生」㉙。

101　　巴克（K. Back）評論道，在感受性訓練中，「社會通常的
禁忌被取締了：坦率代替了拐彎抹角，自我表現代替了矯揉造
作，體態語代替了語言，直接性代替了間接反應。所有那些已進

⑴交友團體（encounter group）：興起於美國的一種精神治療組織，受治
　療者在羣體內自由與其他成員交流內心世界。

化到服務於保證社會程序的順利和連續性的規範都被置之不理
㉚。」

　　反映不同羣體的經驗和價值觀的新精神治療方法在社會發生
急劇轉變的時代層出不窮㉛。即使它們甚少告訴我們如何通過一
個漫長的過程去防止或治療廣泛蔓延的孤獨感、道德淪喪和對生
活的荒誕感，它們也能給予我們大量關於社會和當代人經驗的資
料。

　　出人意外的是，歐美社會思想中長期的暴露眞象的傳統（還
有其他原因）爲我們時代的反文化的認識論（countercultural
epistemology）鋪平了道路。不要相信現象或貌似客觀的眞理，
因爲眞實隱藏在更深處——休謨、馬克思、尼采、佛洛依德、帕
累托（V. Pareto）等都這麼說。要掌握眞理，就需要我們揭示
這些深層的眞實㉜。如果這種對眞象的揭露爲某些人構築關於知
識的社會學和心理學奠定了基礎，那麼，它實際上就支持了那些
科學本身對他們來說就已被剝下了假面的人通過神秘主義和鬼神
世界去追求眞理。（當然，我的陳述本身只是知識社會學的一個
假設。）

　　對科學的反對，對一個由理性運籌所支配的世界的反對，從
某種意義上來說也就是反對制度、官僚統治和等級組織的一種延
伸。正如卡弗里斯（V. Kavolis）所指出的，特別是在民主國家
（或「人民民主國家」），關於統治的意象和經驗常常顯得極其
可怕；「在最大可能性的程度上，人格必須變成『解體的』
（disorganized）和『不成系統的』（unsystematic），如果它不
肯被認爲是自我的程式化的話。……任何成其爲系統的約束，從
標準化的服飾到邏輯（或科學）範疇，終究要被經驗者看作强制
性等級（或等級觀念）用來維護它們自己的永恆存在的工具㉝。」

　　一位著名的社會學家曾使我們想到柏拉圖《理想國》中面向洞
壁的受束縛的穴居人的鮮明的影子。「他們背後就是光源，但是

他們無法看見。他們只思考光線投射在洞壁上的陰影，並試圖揣摩它們之間的關係。」他們之中的一個人成功地掙脫了鎖鏈。他左顧右盼，終於發現了太陽。一開始他頭暈目眩，漸漸地能夠觀察了，並且結結巴巴地說出了奇蹟。其他人認為他是癡人說夢，然而，事實上他是哲人。太陽是科學的眞理，「它不僅要搞清光和影，還要弄清眞實的存在本身。」

102

那麼，今天有誰——我們的評述者問——這樣看待科學呢？

> 「今天，年輕人的感覺大爲相反：科學的知識積累構成了一個不眞實的人爲抽象的王國，這些抽象試圖不用追上現實生活就用它們瘦骨嶙峋的手抓住現實生命的血脈和元氣。但是，柏拉圖所言的生活中，只有洞壁上陰影的活動，而在這裡的生活中，現實在實實在在地搏動著；其他的東西，如無生命的鬼呀什麼的，都是生活的衍生物㉞。」

大多數讀者無疑已經辨認出這些話出自韋伯的著名論文〈做爲一種職業的科學〉，（"Science as a Vocation"），它第一次是於一九一八年做爲一個講演而出現的。他理解對理性化和文官制度不斷增強的反動，對 Entzauberung 或對生活的幻想被剝奪得蕩然無存的狀況的反動，該文則是表達自己的理解的一種形式。這遠遠超出了反對或懷疑科學能夠對重理性所起的更廣泛的影響。

麥克雷（D. MacRae）提醒我們，Entzauberung，超脫（disenchantment）可以更貼切地按字面翻譯成「逐出法術」（driving out magic）。韋伯曾是詩人喬治（S. George）的朋友，詩人在〈人與森林之神〉（"Man and Satyr"）中讓這位半山羊半人形的神嘲笑道：「『你們不過只是人而已……我們的智慧正從你們才盡的地方開始。』人回答說，神話時代已經結束，森林之神的日子已經完結。可是，森林之神又說，『只有被賦予魔

法，生活才奮發可為』。」麥克雷恰如其分地做了總結：「他也許不那麼喜歡這一說教，但是，不可否認，它與韋伯的訓誡如出一轍㉟。」

　　韋伯可能不喜歡但曾經試圖去理解的，被其他人領會到了。被韋伯經常引用的尼采，在他的《權力意志》中描述了他相信是不可避免的虛無主義事業是什麼，它來自毀滅「非反映性的本能」的理性主義和科學。金色黎明修道會（the Order of the Golden Dawn），一羣中上流社會的基督教作家——葉慈（Yeats, 1865~1939）是其中最負盛名的一位——主要對關於法術（magic）的信仰和操作感興趣㊱。施萊特（P. Slater）在《不可捉摸之門：科學與超自然》（*The Wayward Gate: Science and the Supernatural*）中顯出自己是最近一位發展了類似觀點的人。他堅信，科學是在主導文化中觀察世界的固定方式，而超自然的東西遭到否定或忽視。被獻給理性和客觀性的科學建立在「感情的壓抑之上，衝動的否定之上和控制的需要之上」㊲，並造成生命力枯竭的後果。

　　在長期的危機之中，當大量的科學工作被用來取得一些最多只不過能減輕以前的科學工作所造成的災難的發現時，對於那些承諾直接了當的內省或承諾羣體特有的用以發現古老的和永恆的真理的方法等的運動的魅力，我們就不難理解了。然而，這種觀點仍與流行觀點尖銳對立。在一份對全美國成年人的抽樣調查中，百分之七十五的人認為科學和技術改善了生活。只有百分之十二的人把感受到的擔心或恐怖或冷漠與科學聯繫在一起㊳。經常見到這樣的評論，說美國有極強的「反理智」傾向。我相信這話有充分的證據；但是，精確點說，我們應注意到在理論家、院士、思想家與重實際的普通老百姓之間常有一個張力（tension）。在不同的方面，兩者都趨於理智。與神秘的世界觀相比，在認識論上他們是很相似的。只有少數人可能同意羅斯札

克所表述的觀點：

　　「人類文化中豐富的符號很可能是從早期那麼一代被某
種特殊力量賦予了最高想像力和薩滿（shamanic）天才的
人傳遞到我們手上來的。也許在意識的早期進化中，人類經
歷了一個間隔期，這時，人腦達到了空前絕後的興奮點，而
人類文化的符號素材立刻全部被激活，就像人類語言現象本
身的產生一樣。關於我們人類的這種發展狀態，神話和鬼靈
傳統所能告訴我們的要比科學或學術將要做的多得多，因為
神話至少帶有與這一事件有關的神秘色彩㊴。」

　　一些人努力藉助毒品來追隨通向真理的這條反文化途徑㊵。
其他人——包括許多先前曾通過藥物尋求昇華的人——則轉向了
帶禁慾主義傾向的宗教運動，這些運動向人們承諾了一個新紀元
的到來，並且，它們不是通過改變社會體制，而是通過改變人的
意識，通過冥想、修煉、節制等達到永恆的和絕對的真理的方法
來實現。這些運動包括「黑爾·克里什那」和梅赫·巴巴運動、
聖光傳教團、科學教（scientology）⑵、禪宗和瑜伽的廣泛影響
㊶。還有一些人轉向鬼靈崇拜、占星術、巫術和法術以尋求對神
秘的經驗的解釋，可能的話還想贏得某種支配能力。

104　　　　儘管這些運動在方法和符號形式上千差萬別，但是它們採用
與起支配作用的理性主義相反的途徑增強人的理解領悟力的各種
嘗試大致呈兩個主要的類型。在一些人看來，真理就在我們自己
身上。如果我們有辦法排開社會加給的過濾器，拋棄觀念上的禁
忌，並改變我們的意識，那麼，我們的天性天慧就會脫穎而出。
做為一種「修身養性」的方法而在西方最負盛名的瑜伽形成了一

⑵科學教（scientolog）：二十世紀五〇年代一種鼓吹信仰療法的宗教派
　別。

套掙脫外界對悟性的束縛的修煉方法。用瑜伽的觀點來看，冥想、運氣及其他鍛煉和節食能使人達到神秘的領悟和歡樂。

幾種大同小異的方法是已在西方紮根的幾個東方宗教團體的實踐的核心。馬拉里希‧馬赫希‧約基（Mararishi Mahesh Yogi）在愛荷華州成立馬拉里希國際大學傳授創造學或曰先驗冥想學——這是一種旨在喚醒才智中的休眠部分的訓練，它要求達到人體深層的放鬆。像黑爾‧克里什那、梅赫‧巴巴和聖光傳教團運動一樣，先驗冥想學不傳授什麼正兒八經的經文，只創造一種新意識。知識來自內部；它不是學到的，而是煥發出來的。用梅赫‧巴巴的話說，「我不是來灌輸的，而是來喚起的㊷。」

那些從科學、理性主義和常常顯得枯燥乏味的研究細節的方法中異化出來的人可能爲了追求「開拓意識」——他們把它想像成一條通向被隱藏的眞理的途徑——而垂青於藥品。當然，毒品的使用並不只是這麼回事。一些宗教領袖和大腦探討者可以明確闡發關於吸毒的認識論，或者更廣一點說，可以解釋吸毒是怎樣通向昇華的。然而，對大多數用藥者來說，其意義相當於周末晚上的鬧飲，相當於對刺激的最原始的追求，對已經喪失了合理性的權威的反抗，相當於藉以排遣沉悶，相當於逃避困擾，減輕由受到汚損的自我意識和總是充滿動亂的這個世界所帶來的焦慮，最後，對一些人來說，相當於對啓蒙的宗敎性追求。總之，各不相同。

一個和馬克思唱反調的人可能認爲，在一些社會裡，鴉片——或者大麻、摩根（peyote）⑶——是人民的宗敎。毒品的使用在一些東方宗敎如穆斯林密旨派及各種西伯利亞、美洲印第安人部落中相當廣泛。不過，在工業化的西方國家，並沒有很多人響應昆西（T. de Quincey）的讚嘆：「啊，迷人的鴉片……你

⑶摩根（peyote）：一種含有麻醉劑的仙人掌屬植物。

執掌著天堂的鑰匙」。（馬克思的斷言「宗教是人民的鴉片」得到了極大支持，儘管它也受到了很複雜的評論。）

毒品的使用一下子「解決」了一個人的全部問題。在某種意義上，這與借高利貸償付一個人的全部債務相似。現在只有一筆債了。但是，利息太高，債實際上並未減少，並且，明天必須更多地償還。

在我談論吸毒者時，我想到了一個廣告：一對年輕夫婦手拉手徜徉於迷人的海灘。我一下子意識到他們與吸毒者的聯繫，因為他們是借錢而來的：mirabile dictu!

我不打算在這裡區分不同毒品的癮君子、妙處、生理和心理效果等的差異⒀，而只想指出，十九世紀才開新例的毒品使用，從一九五〇年前後以來，西方反文化運動使它廣為流行起來。我們感興趣的是他們的信仰：他們相信毒品的力量能夠改造意識，達到神秘境界，通向內省和造成幻覺（大腦自由表現）——這是奧斯蒙德（H. Osmond）的說法。赫胥黎（A. Huxley）滿足於他使用墨斯卡靈（mescaline）⑷所體驗到的「淨化了的想像」（他這個短語是從布萊克那裡借來的）和沉思能力的增長。

在一些例子中，藥物的使用是與宗教實踐聯繫在一起的；它所尋求的知識是宗教知識，如利里（T. Leary）的「精神發現聯合會」（League for Spiritual Discovery）。諾瓦克（M. Novak）表達了六〇年代不同於利里的完全「退出」（full "drop out" ethic）法則的「反收穫法則」（the antiachievement ethic），他提到了「精神收穫（spiritual achievement）與個人努力是成比例的這一『皮拉基亞斯』（the "pelagian" prejudice）⑸成見。那些持這種成見的人不可

⑷墨斯卡靈（mescaline）：一種生物鹼，可以製成引起幻覺的藥。

⑸皮拉基亞斯（Pelagius）：約西元 360～420，英國僧侶及神學家，他否定原罪論，認為人有意志自由。

能想像到造物主把藥做爲恩惠賜給了他的造物這種可能性——在適當時機被人發現的這些藥也許是使人們理解優雅、博愛和各信仰之間的和平的工具。精神收穫不是只靠意志和努力就能贏得的，它常常表現爲上帝的恩賜⑭。」

　　我想知道，在赫胥黎那樣的用藥經驗中，這種「幫助人們理解」的工具如何「與對人類關係的適當關心相諧調，與必不可免的繁難的工作和責任相諧調，更不待說與仁慈和切實的同情相諧調」⑮。在工業社會，藥物被擁有特權的人使用來達到神秘的內省，這似乎與我們的文化給予人們的企盼「一舉成名」的思想有關。就宗教層面而討論藥物使用，有人不禁要問：既然我們可以有一見鍾情的愛，一舉而得的美，一步登天的富裕，爲什麼就不能有一蹴而就的宗教？不需要自我犧牲，不需要長期服役，不需要苦心研究人類處境。我們每個人身上都有一種宗教天賦，至少也有一種宗教體驗，有待煥發出來，我們只要懂得如何掀開封閉它的蓋子就行了。

　　正如尼德爾曼（ J. Needleman ）所指出的，被用來做爲達到宗教體驗的手段的藥物使用本身可能變成被追求的體驗。在他所描述的一個禪宗中心，其目標是改造慾求，而不是滿足它。那些持續服藥的人在這個中心經過了初步訓練之後幾乎就不再服藥；「那些有癮的人漸漸減少了，最後終於停止了藥物使用⑯。」

　　相對於第一個主要類型來說，反文化認識論的第二大類型明顯不同。它把對眞理的追求不是看作一個轉向內心去發現隱藏的直觀知識的過程，而是看作一個外向的歷程，一個與知識來源接觸，學會閱讀它們並進而可能支配它們的歷程。這是一個擁有神靈（ occult ）、法術（ magic ）、占星術（ astrology ）的王國。按照這種觀點，爲了理解是什麼左右著這個世界，特別是我們個人的命運，我們需要中介來敎導我們。我們不可能從敎師、醫生、律師、工程師或掮客那裡得到滿意的答案——他們這些人已

106

經把這個世界擺弄得糟透了，所以只能轉向《易經》(*the I Ching*) 的算卦，轉向我們的占星術。

神秘的信仰及其實踐幾乎在每一種文明中都歷史悠久。在許多歷史時期和地方，旣然它們是整個傳統的一部分，被其社會成員用以解釋並處置他們的經驗，它們自然不能被認爲是反文化的。儘管被理性主義和科學推到了現在這個背景中，但是，它們在各個工業社會中並不罕見，它們旣表現在那些對當代文化的許多方面表示出失望的人身上，也表現在更傳統的羣體之中。通過對一個全國性的抽樣調查進行分析，估計五分之一以上的美國成年人相信星辰影響我們的生命並能預示未來㊼。而在六○年代，百分之三十的法國受調查者相信占星術㊽。在一份來自舊金山灣地區 (the San Francisco Bay area) 的抽樣調查中，伍思勞 (R. Wuthnow) 發現，對占星術的接受在那些文化程度低、失業者和孤獨的人中間最突出。然而，他也發現，那些與反文化羣體聯繫在一起的人比起那些雖處於同一教育水平和階級而未捲入反文化的人更容易受占星術的吸引㊾。

馬蒂 (M. Marty) 在被他稱作「可尊敬的和獲得了地位的公衆讀物」(其出版物廣泛散播到中美洲人中並且旨在針對他們個人的焦慮) 與一種好鬼神的地下出版物 (它屬於那種更能引人注目的「耽於酒色的狄奧尼斯類型」) 之間進行了辨析。神秘性的樹立對撒旦崇拜 (Satanism) 和其他反文化類型的神秘主義 (occultism) 是至關重要的㊿。對神秘事物的興趣是那些平時參與到較標準的活動形式中去的人的整個生活的一部分。而對於那些愛好地下出版物的人來說，它幾乎變成了他們的生活中心。

這兩種情況之間的區別不應該被忽視。前一種是神秘傳統的更直接的承續，後一種則是一場複雜的反文化運動的一個方面。然而，這兩者都顯示了對理性主義與科學的失望。梯里阿堪 (E. Tiryakian) 曾說，雖然現代主義主要源自歷史悠久的秘教傳統

（ the esoteric tradition ），但是，「意想不到的是，植根於理性主義、科學精神、工業主義的西方開放社會的價值取向迫使秘教傳統扮演了次要的或地下運動的角色。也就是說，現代西方文明（可以上溯到文藝復興運動和宗教改革運動）越來越多地給了秘教傳統呈現爲反文化的機會，與此同時，現代西方文明也選擇性地吸收了它的許多價值觀和成果(51)。」

追隨梯里阿堪區分神秘信仰與秘教傳統是很有意義的。前者是一套意圖明確的實踐和技術，它們來自據說科學探索無法企及的、隱藏在自然或宇宙中的某些力量。這些實踐被用來獲取關於事件過程的知識或改變這些事件。梯里阿堪則把秘教傳統看作宗教哲學體系，看作「對自然和宇宙的認知圖景，對最高存在的認識論的和本體論的反映」，它爲那些神秘的實踐和技術奠定了基礎(52)。他提出，打個比方，秘教傳統是理論物理，而神秘信仰是技術工程。

我們如何解釋工業社會中神秘信仰（ occultism ）的復興呢？在我看來，其部分原因是一種遊戲心理。在做十字填字遊戲之前，人們常要看一下占星表（ the horoscope column ）。幾家報紙和雜誌發現，秘傳的東西一下子吸引了大家的注意，其他人於是爭相模仿，他們受這一潮流影響，又在某種意義上爲這一潮流推波助瀾。然而，這一解釋是不充分的。這種神秘趣味的高漲非常密切地對應於其他對科學世界觀的挑戰。較早時候的復興浪潮並不曾需要大衆傳播媒介的支持。我們需要從個人和社會兩個層面尋求解釋。

現代主義一直引導我們相信進步；自由主義要求我們相信個人成功；我們已變得仰仗科學逐步解決因爲我們無知才遇到的困難。而戰爭的陰影困擾著我們；千頭萬緒的選擇壓在我們頭上， 108
有待做出決策；成功不能使我們心滿意足；科學知識在增長，但是並沒有伴隨著相應的生活滿足感的增長；需要用以保持現代化

進程的組織制度對人過於壓抑。許多人似乎都有同感。由於覺得我們不由自主，我們就很容易相信錯誤不在我們身上，而在我們的星球上。按我們所知道的去適應，這比掙扎著去弄清一個如此多變的世界要好。

就社會層面而論，我們可以把秘傳信仰和神秘實踐的氾濫一時與文化發生震蕩和變革的歷史時期聯繫起來。在培里克里斯（Pericles）的黃金時代——這是一個知識和理性主義急驟增長的時代——之後，古希臘文明被衝突和絕望摧垮了。對命運的相信又得到了廣泛的確認。在羅馬帝國衰亡的年代裡，在文藝復興和宗教改革的年代裡，類似的「神秘信仰的復興」也出現過。它們也都是文化範式（paradigms）出現急劇轉變的時期⑬。

在今天的較為溫和地倡導神秘知識的人中，其目的不是消滅科學，而是把它限制在適當的範圍內，而是反對被他們認為支配了城市和工業世界的那種一元價值取向和一個視點的方法，這正是布雷克（W. Blake）在約二百年前所持的態度：

> 「也許有朝一日
> 上帝會讓我們避免偏見（single vision）。」

許多人有這種失望（正是這種失望為這些觀點奠定了心理基礎），這種失望使韋爾斯（H.G. Wells）在第二次世界大戰結束時說，「人的智慧已經達到了它的極限。」現在我們甚至看得更清楚：我們的一些最深刻的問題就是由於科學發現的應用在作祟。反文化的認識論就是為了應對這種處境而產生的。「這個發展著的單向度社會（one-dimensional society）改變了理性的事物與非理性的事物之間的關係。與社會理性的不合理的和病態的方面形成鮮明對照的是，非理性的王國變成了真正理性的家園，變成了可以『提高生活藝術』的理想的家園⑭。」因此，追求神秘感和狂歡吧，擁抱鬼靈吧，冥想吧，解放在你身內的真理吧⑮！

　　有時候這種觀點的表達是很令人奇怪的。用霍夫曼（A. Hoffman）的話說，「幻想是唯一的眞理。我曾在《新聞日報》（*Daily News*）中做過說明。大約三百人一齊吸著煙鍋，一齊跳舞，把體用除臭劑噴向報導者們，焚燒錢幣，把傳單散給所有雇員，然後開始：『親愛的共產主義運動的同道……』。我們稱之爲『選擇性的幻想』。它的作用了不得。」

　　「你說它的作用了不得，你是什麼意思？」

　　「無人能夠索解。……它是一個純粹的信息，純粹的想像，但終究是眞理⑤。」這種嬉皮風格已經被甘斯（H. Gans）恰當地貼上了新達達主義（new-Dadaist）的標籤。

　　當然，相信秘傳和通過神秘方法追求知識是人類歷史中永恆的主題。但是，正如梯里阿堪所指出的，它們的活躍程度與神秘主義（mysticism）浪潮——它們發生在一個社會對自己的符號和認識現實的模式喪失了信心的時候——共漲落。「神秘實踐（occult practices）具有吸引力，除了其他理由之外，還因爲它們對科學的經驗性實踐和工業制度中的非人化的反抗顯得頗能激動人心⑤。」

　　神秘主義的再度興起究竟是一種新的「神經衰弱」（failure of nerve），一種由許諾的富裕與不斷的危機所構成的多變的混合體所造成的、趨向於神話信仰和巫術決策的新倒退呢，還是對過分依賴理性所造成的人類生機的極端枯竭這一事實所明智地給予的承認呢？默里（G. Murray）在他的經典著作《希臘宗教的五個時期》（*Five Stages of Greek Religion*）之中，用伯里（J.B. Bury）的一個短語「神經衰弱」來描述在「荷馬時代的改革」失敗之後，在對培里克里斯黃金時代的憧憬失落之後，在希臘城邦的道德崩潰之後，以及在偉大的道德哲學家們在一個動亂時代無力抓住大多數人的思想之後所再度發生的神話狂熱。柏拉圖相信存在普遍的是非原則，它們可以通過哲學家的研究被發

現，只要一個羣體能夠抵制外界影響的腐蝕，抵制財富的腐蝕，並能夠遠離「污濁的苦海」。亞里斯多德對過去也沒有更多的留戀，但是他也相信，生活受理智和道德引導才會幸福。然而，在紊亂的秩序每況愈下的背景裡，這種思想體系就站不住脚。「當奧林帕斯山的（Olympian）諸神下來時，命運、不可預知並壓倒一切的宿命就來取而代之了⑱。」

　　難道我們現在正如耶茨（F. Yates）針對以前的時代所說的，正面臨著一次新的神經衰弱，一次從理智向神靈的倒退⑲？抑或這一判斷只是建立在一種狹隘的理性主義觀點（無論它被用到公元前三世紀的古希臘，中世紀晚期的世界，還是我們的時代）之上？人們可能贊同馬庫塞（H. Marcuse）：理性中存在著「不合理的和病態的方面」。那麼，我們就拋棄理性而轉向超自然的事物嗎？是從一個極端跑向另一個極端呢，還是尋求一種綜合呢？是因為理性如此不完美，才使得我們在通向它的道路上跌跌撞撞嗎？因為人類遭遇的問題如此棘手，所以一切意識形式最後都注定要一敗塗地嗎？

　　反文化人士宣稱他們已經使根本的神秘感獲得了新的意義。反對者把背離理性的倒退看得比過分理性所生的毛病還要糟糕得多，因為這些毛病還有可能醫治。說人類有神話需要是一回事；但是，鑑於受神秘的信仰推動的運動往往席捲整個民族，表現得過分極端以致不合人道，因而為之歡呼卻是另一回事。不過，熱衷秘傳的人們把這種言論看作一孔之見。那種「神經衰弱」只見之於西方知識分子身上，他們審視人類處境的視界太偏狹了。

　　也許我的討論充滿了過於尖銳的衝突。正如韋爾斯所說的，人的智慧也許已經達到了它的極限。這場歷時二百年的反對「冷靜的理性」（cold rationality）統治的鬥爭也許正在奏效。然而，我們能在不拋棄科學的前提下拋棄那些對科學——也許該稱為科學主義（scientism）——不切實際的信念。也許對理性主

義思想的衝擊本身並不足以取代理性，並不足以卓有成效地處理
人類面臨的主要問題，但是，這些衝擊至少為我們贏得了一定的
時間，在這段時間裡，也許我們能夠找到一條更充分地發揮我們
的智力的途徑，並把這些智力與我們的其他力量有機地結合起
來，以實現更宏大深遠的人類目標。

第四章註釋

①霍尼（K. Horney）《我們時代的精神病人格》（ *The Neurotic Personality of Our Time*, 1937 ）；約翰遜（C.S. Johnson）《黑人隔離的模式》（ *Patterns of Negro Segregation*, 1943 ）；特納（R. Turner）和基利恩（L. Killian）《集體行為》（ *Collective Behavior*, 1957 ）；韋伯（M. Weber）《宗教社會學》（ *The Sociology of Religion*, 1963 ）。

②考利（M. Cowley）《流浪者的回歸：思想的敍述》（ *Exile's Return: A Narrative of Ideas*, 1934 ）。同時參見梅爾維爾（K. Melville）《對立文化中的公社》（ *Communes in the Counter Culture*, 1972 ）；格洛克（C. Glock）和貝拉（R. Bellah）《新的宗教意識》（ *The New Religious Consciousness*, 1976 ）。

③賴克（C. Reich）《美國的新綠再青》（ *The Greening of America*, 1970 ）p. 356。

④丹尼索夫（R. S. Denisoff）和萊文（M. H. Levine）〈代與反文化：對音樂觀念的研究〉（ "Generations and Counter-Culture: A Study in the Ideology of Music", 1970 ），載於《青年與社會》之二。

⑤克萊卡克（P. Clecak）《激進主義的困境：1945～1970期間美國左派的二難境地》（ *Radical Paradoxes: Dilemmas of the American Left: 1945 ～1970*, 1973 ）；拉希（C. Lasch）《美國左派的痛苦》（ *The Agony of the American Left*, 1969 ）。

⑥魯賓（J. Rubin）《做》（ *Do It*, 1970 ）p. 116。

⑦霍夫曼（A. Hoffman）《革命是為了好玩》（ *Revolution for the Hell of It*, 1968 ）p. 61。

⑧霍伊蘭（J. Hoyland）〈賓果遊戲廳內的長征〉（ "The Long March Through the Bingo Halls", 1973 ），載於《OZ》46 卷。

⑨《馬克斯·韋伯文選》（ *From Max Weber*, 1946 ）p. 126。

111

⑩阿德勒（N. Adler）《潛流：新生活方式與非道德律者的人格》（*The Underground Stream: New Life Styles and the Antinomian Personality*, 1972）p. 77。

⑪科恩（N. Cohn）《追求千福年》（*The Pursuit of Millennium*, 1970）；盧伊（G. Lewy）《宗教與革命》（*Religion and Revolution*, 1974）；斯塔克（W. Stark）《宗教社會學》（*The Sociology of Religion*）卷二：《宗派宗教》（*Sectarian Religion*, 1967）。

⑫見扎雷茨基（I. Zaretsky）和萊昂內（M. Leone）《當代美國的宗教運動》（*Religious Movements in Contemporary America*, 1974）；朱達（J.S. Judah）《克里什那運動和反文化》（*Hare Krishma and the Counterculture*, 1974）；格洛克和貝拉，同②。

⑬辛克勒（W. Hinckle）〈嬉皮的社會歷史〉（"The Social History of the Hippies", 1967），載於《堡壘》五，p. 26。

⑭考利，同註②。

⑮貝格拉克（L. Gerlach）和海因（V. Hine）《生活方式的跳躍：美國發生變化的動力》（*Lifeway Leap: The Dynamics of Change in America*, 1973）p. 20。

⑯比亞勒（D. Biale）《Gershom Scholem: 卡巴拉和反歷史》（*Gershom Scholem: Kabbalah and Counter-History*, 1979）；布朗（N. Brown）〈天啟：精神生活的神秘之所〉（"Apocalypse: The Place of Mystery in the Life of the Mind", 1961）；施萊特（P. Slater）《不可捉摸之門：科學與超自然》（*The Wayward Gate: Science and the Supernatural*, 1977）。

⑰羅斯札克（T. Roszak）《廢墟的盡頭：後工業社會的政治和超然存在》（*Where the Wasteland Ends: Politics and Transcendence in Postindustrial Society*, 1973）p. 15。

⑱海里奇（M. Heirich）〈文化斷裂〉（"Cultural Breakthrough", 1976），載於《美國行為科學家》十九，p. 697。

⑲《基督教的世紀》(*Christian Century*)，1971 年 1 月 20 日，p. 75。

⑳賴克，同註③，p. 128。

㉑同上，p. 260~61。

㉒庫珀(D. Cooper)《精神分析與反精神分析》(*Psychiatry and Anti-Psychiatry*, 1971)。

㉓高夫曼(Goffman)《精神病院》(*Asylums*, 1961)；羅森漢(D. L. Rosenhan)〈論瘋人院裡的健全〉("On Being Sane in Insane Places", 1973)，載於《科學》一百七十九；謝弗(T. Scheff)編《貼標籤的瘋狂》(*Labeling Madness*, 1975)；佩魯齊《瘋狂的外延：論美國的不健全和制度化》(*Circle of Madness: On Being Insane and Institutionalized in America*, 1974)。

㉔還可以參見薩斯(T. Szasz)《精神疾病的神話》(*The Myth of Mental Illness*, 1961)和《異端邪說》(*Heresies*, 1976)；萊恩(R.D. Laing)《經驗政治學》(*The Politics of Experience*, 1967)和《生活事實：論感情、事實和幻想》(*The Facts of Life: An Essay in Feelings, Facts, and Fantasy*, 1976)。

112 ㉕貝特森(G. Bateson)等〈關於精神分裂的理論〉("Toward a Theory of Schizophrenia", 1956)。

㉖皮爾遜(G. Pearson)《越軌的想像》(*The Deviant Imagination*, 1975) p. 21。

㉗科克(S. Koch)〈交友團體的理論中關於人的觀念〉("The Image of Man in Encounter Group Theory", 1971)，載於《人文主義心理學雜誌》十一。

㉘見利伯曼(M. Lieberman)等《交友團體：最初事實》(*Encounter Groups: First Facts*, 1973)；巴克(K. Back)《言外之意：敏感性訓練的故事與交友運動》(*Beyond Words: The Story of Sensitivity Training and the Encounter Movement*, 1973)；阿德勒(N. Adler)，同註⑩，p.p. 107-23；弗蘭克(J. Frank)〈心理治療的神奇世界〉("The Bewildering World of Psychotherapy", 1972），載於《社會問題雜誌》二十八；格洛克和貝拉，同註②，p.p. 93～115，斯通（D. Stone）執筆。

㉙霍洛曼（R. Holloman）〈禮儀的開放與個體轉變：埃薩倫的人生通過儀式〉：（"Ritual Opening and Individual Transformation: Rites of Passage at Esalen", 1974）p. 265。

㉚巴克，同註㉙，p. 31。

㉛弗蘭克，同註㉙。

㉜見曼海姆（K. Mannheim）《意識形態與烏托邦》（*Ideology and Utopia*, 1936）；默頓（R. Merton）《社會理論與社會結構》（*Social Theory and Social Structure*, 1968）；埃倫·伯傑（H. Ellen Berger）《無意識的發現》（*The Discovery of the Unconscious*, 1970）。

㉝卡弗里斯（V. Kavolis）〈後現代的人：對社會趨勢的文化心理反應〉（"Post-Modern Man: Psychocultural Responses to Social Trends", 1970），載於《社會問題》十七，p.p. 438～39。

㉞《韋伯文選》（*From Max Weber*, 1946）p.p. 140～41。

㉟麥克雷（D. MacRae）《韋伯》（*Weber*, 1974）p. 88。

㊱見雷恩（K. Raine）《葉芝、塔羅特以及金色黎明》（*Yeats, the Tarot and the Golden Dawn*, 1972）。

㊲施萊特，同註⑯，p. 115。

㊳《紐約時報》，1976 年 5 月 5 日。

㊴羅斯扎克，同註⑰，p. 341。

㊵見布雷登（W. Braden）《私海：致幻藥與對上帝的追尋》（*The Private Sea: LSD and the Search for God*, 1967）；赫胥黎（A. Huxley）《想像之門與天堂和地獄》（*Doors of Perception and Heaven and Hell*, 1954）；利里（T. Leary）《高僧》（*High Priest*, 1968）；沃茨（A. Watts）〈精神治療與宗教體驗〉（"This Is It, and Other Essays on Zen and Spiritual Experience, 1967），見卡特勒（D. Cutler）編《宗教形勢：1969 年》（*The Religious Situation:* 1969），第 25 章。

㊶朱達，同註⑫，扎雷茨基和萊昂内，同註⑫；格洛克和貝拉，同註②。

㊷扎雷茨基和萊昂内，同註⑫，p. 460。

㊸已有大量著述從不同角度討論過了，例如：約翰遜（B. Johnson）《大麻的使用者與毒品次文化》（*Marihuana Users and Drug Subcultures*, 1973）；羅斯扎克（T. Roszak）《一種反文化的構成》（*The Making of a Counter Culture*, 1969），第 5 章；斯卡皮蒂（F. Scarpitti）和達特斯曼（S. Datesman）編《毒品與青年文化》（*Drugs and the Youth Culture*, 1980）；貝茨（W. Bates）等《毒品：原因、環境及其後果》（*Drugs: Causes, Circumstances, and Effects of Their Use*, 1978）。

113 ㊹諾瓦克（M. Novak），見卡特勒所編《宗教形勢：1969 年》p. 206。

㊺赫胥黎，同註㊵，p. 40；也可參看英格《對宗教的科學研究》1970 年，p.p. 163～69。

㊻尼德爾曼（J. Needleman）《新的宗教》（*The New Religions*, 1970）p. 44。

㊼《紐約時報》1975 年 10 月 19 日，p. 46。

㊽梯里阿堪（E. Tiryakian）〈建設關於密傳文化的社會學的嘗試〉（"Toward the Sociology of Esoteric Culture," 1972），載於《美國社會學雜誌》七十八，p. 495。

㊾伍思勞（R. Wuthnow）〈星相學與無所適從〉（"Astrology and Marginality," 1976），載於《宗教的科學研究雜誌》十五。

㊿馬蒂（M. Marty）〈崇拜的樹立〉（"The Occult Establishment", 1970），載於《社會研究》二十七；參見特魯茨（M. Truzzi）〈崇拜做爲大衆文化而復活：關於新、舊巫師的札記〉（"The Occult Revival as Popular Culture: Some Random Observations on the Old and Nouveau Witch", 1972）。

(51)梯里阿堪，同註㊽，p. 502。

(52)同上，p.p. 498～99。

(53)同上，p.p. 509～10。參見耶茨（F. Yates）《布魯諾與煉金術的傳統》

（*Giordano Bruno and the Hermetic Tradition*, 1964）。

(54)馬庫塞（H. Marcuse）《單向度的人：發達工業社會意識形態的研究》（*One Dimensional Man: Studies in the Ideology of Advance Industrial Societies*, 1964）。

(55)見布朗（N. Brown）《愛人之軀》（*Love's Body*, 1966）；史密斯（A. Smith）《精神力量》（*Powers of Mind*, 1976）；羅斯扎克，同註⑰。

(56)霍夫曼（A. Hoffman）《革命是爲了好玩》（*Revolution for the Hell of It*, 1968）p. 66。

(57)梯里阿基，同註㊽，p.p. 510, 494。參見蓋爾納（E. Gellner）《當代思想與政治學》（*Contemporary Thought and Politics*, 1974）

(58)英格，同註㊺，p.p. 54～55。

(59)耶茨，同註(53)，p. 449。

第五章
善，文化的與反文化的

114

　　反文化的道德觀（ethics）像反文化的認識論一樣與當今社會的主導價值觀念尖銳矛盾。不過，贊成其道德觀的人並不一定就接受其認識論，反之亦然。那些反對傳統的真理觀的人也許在給美好生活下定義時顯得很保守；而另一些譴責既定的道德規範的人則可能心安理得地接受既定的認識論。毫無疑問，前者會像賴克（C. Reich）那樣聲明，一種新意識是通往革命的漫長但和平可靠的途徑。而且，正如伍思勞（R. Wuthnow）最近所揭示的，一些見於大眾社會的結構狀態很可能打上神秘主義（mysticism）和政治實踐主義（political activism）相結合的烙印①。

　　然而，對「新思維」（a"new head"）的尋求一直更多地與寂靜教（quietism）、內省，以及企圖遠離邪惡塵囂的退隱聯繫在一起，而不是與改變這個社會的努力聯繫在一起。此類傾向並不代表我所謂的倫理上的反文化人士的特徵。他們是用對於美好生活的新憧憬向這個世界挑戰。值得特別強調的是，他們並不是簡單意義上的越軌者（aberrant），去做那些無論是從他們自己的標準還是從社會的主導標準來看都是不道德的和違法的事情。他們是不從流俗之輩（nonconformists），要宣揚自己觀點的正確性。如果他們被投入監獄，他們會自認為是政治犯。

　　「當你變得腰纏萬貫時，你在黑夜裡會看到我（上帝）的悄然來臨，手中提著刀，猶如一個真正的賊──口中呼喊，交出你

的錢袋，快交出來，你這混蛋！不然我就割斷你的喉嚨②！」這不是引自霍夫曼（A. Hoffman）的早期作品《盜書》（*Steal This Book*）或魯賓（J. Rubin）的作品《做》（*Do It*），而是引自福斯特（G. Foster）在三百年前出版的《最後的鼓角聲》。

115　　「人生最寶貴的可謂自由——如果你能從資產階級手中竊取。」在一個叫做「東方之村」公社（East Village commune）的牆上掛著的一幅框邊的刺繡品上這樣寫道③。看來不需用刀，信用卡就能做為正義的武器。羅賓漢及其綠林好漢們又重返人間了嗎？他們為改變這個充滿貪婪和欺詐的罪惡社會而揭桿而起了嗎？難道這些口號只不過是那些罪犯和自私之徒使自己的行動合理化的「調解技巧」嗎？

> 「詐騙——偷竊，對於貫犯——像毒品和搖滾樂一樣很快成為了反文化的一部分……人們爭辯道，竊取貴族們這些掠奪者的財產總比替他們賣力更合乎道德規範……這只不過是把社會財富重新合理地進行再分配罷了……『繳納電話費是反革命的行為』……『如果我們確實要毀掉人，那麼，為什麼要付以報酬以維持他們生存呢④？』」

羅賓漢們的行動的手段、意圖和結果因不同的時間和地點而不同。然而，他們都一致肯定，要達到善，就必須將傳統的方法顛倒過來行事。普遍的困難在於把偏離正軌的損人利己（那些不從流俗的人認為現行秩序是非正義的），同那些打算用新的道德觀念取代舊的道德觀念的叛逆行為區別開來。「當年輕的激進分子從捲入價格爭端、逃稅和做假廣告的公司中竊取物品時，」霍羅維茨（I. Horowitz）不禁問道，「他們是在犯罪還是在表達政治聲明呢？偷竊從本質上是一種道德的拍賣。其模糊性在於道德在何處停止，盜竊行為於何處開始⑤。」

確實存在模糊性（ambiguity）。反文化的倫理觀以一種尖

銳的方式提出了目的（ends）決定手段（means）的正義性這一
論斷所固有的問題。這一論斷在衝突形勢下的行動中幾乎被自動
地接受了。依我看，它既能容易地付諸實踐行動，又能做為倫理
原則輕易被取消。一種論點的兩面性能同時成立嗎？在行動中，
原則意謂著：要求達到的目的是如此地崇高和重要（或者明顯地
表現了我們自己的利益），在選擇達到目的的手段時，我們不應
該過於吹毛求疵。回答是，誰意欲達到目的，他就下決心採取手
段。即便將目的是否高尚的實際問題置之不顧，在行動中對這種
原則的隨意應用常常忽視了其效果問題。既定的手段實際上確實
能達到預期的目的嗎？在多數事例中，難道不是手段最後決定，
或者至少也是強烈地影響了目的嗎？德羅斯寧（M.
Drosnin）引用
了一個批評家的話，批評反文化人士對政府和商業的盜竊行為：
「他們不是革命者……我們在為增加福利和工資而鬥爭，而他們
卻為政府減少福利提供了理由。他們冒充顧客在商店行竊，於是
超級市場的物價上漲，貧民們不得不花更多的錢來購買食物。中
產階級也反對這種遊戲，它使真正的社會鬥爭喪失了價值和嚴肅
性⑥。」如果這一原則改為「成功的目的決定手段的正義性」，
或許更能為人所接受。

　　然而，這種限定是完全不夠的。社會學家們的想像把我們引
到更高的境界：所有的後果，有意的和無意的，長期的和短期
的，如果它們總的來說是好的，就證明了手段的正義性。但是，
由於後果的整個前景不可預先知曉，甚至須等到手段經選擇和使
用之後，人們的信念才能一下子產生。一些人會憑藉「積累的智
慧」行事；其他人則把它看成撈取特權的藉口，因而會為達到自
己的不從流俗的目標而選擇異常的手段。

　　至少在某種程度上，為力求達到所謂的文化目的而採用的反
文化的手段應該與下述倫理原則有所區分：被禁止的行為本身是
善的。當然，很多行為是與手段和目的相關聯的。十七世紀英國

116

的喧囂派（ranters）和霍夫曼的"行竊哲學"並不是很一致，但是，兩者都毫不含糊地宣稱，為了達到一個更好的世界，不妨好好地去偷。對於喧囂派成員來說，現行的道德法律對於真正的信徒是沒有約束力的。「我知道，沒有一件事對我來說是不乾淨的」，克拉克森（L. Clarkson）寫道，「所以，無論我做任何事，都是主借我的手而做⑦。」

很多教友派（Quakers）和喧囂派的信徒裸體穿過街道和進入教堂──沒有隔離的裸體主義者專用的海濱⑧。科普（A. Coope）和他的狂熱的追隨者們掀起了一場言論自由運動，以誨淫的言論做為武器；他們主張婚前性的權利，攻擊一夫一妻制的家庭；他們支持使用藥物來提高精神上的幻覺（雖然僅限於酒精和新的藥物煙草）；他們解除了教堂現行的教規以及它的權威結構；他們贊成共產主義，反對私有財產。

117

「正如科普和克拉克森所宣傳的，喧囂派的倫理觀包括對現行社會和價值觀念的顛覆。世界為人而存在，所有的人都應平等。沒有來世的可能；要緊的是從這裡和從現在開始……只要對旁人無害便不是罪惡……『在靈光前發誓吧，理直氣壯地說吧』，而『隨心所欲的吻』將把我們從我們的主人企圖強加予我們的、使我們深感壓抑的倫理道德中解放出來⑨。」

值得注意的是，許多由激進的宗教派別的人物傳播和付諸行動的內容，除了他們所表達的價值觀之外，與很保守的鄉下人的行為如出一轍。用馬查（D. Matza）和賽克斯（G. Sykes）的話來說，特別是對於悠閒的統治階級而言，存在著與反文化的價值觀相似的潛在的價值觀（subterranean values）⑩。不喜歡體力勞動，性混亂，賭咒發誓，強調工作而不是信念，這些即使不是有錢階級所宣傳的文化的一部分，也是他們的生活方式的一部

分⑪。只有當它們得到公開承認，成爲具有指導性的規則，具備
不被容忍的逆反性的時候，它們便轉變爲反文化。當它們的價值
被社會的主導圈子之外的人充分肯定時，它們的影響就更加強
烈，因爲這意謂著不僅向官方文化，而且向社會秩序進行挑戰。

　　當那些依靠非法的準則和價值觀生活的強大的「罪犯」⑫
（"criminals"）並不被視爲反文化人士的時候（這就是說，他們
並不是一般地越軌行事，而且能保證自己的行爲的正義性和理智
性），便出現了一種富於對照性的情況。舉例來說，如果商業欺
詐，放高利貸，亂漲價，偸稅漏稅，貪汚和受賄等等，被論證爲
必不可少的經營之道，就像「火車走在鐵軌上」一樣，或者被證
明爲平均負擔和爲人服務的必要手段，那麼，我們則可以把這些
行爲定義爲反文化的。如果它們總是不爲人們這樣看待，那麼，
其中的部分原因也許在於這樣做的人在其他的大多數情況下是
「正統的」（"orthodox"）。部分原因也在於這樣的事實，他們
太強大了，以致難以給他們貼標籤。他們有能力扭轉和改變不好
的名聲。貝克爾（H. Becker）評論道，「什麼樣的規則應得到
加強，什麼樣的行爲應視爲越軌，以及什麼樣的人被定義爲局外
人（outsiders），這些問題必須視爲政治問題⑬。」這樣強調反
文化可能出現的不同層次，是很有價值的。然而，既然這意謂著
關於什麼是反文化的徹底的相對主義（relativism），那麼，我
認爲，它過分強調了做爲應急標準的根源的社會互動，卻低估了
文化系統的影響，正是出自文化系統的標準設立了社會互動得以
在其中發生的情境（context）。（把互動僅僅看作演示文化指
令和禁令，當然不合適。）

　　對於當代反文化人士來說，感覺很好便是善。這有時和另一
個原則相衝突：如果它對正統來說是好的，那麼，它對我們來說
就是不好的。由於在關於諸如侵犯他人和性的問題上，正統採用
了模稜兩可的中間立場，反文化羣體不得不偏離中心，向著和平

118

主義（pacifism）、獨身或暴力與性放縱發展，同時宣稱，正統不是中心，但是，實際上發展到了通常所謂的善的對立面。

在一篇有名的文章中，伯傑（B. Berger）評述說，「嬉皮社團的道德價值尺度屬於一種悠久而光榮的傳統」。考利（M. Cowley）早在三十五年前就描述過類似情況⑭，伯傑把它們與波希米亞式的（bohemian）放浪價值觀做了一番比較。或許人們應該注意更悠久的傳統，去注意對那些被視爲道德反對派的人物產生成見的傾向。辛克勒（W. Hinckle）寫道，披頭四、迪倫（Dylan）和搖滾樂等的歌曲「反映了 LSD（一種麻醉藥）價值觀──愛情，生活，與他人相處」⑮。看起來，這種觀念在 LSD 發現之前就已在人類倫理體系中發展起來了，到今天，已爲人們廣泛地接受下來。當然，對於行爲來說，不管是 LSD 的使用者或是反對派，都不會與他們的價值觀相符。

反文化人士不可避免地按照人類的共同傾向而去把他們的敵人或領導人塑造成他們需要的樣子──他們需要努力證明他們的行動的正義性並處理好他們的矛盾心理。

是不是由於善的文化定義具有極大的任意性，所以反文化的倒置具有廣闊的發展餘地呢？在第二章中，我對文化相對性的一般問題進行了評論，表達了這樣的判斷：社會和個體的基本特點限制了文化的變異。這種觀點更加適用於倫理而不是審美的和認知的標準。事實上，倫理系統看起來可能存在著遺傳因素。有一種物質觀認爲，這些系統的各種成分，例如利他主義的準則，部分地建立在進化過程基礎之上，造就「親社會」的行爲。這不單單是一個猶如社會生物學家們所爭論的最大限度發展個人所有「合理成分」的問題。一種帶先天性質的利他主義鼓勵人們去做出自我犧牲，以保護某人的親戚家屬，在文化中，這種現象已發展到包括各社會圈的成員中。毫無疑問，建立在生物潛力基礎上的一種利他主義文化對於相互依賴的這些人的生活的維持是必不

可少的⑯。所以，並非偶然地，以各種方式表達出來的對自我中心行為的反對深深紮根於人類倫理道德體系之中。

我們不可能再懷疑，各種社會能夠依據各種形成巨大差異的道德體系存在下去，事實就是如此。然而，對於人類廣泛具有的恆定的因素，我們也不能簡單地置於不顧。（這種關於道德體系的評論本身並不是一種道德判斷。人們可能會由於其變異或恆定感到沮喪或振奮。）對大多數反文化人士來說，這些恆定的因素是達到美好生活的障礙物。

119

犯罪反文化

在下面的幾章裡——將討論經濟、政治、家庭等問題——我將進一步闡述被認為屬於反文化的「善」。然而，我在這裡對一些違法活動中出現的顛倒正統規範的現象做一點評論，也許對我們分析主導的倫理準則得以被顛倒的條件不無助益。

犯罪反文化人士（criminal counterculturalists）一般不把自己的生活方式做為所有人將來過美好生活的前景來宣揚。他們對自己的生活方式的看法有自知之明：在我（或我們）所面臨的條件之下，這些標準對我（或我們）來說是正確的。然而，這與關於美好生活的更具普遍性的那些觀念形成的對照卻不應加以誇大。而對這種限定範圍的觀點進行研究能有助於我們理解在什麼條件之下，背離道德規範會給當事人帶來一種極度的輕鬆。常常有這種情況，人們並未受到起訴或監禁的威脅，但卻感到生活猶如一座監獄或一個無聊乏味的場所，於是便反其道而行之，以此獲得滿足感、安全感和成就感。這種感受能夠極大地歸因於對善惡的傳統觀念予以顛倒的過程。

要明確地給反文化下一個定義具有相當大的難度，這使任何

把這種定義應用於犯罪活動的企圖顯得困難重重。反文化應該只包括不從流俗的(nonconformist)活動,而不包括越軌(aberrant)行為;而大多數犯罪可能就是越軌。不從流俗者的標準必須在一個團體中加以固定下來。他們必須與現行規範——準確地說,是相對於犯罪而言的合法規範——針鋒相對唱反調,而不是對它們做點小修小改。這當中沒有道德準則。受到團體支持的不從流俗者對合法準則所做的急劇變更與越軌的個體所做的小小的修改相比,並不存在內在的好或壞,即使某種英雄行為有時能與前者聯繫在一起。每一種例子都必須根據特定的價值觀來加以判斷。

即使受到法律的不斷排斥和禁止,不合法的東西得到廣泛實行,也可能變成規範性的。然而,我們很難自信地對這些標準加以鑑別。也許有人說,人人都在這樣幹。果真如此嗎?觀察家們各有理由誇大和縮小越軌的比率。他們接受越軌為正當的觀點嗎?我們可能會陷入多元主義的無知(pluralistic ignorance)之中去——每一個人判斷一種形勢,都以他所相信的其他人的所作所為和所思所欲為根據,而所有的人,起碼是大多數人,在判斷中都發生了錯誤。這樣共同擁有誤解,當然會造成自我實現的(self-fulfilling)結果⑰。如果我錯誤地感覺到「每一位其他的人」都接受了一種非法的(illegal)標準(我基本上反對,但是,又有點受它吸引),並且都在依據它行事,而且,如果另外一些人也這樣看待形勢,那麼,我們便都可能加入這種虛構的「每一個其他的人」的行列,並付諸實際行動。這樣一來,我們上述假設的反文化的或越軌的標準變成了文化的,即使它仍然是非法的。例如,對於物價上漲感到灰心,不滿意政府的經費(也有自己的)開支,對收入不平等的抱怨,或者純粹的貪污行為,使我開始相信(一開始是錯誤地相信)每一個人(除了你和我)都偷漏個人所得稅,我也會屈服於這種誘惑而加入這個「大多數」的隊伍,幫助促使它成為現實。

再一次重申，這不是在做道德評論。建立在多元主義無知上的行動，可以想像得出，不但能夠幫助摧毀必需的和受歡迎的標準和實踐，而且也能夠摧毀可惡的（由特定的價值觀所判斷的）標準和行為。多元主義的無知是大多數集體英雄主義的基礎。我提到這個概念不是為了評價重要的社會過程，而是要強調確定既是非法的也是反文化的標準的範圍是多麼困難。

由於確定界限的困難性，我將為犯罪反文化下一個狹隘的定義。它是這樣一套價值觀和規範（norms），雖然它們是違法的，卻被一個羣體所接受，並被羣體成員用言行來說明它們屬於他們的生活方式。一般地，他們所表現的言行會流露出他們的矛盾心態（ambivalence）。

雖然我將使用一些犯罪的案例形式做為主要的例證，一個簡短的對在各種不同條件下的監禁產生的反文化的查詢將使我們對提出的問題有一個明確的分界線。在強烈的曝光下，他們顯示出了價值觀念的顛倒過程，然而光和影的混合處總是症狀所在。米切爾（W. Mitchell）描述了在一所很大的美國精神病院中的兒童隔離病房的一羣孩子表現出來的色情和好戰傾向的反文化：

「……這些兒童搗蛋分子（Baby Disturbers），相信這個無所不知的大人世界已經將他們歸屬於『垃圾堆』的範圍——這是他們給醫院的名稱——由於他們的『惡習』，對大人文化中關於善的過多內容表現出不贊成，特別是關於性的克制的內容，他們發揮性方面的粗俗行為，辱罵，做出侵犯道德的行為。為孩子們的父母，親戚，以及醫院成員所遵循的戒律被他們肆意踐踏。一旦這些準則被顛倒，它們便成了衡量一個『好』搗蛋分子的標準⑱。」

兒童搗蛋分子心目中的罪惡和殘酷世界的消極形象，在他們的條件下並不令人奇怪，而在大多數反文化的信仰者來看，世界

121

情境也就是如此。鮮明的對照對於他們明瞭自己的生活方式至關重要，並且有助於他們表現那分隱藏的但富於影響力的參與主導社會的意識。

在不同的比例上，監獄的規範體系結合了監獄主管部門的官方體系、來自外界的文化和次文化的不斷影響以及應運而生的反文化——這一反文化的形成，是為了創造一種替代性的現實，是為了創造一種對付監獄生活中那種被剝奪感和沮喪情緒的出路。監獄反文化在「古拉格環境」（Gulag situation）中最可能形成：獄中的罪犯們被擠在一起，已經嚴重地異化了，或者用索忍尼辛（A. Solzhenitsyn）的話來說，「解除了精神上的武裝」。不能直接隨心所欲地用無政府主義的方式從事地下的非法經濟活動，發洩攻擊性的色情的衝動，施行越軌的政治念頭。由於內部的爭權奪利，在滿足自己需要的可能性完全受到限制的情況下，團體組織便形成了，部分地具有倫理和種族的特點，規則也形成了，並通過暴力，相互利益和獎賞來加以執行⑲。

監獄中的非正規社會結構不一定有助於支持反文化的價值觀。這種價值觀被強烈認同的可能性隨社會的不同而不同（例如在美國就比在挪威可能性大）⑳，隨監獄的不同（在很多重刑犯人的監獄中可能性就很大）和時間的不同（在道德規範嚴峻、種族歧視，以及政治動亂期間可能性也很大）而不同。

成為監獄中可接受的反文化以後，一些釋放犯反而設法重返監獄，覺得這裡不像外面的世界那樣給自己造成巨大的心理矛盾㉑。在這種情況下，與管理人員和外部世界完全相反的監獄非正規秩序受到了加強，因為監獄提供他們「成功」的機會，並允許他們的「失敗」——對於不合羣和不守紀律者——他們悄悄地向新來的罪犯灌輸這種罪犯的體制㉒。

122　　通過對波蘭和美國的監獄的比較研究，波戈里基（A. Podgorecki）給監獄反文化的結構上的根源增加了一個社會心

理學的內容。「一個顛倒的世界的建立同樣可以被認爲是在面對威脅要瓦解自我的多重壓迫的情況下的一種拯救和重建自我的拼命企圖㉓。」

這段話同樣可以用來說明一些不法之徒（delinquents）在對社會規範倒行逆施的時候所受到的壓力。雖然那種「完全被法規控制」（"total institutions"）的經歷，那種「監禁」的經歷強化了這種壓力，但是，當他們身處獄外的平民世界的時候，他們可能受到同樣嚴重的壓力，這已經被一些罪犯的生活所證實。

半個多世紀以來，犯罪一直是社會學家、心理學家和其他研究人類行爲的學者密切關注的一個題目。雖然這方面的著述很豐富，經驗性的研究和理論性的研究都很多，但還沒有出現一個研究範例（paradigm）能博得普遍支持，並集中體現出大多數犯罪學家的研究成果。所涉及的諸方面固有的複雜性、獲得資料的問題和資料的有效性問題、意識形態的傾向，以及與社會變遷相應的犯罪的變異性，所有這些攪和在一起，造成共識難以形成。這並不是說，我們缺乏研究犯罪所需要的一些共同的變量範疇（categories of variables）。結構因素、文化因素、次文化因素、人際互動因素以及人格因素，是通常都要考慮的㉔。然而，至於強調什麼，採用什麼方法（針對特定的研究對象，運用這些方法把各種因素結合成一體），就難以達成一致了。

我將不討論廣泛的和常常是出色的研究犯罪的文獻，而只想簡要地提及一些曾被使用的關鍵性的解釋因素卻不涉及這些因素的各種結合，以便我們以此爲背景，簡明地評論把關於反文化的理論做爲全面解釋犯罪問題所不可缺少的一個組成部分來運用的可能性。

沒有其他什麼概念比「社會紊亂」（anomie）在犯罪研究中起過更重要的作用。根據它的希臘詞根，我們可以把它定義爲「被打破了的界限」。涂爾幹（E. Durkheim）除了在這種意義

上看待它之外，還賦予它對法規的破壞性和無規範性的內涵。他寫道，在社會紊亂的情況下，「最該受指責的行為是……成功總是拋棄純潔……。在可能與不可能之間，正義與非正義之間，合法的要求、希望與那些不合理的內容之間的界線不明不白。結果導致對形形色色的慾望毫無限制」㉕。默頓（R.K. Merton）以涂爾幹的運用為依據，但在某些地方縮小了這個概念的使用範圍。默頓指出，工業社會不斷為其成員開闢新的機會，鼓勵他們拼命追求新的目標。同時，很少注意教育人們重視在文化中心中被證明過的有用的手段，也不注意為使用這種手段提供機會。當合適的手段不能與正當的目的相一致的時候，或者當合適的手段不能為大多數人接受的時候，社會紊亂就出現了。是失去規範的（normless）環境，而不是個人或羣體對這一環境的反應，構成了社會紊亂。正如默頓在他的著名的討論中清楚地指出的，對此的反應可能是千差萬別的，從循規蹈矩，到既反對目的也反對手段，到疏遠目的和手段，到刻板地堅持沿用既定的手段而不顧最終將犧牲目的，到改革手段的使用——既然被文化所肯定的手段已經不中用，為了達到既定的目的，不得不改革手段㉖。我們將在下文中看到，這些反應中的任何一種，特別是其中的反對和改革這兩種，有時都能體現在可以歸入反文化的犯罪之中。

　　與關於社會紊亂的理論形成鮮明對照，次文化理論（subcultural theory）視犯罪為某些亞社會中的自然的行為方式。這些亞社會（subsocieties）主要由下層階級組成，在那裡，不僅是機會，連價值觀和規範也與主導社會（其成員有可能參與起草法律的社會）的不相同。簡言之，次文化理論認為：犯罪是以犯罪次文化為取向的社會化的正常（normal）結果。研究犯罪的學者很少有人把結論表達得如此尖銳。這樣研究犯罪的基本著作中較早的有肖（C. Shaw）的《犯罪地區》（*Delinquency Areas*）和思拉舍（F. Thrasher）的《團伙》（*The Gang*），都非常重

視鄰里的差異，但是，他們涉及「社會解組」（"social disorga-nization"）──它在概念上接近於「社會紊亂」──就像涉及習俗的變異一樣多。關於成長與集體行為的影響問題──主要產生於社會互動而不是次文化──也在考慮之中。

很多作者混合了幾種層次上的解釋，但基本的注意力常常是放在一個層次上。對於那些認為次文化的影響很重要的人來說，他們強調，許多「中產階級」的價值觀在「下層階級」中得不到任何支持，「焦點所在」，如米勒（W. Miller）所稱，是糾紛，粗暴，精明，騷動，命運和自保。而對於技術培養，事業心，責任心，滿足感，財產觀念，和其他「進取」的品質，在另一方面來說，他們則表現出漠不關心。下層階級的「角落羣體」（"corner groups"）的犯罪行為的主要動機，以米勒的觀點來說，是要「取得在對行動者最重要的文化環境內被認為有價值的地位、條件和品質」⑳。

在強調用缺少機會來解釋犯罪的人和強調用對立價值觀的出現來解釋犯罪的人之間所進行的爭論可以與對於「貧困文化（"culture of poverty"）這一概念的效用所進行的爭論相提並論。這兩方面的觀點都需要納入一個更大的參照系（frame of reference）。

我將不再討論在犯罪原因研究中常提到的幾個其他因素。青少年對於成年人的地位的渴望和性別特點引起的危機，集體行為，犯罪「機會系統」（"opportunity system"）的存在與否，以及特定形勢的特點──包括社會控制的水平和潛在的受害者的行動──都屬於進行任何完整解釋的因素。然而，另外還有一種因素需要引起注意。由於個人傾向（the tendencies of indivi-duals）的變異，一定程度的社會紊亂或一定的次文化的影響作用在不同個體身上會有不同的後果。犯罪中的個體因素常常為社會科學家們所忽視，部分原因在於反感心理學的解釋和日常的解

124

釋總是誇大個人因素的作用。由於犯罪傾向的程度涉及到反文化的犯罪表現的構成，我們需要找到一種方式把它納入我們的分析之中，不是爲了取代建立在次文化研究或社會紊亂研究之上的解釋，而是爲了對這些解釋予以補充。

毫無疑問，做出最大努力以揭示造成犯罪的特徵（traits）的當數兩位格盧克（E. Glueck, S. Glueck）。他們對環境的影響非常敏感，而批評他們的學者認爲他們對此過於敏感，不過，他們的這種傾向是通過零散的評論，而不是通過系統的研究程序表現出來的。關於社會紊亂的理論和關於次文化影響的理論都不怎麼相信，犯罪行爲的傾向性「深深紮根於人的身體中和心理上，紮根於在生命的最初幾年裡所造成的性格畸形之中」㉘。兩位格盧克不可能發展出一套站得住的關於犯罪的理論，也不可能揭示反文化因素發揮作用的可能條件，因爲他們總是在研究中搜尋「罪犯」（"delinquents"）以及罪犯與非罪犯相區別的「特徵」。在我看來，徹頭徹尾的罪犯並不存在：存在的是犯罪行爲，它產生於有某些傾向的人與他人、社會環境和文化背景持續不斷的相互作用之中㉙。

當犯罪傾向演變爲行動時，當事者感到內外極度緊張。許多人（並非所有的當事者）的內部緊張感來自矛盾心態和犯罪感。在描述一個團伙內的「好孩子」與「壞孩子」之間的磨擦時，米勒注意到他們的行爲明顯地表現出一種基本的矛盾心態：

125

「……對立的思想意識的存在以及相應的內部磨擦對於幫派成員個人和整個羣體都發揮了重要的功能。因爲同處於一個團伙之內，『壞孩子』使『好孩子』有可能得到違法行爲所得的一部分收穫，而自己卻不冒任何風險；『好孩子』的存在對『壞孩子』的行爲是一種限制，他們把自己的願望加在『壞孩子』身上，以防他們幹出危險的暴行。『好孩子』的行爲和思想有益於兩派，它們爲該團伙的基本取向（orientation）

提供了這樣一個組成部分：『侵犯法律是錯誤的，應該受到懲罰』；『壞孩子』的行為和思想則為其基本傾向提供了這樣一個組成部分：『不捲入犯罪活動，一個人就不像個男子漢。』㉚」

賽克斯（G. Sykes）和馬查（D. Matza）提到幾種犯罪感的例證：對一些良民表現出羨慕；害哪些人，不害哪些人，心中有一道明顯的界限；不可避免地與家庭、學校、法律以及社會秩序的其他部門聯繫在一起；竭力使自己的行動合理化㉛。這最後一種「調和技術」（"technique of neutralization"）與我們所關心的問題有特別大的關係，因為它的某些表現形式具有反文化的特點。賽克斯和馬查提到了對責任的放棄（這是一種偶然；在那種腐敗環境中我不得不這樣），對傷害的否認（受害者承受得了），對「受害者」的否認（這是正義的報復或懲罰，「罪犯使自己轉而成為報復者，而受害者成了罪有應得的人」），對譴責者的譴責（注意力從一個人自己的越軌行為轉向其他人的行為和動機——警察腐敗、野蠻和愚蠢；教師偏愛；父母借懲罰孩子而自我發洩），以及要求更高程度的忠誠（為了同屬、團伙、幫派的利益而忽視大社會的需要）。賽克斯和馬查認為，這些不是一種對立的思想意識的問題，而是對主導社會的規範結構（normative structure）的當頭打擊。毫無疑問，事實常常如此。但是，心理的矛盾越強烈，需要「調和」的願望以及對主導秩序給予否定性評價的願望就越強烈。並且，正如科恩（A. Cohen）和小肯特（J. Short, Jr.）所指出的那樣：「一種次文化的形成本身或許是調和技術受到最普遍、最有力的運用的結果，因為除此之外，沒有什麼能夠做為對他人源源不斷的、有力的和明瞭的支持和讚許，如此有效地減少疑慮，提供肯定，對抗折磨人的超我（superego）㉜」。

科恩和小肯特談論的是次文化，但是，那些受到支持和讚許

的行爲和價值觀常常包含著大量的反文化成分。科恩在分析犯罪時，成功地應用了反抗行動的形成（reaction formation）這一概念。他注意到，下層社會男性團伙的規範系統不是學來的，接受過來的，或像人們知道吃什麼食品、穿什麼衣服、講什麼話一樣傳授下來的。在某種意義上說，團伙的存在是雄心被束縛的一種標誌。由於這種束縛，緊張心理一直蠢蠢欲動，需要一洩而後快，而這種緊張卻不能通過實現主導的價值觀而消解，於是，這些價值觀遭到他們的貶抑，它們的重要性被否定，而相反的價值觀則得到了肯定。正如唐斯（D. Downes）指出的，導致犯罪行爲的被剝奪（deprivation）不一定是對社會地位的剝奪。在倫敦的兩個碼頭區，令人沮喪的是無力在閒暇時間追歡逐樂。這似乎類同於美國街角羣體的情況㉝。由於主導社會的標準使一些人想取得更高社會地位的願望受挫，那些對這種遭遇有同樣看法的人通過有效的相互交流，發展出適合於他們的標準。這些都是通過嘗試性的談話和行動而湧現的，其中一些很能代表大家的共同需要。這種情況下的反抗行動的形成體現在罪犯的一些規範的內容上——用科恩的話來說，這些內容是非實用主義的（nonutilitarian）、惡意的和否定主義的（negativistic）。否定的一方表達了貶抑那些接受並努力追求主導文化的標準的傾向——雖然主導文化的標準是吸引人的，但是，他們覺得不可企及㉞。

這並不是對「這一團伙」的經驗性的描述，因爲對各種類型的團伙所做的大量記錄都顯示出是如此㉟。一種純粹次文化的解釋（強調以一套傳統的、即使是非法的標準爲取向的社會化）也需要被納入考慮之列。然而，這也是不完全的。米勒批評科恩稱下層階級罪犯的行爲是否定主義的和惡意的，認爲他這種說法只不過是既定傳統的一種表現：「下層階級文化的標準不可能簡單地被看作對中層階級文化進行顛倒的功能——不可能只被看作被顛倒的中產階級標準㊱。」我懷疑，當這種理論被應用於穩定社

區通行的價值觀時，許多人將會不同意這種判斷，但是，它似乎
只是對科恩對社會解組地區的犯罪所做解釋的批判。雖然他以文
化的兩個層次（公開的與隱蔽的）來談論，但是，米勒本人描述
了在極度不發達的社會環境中許多人所感覺到的那種矛盾心態
（ambivalence）。如果他原先有意於將更多的心理動力因素綜
合進他的理論中去，那麼，他觀察到的事實本來有可能促使他在
強調下層階級行為的傳統的和純文化的方面時考慮到一時的規範
（emergent norms）——這些規範被發展起來，是為了努力對
付當前的棘手問題。常有這樣的情況，一位敏銳的觀察家的眼光
總是超越他自己理論的有限的影響範圍。例如，米勒注意到，挑
釁性地要求自治——「我不需要任何人管我」——並不僅僅是一
個文化程式。在某種意義上說，它掩飾了對依賴的潛在需要。

　　次文化的解釋——提醒人們注意社會化模式極大的多樣性
——是犯罪理論的頗有價值的組成部分。然而，它給我們留下了
幾個未探討的問題：為什麼只是一些使自己向犯罪次文化開放的
人才掌握了它的內容呢？為什麼這些遵循次文化的人常常表現出
矛盾心態和犯罪感呢？為什麼很多相同的行為模式發生在次文化
的存在不是很明朗的地區和羣體（例如中上層階級的犯罪）之中
呢？這樣的事實——犯罪次文化的某些方面不僅不同於主導文化
的價值觀，而且實際上是針鋒相對——又意謂著什麼呢㊲？

　　矛盾心態不僅僅是次文化的規範，而且也是反文化的規範得
以形成的關鍵所在。如果一個孩子心中懷疑呆在學校和循規蹈矩
（因為這樣可以得到找好工作的機會，能和其他人相處得更滿
意，等等）是好主意，同時，又假設他不樂意呆在學校學習，他
並不是學語言或方言的好材料，而又不能延緩獲得滿足，不能順
利對待家庭的支持和身邊的成功範例的吸引，於是，他就不斷受
折磨。對於一些人來說，失敗從他們一開始上學的那一刻就降臨
了。為了避免一種長久的失敗感，他們不得不抑制向法制社會的

認同感。然而，如果受壓抑的價值觀不斷地竄出來干擾他們，那麼，這樣做根本就不是「解決」辦法。怎樣才能最有效地抵制它們呢？

首先，人類思想中一種常見的屬性不失時機地在產生作用：不要只是一味地否認這些價值觀，不妨反其道而行之。與此類似的是投射（projection）：一個人為了使自己擺脫犯罪感，不是簡單隨意地將責任推卸給其他人，而且剛好推卸給使他感到內疚的受害者的身上。第二，如果一個人能使其他人一起參與對既定價值觀的顛倒，那麼，這種顛倒能夠更「有成效地」戰勝他的矛盾心態。我曾提到過，科恩對下述顛倒規範的方法所做的解釋：針鋒相對的規範是經過嘗試性的、起初意義不明確的步驟冒出來的，依靠這些步驟，一羣面臨著同樣問題的人逐步達到了共識。約翰遜（R. Johnson）在系統地評論關於犯罪的各種解釋時指出，與罪犯有交往以及懷有犯罪的價值觀是最有解釋力的兩個變量㊳。當然，環境變量對於決定傾向性是否成為行動起著重要作用㊴。

在某種更大範圍的倫理意義上，通常難以籠統地評判反其道而行之（the reversals）是否「成功」（"successful"），除了參照某個人的基本價值觀。不必說，一個犯罪團伙的邪惡的和強暴的行為是不會贏得許多人的好評的，即使他們能使人相信他們是在從道德敗壞的泥坑中拯救某些人。然而，如果被顛倒的價值觀以及它們植根於其中的社會系統被認為是可恨的，那麼，我們對反文化的抗議運動也許就該另眼相看了。特別是在回顧歷史的時候，革命團伙（revolutionary gangs）可能被認為是頗有價值的警世標誌，甚或被當作正確價值觀的來源。我這樣說，無意於支持激進的相對主義價值觀，只是想強調，「反文化」是一個分析性術語。價值評判必須獨立進行。

第五章註釋

①見伍思勞（R. Wuthnow）《美國宗教的實驗》（*Experimentation in American Religion*, 1978），第 4 章；也可以參見韋伯（M. Weber）《宗教社會學》（*The Sociology of Religion*, 1963）p. 55；英格（J.M Yinger）《對宗教的科學研究》（*The Scientific Study of Religion*, 1970）p.p. 145~51；索納（I. Thorner）〈預言家和神秘主義者的經驗：比較及其結果〉（"Prophetic and Mystic Experience: Comparison and Consequence", 1965），載於《宗教科學研究雜誌》之五。

②莫頓（A.L. Morton）《喧囂派的世界》（*The World of the Ranters*, 1970）p. 87.

③德羅斯寧（M. Drosnin）〈撕開：新生活方式〉（"Ripping off: The New Life Style"），載於《紐約時代雜誌》1971 年 8 月 8 日，p. 13。

④同上，p.p. 13, 47。

⑤⑥轉引自德羅斯寧，同上，p. 52。

⑦轉引自科恩（N. Cohn）《追求千福年》（*The Pursuit of the Millennium*, 1970）p. 312。

⑧希爾（C. Hill）《天翻地覆的世界》（*The World Turned Upside Down*, 1970）和科恩《追求千福年》

⑨希爾，同上，p. 339。

⑩馬查（D. Matza）和賽克斯（G. Sykes）〈青少年犯罪與潛在的價值觀〉（"Juvenile Delinquency and Subterranean values", 1961），載於《美國社會學評論》二十六；馬查〈青年的秘密傳統〉（"Subterranean Traditions of Youth", 1961），載於《美國政治和社會學學術年刊》三百三十八。

⑪希爾，同⑧，p. 340。

⑫我在這裡把「罪犯」放入引號中是為了避免糾纏它的定義問題。有人

129

説，罪犯就是有違法行爲的人，儘管建立判斷罪犯的明確標準可能非常困難。另外有人說，罪犯成其爲罪犯，是法院做了這種判決，無論他們與違法的案例多麼不同。還有人把罪犯視爲被權貴貼上了這種標籤的人。

⑬貝克爾（H.S. Becker）《局外人：越軌社會學研究》（ *Outsiders: Studies in the Sociology of Deviance,* 1963）p. 7。

⑭伯傑（B. Berger）《美國探尋：青年問題及其他美國難題論集》（ *Looking for America: Essays on Youth, Suburbia, and other American Obsessions,* 1971）；考利（M. Cowley）《流浪者的回歸：思想的敍述》（ *Exile's Return: A Narrative of Ideas,* 1934）。

⑮辛克勒（W. Hinckle）〈嬉皮的社會史〉（ "The Social History of the Hippies", 1967），載於《堡壘》（ *Ramparts* ）五。

⑯關於近來從生物學和文化學角度論述道德行爲的原因的著述，可以參見卡普蘭（A. Caplan）主編《社會生物學的論辯》（ *The Sociology Debate: Readings on Ethical and Scientific Issues,* 1978）；漢普希爾（S. Hampshire）主編《公德與私利》（ *Public and Private Morality,* 1978）；羅爾斯（J. Rawls）《正義論》（ *A Theory of Justice,* 1971），斯托布（E. Staub）《肯定性社會行爲與道德》（ *Positive Social Behavior and Morality,* 1978）；等。

⑰默頓（R. Merton）《社會理論與社會結構》（ *Social Theory and Social Structure,* 1968）。

⑱米切爾（W. Mitchell）〈兒童搗蛋分子〉（ "The Baby Disturbers: Sexual Behavior in a Childhood Contraculture", 1966），載於《精神分析》二十九。

⑲例如，鮑克（L. Bowker）《獄犯們的次文化》（ *Prison Subcultures,* 1977）；穆爾（J. Moore）《洛杉磯郊外的團伙、吸毒和監獄》（ *Homeboys: Gangs, Drugs, and Prison in the Barrios of Los Angeles,* 1978）；惠勒（S. Wheeler）〈感化機構裡的社會化〉（ "Socialization in

Correctional Institution", 1969），見戈斯林（D.A. Goslin）《社會化理論與研究手冊》（ *Handbook of Socialization Theory and Research,* 1969），第 25 章。

⑳惠勒，同註⑲。

㉑傑克遜（B. Jackson）〈成功的越軌行為：對受非難的角色的雙重倒置〉（ "Deviance as Success: The Double Inversion of stigmatized Roles" ），見巴布科克主編的《可逆的世界》，第 10 章。

㉒惠勒等主編《童年之後的社會化》（ *Socialization After Childhood,* 1965）p. 64。

㉓波戈里基（A. Podgórecki）〈「第二生命」及其意義〉（ "'Second Life' and Its Implication" ），油印件，轉引自哈里迪（M.A.K. Halliday）〈反語言〉（ "Anti-Languages", 1976）p. 573。（ 載於《美國人類學家》七十八）一文。

㉔現在最系統地解釋犯罪問題的是約翰遜（R. Johnson）《青少年犯罪及其根源》（ *Juvenile Delinquency and Its Origins: An Intergrated Theoretical Approach, 1979*）。

㉕涂爾幹（E. Durkheim）《論自殺》（ *Suicide,* 1951）p. 253。

㉖默頓，同註⑰。

㉗米勒（W. Miller）〈促進團伙犯罪的下層階級文化〉（ "Lower Class Culture as a Generating Milieu of Gang Delinquency", 1958），載於《社會問題雜誌》十四，p. 19。

㉘格盧克（S. Glueck）和格盧克（E. Glueck）《論青少年犯罪》（ *Unraveling Juvenile Delinquency,* 1950）p. 282。

㉙見英格《建設行為場理論的嘗試》（ *Toward a Field Theory of Behavior,* 1965），第 10 章。

㉚米勒（W. Miller）〈白人團伙〉（ "White Gangs", 1969），載於《Trans Action》六，p. 23。

㉛賽克斯（G. Sykes）和馬查（S. Matza）〈調和的技巧：一種關於犯罪的

130

理論〉（ "Techniques of Neutralization: A Theory of Delinquency",
1957 ），載於《美國社會學評論》二十二。

㉜科恩（A. Cohen）和小肖特（J. Short, Jr.）〈犯罪次文化研究〉
（ "Research in Delinquent Subcultures", 1958 ），載於《社會問題雜誌》
十四，p. 21。

㉝唐斯（D. Downes）《犯罪的解決》（ The Delinquent Solution, 1966 ）。

㉞恩配（L. Empey）和盧貝克（S. Lubeck）〈公司環境下的遵從與越軌〉
（ "Conformity and Deviance in the 'Situation of Company'", 1968 ），
載於《美國社會學評論》三十三。

131　㉟參見米勒，同註㉚；克洛沃德（R. Cloward）和奧林（L. Ohlin）《犯罪
與機遇》（ Delinquency and Opportunity, 1960 ）；雅布隆斯基（L.
Yablonsky）《暴力團伙》（ The Violent Gang, 1962 ）

㊱米勒，同註㉗。

㊲見科布林（S. Kobrin）〈犯罪地區的價值觀衝突〉（ "The Conflict of
Values in Delinquency Areas", 1951 ），載於《美國社會學評論》十六；
英克爾斯（A. Inkeles）〈人格與社會結構〉（ "Personality and Social
Structure" ），見默頓（R. Merton）等主編《今日社會學》（ Sociology
Toddy, 1959 ）p. 254。

㊳約翰遜，同註㉔。參見多恩〈犯罪連續統類型的偏向測驗：反文化和次文
化〉（ "A Partial Test of the Delinquency Continuum Typology: Coun-
tracultures and Subcultures", 1969 ），載於《社會力量》四十七；欣德蘭
（ M. Hindelang）〈道德評價和不法行為〉（ "Moral Evaluations of Illeg-
al Behaviors", 1974 ），載於《社會問題》。

㊴厄蘭格（H. Erlanger）〈暴力次文化課題的實驗狀態〉（ "The Empirical
Stat ιs of the Subculture of Violence Thesis", 1974 ）二十二；鮑爾—羅
基奇（S. Ball-Rokeach）〈價值觀與暴力：暴力次文化課題測驗〉
（ "Values and Violence: A Test of the Subculture of Violence Thesis",
1973 ），載於《美國社會學評論》三十八。

第六章
美,文化的與反文化的

要完整地界定一種文化,既要依據它的認識論和倫理觀,也要依據它的審美標準。正如《牛津英語詞典》所做的解釋,"aesthetic"的本意是指感官上的可感性,後來引伸爲指對美的鑑賞或批評。而我正是在這一意義上使用這一術語。

在目前的反文化的各種表現中,給予正統文化以最明顯、最全面挑戰的莫過於日新月異的藝術形式和審美標準。誠然,藝術不只是爲了描繪或提煉出美的(或與之相對的概念——醜的)體驗,在大部分人眼裡,藝術主要還是對眞和善進行評判。濟慈(J. Keats)——以及赫伯特(G. Herbert)——那句膾炙人口的格言——美即是眞,眞即是美——便部分地表達了這個觀點。但只有少數人才會附合濟慈這句格言的下文:那是今生你所知道的一切,也是你需要知道的一切。其實,他也未能始終恪守此言。因爲他也曾這樣寫過:雄鷹固美,卻美不過眞理。

我不打算糾纏於這些條分縷析的區別以圖剔出藝術中的純審美因素,我只想簡要地勾勒並說明,形形色色的藝術家可以對一個社會的價值觀構成多大的衝擊以及如何進行衝擊。在極大地突破傳統的形式和風格的時候,藝術家常常在更大範圍的文化蛻變中獨領風騷。(他們究竟在多大程度上促成並參與這些蛻變,抑或相反,在多大程度上去提醒社會注意彌補潛在的鴻溝,我在此不敢妄加臆斷。)

就某種意義而言，藝術的反對是消極的反對，因為，藝術家基本上是以批判的筆觸來展現社會及其文化，而不大從正面去肯定反文化的價值觀。他們同杜思妥也夫斯基一樣，像他在《地下室手記》（ *Notes from Underground* ）裡所描寫的那樣，向資產階級社會及整個人文主義傳統中的信仰和價值觀——「善和美」開戰。揭露時弊無異於替反文化的價值觀鳴鑼開道，這對反文化的形成至關緊要。但是，藝術卻不直接提出反文化的價值觀。近年來，許多盛極一時的藝術，尤其是文學，多半在刻意尋覓眞實的（ authentic ）自我而不是追求新的價值觀。

當那些對文明起整合作用的觀念、信仰和神話因經濟、技術和人口的變化而瀕臨崩潰時，藝術家們總是率先揭示這種趨勢：不僅僅是做為個人感受，而且是做為社會的體驗。愛德華茲（ L. P. Edwards ）把知識分子（ intellectuals ）的背叛視爲爆發革命的主要信號①。若將此見解推而廣之，我們便可以說，那些趣味相投的知識分子和藝術家團體大多是這類人，他們從舊有的秩序中看到了危機，並且要爲新秩序清理好地基，他們頭腦中也不時構想出一幅與現存秩序相反的圖畫。

現代社會裡，批判的鋒芒變得尤爲犀利。藝術家和作家已經造就了一個名符其實的「敵對文化」（ "adversary culture" ）。它不只批判社會未能樹立起理想，而且理想本身也遭到抨擊，甚至比現實受到的抨擊更爲激烈②。

其中，最強烈的衝擊來自先鋒派（ the avant-garde ）——文化反攻大軍的先遣隊。既然是先鋒派，它總得有某種東西可以超越、可以排除，一旦它得到社會大多數人的認可（ 或容忍 ），它的叛逆感也就冰消瓦解，此時便需要進一步革新。歐文・豪（ Irving Howe ）指出，當中產階級發現「對它的價值觀進行無情鞭撻竟可以轉化爲令人愉快的娛樂」時，先鋒派的成功反而構成了對它自身的威脅③。

一種叛逆的藝術以其創新——採用從前被視爲禁忌的各種形式、聲音和觀念——界定了審美反文化。然而，要確定當代藝術及其新標準的關鍵方面的輕重優劣，也許得留待我們的後輩去做，但據自己的所見所聞，我認爲，過去固有的藝術主題發生重大改變，與其說是樹立新的風格，還不如說是清掃場地。

文學中的反文化因素

考利（M. Cowley）在談到他判斷文學的標準時說，如果某些作家「好做驚世駭俗之語——摒棄陳詞濫調、暴露道德之危害、讓無賴之徒成爲主人翁，那麼，他們就是『現代派』（moderns）。他們理所當然地屬於我們的關注之列。」④人們應注意，該意義上的「現代」並非一個限指「最近」的時間概念。它也見於其他時代。它指的是：反對現存秩序，竭力將其「陳詞濫調」掃地出門，將其英雄主義頭腳倒置。歐文・豪的概念與考利的概念有相近之處：現代派必須用它所不是的現象來界定——它是一種「全面的否定」。現代性就在於對流行風格的反叛，對「權威秩序的不可遏止的忿恨」⑤。

多年來一直屬於最有影響之列的導師和批評家特里林（L. Trilling）也表示了類似的看法：

> 「現時代的任何一位文學史家，務必要正視那種敵對意圖，那種實際上的顛覆性意圖，它是現代派文學的標誌。他應該洞察出，現代派文學的眞正用心是使讀者擺脫大眾文化施加於他的思維及感覺習慣，讓他在判斷、針砭和修正那個曾塑造了他的文化時能擁有一個足以使自己處於不敗之地的立場和觀點⑥。」

人們不必擔心「使讀者擺脫」舊有的思維和感覺習慣會導致超脫

（detachment）。特里林在〈論現代文學教學〉（"On the Teaching of Modern Literature" 一文中特別指出，大多數優秀的現代文學作品都是顛覆性的，它們充滿了一種「對於文明生活的奇怪且強烈的矛盾心態」。我倒是贊同這一評價，同時，也無意於置身學術研究之外；或許還應該注意到，所謂「優秀」者，大多是由那些內心本來就矛盾重重的人認定的。每當人們面對社會及其文化冥思苦想時，那種矛盾的情感便油然而生。一個普通選民會不加思索地支持朗費羅（H. W. Longfellows）而不是惠特曼（W. Whitmans）。對一般讀者來說，文學中的「敵對文化」並不是主流。

然而，我們在此關心的不是廣泛流行和普遍歡迎的問題，而是那般聲勢浩大的文學潮流。在西方，它可以回溯到兩百多年以前：它一直表現出與社會格格不入的情緒，它蔑視社會的價值標準，並且設想了許多新的選擇。我不想對那種文學進行詳細闡述。不過，略為提示一下那些富有說明性的部分可能有助於見出其文化反叛的力量所在。它在何處濫觴，已不可考證。人們可以搬出英國文學中的斯威夫特（J. Swift）、理查生（S. Richardson）和布雷克（W. Blake），但布雷克又秉承了彌爾頓（J. Milton）的遺風，後者的雜文（以及某些詩歌）曾對英國內戰時期的批判思想發揮過重要作用⑦。人們可以說，當法國大革命激發起來的社會變革熱望因革命的殘酷及其失敗而幻滅之後，批判的力量便日甚一日；做為理性主義和科學象徵的牛頓也釀成了一種更為苦悶的心態。在以華滋華斯（W. Wordsworth）為中心的浪漫派詩人（the Romantics）中，幻滅感尤為深沉。他們生活在一個被濟慈稱為「思想便是悲哀」的時代。

一面是正統信仰：擴展、發展、科學進步、樂觀主義情感以及亞當‧斯密（Adam Smith）的「自然的和諧」——他設計了一個其樂陶陶的世界：只要人人為自己而工作，必然會促進公眾

利益的發展。可浪漫派主要感受到的卻是持續不斷的暴行、社會的桎梏，感情的壓抑和醜惡的事物。他們對這些感受產生的反應則是唾棄一切陳見。「就其公開抨擊技術、工作、污染、疆界、權威、非真實性、理性和家庭而言，十九世紀的浪漫主義（Romanticism）酷似當代的反文化。它們對於改變精神狀態、吸毒和聲色犬馬都抱有相同的興趣⑧。」

　　隨著政治和經濟上的激進分子加入到藝術家行列，對十九世紀統治秩序的攻擊便多樣化了，儘管這些藝術家對他們所遇到的問題反應各異。波德萊爾（P. C. Baudelaire）把巴黎描繪成「一個名曰都市的大墳墓」。在《包法利夫人》（*Madame Bovary*）和《情感教育》（*Sentimental Education*）等小說中，福樓拜（G. Flaubert）抨擊了中產階級的生活——它的價值觀和行為，雖然他對這種生活的參預者不無惻隱之心。他用自己的作品來清除道德沈渣，同時也驅散了那個貪得無厭、人欲橫流的世界籠罩在人們眼前的迷霧。然而，任何反文化在讀者心目中都必定會以一種對照的觀念出現。這在福樓拜那裡是找不著的。馬克思也曾從經濟和政治的角度譴責人為物役和利欲薰心的現實。不僅如此，他還展示了一種烏托邦的反文化，認為它將把人性從經濟貧困和生產方式的束縛中解放出來。

　　到十九世紀末，藝術家中湧現出更多的反文化團體和個人。自稱為「頹廢派」（Decadents）的詩人強調感覺至上，為此，他們認為需要對現存的價值標準加以反撥。「達達派」（the Dadaist group）形成於第一次世界大戰期間，它把對統治秩序的政治攻擊和藝術批判集於一身。正如當年的法國大革命那樣，這場戰爭及其結果有力地衝擊了藝術。世界將捲入這樣一場毀滅性的戰爭，誰勝誰敗尚難以逆料，當他們痛苦地意識到這點時，頓感方寸大亂。正值大戰之際，在可以作壁上觀的和平之地瑞士，文學和繪畫同時出現了達達主義，接著它又漫延到美國和法

136

國。做爲一種文學運動，其目的是要搗毀一切現存的風格，創造一種「有益的動亂」（"salutary chaos"）。扎拉（T. Tzara）寫道：要想做達達主義詩歌，應該拿一張報紙和一把剪刀，選定一篇文章（其長度取決於詩歌），將文章的單詞分開鉸下來，再全部塞入一只口袋並輕輕攪和。然後把那些單詞一一掏出，並依照它們出袋子的先後順序認眞地抄寫下來。「那首詩歌就會酷肖於你／你將成爲一個才華橫溢、魅力無窮的作家／讓那些凡夫俗子去胡說八道吧⑨。」

表現「文學的敵對功能」的作品往往帶有一種反諷特點。扎拉以及其他達達主義者，像他們之前的韓波（J. A. Rimbaud）和稍後的米勒（H. Miller）一樣，成了社會批評家中的佼佼者：文學本身已變成爲一種敵對勢力。不僅如此，「眞正的達達主義者是反對達達主義的。」米勒在《北回歸線》（*Tropic of Cancer*）中寫道：「這不是一本書。這是對角色的諷刺、誹謗和中傷……這是一場謾罵，是吐在藝術臉面上的一團唾沫，是對上帝、人類、命運、時間、愛情和美的袴下猛踢一脚……隨你們怎麼想⑩。」

達達主義裡尙含有一定的樂觀精神，因爲它相信激進的藝術可以改變世界。而那些波希米亞人式的玩世不恭者（the Bohemians）和「奇服異裝者」（the "Beats"）的作風則是冷眼觀世、被動招架和離羣索居。工業文明旣已令他們聞風喪膽，凡爾賽（Versailles）爭端和尖銳的社會矛盾更使他們萬念俱灰。於是，一種沒有歸屬感的新生活形成了⑪。在美國，最能體現這些情緒的——不僅在觀念上而且在現實裡——是「格林威治村」（Greenwich Village）。考利稱它「不僅像所有玩世不恭者的聚居地那樣是一個生活場所、一種生活態度和生活方式；它還是一門學說。」考利將這一學說同一九二〇年前後發生的許多運動聯繫起來，並歸納如下：

一、兒童救世的思想。──我們每個人生來就被賦予了各種特別的潛能，但循規蹈矩的社會和機械呆板的教育方式把它們一點點地磨滅殆盡。二、自我表現的思想。……三、異教的思想。──軀體是座聖潔的廟宇，是爲愛的禮儀而裝飾的神殿。四、爲此時此在而活的思想。……五、自由的思想。──砸碎和廢除一切有礙於自我表現和及時行樂的法律、習俗和藝術規則。清教教義是大敵。六、男女平等的思想。……七、心理矯正的思想。──我們之所以不幸，是由於我們心理失調，心理失調又是因爲我們遭受壓抑。……八、遠走高飛的思想。──「他們在歐洲更有出息」⑫。

這些都是同正統觀念背道而馳的思想，不過，考利按佔統治地位的道德把它們統統描述成「腐敗思想」，我以爲不免有些言過其實。

有一點需要再次強調，我們不是在談論全部文學或者全部當代文學，甚至沒有觸及文學的主流。這種敵對的文化固然聲勢浩大，尤其在知識界頗有影響，但與之文風迥異的大小作家中也有些出類拔萃的人物。貝婁（S. Bellow）通過摩西·赫索格（Moses Herzog）這一形象以一種超然物外且分析精闢（但又富有同情心）的眼光，對當時的叛逆傾向進行了認眞審視：

整個感情行情已經暴漲──震驚、憤慨已超出一般人能負擔的限制。開一點煤氣，或者割破手腕之類，現在已經不夠了。抽大麻？小意思！戴手銬？沒什麼！放蕩淫亂？也沒什麼！這不過是淫亂時代之前傳下來的老得掉了牙的名詞！這種日子很快就要到來──赫索格擺出主筆的架勢──只有證明你陷於絕望時，才會給你投票的權力，投票的權力不再取決於財富的多寡、是否繳納人頭稅、是否通過文化程度測驗。你必須孤獨無依。從前的生理缺陷已成了現在的健康標

準⑬。

當然，某些讀者對批判性的和離經叛道的文學獨鍾其情。隨著大衆傳播媒介的發展，他們的人數迅速增長。鮑勃‧迪倫（Bob Dylan）常被稱爲自動唱機詩人的鼻祖。他有力地訴說了無數青年及中年人的渴望、憂患和憤懣⑭。但我們應看到，他的棄絕正統價値觀的主題（或者說替正統價値觀所做的漫畫）中，還夾雜著某些舊式的觀點（「因爲所有的人都用一個舌頭歡笑和慟哭」），以致連保守的牧師也樂於拿這些觀點來補充《聖經》和莎士比亞的格言警句。批判社會未能遵循它的價値標準是一回事，鼓動人們背叛這些價値標準則是另一回事。迪倫兼顧了這二者，並且把這兩個主題融匯在吟唱孤獨和愛情的抒情詩之中，從而創造出一種韻味十足的羅莎克（Rorschach）混合物。迪倫最近已皈依基督敎，對那些只看到他反文化主題的人來說，這簡直是不可思議的事情。

「荒誕劇院」（the "theater of the absurd"）（此處指廣義上的）的大量小說和劇本都是以反文化的眼光看待世界。對於這一術語，埃斯林⑮（M. Esslin）有一種比較狹隘的用法，另外還有人把它的使用範圍限定得更狹小。但我將按照祁克果（S. Kierkegaard）的觀點，把荒誕感視爲人類體驗的一個重要方面。我在戲劇中聽見說，即使是我們所描述的這種荒誕性與我們所處的悲涼境遇相比較，並不難理解。假若我們把梅耶（C. Mayer）的和雅諾維茲（H. Janowitz）的《卡利加里醫生的小屋》（*The Cabinet of Dr. Calgari*）、凱塞（K. Kesey）的《飛越杜鵑窩》（*One Flew Over the Cuckoo's Nest*）、布羅卡（P.de Broca）的《心之王》（*King of Hearts*）以及吉勞多（J. Giraudoux）的《謝洛的瘋女人》（*The Madwoman of Chaillot*）做一番比較，那將是相當有趣的。縱然它們之間存在著千差萬別，但它們表達了一個共同的思想：眞正的狂人是那些當權者。爲理解這個世界，我們必

須拋棄因循守舊的感覺方式。《卡利加里醫生的小屋》和《飛越杜鵑窩》都試圖描繪「瘋狂」的權威，但它們採用的途徑卻截然不同，一者表現「瘋狂」的殘酷，一者表現「瘋狂」的愚蠢。《心之王》寫的是，第一次世界大戰期間發生在法國一鄉村的戰鬥中，唯有那些從精神病院裡出來的人還有點先見之明。在《謝洛的瘋女人》中，吉勞多以極為詼諧的筆調把升官發財的黃粱美夢著實調侃了一番。那些工業家、將軍、南方基督教基要主義（fundamentalist）牧師和部長被描寫成真正的瘋子。他們為了獲得石油便打算摧毀巴黎和整個世界，因為他們相信石油就蘊藏在巴黎城下，而「瘋女人」和她那羣乖張怪癖的朋友卻認為這種想法荒誕透頂，並且設法阻止他們。

在當今世界上，人們很容易受到瘋女人的感染，但我將儘量保持分析的態度，不為自己的好惡所左右。

反文化最強大的表現形式將是文學。一旦人們對社會文化的整合作用喪失信心，這種文學將會蓬勃發展；它們將暴露作者感受到的虛偽、殘酷、生活的空虛、正統價值標準的脆弱和荒誕；並且，它們至少會含蓄地提出一套迥異的價值觀。

近幾十年中大多數有影響的文學作品都在表現那長達一世紀的存在體驗（existential experience）——認為生活值得懷疑、文明走火入魔、異化無處不在——所造成的衝擊。於是，沙特在《嘔吐》（*La Nausée*）中借羅幹丹（Roquentin）之口表達了一個出自絕望的希望，即，他能夠寫出一個「美麗且堅強如鋼、並能使人恥於他們的存在」的故事⑯。反文化就是在這樣的社會背景中成長起來的。

反文化的繪畫

發生在文學中的文化動盪同樣也出現在繪畫和其他視覺藝術裡。在概要性地評論這些文化反叛時，我們必須始終牢記，反文化是一個變量，它一會兒觸及生活的這部分，一會兒又猛烈地更改其他部分。在中世紀末期和現代初期，人們廣泛採用古老的寬頁傳單素描（the broadsheet sketches）的藝術或技巧（即藝術性的「連環漫畫」和社會評註），這便說明了反文化涉及的範圍多麼廣。

隨著中世紀的秩序體系經過世世代代的爭執之後讓位給現代世界，一個主題在寬頁傳單素描中變得特別引人注目：顛倒的世界（the World Upside Down: WUD）。──或者，正如孔茲爾（D. Kunzle）在強調這一主題的廣泛使用時所說的：Mundus Perversus, Mondo alla Rovescia, Monde à l'envers, Mundo al Revès, Verkehrte Welt, Verkeerde Wereld.⑰ 當代的一些連環漫畫（"Doonesbury"），《狂》（*Mad*）雜誌，或者電視動畫片 *M*A*S*H** 和 "Laugh-in"，或許稱得上是那些寬頁傳單素描的同類。反映「顛倒的世界」的素描繪出了人際關係的倒置（農夫騎馬，國王步行；妻子打仗，丈夫紡紗）、人獸關係的倒置（羔羊剪了羊農的毛）、動物關係的倒置（小鷄吃孤狸），以及其他主題。

隨著宗教及政治上的矛盾加劇，寬頁傳單包含的批判意識日益強烈，其程度堪與路德（Luther）對羅馬教皇的抨擊相媲美。在《熱情的基督與反基督》（*Passional Christi and Anti-christi*）中，路德用一連串對比性語言形象地把教皇塑造成基督的忤逆：「教皇傲慢、腐敗、貪婪、驕奢淫逸、窮兵黷武；耶穌謙遜、純

潔、無私、啜菽飲水、宣揚和平。基督荊棘爲冠，而教皇戴的卻是三重金冠。基督替他的信徒洗腳，教皇卻要信徒吻他的腳。基督保護他的教徒，而教皇卻對他們刀兵相加⑱。」（若要全面地瞭解此事，人們應該注意到，當農民把路德的聲討不僅用於宗教界而且用於世俗社會時，路德便斥責他們。於是，寬頁傳單成了農民不斷攻擊宗教和俗務的表現之一。）

在某些讀者眼裡，寬頁傳單素描不外乎是插科打諢；而對另一些讀者來說，正如孔茲爾所指出的，它是在嘲諷那些想要改變社會秩序的念頭──當今美國不僅有《狂》而且有「小孤兒安妮」（"Little Orphan Annie"）。但也有人認爲，「顚倒的世界」漫畫恰恰是對社會秩序的尖刻批判和對美好事物的嚮往。

在描繪現實生活是非不分、顚倒黑白這點上，那些通常無名無姓的寬頁傳單素描的作者足以同各類畫家媲美，有時他們也受到後者的影響。布肯（H. Bosch）所做的人獸關係倒置的怪誕畫，曾經影響了宗教改革和後宗教改革時期連環畫家的風格和題材。幾代人之後，斯蒂恩（J. Steen）描繪了風格習慣分化和顚倒的景象，這些畫大多撲朔迷離，涵義晦澀。沙瑪（S. Schama）不禁問道：斯蒂恩的〈不道德的家戶〉（"Dissolute Household"）是在

「縱情狂歡還是莊重布道？乍一看，這個問題提得似乎有些不著邊際。斯蒂恩的家宴上高朋滿座，大家一邊開懷暢飲，一邊戲謔調笑，亂麻麻的熬是熱鬧。斯蒂恩自稱爲荷蘭藝術家中的宮廷慶典總管，一個肆無忌憚的管弦樂大師。……但人們不難想像，他的意圖是要通過展現道德秩序的支離破碎從而使圖畫隱含著道德因素。因此，這場享樂主義的宴席既蘊藏著道德法度，又像是在醜化道德法度。兩種意味水乳交融，難以或分⑲。」

沙瑪的評論足以說明，抨擊社會秩序、描繪它的荒誕及殘酷

並且試圖改弦更張這樣一些現代視覺藝術體驗的基本要素，其實
在藝術史上早已有之。然而，視覺藝術的反文化特徵從未像在二
十世紀中那麼突出。一浪接一浪的視覺藝術運動都在努力糾正我
們看待世界的慣用方式，有時它們甚至希望連政治制度和社會一
並推翻。克雷默（H. Kramer）指出，表現主義（expressionism）
「是二十世紀反文化的先驅──就像那些與我們歷史經驗較近的
反文化一樣，它是由中產階級隊伍裡分化出來的青年人的憤怒和
絕望孕育而成。他們渴望砸碎中產階級社會的陳規陋俗，代之以
一種烏托邦式的秩序（或者說根本沒有秩序）。他們相信，與當
時即將登峯造極的發達工業社會裡的任何制度相比，他們所嚮往
的那種社會秩序更爲自由、更有益於生活⑳。」

141

　　不久，達達派──不僅在繪畫上而且在文學和舞蹈上──爲
推動觀念變化發揮了重要作用。其結果是促成了一次徹底的文學
革命，創造了一種反藝術（anti-art）㉑。無論做爲一種旨在推翻
現有表現形式的文學風格還是做爲一種視覺藝術，達達運動
（the Dada movement）旨在通過激進的藝術以求改造那個令達
達主義者感到荒誕的世界。這場運動持續了將近十年，但就在這
短暫的時間中，它再次表明，如果爲藝術創作提供環境的世界依
舊亂七八糟、無所適從，人們就會對流行的藝術準則失去信任。
由於崇尚非理性，達達派便力求揭露第一次世界大戰以及釀成這
場大戰的那個世界的非理性。它摒棄一切正統的審美標準和崇高
的觀念，執著於否定性的行爲：首先是毀滅和敗壞。或者如某些
人所想，既然整個世界業已土崩瓦解，達達派不過是在清算破壁
殘垣，宣告文明壽終正寢罷了㉒。這是一次徹底的反擊，它遵循
的口號是：人們毋需接受任何清規戒律。（這種情緒後來表現在
法國學生身上，一九六八年五月間，他們舉行了一系列遊行，呼
喊著他們那著名的、也是自相矛盾的口號：禁止禁令。）只有清
理好了地基，方能建設起一個嶄新的社會㉓。

　　達達派的無政府主義性質注定了它的深刻之處在於抨擊陳腐的傳統而不在於樹立新標準。它的效應主要表現在超現實主義（Surrealism）、大衆藝術以及其他受它影響的運動上面——儘管它們（如超現實主義）與達達派毫無交往。超現實主義做爲一場革命性運動（它的「正式」刊物一度就叫著《爲革命服務的超現實主義》），它自身包含著尖銳的矛盾。它一方面反對理性主義，宣揚主觀主義，相信激進的藝術可以改造世界；另一方面，它又有鮮明的政治傾向，呼籲要注意權力機構。它企圖通過馬克思和韓波這兩條途徑來實現它的信徒們看來是同樣的一場革命。超現實主義追求的是一個脫胎換骨的新型人類而不是改頭換面的新制度㉔。布荷東（A. Breton）認爲，這些嶄新的人類形象只有在似夢非夢的狀態中才可見到，平時潛藏不露的眞理到那時便通過語言或藝術構圖揭示出來。這些觀點在一九六八年的法國革命運動中引起了反響，甚至在賴克（C. Reich）所描述的「第三意識」——它被視爲一場因調整思想而不是因鬥爭所產生的革命——中也可以聽到它們的反響。

　　然而，超現實主義的功績並不在於它爲把藝術改造與政治改造融爲一體所付出的自覺或不自覺的努力。布荷東等人終究還是倒向了韓波而背離了馬克思，選擇了美學批評而放棄了革命。如卡繆（A. Camus）所言，它最初「魯莽地宣稱——一九三三年以後布荷東肯定會對此話追悔莫及——最簡單的超現實主義行動就是，手執左輪槍衝上街頭，胡亂朝人羣開槍㉕。」但是，它的深遠意義不在它的虛無主義，而在於創造出來的作品。它使用觸目驚心的混亂讓觀衆耳目一新。畢卡索在我們大多數人眼裡是位比超現實主義有過之而無不及的畫家，他的畫使我們感受到人的機械刻板以及現代生活的殘忍無情和瑣碎無聊。《格爾尼卡》（"Guernica"）表現的不僅是在殘酷戰爭中被炸成一片廢墟的西班牙小鎮，而且是一幅支離破碎、毫無希望的人類景象。它消除

142

了我們欣賞常見的藝術形式時所產生的舒適感（及隔膜感），迫使我們置身於對它的體驗之中。

許伯爾・德・溫多（Rubert de Ventos）發現，當代的某些藝術總在設法強迫我們改變我們習以爲常的視覺經驗，如奧登伯格（C. Oldenburg）要我們把打字機看成是柔和而富有彈性的東西，而不是硬梆梆的金屬物。只有當習慣的用法和體驗（它們都不是事物固有的屬性，而是過去的解釋所造成的結果）得到更替後，我們才有機會進入一個全新的視覺世界。

藝術投身到一個遠比它本身闊大的體驗之中——在這種體驗裡，生活比我們想像的更難以捉摸，對事物的解釋也比我們想像的更具有歷史的相對性；「要延長、取代、混合或者顛倒固有的感覺秩序，尤其要使想像和理性與直覺和良知一刀兩斷。這是一次充滿希望的壯舉，藝術禁不住要投入其中㉖。」

誠然，爲使我們擁有一個煥然一新的感覺、視覺及觸覺方式所做的某些努力失敗了。它們未能引人注目，它們無法使我們拋棄慣有的觀察事物的方式。或者說，它們的唯一功勞就是加重了我們的迷惑感，使我們覺得自己同這個世界更爲疏遠——而我們卻不得不學會在這個世界上生存下來，儘管它災難不斷、愚蠢透頂。

過去幾十年中，藝術家已經幫助我們看清了那些旋轉在我們四周的混亂，他們一直勸導我們更改慣常的看待事物的方式。我認爲，不久的將來，它會更多地幫助我們看到人類社會的希望。不管這種希望是何等的渺茫。也許這同樣需要「與直覺和良知一刀兩斷」（這是許伯爾的說法），需要扭轉我們現有的那種強烈的紊亂感。對於在這個擁擠不堪的地球上艱難掙扎的芸芸眾生來說，希望畢竟是不能沒有的。

反文化的音樂

「……任何音樂革新都會大大地危及國家，因而應當禁止……初看它似乎無害……它的確也沒什麼壞處；假如沒有這種放縱的精神潛移默化地滲透到人們的舉止和習俗中並在那裡安營紮寨的話。這種放縱的精神會爆發一股巨大的力量侵入到人與人之間的關係上，並繼而從這種關係不可遏止地散發到法律和典章制度中，最終……推翻所有的權力——不論公眾的還是私人的。」

柏拉圖《理想國》卷四㉗

下面，我將蜻蜓點水式地介紹一下其他形式的審美反文化——它們竭力要重新界定什麼是美，要同舊的標準分道揚鑣，因為舊標準不僅抑制了想像力，而且還在肯定著它們所處的整個文化。這些革新有的憑藉自己藝術上的優點和出現得及時，達到了改造文化的目的，並且被納入了新的美學傳統——無論這些傳統是古典的還是通俗的。而另外一些革新卻如過眼煙雲，特別是那些主要目的不在於表現審美反抗而只是充當其他反抗的傳聲筒的革新消逝得尤為迅速。

許多音樂大師打破廣為接受的傳統，因而有時被正統的古典主義的捍衛者視為反文化者。對位是和聲的一個方面，這是人們早已熟知的常識，但當它在中世紀末期第一次出現時，它的復調風格、獨立的節奏和別具一格的音程，在那些音樂上的「行家」聽來不啻是一種奇恥大辱。甚至數代之後，巴哈（J. S. Bach）的某些對位形式——嘗試性地（也許是為了開心）破壞旋律或將其首尾倒置——在他同時代的一些人聽來還有些古怪。今天，人

144

們難以理解爲何較巴哈稍晚的莫札特（W. A. Mozart）的四重
奏當時竟會被貼上「不和諧」的標籤。然而，若要我爲音樂社會
學提供一個籠統而又根據不足的假設的話，那就是——以日益複
雜的音樂來表現日益複雜的社會乃是大勢所趨。

　　進入本世紀，與當代的許多文學家一樣，筍伯格（A. Schön-
berg）和史特拉汶斯基（I. Stravinsky）等音樂家一反浪漫主義
傳統，他們要最大限制地摸索出在這個嘔啞嘈雜的世界上不諧和
音的各種可能性。西方音樂經過長達數百年的合理化，給創作複
雜的和諧主題奠定了堅實的基礎；但從另外一種意義上說，它卻
使音樂形成了故步自封的文化框架㉘。正是由於這個原因，對比
性的音樂形式有一套明晰的發展程式。

　　愉快的新聽覺——凱奇　在今天的某些作曲家看來，音樂包
括了整個音響世界——乃至寂靜無聲之時。凱奇（J. Cage）並
不刻意表現錯綜複雜的和諧，他認爲自己的音樂作品從不考慮和
諧，它們要訓練我們的「新聽覺」，使之能夠從日常生活裡的各
種音響中感受到音樂。

　　如果對音樂史有所瞭解，人們就不會奇怪爲何通俗音樂和古
典音樂都能對正統的標準構成挑戰。誠然，當代音樂中的反文化
似乎引起了一場大嘩變，它不僅在抨擊現有標準時鋒芒畢露，而
且還造成了廣泛影響。電聲設備的巨大力量帶來了新的音響，傳
播和聆聽這些音響的經濟條件日益改善，人們的幻滅感不斷加深
並且以各種方式得到表現——所有這一切，無一不在支持當代音
樂奮起反抗。

　　跟在其他藝術形式裡一樣，先鋒派在音樂中必然也是一馬當
先。昨天才湧現出來的新形式今天便走到了盡頭。其中的一部分
原因在於「新一輩」層出不窮。「新一輩」由一批志同道合的青少年
組成，他們的經歷與其前輩乃至那些年歲略長的人相去甚遠。傳
統的（甚至是其中進步的）變成了「古板的」（the "square"）。

　　貝克爾（H. S. Becker）在他那些膾炙人口的文章中介紹了爵士樂（jazz）音樂家對 the square 的定義和態度：「此詞指的是那類與所有眞正的音樂家枘鑿不入的人，是與音樂家離心離德的思維、感覺和行爲（及其在物質對象中的表現）方式。」對音樂家來說，「最值得崇尚的行爲莫過於對已成習慣的社會規範的蔑視」㉙。

　　貝克爾指的主要是音樂家的生活作風而不是爵士樂的音響。然而，音樂本身及其表演情況也可能像在自由爵士樂中那樣不講章法。例如，常替熱心的白人聽衆演奏爵士樂的謝普（A. Shepp），在演出時總設法去激怒、挫傷甚至疏遠他的聽衆。「他經常連續不斷地奏出一種特別令人騷動不安的聲音。他將薩克斯管挑釁性地朝著大廳——照他的意思，這種樂器象徵很多東西，尤其是佛洛依德式的象徵物和機關槍……他從不理會聽衆的歡呼喝彩㉚。」

　　在本世紀剛過去的一個四分之一世紀中，搖滾樂（rock music）無疑是獨佔鰲頭的反文化。當然，有人認爲搖滾樂是一種娛樂，是稍縱即逝的狂熱，是獨立宣言。或者說，它是一本萬利的生財之道，是靠「迎合觀衆一時的趣味和毫無意義的嗜好」賺大錢的工業㉛。可是，也有人認爲，搖滾樂是新生活的主要儀式，它就是社會，它就是宗教。哈蒙（J. Harmon）指出，整個文化綜合體——音樂、抒情詩、音量、工藝品、觀衆、道具和布景——都在向「基本的文化價値標準和制度提出前所未有的質問」㉜。「尖酸搖滾」（"acid rock"）小組公開宣揚吸毒；抒情詩在散布新的道德規範（「他人之所惡乃我們之所欲」）；節日把一羣擁護新價値觀的人糾集在一起；音樂本身也宣稱，昔日那些和諧悠揚的聲音乃是一個壓抑而沉悶的社會固有的聲音。「也許，對大多數（25 歲以下的）人來說，搖滾樂是唯一可能過濾掉其他一切『現實』紛擾的篩子㉝。」

145

　　用一個搖滾樂文化的忠實信徒（之所以說他忠實，是因爲儘管他批評某些搖滾樂音樂家一旦大發橫財便開始盤剝他們的同伴，但他依然認爲這無損於搖滾樂的意義）的話來說：「說到底，正如克利弗（E. Cleaver）所言，搖滾樂使整整一代白人青年幾百年來第一次發現他們的血肉之軀，這就是它爲改變社會所做出的主要貢獻㉞。」這句話無論從歷史還是從推理上看都是站不住脚的。如今的文化叛逆者正是當年波希米亞人式的玩世不恭者、奇裝異服者的子孫後輩，在社會變化中，他們都有特定的象徵意義而不是偶然現象。但是在當代反文化潮流中年輕人所佔的比例比從前無疑要大得多。不僅如此，毫無節制的性放縱和某些暴力行爲也表明了同正統價值標準所存在的深刻矛盾。

146　　　對音樂革新造成的影響，反文化人士或許會同意柏拉圖的見解，不過得把他的評價顛倒過來。某些人現在擔心的不是「這種放縱的精神」充滿了危險，而是哀嘆這種精神的凋謝和被取代。隨著一些搖滾樂音樂家功成名就和越南戰爭的結束，由於對青春的活力和愛情以及電吉他未能掀起革命所產生的幻滅感；還因爲那些在六〇年代靠搖滾樂而生活的人進入而立之年，搖滾樂的某些表現方式日益溫和並得到更多人的理解。然而，通俗音樂的原野上繼續奔騰著一股股新潮流：尖酸搖滾、進步搖滾、新搖滾、混聲迪斯科以及——正當搖滾樂快要偃旗息鼓之際出現的——五花八門的恐怖搖滾和龐克（punk）搖滾接踵而至。一旦「大哥」（Big brother）所倡導的風格回響在著名的音樂廳或者得到大電視臺廣告節目的贊助，他的音樂馬上就會被視爲陳舊的東西。昨天走紅的搖滾樂到今天便索然無味——對年輕人來說尤其如此。我們可以隨處感到人們正滿腔怨恨地要求與統治秩序分庭抗禮。無論是冷靜的報刊評論員還是熱情的聽眾，他們都一致認爲：龐克搖滾聽起來俗不可耐，不是令人作嘔，就是令人怒氣沖天。

龐克搖滾也不想讓音樂得到那些年過三十的大闊佬的欣賞。滾石（the Rolling Stones）爲他們製作了可供飯後茶餘消遣之用的舞樂㉟。堪稱反文化之最的還不是龐克音樂，儘管它用鋼錘鼓和電吉他奏出了震耳欲聾的音響。音樂只是部分地表達了要顚倒世界的感受：猥褻的言行，朝觀衆噴煙吐痰，用安全別針把鐵釘和剃鬚刀片當作珍珠穿在耳朵上以嘲笑奢侈的生活作風，聳人聽聞的愛情詩（「咱倆到陰溝裡去挖槽吧，小妞」）。

結論

要周詳地審視表現反文化主題的所有藝術形式，得另寫一本書才行。例如，許多電影也採用了在文學和戲劇上都有重要意義的敵對文化視角（the adversarial cultural perspective）。退轉去十年來，它們主要被當成暴力和色情影片，今天已被視爲一種新的文化出路，有些影片甚至還超越了這個本來就很廣大的範圍。人們幾乎一致承認它們改變了正統的價值標準，但對這種改變給社會造成的建設或破壞程度以及它們在多大程度上豐富了審美，尚存在著頗多異議。可以把它們稱爲「當代青年生活眞實且眞誠的反映」㊱，或者如桑塔格（S. Sontag）在談及史密斯（J. Smith）的《熱情似火的人》（*Flaming Greatures*）時所說：「我極力主張，不要只有道德的位置——依它的法則來判斷《熱情似火的人》的確糟不可言；還應當有審美的位置和愉悅的位置，而這才是史密斯影片的出發點和存在價值㊲。」然而，另外有人却持截然相反的觀點：「固然，我們今天有一些流傳甚廣的電影，它們優美動人並且富有刺激性，然而，它們對我們所追求的最莊嚴的目的極盡攻訐之能事，大肆宣揚離經叛道的價值標準，或者挑動觀衆心血來潮去幹下傷天害理的事㊳。」

147

　　無論美學反叛所造成的後果如何，我們即將看到，越軌的步伐不可能繼續加快。先鋒派必須放緩速度以養精蓄銳。換言之，反文化的憤怒情緒應適可而止。

　　某些藝術革新被改造吸收後，成為新的、多面性的和修正過的標準系統之一部分──或許還是一大部分。但是，那些比較舊的因素有的被保留下來，有的則回爐到文化混合體之中。受混亂、不和諧和感覺至上的吸引，反映並且有力地批判了我們時代的許多體驗，但一經做到這個地步，我們就應開始（我認為我們現在已經開始）要求藝術家幫助我們去尋找和體驗某種新的秩序感與和諧感。

　　即使這種情況出現了，它也不見得是一個完全值得慶幸的結果。扎馬丁（E. Zamyatin）寫道：有害的文學（harmful literature）「比有用的文學更有用，因為它反對中庸之道，它可以防止鈣化、僵硬、安於現狀和發霉生苔。它是空想的，也是荒謬的㊴。」佩卡姆（M. Peckham）把審美否定稱為「可變性訓練」，是為在現實環境中獲得適應性而進行的預演。「在對秩序唱了千百年頌歌之後，我想現在該讚美一下無序（disorder）了，」並且帶著那種讚美去看待那種以表現無序為己任的藝術家。他相信，人類具有一種原始的內驅力促使他們去追求秩序。我們學會了從一個角度、用一種思維定勢去觀察各種情景，從而把那些被認為是無關宏旨的事實置之度外。但是，有許多被忽視了的知識恰恰可能與新的環境關係重大。「這樣，便產生了人類行為的自相矛盾：追求秩序的內驅力雖然使人類成功地應付了環境，但當它有意去糾正自己的思維定勢時，這種動力卻一籌莫展㊵。」我們需要有一種活動來擺脫思維定勢，「弱化和消除那種強烈的追求秩序的內驅力。」佩卡姆希望藝術成為──實際上他已把它定義為──這樣的活動。

　　我們不必按照他的界定去認識他的觀點有何重要性。我們不

斷地預演自己的各種角色；我們在學習怎樣參與到一個可以預測
的社會中去。「但是，我們也必須事先培養出一種能力，以便洞
察所有這些行爲模式的不足之處，而且這些不足是必然存在的
④。」依我之見，這未免有些過於嚴格地束縛了藝術，它容易使
人認爲，「審美否定」——不論表現得是好是壞——是照搬事實
的藝術；這就貶低了藝術的建設性作用，但是，悖逆規範、嗜好
混亂的審美否定活動無疑會深刻地改變我們的審美眼光，使之不
致落入習慣的審美作用和審美視角的窠臼。倒底是藝術斷送了一
種彌足珍貴的文化，抑或藝術埋葬了一種令人憎恨的文化，這兩
個問題必須弄清楚。大多數人認爲無疑是二者兼有。

　　審美否定（the aesthetic negative）也許會有意識地表現爲
醜的形式（a ugly form），但它不是遵照對比的觀念來襯托傳
統的美，恰恰相反，這種醜的形式代表了反文化的美。廢銅爛
鐵、殘羹剩飯、破衣敗絮、喧囂嘈雜之聲音和紛亂無序的文化
——這些都成爲某些藝術的材料。亞當斯（R. Adams）認爲，
使用這些材料是「出自一種情緒（它漫延之廣，以致毫無虛飾遮
掩），即：世界壓根是醜陋的，把它表現爲其他任何模樣都是在
弄虛做假㊷。」在金斯伯格（A. Ginsberg）給我們描繪的景象
中，生活就是一個垃圾場，「一堆破爛不堪、鏽迹斑駁的玩藝
兒。」「恐懼！孤獨！醜陋！醜惡！垃圾箱和可望不可及的鈔
票！兒子在軍營裡哭泣！父親在戰場上垂淚㊸！」

　　我們將更加清楚地意識到醜，因爲科技進步激發了人類消滅
醜的願望，因爲正是這些進步在創造財富的同時也繁衍了醜，因
爲戰爭帶來的令人難以置信的醜在繼續玷污著地球，因爲一些根
深蒂固的舊問題迅速暴露並成爲當務之急。世界實際上是否比這
還更醜陋，我們無從衡量，但許多敏感的人士相信它奇醜無比，
並且這種想法有力地影響了藝術標準。反美學規範的藝術作品之
所以吸住我們，其原因便在於此㊹。它們不單單是對藝術風格的

挑戰，它們還普遍揭示和批判了社會秩序的種種價值標準。

149　　　　儘管這些青年人的藝術常常表現出一副猥瑣的樣子，但這並非他們首創的風格，喜歡描寫破衣爛衫、殘湯剩水的前輩作家，從斯威夫特到喬伊斯（J. Joyce）以來不乏其例。與那些獨居蓬蓽以表恨世之情的隱士高僧相比較，他們相互之間倒是頗有幾分接近。無論這些比較是否接近，克倫威爾的「議會派」曾留短髮，著黑衣，以示他們不與斯圖亞特王朝的保皇派同流合污。三百多年以後，大多由工人階級青年結成的「光頭黨」和「搖滾派」亦用削髮、奇裝異服、街頭鬥毆和肆意破壞等行為來表示自己與眾不同。他們也與那些既反「搖滾派」又反成人社會的紈袴子弟冰炭不容㊺。

　　衣裝和髮式上的「反叛」並不標誌著同現存秩序的徹底決裂。它們之所以有吸引力，多半由於它們花錢不多卻又很能顯出叛逆之志，況且它們還不至於妨礙這些叛逆青年同舊秩序的擁護者繼續接觸。然而，它們決不僅僅是時髦（fashion）。薩皮爾（E. Sapir）在一篇論時髦的精彩文章中，把時髦定義為「一種裝扮成超凡脫俗的風格㊻。」它是個人旨趣的追求，但它需要有傲視一切的勇氣，因為眾口可以鑠金。那些比較極端的時髦變化也許會被看作嘗試性的反文化姿態，但它們的主要意圖是要在群體中取得聲勢，而不是與群體決裂。然而，正如克拉普（O. Klapp）說的，風格的反叛（a style rebellion）是對社會秩序的抗議，是新價值觀的宣言㊼。某些傳統的群體甚至對「和風細雨」的時髦變化的反文化表現也嗤之以鼻，而其他的人對它們額手稱慶；但是，所有的統治集團無一例外地撻伐大逆不道的風格──一種不斷挑起價值觀衝突的審美否定。

　　前面我已說過，我們應要求藝術家幫助我們體驗（experience），因為不是做為論戰的藝術而是做為體驗的藝術才可能更有效地形成反文化（或文化）衝擊。勞倫斯（D. H.

Lawrence）寫道：「世界並不畏懼新思想。它可以對任何思想置若罔聞。但它卻不能對新的體驗置之不理⑱。」藍儂（J. Lennon）曾這樣談到搖滾樂的作用：它不需要與大腦協調一致──它只為你們爭取權力。在一個主要價值觀完好無損的社會裡，藝術體驗儘管充滿了騷動和憤怒，但它歸根到底是這些價值觀的確認。在一個為懷疑所折磨的社會中，大部分藝術──通常包括一些精萃之作──都將把我們領入一個別開生面的世界。但丁《神曲》中的歷程自下而上最終走向了新生。貝克特（S. Beckett）使他的主人翁到落幕時仍在「等待果陀（Godot）」。卡夫卡（Kafka）小說中的主人翁到最後反而比在開頭時離「城堡」更遠⑲。

150

　　針對藝術體驗（既非分析也非爭論）可以造成重大影響這一事實，桑塔格提出了一套批評的價值觀和原則：體驗不應遭受分析的踐踏；「解釋是理智對藝術的扼殺。甚至不止於此。解釋就等於使世界貧瘠枯竭，以便構造出一個虛幻的『意義』世界。」⑳於是，她在《反解釋》（*Against Interpretation*）一書中明確地（也是自相矛盾地）解釋了避免解釋的必要性。人們可能會欣賞桑塔格的見解：服務於某種目標的藝術是喪失了本性的藝術，「社會主義現實主義」就是一個例證。但是，游離於生活、不能與人類社會共命運的藝術也只是一種「華而不實」的藝術。

第六章註釋

①愛德華茲（L. Edwards）《革命自然史》（*The Natural History of Re-volution*, 1927）。

②見特里林（L. Trilling）《超越文化：文學和知識論集》（*Beyond Cul-ture: Essays on Literature and Learing*, 1966）；克里斯托爾（I. Kri-stol）的文章，載於利普塞特（S. M. Lipset）主編《第三個世紀：做爲後工業社會的美國》（*The Third Century: American as a Post-Industrial Society*, 1979）pp.328～43。

③歐文‧豪（Irving Howe）編輯《文學與藝術中的現代觀念》（*The Idea of the Modern in Literature and the Arts*, 1967）p.24。參見巴特勒（C. Butler）《甦醒之後：論當代先鋒派》（*After the Wake: An Essay on the Conternporary Avant-Garde*, 1980），以及克拉默（H. Kramer）《先鋒派時代》（*The Age of The Avant-Garde: An Art Chronicle of 1956～1972*, 1973）。阿克曼〈先鋒派的終結：當前美國藝術社會學札記〉（"The Demise of the Avant-Garde: Notes on the Sociology of Recent American Art", 1969），載於《社會和歷史比較研究》之十一。

④考利（M. Cowley）《流浪者的回歸：思想的敍述》（*Exile's Return: A Narrative of Ideas*, 1934）p.22。文學的反文化方面可以恰如其分地做爲對眞和善的現行標準的挑戰來討論，也可以做爲對美的現行標準的挑戰來討論。這三個方面的挑戰都將在這裡受到一定的重視。

⑤歐文‧豪，同③，p.13。

⑥特里林，同③，pp. xii～xiii。

⑦希爾（C. Hill）《彌爾頓與英國大革命》（*Milton and the English Re-volution*, 1977）。

⑧馬斯格羅夫（F. Musgrove）《迷狂與神聖：反文化與開放的社會》（*Elstasy and Holiness: Counter-Culture and the Open Society*, 1974） p.65。

⑨加利塞利斯（P. Gallissaires）引自魏倫勒（A. Willener）《社會的活動印象》（ *The Action-Image of Society*, 1970）p.206。

⑩米勒（H. Miller）《北回歸線》（ *Tropic of Cancer*, 1961）pp.1～2。

⑪金斯伯格（A. Ginsberg）《「嚎」及其他詩作》（ *Howl and Other Poems*, 1956）；克羅阿克（J. Kerouac）《在路上》（ *On the Road*, 1957）；米勒（R. Miller）《波西米亞：原文化的今與昔》（ *Bohemia: The Protoculture. Then and Now*, 1977）。

⑫考利，同註④，pp.66～71。

⑬貝婁（S. Bellow）《赫索格》（ *Herzog*, 1965）p.187。

⑭見格利森（R. Gleason）之文，載於《與新現實的對話：文化革命的讀物》（ *Conversations with the New Reality: Readings in the Cultural Revolution*, 1971）pp.71～82。

⑮埃斯林（M. Esslin）《荒誕劇院》（ *The Theatre of the Absurd*, 1973）。

⑯沙特（J. P. Sartre）《嘔吐》（ *La Nausée*, 1964）p.237。

⑰孔茲爾（D. Kunzle）執筆，見巴布科克（B. Babcock）主編《可逆的世界》（ *The Reversible World: Symbolic Inversion in Art and Society*, 1978）第1章。

⑱同上，p.62。

⑲沙瑪（S. Schama）〈難以控制的王國〉（ "The Unruly Realm: Appetite and Restraint in Seventeenth Century Holland", 1979）pp.3～5，載於 *Daedalus*,第108期。

⑳克雷默（H. Kramer），《紐約時報》1980年11月9日。

㉑見里克特（H. Richter）《達達派：藝術與反藝術》（ *Dada: Art and Anti-Art*, 1965）；塔什吉安（D. Tashjian）《摩天樓的早期形象：達達派和美國先鋒隊，1910～1925》（ *Skyscraper Primitives: Dada and the American Avant-Garde*, 1910～1925）；以及考利，同④，pp.146～

80。

㉒雷蒙特（M. Raymond），見歐文・豪，同③，p.203。

㉓加利賽利斯，貝魏倫勒，同⑨，pp.200～03。

㉔同上，p.224。

㉕卡繆（A. Gamus）《反叛者》（ *The Rebel: An Essay on Man in Revolt,* 1956）p.93。

㉖德溫多（X. R. de. Vento's）《現代藝術中的異端邪說》（ *Heresies of Modern Art,* 1980）p.120。

㉗柏拉圖（Plato）《對話錄》（ *Dialogues* ）。

㉘韋伯（M. Weber）《音樂的理性及社會的基礎》（ *The Rational and Social Foundations of Music,* 1958）。

㉙貝克爾（H. S. Becker）《局外人：越軌社會學的研究》（ *Outsiders: Studies in the Sociology of Deviance,* 1963）pp.84, 87。

㉚魏倫勒，同⑨，pp.243～44。

㉛艾森（J. Eisen）《搖滾樂時代：美國文化革命的聲音》（ *The Age of Rock: Sounds of the American Cultural Revolution,,* 1969）p.13。

㉜哈蒙（J. Harmon）《新音樂與反文化價值觀》（ *The New Music and Counter-Cultural Values* ），載於《青年與社會》（ *Youth and Society* 4, 1972）p.81。

㉝韋納（A. Weiner）〈政治搖滾〉（ "Political Rock" ），載於《新社會》（ *New Society* ）487 期，1972 年 1 月 27 日，p.187。也可以參看迪克斯坦（M. Dickstein）《伊甸園之門：六〇年代的美國文化》（ *Gates of Eden: American Culture in the Sixties,* 1977）；格林菲爾德（J. Greenfield）〈他們改變了搖滾樂，搖滾樂改變了文化，文化改變了我們〉（ "They Changed Rock, Which Changed the Culture, Which Changed Us" ），載於《紐約時代雜誌》，1975 年 2 月 16 日。

㉞法倫（M. Farren），關於韋納（A. Weiner）《政治搖滾》（ *Political Rock* ）的一封信，載於《新社會》，1972 年 2 月 10 日。

㉟見亨德里克森（P. Hendrickson）〈被他們稱作龐克搖滾的音樂〉（"The Music They Call Punk Rock"），載於《國內觀察家》（*National Observer*），1977 年 6 月 27 日；巴格勒（J. Bugler）龐克搖滾是如何變成四字單詞的〉（"How Punk Rock Became a Four-Letter World"），載《觀察家》（*The Observer*），1976 年 12 月 5 日。

㊱威尼克（C. Winnick）〈從越軌的到正常的：社會對色情材料的態度的變化〉（"From Deviant to Normative: Changes in the Social Acceptability of Sexually Explicit Material"），見於薩加林（E. Sagarin）編《越軌行為與社會變化》（*Deviance and Social Change*, 1977）pp.219～46。

㊲桑塔格（S. Sontag）《反解釋及其他》（*Against Interpretation and Other Essays*, 1966）p.231。

㊳霍爾布魯克（D. Holbrook），見《倫敦時報》（*London Times*）1976 年 10 月 4 日。

㊴扎馬丁（E. Zamyatin），見歐文・豪編《文學與藝術中的現代觀念》（*The Idea of the Modern in Literature and the Art*）p.175。

㊵佩卡姆（M. Peckham）《人類追求無秩序的內驅力：生物、行為以及藝術》（*Man's Rage for Chaos: Biology, Béhavior, and the Arts*, 1965）p.40 和 xi 頁。

㊶同上，p.314。

㊷亞當斯（R. Adams）《出言不善：暗面偶記》（*Bad Mouth: Fugitive Papers on the Dark Side*, 1977）p.96。

㊸金斯伯格，同註⑪，p.7。

㊹亞當斯，同註㊷。逆反的審美規範也影響我們的善惡觀。這一點可以用試驗來證明，被認為善的事物也更有可能被認為是美的，反之亦然。[見格羅斯（A. E. Gross〈善的是美的〉（"What is Good is Beautiful"），載於《人類關係社會學》（*Sociometry* 40, 1977）。]在這一意義上說，逆反的審美規範影響道德判斷。

㊺布雷克（M. Brake），〈剃光頭的人們：一種英國工人階級次文化〉

（ "The Skinheads: An English Working Class Subculture", 1974 ），
載於《青年與社會》之六。

㊻薩皮爾（ E. Sapir ）〈時髦〉（ "Fashion", 1931 ），載於《社會科學百科全
書》卷六，pp.139～144。

㊼克拉普（ O. Klapp ）《集體尋求認同》（ Collective Search for Idenity,
1969 ）pp.84～95。

㊽轉引自特里林，同註②，第 xvii 頁。

㊾斯科特（ N. Scott ），見斯圖德利（ B. Stoodley ）編《社會與自我》
（ Society and Self, 1962 ）pp.615～16。

㊿桑塔格，同註㊲，p.7。

第七章　符號反文化

153

「要正確認識世界上的事物，只能通過從後面觀察它們才能做到。」這一出自一篇十七世紀的西班牙小說的觀點是針對海神普洛透斯（Proteus）⑴而言的，「他是一個大臣，屬於統治著一個顛三倒四的城邦——那裡一切東西都失去了本色——的國王。……普洛透斯……如此善於偽裝，以致人們只有背向他並使用一面鏡子時才能看見他①。」這種說法在大多數社會中都能找到，只不過用這樣或那樣不同的方式表述著而已。無論是爲了更好地理解事物，還是爲了反對它們，或者爲了重新確證它們的合理性，它們都可以被奇思妙想看作顛倒的，逆反的或呈現爲扭曲的形式。這些符號性的倒置（symbolic reversals）可以採取儀式、節日、藝術或文學的不同形式，但是它們都能夠爲我們審視佔主導地位的文化和社會提供新的光源。

在符號性的倒置（symbolic inversions）與反文化標準更直接的具體表現之間不可能劃一條絕然分明的界線。每一個舉動都包含符號的內涵；同時，一個符號爲了能被認識必須以某種方式體現出來。然而，頗爲有用的是，我想到了一個連續統（continuum），從做爲對立價値觀的直接表現的行爲（例如，一個公

⑴普洛透斯：古希臘神話中的海神，變化無窮，可以隨意呈現爲各種面貌。

社的生活）到與其說是直接陳述了不如說是意謂著這種對立的象
徵（例如，隱喻，諷刺，漫畫等的使用或儀式化的角色倒置）。

反文化的持續不斷的影響更强烈地體現在符號性的倒置中而
不是體現在新羣體——其成員表現出與廣爲接受的規範和價值觀
相對立的規範和價值觀——的發展中。後一種倒置更具有階段性
（episodic）；它們從植根於語言中的符號性倒置的穩定潮流中
吸取養料②。

巴布科克（B. Babcock）在她爲《可逆的世界》（*The Re-
versible World*）所寫的精彩的引言中把符號性倒置定義爲「任
何一幕這樣的表現性行爲：它顛倒、對抗、取消或以某種形式替
代被普遍接受的文化指令、價值觀和規範（它們可能是語言的、
文學或藝術的、宗教的、社會的或政治的）③。」通過檢討各種
符號性倒置，我們能夠理解它們做爲文化生活繼續發展的一部分
所具有的重要性。

154　　做爲反文化的逆反儀式

如果說反文化紮根於民族性和社會常量（Social cons-
tants）中，人們就會發現它們存在於一切社會中，最多只不過
採取的形式不同而已。反文化的勢力可想而知是各各不同的，因
爲它們各自都有自己特殊的或偶發的原因，但是，應該說它們在
任何地方都可以見到，有時候呈萌芽形式，有時候已臻成熟。當
這一立論被用到與其他社會的聯繫相對隔絕的小型的部落社會
時，它經受了最嚴峻的檢驗。通過進一步研究它們的衝突和內在
的文化變異④，通過進一步討論熔鑄在它們的分類系統中的各種
倒置和逆反現象的重要意義⑤，或許我們對於這些社會的觀念需
要來一個大的改變。在這裡，我們的興趣在於角色顛倒以及反叛

儀式（rituals of rebellion）和逆反儀式（rituals of opposition）
——它們不僅允許，而且有時還要求人們佔據這種位置。與它們
相關的例子有狂歡節、愚人節、鬧新房等，這些至少是從古希臘
和羅馬時代流傳到今天的。

　　從弗雷澤（J. Fraser）的《金枝》（*The Golden Bough*）中
關於風俗和民間文學的詳備摘要，到蓋內普（A. Van Gennep，
汪繼乃波）的《通過儀式》（*Rites of Passage*），到格盧克曼
（M. Gluckman）、特納（V. Turner）、古迪（J. Goody）、
諾伯克（E. Norbeck）、里格比（P. Rigby）、貝德爾曼（T.
O. Beidelman）⑥和其他許多人，我們積累了一系列關於逆反儀
式和角色顛倒儀式的人類學描述資料以及對它們的各種闡釋。許
多美洲印第安部落都有狂放的慶典，在此期間，表演者們通常興
高采烈地做本來爲文化所禁止的一切。丑角們「歪曲地模仿莊嚴
的儀式，把淫穢帶進神聖的地方……公開表現出對神本身的不恭
⑦。」在苟苟人（the Gogo）不吉的日子裡，女子們被允許穿得
像男人一樣，做男人的事，手執那些通常只限於男人接觸的矛和
刀劍，做一些侵略性的舉動，唱淫穢歌曲⑧。祖魯人（the
Zulu）的制度的一個鮮明特徵「是他們公開表達社會張力的做
法：婦女必須放肆一時，主宰一時，做爲對她們平時隸屬於男子
的反叛；王子們必須顯得他們覬覦王位；臣民們也公開表示他們
對權威的惱恨⑨。」

　　這些活動可以與中世紀的及當代世界的相提並論⑩。在特定
的時期，「社會等級秩序和社會所肯定的體面之類都可能被顛倒
⑪。」到十五世紀末，所有的愚人節都被大教堂取消了，但是，
它們受到了一些俗人，一部分家庭和籌辦下流節日及狂歡濫飲活
動的手工業者協會的垂青。里昂（Lyon）曾有一位法官負責狂
歡濫飲，有一個法院負責壞建議；法國盧昂（Rouen）的修道院
院長曾讓揮霍王子，無術紅衣主教、笨蛋主教、驢公爵等爲他效

力⑫。

對傳統道德訓誡的嘲弄——這是一種在某些宗教背景中仍能
見到的活動——在一種宗教儀式中達到了令人觸目驚心的程度。
普魯厄斯（J. Pruess）描述了泰國北部的小乘佛教說法儀式中拿
木製支柱去撐持一株聖樹的程序：「熱鬧和混亂是這種活動的主
要特色……充滿了無顧忌的大笑、瘋狂的舞蹈、淫穢的歌曲、振
奮人心的鼓聲，還相互打鬧得連滾帶爬。」此外，大多數木柱和
幡幟上都貼著並不莊重的標語和圖片。「其例子包括㈠一位裸立
著並正在回首顧盼的女性，擁抱在一起的一對青年男女（也是裸
體），並附有英語題詞：『自由之愛』（Free Love）；㈡一個青
年男子拿著威士忌酒瓶擋住一位打扮得花枝招展的妙年女郎的貼
近，並附有泰語寫的題詞：『我不需要愛，最好來點醉人的飲料』
……；㈢一幅泰國地圖，在它前面是一個戰士，他拿著步槍向毛
澤東和幾位看起來很凶的人民解放軍成員的肖像開火⑬。」甚至
在遊行行列到達聖地後，這些下流的行為還欲罷不能。

普魯厄斯把涉及到的這個羣體的道德體系中的三個異常主題
（酗酒、暴力和不守規範的色情）的這些表現看作「無序、動
亂、不可預測、潛能——這些力量威脅著一個穩定的社會的理想
形象，因而必須在社會秩序的道德參照系內予以中和（neutrali-
zed）和建構（structured）——受到認可的表現⑭。」這反映了
秩序（order）和無序（disorder）之間的張力——這種張力是一
切宗教努力發展一套宇宙觀時所要處理的，因為這樣一種宇宙觀
必須考慮到混亂的經驗事實，並予以處理⑮。

混亂的經驗並非只是可能的；它們是日常生活中不可避免的
一部分。儀式中的倒置不僅與林頓（R. Linton）所說的「現實
文化（real culture）——社會的價值觀和規範的日常表現——
正相反，而且與「理念文化」（ideal culture）也相反。狂歡的
或節日的行為，通過誇張和滑稽以模仿通常的越軌行為，不僅引

起人們注意文化藍圖（blueprint），而且引起人們注意它不受尊
重的頻率或程度。在對於聖文森特（St. Vincent）、西印度羣島
（West Indies）和拉哈弗羣島（the La Have Islands）的新斯科舍
（Nova Scotia）節日的描述中，亞伯拉罕斯（R. Abrahams）和鮑
曼（R. Bauman）認為顯而易見的倒置（如男人穿得像動物或超
自然物，男著女服或女著男裝、性放縱）不應該使我們忘記秩序
在其他時候也很難說是普遍的。那些在節日期間沉迷於放縱自己
的人正是那些「在一年的其他時間裡做為社區內的搗亂者」的人
⑯。

156

顛倒儀式──其中有些是娛樂性的（儘管並非因此就微不足
道）⑰，有些則較嚴肅──在當代西方社會並不罕見。我們有萬
聖節之夜，周末足球賽、四旬齋前日的尋歡作樂、新年除夕、二
十四小時的搖滾音樂會，它們都得到了官方文化的容忍，甚至在
某些程度上得到了官方文化的保護。

不那麼明顯，但是，或許更重要的是，某些教導，特別是人
文學科及社會學科方面的教導，可以被看作一種逆反儀式──衝
擊既定的秩序、描述或暗示一個替代性的文化世界⑱。在某種程
度上說，分析一個社會就是淡化其文化的神秘氛圍。我不反駁這
一點，──事實上，此刻我正在進行這種分析──因為其替代性
選擇做為一種嚴格意義上的無知更是凶吉難卜。不過，我們需要
不斷提醒我們自己意識到「知之甚少則險上加險。」

從布雷克（Blake）和華茲華斯（Wordsworth）到尼采
（Nietzsche）、波特萊爾（Baudelaire）、康拉德（Conrad）、勞倫
斯（Lawrence）、紀德（Gide）、葉慈（Yeats）和喬伊斯（Joyce）（你
還可以補上你自己的一份名單），貫穿著一條對主導文化「充滿敵
意的紅線」。只要莘莘學子們拜讀了尼采的《悲劇的誕生》、康拉
德的《黑暗之心》（*Heart of Darkness*）和杜斯妥也夫斯基的《地下
室手記》（*Notes from Underground*），「這一個使一切繼之而起

的顛覆和反叛顯得理所當然的閱讀過程對於我們否定傳統的虔誠和重新建立虔誠至關重要且卓有成效。」他們似乎就樂於投身於「反社會的社會化、反文化對整個社會的同化、或者促使反叛合法的活動⑲。」

這是一種反叛儀式（ritual of rebellion）：允許强烈的反文化的思想感情表現出來，但是，這種表現必須限定在文化上被允許並且被文化程式化了的參照系之中。出現這樣的學子和青年決不是偶然的。在某種程度上說，他們認爲自己處於這一歷史規定之中：當他們從一種社會地位邁向另一種社會地位時，用蓋內普的話來說，他們被文化上的模稜兩可和左右爲難所籠罩著。別人也認爲他們是如此。

我們如何解釋這些背離既定文化卻又得到認可，甚至得到支持的事情呢？我們如何解釋這些限定在文化內的反文化呢？它們普遍被認爲是起避雷針（Lightening rods）作用的文化發明（inventions）——不論它們的緣起是什麼。格盧克曼（M. Gluckman）把公然顛倒通行的道德和性規範的反叛儀式描述成減輕憤怒和不滿的宣洩機制⑳。華萊士（A. Wallace）認爲，它顯得是兩相矛盾的：一些人會被允許，甚至被要求、去做「錯誤的」事、去做文化所禁止的事。「然而，此般兩相矛盾只是表面現象，因爲其最終目的毫無二致：保持社會的秩序和穩定。通過宣洩在日常被要求所做的事務中長期積壓的不滿，人們用反叛儀式來促進社會的有序狀態㉑。」格盧克曼進一步剖析了早就由亞里斯多德（或者嚴格地說，由韋伯）提出來的關於反叛與革命之間的區別，他說，在部落社會中只可能發展出針對統治者而不是針對整個體系的反叛，因爲它們想像不出任何替代性選擇。甚至在它們認可激烈地反規範的象徵行爲的時候，這種反叛也被文化所包容，被文化所程式化㉒。

參照那些宗教派別——它們的教義常常包含身分倒置的主

題，並體現著與主導社會的價值觀形式尖銳衝突的價值觀——的
影響，人們通常得出一個相似的結論。在她關於「聖文森特兩個
基要主義（Fundamentalist）羣體的鬼魂附體信仰和失神行爲」
的討論中，亨尼（J. H. Henney）評論道，「緊張的儀式性表現
和釋放並不威脅到既存秩序，相反，它們有助於維護既存秩序
㉓。」在他對於西印度羣島中的千里達島的 shango 熱的研究
中，辛普森（G. E. Simpson）指出，人們把精力、時間和財富
花在 shango 上面了，人們就不可能再把它們花在那些旨在引起
社會的和經濟的變化的活動上㉔。此外，通過參加 shango 儀式
而達到的熱情的釋放轉移了人們參加政治活動的熱情。同樣，一
些當代的政治激進分子相信，那些吸毒取向的反文化抗議阻塞了
急邃的社會變化。從這種觀點看來，這種抗議可以被看作包裹在
糖衣中的反叛儀式。

在我看來，這些解釋不無道理，但並不完全。即使是在最閉
塞的社會裡，那些受到侮辱的人都能夠想到做爲替代性選擇的規
範和價值觀（它們以與那些佔主導地位的觀念形成對照的觀念形
式出現）。唱反調的儀式表現了社會的一種矛盾。它們並不解決
這一矛盾，只是喊出撕心的矛盾感情而已。它們通常包含著對社
會秩序的尖銳批評，允許一些人表達做爲對主導標準的潛在倒置
的價值觀。這保持了這些價值觀的活力，而沒有促使參與者們完
全在倒置的意義上認識他們自己。這種儀式也允許正統派，允許
忠實於正統的人，耳聞目睹並切身感受蘊藏在替代性選擇方式之
內的力量，或許因此而打破了他們的文化閉塞和僵化格局。正如
特納（V. Turner）在描述當代「搖滾」體驗時所指出的：「消
解結構的閾值明顯地呈現出來了。」接著，他繼續說，他不能同
意那些認爲伴隨著羣體體驗和多重刺激的當代搖滾音樂是獨一無
二的人，而相信搖滾體驗是很古老的：

158

「世界各地的人類學家參與到與搖滾樂舞臺並非沒有差別的其他的部落『舞臺』中去了……『通感』（"synnaesthesia"），視、聽、觸、時、空和其他知覺形式的共通，見於部落儀式和許多現代宗教運動的行事之中。韓波（Arthur Rimbaud，法國象徵派詩人），這位反文化的民間英雄之一，把這看作『系統性的感覺混亂』㉕。」

正如一位《神諭》（ _Oracle_ ）的作者所說的：「想一想別有滋味的 G 小調吧。」

在另外一個地方，特納認為，逆反儀式（ritual of opposition）的不穩定後果主要見於複雜的工業社會中。在《儀式過程》（ _The Ritual Process_ ）中，他「強調部落接納新成員的儀式的規定所具有的潛在顛覆特性（在部落內及部落與部落之間，當社會結構框架被迫放鬆它們對思想和行為的控制時），但是，這種潛在性從來不會在受到禁忌嚴格限制的儀式氛圍之外實行㉖。」他指出，當一個人參照工業社會中的鬧新房、藝術、文學和其他形式的符號性倒置時，他談論的是有特定限制的（liminoid）情境（context），而不是「閾限的」（liminal）情境。他相信它們會產生革命影響。

儘管特納也許把區別劃得太絕對，但是，我們似乎不得不相信，複雜的和迅速變化著的社會中的符號性倒置與部落社會中的這種倒置相比，難以做為情感宣洩手段而起作用，更大的可能是激發文化變革。然而，一個社會的統治成員不容易承認已經存在的顛倒世界的潛力。法國律師魯比斯（Claude de Rubys）於十六世紀末寫道，「允許人們扮丑角和尋歡作樂，有時這是權宜之計，除非把他們控制得極嚴厲，否則，我們就會使他們鋌而走險㉗。」但是，戴維斯（N. Davis）明智地指出，這種傳統觀點講地方長官們的事比講「亂套」的節日的真實後果還多。國王也會

受到來自皇城腳下的攻擊，例如在巴黎，當一羣過節的人「演示梅雷・索特（Mere Sotte）統治著朝廷，她把一切都通過徵稅、募捐和偷搶一捲而空」⑳的時候就是如此。有時，暴民就是從節慶（Festivals）中產生出來的，他們此時表現自己的逆反觀點，不支持社會秩序。

雖然有些馬克思主義者把民間節日看作「安全閥」（Safety valves），認為它們妨礙革命意識的發展，但是，馬克思以較為肯定的態度把它們看作達到這種革命意識的步驟。「許多反叛的發生——特別是聖誕節和狂歡節期間發生在新大陸的奴隸階層中的反叛——好像肯定了馬克思的洞察力，並向格盧克曼的理論提出了挑戰㉙。」

當然，我們缺乏那種控制研究（controlled study）——這種研究才會允許我們十分肯定地說出反叛儀式的反文化內容或得到許可的越軌行為的當代形式。現在我們所擁有的只是觀察在我們眼前發生的這些儀式——例如，被市政當局登記承認和得到警察協助的藝術搖滾節，儘管主導社會的許多規範和價值觀都蒙受了侮辱——所獲得的經驗。通過長期細緻的研究，也許我們能夠確定在什麼程度上這些儀式通過起安全閥的作用因而加強文化的整合性（或僵化），在什麼程度上它們通過保持替代性選擇源源不絕而加強文化的變化和衝突。

許多社會都有被局外人（outsider）或不信任者（unbeliever）當作神秘的反文化的東西——它們是關於另一個時代、另一個地方的某種社會秩序的觀念，與現存的價值觀形成鮮明的對照。如果這些觀念——如天堂、伊甸園、涅槃所達到的極樂世界、烏托邦或盧梭的「高貴的野蠻人」的淨土——是肯定性的，它們就不會那樣大幅度地顛倒那些以純粹的形式把它們象徵化了的流行價值觀：假如我們達到了我們的最高文化水準的話，這就是將會有或可能有的存在方式；否則，生活不過爾爾。不過，在這些觀念

中仍然隱含著對於正在起作用的（即使不說它們是既定的）價值
觀的尖銳批評。

象徵性社會的否定性意象較明顯地是反文化的。新幾內亞
（New Guinea）的卡拉瓦蘭人（the Karavarans）把他們的社
會與一個他們稱之爲「蒙波托」（momboto）的反社會
（antisociety）相對照。他們想像這個社會存在於很久以前。
「在蒙波托時期，人們看起來像野獸，他們的行爲舉止也就如野
獸一般。他們不刮鬍鬚，也不剪頭髮；他們生著野鴿子一樣的紅
眼睛；他們吃人肉，甚至吃現在看來是他們親戚的那些人的肉。
那時根本就沒有什麼親族或性規矩⑩。」關於這一反社會的意象
很清楚地說明，卡拉瓦蘭人相信基本的人性充滿了貪婪、暴力和
不合理的個人利益。穩定的社會秩序的約束力需要用來控制骨子
裡是無政府主義的人格。

他們現在的秩序——與蒙波托形成鮮明對照——形成於幾代
人以前一個傳教團到達的時候；一種新型的，更有希望的秩序可
以通過投身「貨物崇拜運動」（the Cargo movement）穩步實
現。這一運動把傳統儀式與學習歐洲人幹實業的方式的堅韌努力
融和在一起。

米德爾頓（J. Middleton）描述了在現在稱爲烏干達
（Uganda）的盧格巴拉人（the Lugbara）中的一種相似的象徵
性反文化。他們確信有幾種與他們相反的生物（inverted
beings）在他們的社會形成之前存在過。這些原始的神秘角色代
表了初民階段，代表了無序和動亂的階段。他們以「與盧格巴拉
社會現在受到正常社會化的人的方式相對立的方式」㉛行事。

在卡拉瓦蘭人和盧格巴拉人的這些想像中對災難的恐懼基本
上是一種社會的恐懼。如果我們的社會秩序正在瓦解或不適應新
的環境，我們就可能退回到動亂（chaos）中去——這就是這些
想像的意味。關於地獄——它並不一定被看作一個過去時代的反

160

社會——的觀念更可能表示了一種個體的恐懼：那些觸犯了基本的社會準則的人注定要落入一個由顛倒的價值觀支配的反社會。

現代社會——或許並不更少地需要關於「顛倒的人」的想像——通過「巫師」（Witches）和其他被看作依顛倒的價值觀生活的越軌者創造了它們。在中世紀末和現代的早期，關於巫師的完全否定的印象出現了。巫術不再被簡單地看作一種超自然的技術；對於處理日常問題，它有時被看作有害的，有時被看作有益的。社會秩序的深刻變化——既表現在增長的機會中，也表現在和諧的道德感的下降中——使領袖人物和芸芸眾生都陷入了極大的憂慮之中。正如本-耶胡達（Ben-Yehuda）所說的，巫術在人們眼裡變成了一種獨立的「反宗教」（antireligion），變成了魔法與異教邪說的一種混合。到十五世紀的歐洲，「巫師的傳說和神話可能恰好被看作基督形象的對立，巫術則恰好被看作據信是真理的基督教精神的對立㉜。」

無論關於巫師的想像是多麼扭曲了現實，然而，在一個動蕩的社會裡，它可以做為其中產生的被懼怕，被憎恨的力量的一個適當的象徵而起作用。當代的惡巫師——如果我能把這個詞的意義略作引申的話——通常不被認為擁有超自然的力量；而是被看作造成巨大神秘影響的「顛倒的存在」（inverted beings），促使人拋棄社會秩序。例如，參議員麥卡錫（J. McCarthy）提出的「巫術案」發展了關於一種可怕的反文化的有力象徵。那時美國正進入一個迷惘的時代。在擁有令人難以置信的破壞力的武器的背景下，她面臨著這一事實：一個文化上的對手（就像一個地理政治上的對手一樣，甚至更過分地）也創造了這樣的武器。世界的許多方面正以史無前例的速度發生變化。由於人們幾乎不能扼止正在發生的如此巨大的非人的變化，一些人覺得有必要讓那些變化合於人性，有必要把它們的根源立於個體之上。

一些文學品種為我們創造了「顛倒的存在」，不過，是從一

161

種傾向於評價社會而不是從對於敍事中的反英雄（antiheroes）
行動進行諷刺的角度來創造的。巴布科克（B. Babcock）指
出，那位以惡漢冒險爲題材的小說（picaresque novels）的作者
想「通過對社會的，道德的和文學的規則的戲劇性倒置；……而
不是通過『不是非眞理』之類的雙重否定」講出關於社會的眞理。
對冒犯社會規範的惡漢和惡作劇者的批判同時變成了對「絕對
的、普遍的規章制度」的批判。這一點特別突出地表現在那些從
最早直到現在的惡漢流浪小說中對宗教的諷刺上。例如，在《瀟
灑的騎手》（*Easy Rider*）中，「一頓飯變成了一臺彌撒；一座
教堂變成了一座妓院；一個妓女變成了聖母瑪利亞；金錢變成了
神聖的主人；一片公墓變成了改變人的信仰的所在㉝。」

反語言

反文化羣體幾乎總要打下特有的語言的烙印，這些語言實踐
被用來表達反抗、製造混亂、招惹是非或把他們自己與主導社會
分隔開來，一個反社會（antisociety）——這是哈里迪（M. A.
K. Halliday）所用的術語——「是這樣一個社會，它被建立在
另一個社會之中，做爲對它（大社會——譯者）的有意識的替代
性選擇。……一種反語言（Counter-Languages）不僅僅是與一
個反社會並存的；它實際上是這一社會所創造的㉞。」亞當斯
（R. Adams）在《出言不善》（*Bad Mouth*）中使用一個相似的
概念對他所稱的反語言進行了描述，這種語言並不是被用來直接
與人交談，而是被用來傷害其他人，故意冒犯文雅和眞理。這把
反語言的意義限制得比我想要界定的要窄——實行上比亞當斯本
人以後對它的發展也要窄。佔主導地位的語言也能傷害人，也能
冒犯文雅和眞理（「我們爲了拯救這個村子不得不摧毀它」）。

無論我們在具體案例中會做出什麼道德判斷，這一總概念都是中性的。我們這裡需要強調的是，反語言或對立語言（anti-or counter-language）這個概念不是指一種方言或詞彙、語法的階級變異，而是指直接源自社會內部衝突的語言實踐。（我將把反語言和對立語言（anti-language）這兩個術語當作差別很小的同義詞使用，不過，反語言似乎更好一點。「對立語言」好像可以更好地表示與某種語言的對立，而不是與主導語言和它存在於其中的社會秩序等的對立。）

162

　　哈里迪描述了在英國伊麗莎白時代的流浪漢反文化的「鄙陋話語」，（"pelting speech"），加爾各答黑社會的慣用語以及波蘭監獄中所用的對立語言。在任何地方，只要反文化持續一段時間，它在創造一種替代性現象的過程中就可能發展一種語言組合，特別會用新詞取代舊語。

　　有一些例子可以說明反語言的進程。在一本一五六七年的小册子中，哈蒙（T. Harmon）描述了哈里迪所說的那種「鄙陋話語」：

> 　　「我在這裡向善良的讀者展示的是那些到處遊蕩的、懶散的傢伙們的淫穢和粗鄙的語言；當他們經過鄉下時，他們用這種語言向普通人買點什麼和賣點什麼；他們把這種語言歸入竊賊的行話——這種鮮為人知的語言只面向那些膽大妄為、獸性十足的下流乞丐和無聊流浪漢，當它被用於一般的交談時就半混著英語㉟。」

　　在稍後的英國歷史上，面臨迫害的許多喧囂派成員（Ranters）「似乎都採用了秘密語言，暗中進行謹慎的佈道，就像他們之前的異教的女修道士們一樣㊱。」

　　作家們可能會創造對立語言的風格，以便於傳達對現實的一些最新感受，迫使讀者接受一些新的想像方法，或者表達對社會

秩序的批判。正如考利（M. Cowley）所說的，要理解喬伊斯
（J. Joyce）的意旨，讀者必須掌握好幾種語言，瞭解各民族的
神話和都柏林的地理。斯坦（G. Stein）似乎針對明晰造成朦
朧，甚至隱晦。「她確實好像在寫純粹無意義的話，但又不是那
麼純粹；人們覺得即使有鑰匙，其中的許多意義也不容易解開。
但是，在讀一首達達派（Dada）的詩時，要想尋找線索通常是
徒勞的：甚至詩人自己都可能不知道有什麼線索。意義之門緊閉
著，並加上了雙鎖；而鑰匙被丟棄了㊲。」如果一個人靠通常的
語言規範去閱讀（文本上的）或觀看（舞臺上的）貝克特（S.
Beckett）的《等待果陀》（*Waiting for Godot*），他必然是一邊
只體驗到荒誕，一邊又對這種荒誕無以置詞。正如卡勒（E.
Kahler）所說的，在一些實例中，我們看見「語言漸漸分解成
它的因素……直到在沉寂與虛無中最後煙消雲散㊳。」文學中的
反語言並不一定就屬於反文化。它們批判社會秩序也許比肯定一
種新社會秩序更強烈。讀者們不屬於這樣一個語言羣體也能從多
種途徑譯解它們。

　　在哈里迪使用這一術語的特殊意義上，市內少數民族聚居區
的英語土語（ghetto English vernacular）具有反語言的性質。
它肯定一種與大社會所讚賞的相反的社會身分。主導社會的權力
結構被它的語言揭示出來，受到它的語言的維持；因而，一種反
語言就被受壓迫者用來建立一個新的現實。

　　既然這種土語對於黑人與白人之關係的意義是有爭議的，那
麼，對於這種情況下反語言這一術語的使用做出幾點評論似乎並
不顯得多餘。㈠反語言不是一個貶義詞。如果它所反對的現象是
受人厭棄的，人們可以通過探討它在什麼程度上成功地改變了現
實或成功地保護了反社會的成員免遭不公來評估一種反語言的價
值。（這確實是一件艱巨的任務，我在這裡不打算這樣做。）㈡
反語言不是非語言（nonlanguage）的同義詞。好像沒有必要再

163

強調非標準的話語（speech）模式才能代表豐富、複雜的語言（language）㊴。㈢在經驗上，反語言通常與次文化的方言混合在一起，並且，很難把其中的反抗因素與傳統因素分離開來。一種次文化的方言是「某個人的母語」。然而，「一種反語言不是任何人的『母語』；它只存在於再社會化的情境（context）之中，並且，它所開創的現實本身就是一種替代性的現實……一種反現實（counter-reality），建立起來以反對某種既定的規範㊵。」黑人的英語土語是由這些方面——標準話語、在農場和城市形成的傳統方言以及反語言——的因素組成的。其中的反語言因素顯示了開創一種反現實的勢力，——通過這種努力擺脫使用主導語言所造成的與主導現實（他們在其中受難）不可避免的糾纏。

拉博夫（W. Labov）對一些黑人社區的娛樂形式和儀式的討論清楚地說明，如果不考慮到他們與主導社會的關係，他們的語言活動就不可能得到完全的理解：

> 「猥褻的言行，從這些活動本身來看，並不像人們想像的那樣佔很大分量。許多詞只有在全面的意義上看才顯出其猥褻。說話者盡可能多地使用髒字和不便公開的形象——也就是說，這些字眼和形象屬於中產階級社會的禁忌，違反它們應該受到道德的懲誡。……如果不參照那些中產階級規範，他們的言行的意義就會完全看不到。許多詞之所以是『好的』，就因為它們是『壞的』——因為說話者知道他們要引起忠實於中產階級社會的『好』標準的人的反感和嘔吐……詞語從兩套價值觀——他們做『好』人的方式與我們做『壞』人的方式——獲得它們的意義㊶。」

慣用語把一個羣體從主導社會分離出來（通過某種維護他們並表達他們的反抗的方式），這些慣用語給少數民族打下了烙

164

印，也給越軌羣體打下了烙印。勒曼（P. Lerman）發現，對一種罪犯的黑話（deviant argot）的熟悉與參與一種非法的「青年文化」的可能性呈高度的對應關係㊷。

當然，語言變遷或有鮮明特徵的慣用法的形成與反語言並不是一回事㊸。做為社會環境裡的語言漸變和轉折的一個結果，變遷不斷在發生。然而，即使尚未見到一種反語言的明顯迹象，反文化的研究者也能通過察覺詞彙、語法或句子構造——它們本身並不直接表現對立的價值觀——的變化而發現重要趨勢的迹向。米德爾頓在他關於以前該用「我自己」（myself）的地方而被用了賓格的「我」（me）這一問題的評論中很好地說明了這樣做的可能性：

> 「傑恩，你怎麼可以打起包就離開了傑麗和孩子們呢？」
>
> 「我得爲我（Me）考慮。」
>
> 這是一個要求用「我自己」的例子，但是，現在你就別指望聽到「我必須是我自己」比聽到「我得爲我自己考慮」要多。那句話的意思是「我必須是我（Me）。」「我剛想到這是我爲我（Me）考慮一次的時候了。」
>
> 好像「我自己」不如賓格的「我」關鍵似的。並且，賓格的「我」還通常用大寫字母開頭。上帝（God）、聖杯（the Holy Grail）、永恆真理（the Eternal Verities）和我（Me）……
>
> 「我想使我自己成爲什麼」聽起來使人相當愉快——它表達的是要做有價值的事的決心。另一方面，「我想使我（Me）成爲什麼」則充滿了自我欣賞的弦外之音，顯出一幅對另外的任何人都蠻不在乎的樣子㊹。

爲了避免把這一討論扯得太遠，讓我們回味一下惠特曼

（W. Whittman）的《自己之歌》（*"Song of Myself"*）所表達的涵義。它有意用 "me" 和 "myself" 來唱出他的自尊：「我溺愛我自己（myself）；有這麼多的我（me），並且全都令人賞心悅目。」無論人們是否接受米德爾頓的闡釋和偏好，人們都能同意：他所描述的這種語言變化是涉及到價值觀變化的重要線索。

猥褻和色情文藝 一些容易相處的（comfortable）或可以如此的人以及處境不利的人（the disadvantaged），通過攻擊標準語言來宣示他們對主導價值觀的反對。與其他人的作法一樣，他們的反語言被用來表示反抗、製造混亂、觸犯主導社會並把反文化人士與這個社會分開出來。正如馬丁（D. Martin）所指出的，他們認為「程式化的、雄辯的話語是與眞情的流露相牴牾的⑤。」或許，最能說明問題的是猥褻（obscenity）的運用。猥褻的社會意義也表現在我們所說的反語言上。它也可以部分地被理解成象徵性的反文化，它也可以被用來暴露據信屬於主導文化的荒誕和殘忍，並有助於建設一種新現實（不過，像許多反文化一樣，它的作用在前一方面比在後一方面發揮得更成功）。

並非一切猥褻都屬於反文化。有些只反映出一個人被社會化到一種叛逆的或不那麼叛逆的次文化中去了。在一些案例裡，它是一種個體的「藝術形成」，它幫助一個人描繪這個世界的形象或給他一個舞臺。猥褻常常允許一個人發洩——或許以一陣憤怒——這個世界怎麼運轉得如此顚三倒四的感受，這種個體的和次文化的形成漸漸變成反文化的運用，這時，猥褻就多多少少被敵意用來攻擊主導的價值觀，正如薩德（M. de Sade）或米勒（H. Miller）的著作中所說的。

無論是個體的，還是反文化的，猥褻都需要一個可以攻擊、可以違反的禁忌，一個語言上的避諱。禁忌越嚴，所經驗的猥褻就越有刺激。正如亞當斯所指出的，它是「統治者語言和身體行為的根深柢固的社會律令的突然崩潰⑯。」猥褻不涉及社會習

慣，而涉及與基本的人類活動——性、排泄、食、對死人的處理
——有關的道德律令。當社會衝突把社會分歧弄得越來越尖銳
時，禁忌在人們的經驗中就變得越來越重要。對它們的侵犯越來
越被認爲可惡；或者對侵犯者來說，越來越清楚地成了他們所倡
導的文化的標誌。

　　猥褻在不同的地方和不同的時期表現得很不一樣。法國人用
大量的猥褻來反襯出他們的正規語言的明晰性。一個因家庭的榮
譽而著名的西班牙人表達他的最大厭惡也許要通過一個簡單的
「Tu madre⋯⋯一種特別不正直的和令人生厭的猥褻形式，因
爲它迫使受害者汚損他自己的頭腦，迫使他想到說話者甚至不屑
於開口的那種表現⑰。」

　　一種猥褻的舉動若用得多了，就會失去引起震動的力量，如
果沒有這種震動，它就不再是猥褻。對於許多美國男子和越來越
多的女子來說，稱什麼東西是 a God-damned fuckin' shame
（他媽的遭上帝詛咒的可恥東西），並不比說「太糟糕」嚴重到
哪裡去。「回報遞減律」（the Law of diminishing return）(2)
大大地降低了一種反文化用語言表達它對旣定價值觀的反對力
量。

　　在美國過去的幾十年裡，語言的膨脹如此大幅度地降低了猥
褻的力量，以致爲了取得同樣的效果不得不「投入」比以前多得
多的猥褻。但是，在一場「臭不可聞的戰爭」的語境中，在「環
境腐敗」的情況下，在其他粗野的社會衝突中，使用猥褻的動機
也持續上升了。禮貌的語言才是眞正的猥褻，伯克利言論自由運
動（the Berkeley Free Speech movement）的參加者們這樣認
爲；當權者們的欺騙性修辭只不過掩蓋了一個邪惡的社會或爲它

----

(2)回報遞減律：資本和勞力等的數量繼續增加，但是，單位效益遞減的普
　遍現象。

加上了僞裝。他們從過去的傳統中吸取養料，在美國文學中一直
追溯到惠特曼、馬克吐溫（Mark Towain）等人那裡。惠特曼
在《草葉集》（*Leaves of Grass*）中寫道，「比起祈禱文來，腋窩
的氣味算得上香撲撲的了。」按當代標準來看，這是很溫和的猥
褻，但是，用梅勒（N. Mailer）的話說，像一些當代作品一
樣，它努力要「把不友好的一面對準華而不實的價值觀。」那些
梅勒所指的「華而不實的價值觀」是軍隊生活中的價值觀，
「即：被迫把背挺直到誇張的程度向趾高氣昂的軍官敬禮。『小
軍官膽小如雞』，是一小羣人的結論，而爲了民主和公正，你早
就挨了一傢伙⑱。」土人和平民的語言被用來表示一套替代植根
於禮貌語言中的價值觀的價值觀，或者被用來進行「一種階級鬥
爭……髒字反對虛僞的統治語言⑲。」

　　可見，一種反文化中的猥褻不是被做爲某種本身重要的東西
來用，而是被做爲暴露主導社會的僞善的武器來用，被作者或言
者當作表示一套對立價值觀的工具來用。「通過猥褻的語言，一
個人宣示他獨立於那個腐敗的虛僞的傳統，贏得了普遍的道德純
眞⑳。」當然，正如亞當斯所指出的，存在著有缺點的可能性；
並且，傳統也許並未腐敗。此外，人們肯定要問：猥褻之後又是
什麼？猥褻更甚於語言垃圾和對文學藝術的摧毀嗎？馬克斯（L.
Marx）相信猥褻是如此或可能如此。然而，我們遠未理解猥褻
的反語言超出象徵性逆反的條件和這種超出發生在什麼人中。

　　近年來，色情文藝（pornography）——與妓女的生活和形
象有關——已經在許多場合的使用上幾乎變成了猥褻的同義詞。
正如字典所說的，它指猥褻的東西在文學和藝術上的表現。它被
用來彌補現實中人們的性生活的不足。爲了確定猥褻和色情文藝
的反文化方面，人們需要區分兩種觀點：一種認爲它們本身沒有
什麼不好——因爲它們有助於摧毀壓抑人的律令；另一種認爲它
們造成的害處總比檢查制度所引起的惡果要輕得多。後一種辯護

基本算不上是反文化的。

相當多的美國人（和英國人、西歐人、日本人等）認爲可以在電影及作品中運用赤裸裸的色情材料。在一份對美國人的抽樣調查中，百分之十五到百分之五十九的人——有賴於材料的性質和暴露隱私的程度，男人比女人更能接受——表示了贊成態度⑤。然而，人們不能從這一資料得出人們表示接受的基礎。有人把這種材料做爲肯定的東西來讚賞，也許是因爲他們把它看作消除性壓抑的一種方式。其他人也許相信色情文藝把性弄得很下賤、很機械，因爲他們贊成費菲（J. Feiffer）的說法，「性交之類基本上是自戀，是反女性的⑤。」不過，他們會「接受」它的運用，以此做爲換取言論自由的代價。另外一些人則懷疑最近關於猥褻和色情文藝的標準的變化增進了自由。阿德勒（N. Adler）寫道，「官方的允許……提供了裸體和取樂場所，並承認了墮落的自由——只要這些不導致反對它自身或不向既定程序挑戰⑤。」人們肯定不可能在倫敦的蘇活（Soho）街、東京的銀座、紐約市中心的泰晤士廣場或一個花花公子的俱樂部招募到許多士兵參加一場將在晚上進行的革命。許多，或許大多數激進分子（radicals）成了相當嚴格的禁慾主義者，因爲他們相信，保衛不受當權者控制的自由的努力及爲工人、農民、少數民族、婦女等爭自由的努力被那些在使色情變成推動社會變化的動力的過程中使它不再神秘的運動弄偏了方向。

一般來說，人們能夠在色情文藝（只關心情慾的挑逗）與涉及性主題的藝術（旨在幫助我們體驗和理解人類關係的這種微妙之處）之間做出區分。許多藝術作品介於兩者之間，這導致了無休止的爭論。既使關於什麼是色情文藝達成了一致的看法，它們是否反文化仍然是值得爭議的：它們沒有在相當大的程度上得到法律的保護嗎？（例如在美國，色情文藝不是躲藏在憲法第一修正案的保護傘之下嗎？）這些沒有被廣泛接受的作品因而就被當

168

作文化的替代性選擇，而不是被當作反文化行爲嗎？我相信，在某種程度上，對這些問題的回答都是肯定的。這說明只有部分色情文藝可以被貼上反文化的標籤。然而，這不排除仍然有一個被一些人宣稱爲一種權力和確認爲一種價值觀而與主導價值觀對立的「堅實的核心」（a "hard core"），它可以說是那個時代的象徵反文化的重要組成部分。

　　儘管有不斷的研究，我們遠未弄淸猥褻和色情文藝在大社會和大文化中所引起的後果是什麼㊟。我相信我們有很多的根據宣稱，在強調色情與強調革命熱情之間存在一種否定的相關，但是，相關的原因尚不淸楚。那些對於他們來說禁律的解除是主要目標的人也許對一場運動（它重在從制度中解放出來）來說是很糟糕的候選人。我同意愛潑斯坦（C. Epstein）的說法，「我們能找出一個方法去區分有害於我們的文化和家庭，甚至有害於我們自己的色情文藝與做爲感官娛樂或可容忍的庸俗的那些東西㊟。」然而，一旦區分做出來了，爲了打擊一種，允許另一種，一個民主社會能做些什麼呢？我對此不甚瞭然。「限制公衆捲入」的區域限制法令——這是由豪斯克內齊（M. Hausknecht）等提出的——似乎不可能行之有效。我也使用豪斯克內齊的例子說一句，一本平裝書並不比一個膠廠容易拆解。

　　易於爲人接受的色情文藝——現在正以利潤和自由的名義氾濫成災——所產生的全部後果不是在一兩代人的時限裡就會暴露無遺的。研究反文化的任務就是當這種後果不斷出現的時候增進我們對它們的瞭解。同時，我們的觀點在很大程度上被一些假設和情感支配著。我的態度非常接近於歐文‧豪（Irving Howe）之所言：

　　　「在我看來，色情文藝並不像引起精神上的沮喪那樣引起那麼嚴重的社會恐慌。如果說它能對社會或後代造成什麼損害的話，我不知道它究竟能有什麼損害。我不知道它是否

煽動強姦或誘人墮落。我不知道它是否威脅到家庭。但是，當我走過紐約市的第四十二大街並經過帶窺孔的下流場所時，注意到充滿赤裸裸的鏡頭的影視廳時，注意到下流的書店時，我發現自己變得非常沮喪。這是怎樣的人性啊！或者說，人性的一部分在二十世紀後期已經變成如此了嗎㊱？」

169

反文化的禮節與幽默 還有其他幾種陳述反文化價值觀的符號形式。簡單地提一下其中的兩種形式也許可以進一步說明反文化的逆反符號的多樣性。

禮節（courtesy）模式被賦予象徵意義，強化了各種規範，特別是身分的等級秩序。按照字典的解釋，禮節指「優雅的禮貌性。」在法語中，它的第一意義甚至更好。它指騎士精神；它就是理想，它就是道德。不過，它的第二意義是貶義的：它指冷漠的和程式化的禮貌——這正是那些把它看作用以掩飾糟糕的價值觀的方式的人所賦予這個詞的涵義。如果對一些人來說禮貌是社會機器的潤滑油的話，反文化的禮節就是被這些人——他們不喜歡這部機器通過自我映像（self-images）、社會互動和等級秩序之類的手段所造成的一切——扔進去的沙子。當用以捍衛主導價值觀和社會等級的控制系統還很強大時，它能強制人們採取恭敬得體的行為，哪怕它並不能成功地強制人們相信它所支持的價值觀和等級模式㊲。然而，當控制系統發生動搖時，當那些默默無聞的羣體開始看到更直接地在社會中確立它們的新價值觀的機會時，「普遍的禮節」就要被反禮節（counter-courtesy）所取代了。「優雅的風度」變成了倍受輕蔑的行為和價值觀的一個否定性象徵。

做為一種象徵的禮節，其力量清楚地表現在標準受到觸犯時在現存社會的成員中所引起的感情緊張之中。沒有什麼更明顯的標誌比公開的無禮更能說明一個人「正在墮落」。因此，再也找不到比它更好的標誌以表明一個人對逆反價值觀的忠誠了（同

時，也標誌著他的獨立性）。

　　早期的教友派（Quakers）拒絕行「脫帽禮」，正像一些美
國黑人近年來所做的，他們據此強調他們不願意接受這種象徵所
顯示的卑下的社會地位。「當上帝把我送到世界上時，他禁止我
向任何人——無論高貴或下賤——脫帽致意；並且，我受命對所
有的男人和女人說『你』而不是『您』，對闊人或窮人，對顯貴或庶
民，都不必恭恭敬敬㊳。」反抗的姿態和對平等價值觀的確認不
僅針對籠統的社會，它們還是「對幼從長、少從老、子從父的一
種否定㊴」——我們應該注意到，這一反文化的陳述並不限於當
代世界。

　　幽默（humor）可以用來確認價值觀，這是一種與禮節的顛
倒很不一樣的方式，後一種方式實施起來通常是很嚴肅的。大多
數衝突形勢都能產生幽默。幽默可以被用作一種控制手段，被用
作發洩，被用作對種族歧視的反抗，或被用作對關於普遍的二難
處境（dilemmas）的陳述。它也能被用來貶損一套標準，支持
另一套標準。

　　對角色或社會情境（social situations）的顛倒是幽默的基
礎，無論你是指喧鬧和善意的玩笑，還是指更具有象徵性的喜
劇。因此，一個人的幽默也許是另一個人的索然無味或討厭的廢
話——這是價值觀相抵觸的表現。

　　柏格森（Henri Bergson）把幽默和笑（它即使不是必然地
也是經常地伴隨著幽默）看作嚴峻、單調和機械的敵人。它們的
首要特徵是對通常的社會秩序的象徵性倒置。對柏格森來說，生
命在本質上是一種活潑潑的精力，它不是僅靠理智就能理解的。
矛盾的是，笑在許多方面是高度智慧性的；它要求一時的感情懸
置，愛或憐憫的懸置；它需要「某種像心的片刻的麻木一樣的東
西」——從而把一種過於機械的存在置於新的審視之下。一個議
員，在一樁可怕的謀殺在火車車廂內發生之後詢問家庭秘書，被

170

告知:「在殺死他的受害者之後,殺手肯定是從不正確的一面出火車的,從而違犯了火車公司的規定⑩。」

　　僵化的、機械的、程式化的反應是適當的攻擊對象,但是,柏格森在笑中發現的那種「改造我們的鄰居」的衝動,正像它針對標準的價值觀和行為方式一樣,也常常針對越軌行為。忽視笑既能暴露,也能禁止和改造,這是錯誤的。

　　佛洛依德也把笑看作對控制系統的攻擊⑪,不過,他所描述的攻擊更多地針對個體,而不是一種不受歡迎的文化:「虛榮是人的四個致命弱點之一。」我們坐下來是為了「促膝談心」。(for a "tête-à-tête")

　　正是在黑色幽默和大難臨頭的幽默中,在少數民族羣體的幽默中,我們發現主導價值觀遭到了最猛烈的諷刺,現行文化的怪毛病,愚蠢和殘忍都受到羞辱。各種攻擊都有,從嚴重的到輕微的,從「把你的血淋淋的內臟從我的刀子周圍弄開」,到建議一個黑人如何在紐約弄到一輛車——我相信這話出自坎布里奇(G. Cambridge):我站在那裡,臉上擺出最寬廣的微笑,取下我的太陽鏡,以免他們會認為我是一個有毒癮的人,並試圖顯示給他們知道我是一個白一點的黑人:我拿著一個公文包,我用它向他們打招呼,他們以為我是一個高級官員。

　　幽默可以表現與其他羣體的衝突,可以表現與一種壓制性的文化的衝突。它也可以做為一種強有力的社會控制在一個羣體內發揮作用,一方面,它有助於贏得更多的人一起來對付受反對的文化,但是,另一方面,它也通過使可悲可嘆的形勢變得輕緩一點和更可忍受而起一種避雷針的作用。它做為一種批判比做為反文化的替代性選擇的來源更有價值。其主要的反文化成效也許存在於它有助於一個相信它自己陷入了一種可悲的文化處境的羣體保持它所擁有的道德觀念,進而幫助它積聚反抗這一處境的力量。在最後的分析中,柏格森沒有發現它是一種強有力的社會力

量。笑就像波浪上的泡沫，「是浮在社會生活表面的輕微反抗……像泡沫，閃閃發光。它本身是輕快的。但是，那些收集一把去品嘗的哲學家會發現其質量是貧乏的，它回味起來是苦澀的⑫。」對於那些關心社會變遷的人來說，這一評價也許顯得調子太低。然而，這也許是一個必要的提示：主導價值觀和制度不是那麼容易就被取代的。

　　關於社會影響的問題涉及全部的符號反文化，並不只限於幽默。對於一些人來說，符號的倒置也許恰恰被用作一個偽裝，以使一個更保守的生活方式在心理上更易接受：你看，我們並沒有接受討厭的傳統的方式。只要反抗只是象徵性的，就存在它從兩面表現出來的可能性，從而可以用以處理那些捲入到反文化中的人所特有的矛盾心態。它對主導價值觀的衝擊可能較小。然而，在其他形勢下，符號反文化做為帶著嘲笑意味的反抗呼聲而使抗議永遠保持活力。

第七章註釋

①感謝巴布科克（B. Babcock）在《可逆的世界》（*The Reversible World*, 1978）p.13 中為我們提供了這一例子。

②見伯克（K. Burke）《做為符號活動的語言》（*Language as Symbolic Action*, 1968）。

③巴布科克，同註①，p.14。

172　④見巴蘭迪爾（G. Balandier）《政治人類學》（*Political Anthropology*, 1970）；博特（E. Bott）〈心理分析與儀式〉（"Psychoanalysis and Ceremony", 1972），載於拉封泰納（J. S. La Fontaine）主編《對儀式的解釋》（*The Interpretation of Ritual: Essays in Honor of A. I. Richards*, 1972）；布里克（V. Bricker）編〈文化內部的變異〉（"Intra-Culture Variation", 1975），載於《美國民族學家》（American Ethnologist, 1975）卷二，德沃斯（G. De Vos）和羅斯（L. R. Ross）編《民族認同》（*Ethnic Identity*, 1975）。

⑤見涂爾幹（E. Durkheim）和莫斯（M. Mauss）《原始人的分類》（*Primitive Classification*, 1963）。

⑥格盧克曼（M. Gluckman）《東南非洲的反叛儀式》（*Rituals of Rebellion in South-East Africa*, 1954），和《非洲部落社會的秩序和反叛》（*Order and Rebellion in Tribal Africa*, 1963）；特納（V. Turner）《儀式的過程：結構與反結構》（*The Ritual Process: Structure and Anti-Structure*, 1969），和《戲劇、場景和比喻》（*Dramas, Fields, and Metaphors*, 1974）；古迪（J. Goody）《死、所有權和祖先》（*Death, Property, and the Ancestors*, 1963）；諾伯克（E. Norbeck）〈非洲人的衝突儀式〉（"African Rituals of Conflict", 1963），載於《美國人類學家》六十五，1963 年；涂爾幹《宗教生活的基本形式》（*The Elementary Forms of the Religious Life*, 1965）pp.245～50；里格比（P. Rigby）〈苟苟人的一些齋戒儀式〉

("Some Gogo Rituals of 'Purification'", 1968)，見於利奇（E. R. Leach）主編《實踐宗教的辯證法》（*Dialectic in Practical Religion*, 1968）；貝德爾曼（T. O. Beidelman）〈史瓦濟人的皇家儀式〉（"Swazi Royal Ritual", 1966），載於《非洲》三十六。

⑦華萊士（A. Wallace）《宗教：一種人類學的觀點》（*An Anthropological View*, 1966）p.136。參見派森思（E. C. Parsons）和比爾斯（R. L. Beals）〈普厄布羅和梅歐－亞魁印第安人神聖的丑角〉（"The Sacred Clowns of the Pueblo and Mayo-Yaqui Indians", 1934），載於《美國人類學家》二十六。

⑧里格比，同註⑥

⑨格盧克曼，同註⑥，p.112。

⑩參見考克斯（H. Cox）《愚人節》（*The Feast of Fools*, 1970）；拉杜里（E. Ladurie）《羅馬人的狂歡節》（*Carnival in Romans*, 1979）；等。

⑪希爾（C. Hill）《天翻地覆的世界》（*The World Turned Upside Down*）pp.16～17。

⑫戴維士（N. Z. Davis）〈施行暴政的理由〉（"The Reasons of Misrule," 1971）pp.41～44，載於《過去與現在》五十。

⑬普魯厄斯（J. Pruess）〈光彩與失足：一個佛教聖地的「波」樹崇拜（"Merit and Misconduct: Venerating the Bo Tree at a Buddhist Shrine", 1979）p.263，載《美國民族學家》六。

⑭同上，p.270。

⑮同上，p.271。同時參見紀爾茨（C. Geertz）〈做為一個文化系統的宗教〉（"Religion as a Cultural System", 1966），載於班頓（M. Banton）主編《宗教研究的人類學方法》（*Anthropological Approaches to the Study of Religion*, 1966）。

⑯亞伯拉罕斯（R. Abrahams）和鮑曼（R. Bauman）〈節日行為的範圍〉（"Ranges of Festival Behavior", 1978）p.195，見於巴布科克（B. Babcock）主編《可逆的世界：藝術和社會中的象徵性倒置》（*The Re-*

versible World: Symbolic Inversion in Art and Society）。

⑰見貝特森（G. Bateson）《走向一種大腦生態學》（*Steps to an Ecology of Mind*, 1972）pp.177～193；紀爾茨（C. Geertz）〈關於巴厘人鬥雞的札記〉（"Deep Play: Notes on the Balinese Cockfight", 1972），載於 *Daedalus* 一百零一。

⑱特殊的環境使一種既定的規則成了『拒斥現存的社會秩序的槓桿支點』（*"a fulcrum for the rejection of established social arrangements"*）。小拉德（E. C. Ladd, Jr. 和利普賽特（S. M. Lipset）《分化的學術》（*The Divided Academy*, 1975）p.73。

⑲特利林（L. Trilling）《超越文化》（*Beyond Culture*, 1966）p.25。

⑳格盧克曼，同註⑥，1954 年。

㉑華萊士，同註⑦，p.135。

㉒格盧克曼，同註⑥，1963 年。

㉓見古德曼（F. D. Goodman）、亨尼（J. H. Henney）和普雷瑟爾（E. Pressel）合著《祭壇、治療和鬼魂附體》（*Trance Healing, and Hallucination*, 1974）p.4。

㉔辛普森（G. E. Simpson）《千里達島的『象苟』熱》（*The Shango Cult in Trinidad*, 1965）。

㉕特納，同註⑥，1974 年，p.264。

㉖特納，見巴布科克的《可逆的世界》p.281。

㉗轉引自戴維士，同註⑫，p.41。

㉘同上，p.68。

㉙巴布科克，同註①，p.23。

㉚埃林頓（F. Errington）〈新幾內亞人的貨物運動中關於秩序、時間和轉換的本土思想〉（"Indigenous Ideas of Order, Time, and Transition in a New Guinea Cargo Movement", 1974）p.256，載於《美國民族學家》之一。

㉛米德爾頓（J. Middleton），見尼達姆（R. Needham）主編《右與左》

173

（ *Right and Left*, 1973 ）p.372。

㉜本-耶胡達（ N. Ben-Yehuda ）〈歐洲十四至十七世紀的魔法熱〉（ "The European Witch Craze of the 14th to 17th Centuries: A Sociologist's Perspective", 1980 ）p.5，載於《美國社會學雜誌》八十六。

㉝巴布科克，同註①，p.p.95, 104。

㉞哈里迪（ M. A. K. Halliday ）〈反語言〉（ "Anti-Languages", 1976 ）p.570，載於《美國人類學家》七十八。

㉟哈蒙（ T. Harmon ），見薩爾加多（ G. Salgàdo ）主編《伊麗莎白時代的下層生活的社會學研究》（ *Cony-Catchers and Bawdy Baskets*, 1972 ）p.146。

㊱見科恩（ N. Cohn ）《追求千福年》（ *The Pursuit of the Millennium*, 1970 ）p.296。

㊲見考利（M. Cowley）《放逐者的回歸》（*Exile's Return*, 1943）pp.157～58。

㊳轉引自卡勒（ Kahler ）《藝術形式的分解》（ *The Disintegration of Form in the Arts*, 1970 ）p.473。

㊴拉博夫（W. Labov）《內城的語言》（*Language in the Inner City*, 1972）；史密瑟曼（G. Smitherman）的文章，見邁克爾斯（L. Michaels）和里克斯（C. Ricks）主編《語言的狀態》（*The State of the Language*, 1980）pp.158～68。

㊵哈里迪，同註㉞，p.575。

㊶拉博夫，同註㊴，p.324。可以參見科克曼（ T. Kochman ）〈黑人聚居區的『斥責』〉（ "Rapping in the Black Ghetto" ），見亨斯林（ J. Henslin ）主編《越軌的生活方式》（ *Deviant Life Styles*, 1977 ）pp.39～58。

㊷勒曼（ P. Lerman ）〈邦、網與次文化的離經叛道〉（ "Gangs, Networks, and Subcultural Delinquency", 1967 ），載於《美國社會學雜誌》七十三。

㊸見施瓦茨（ G. Schwartz ）和默滕（ D. Merten ）〈青春的語言：對青年文化的人類學研究〉（ "The Language of Adolescence", 1967 ），載於《美

國社會學雜誌》七十二。

㊹米德爾頓（T. Middleton）〈光的折射：Me, Myself 和 I〉（“Light Refractions: Me, Myself, and I”, 1978）p.56，載於《禮拜六評論》，1978 年 10 月 28 日。

㊺馬丁（D. Martin）《當代宗教的二難境地》（*The Dilemmas of Contemporary Religion*, 1978）p.68。

㊻亞當斯（R. Adams）《出言不善》（Bad Mouth, 1977）p.67。

㊼同上，p.73。

㊽梅勒（N. Mailer）《夜晚的隊伍》（*The Armies of the Night*, 1968）p.47。

174 ㊾馬克斯（L. Marx）〈美國作家對美國國教的不文明反應〉（“The Uncivil Response of American Writers to Civil Religion in America,” 1974）p.223，見里奇（R. E. Richey）和瓊斯（D. G. Jones）主編《美國國教》（*American Civil Religion*）。

㊿亞當斯，同註㊻，p.87。

(51)威爾遜（W. C. Wilson）和埃布爾森（H. I. Abelson）〈對色情材料的感受與態度〉（“Experience with and Attitudes Toward Explicit Sexual Materials”, 1973），載於《社會問題雜誌》二十九。

(52)轉引自萊文森（S. Levinson）《與新現實的對話》（*Conversations with the New Reality*, 1971）p.139。

(53)阿德勒（N. Adler）《潛流》（*The Underground Stream*, 1972）p.75。

(54)見美國猥褻與色情文藝調查團 1970 年的報告；豪斯克內齊（M. Hausknecht）等〈色情文藝問題〉（“The Problem of Pornography”, 1978），載於 *Dissent* 二十五。

(55)愛潑斯坦（C. Epstein），見豪斯克內齊等，同上，p.204。

(56)豪斯克內齊，同上。

(57)見多伊爾（B. Doyle）《南方種族關係的成規》（*The Etiquette of Race Relations in The South*, 1937）。

⑧出自福克斯（G. Fox's）《目記》（*Journal*），轉引自《美國社會學雜誌》七十八上鮑爾澤爾（E. D. Baltzell）的文章。

⑨希爾，同註⑪，p.189。

⑩柏格森（H. Bergson）〈大笑〉（"Laughter", 1956），見賽菲爾（W. Sypher）主編《喜劇》（*Comedy*, 1956）p.90。

⑪佛洛依德〈智慧以及它與無意識的關係〉（"Wit and Its Relation to the Unconscious", 1938）。

⑫柏格森，同註⑩，p.190。

第八章
處境不利者的反文化

175

　　人們常常驚訝地發現那些加入到反文化陣營的人往往來自特
權階層（privileged classes）。乍一想，人們都覺得那些處於社
會底層的人們也許更易於被吸引到這場反對現存制度並力圖取代
它的運動中來。然而，如果因為某種原因，人們所期待的滿足結
果突然變得索然無味，變得毫無意義，變成了一種「口中的灰
燼」，那麼，那些享有特權的、從社會得到諸多益處的人就會有
更強的反對情緒。特權階層的人們不會樂意於反對當權組織，也
不會因為他們的要求得不到滿足而反對他們享有的特權，他們更
可能的是把他們的敵意轉到反對文化：我們對月球寄寓很大的希
望，而我們一旦到達，卻發現它只是一塊不毛之地。

　　希望和追求往往比滿足感更容易激發起來。因為我在第三章
已經討論過相對剝削的原理，在此我只想提醒我們注意其中的一
個重要表現，那就是快樂相對論（hedonic relativism）。十個
玩具或成年人玩的其他什麼東西，不一定比一個帶來的樂趣更
多。我們很快就會調整我們感到滿足的程度，使之能夠跟上不斷
提高的生活水平。確實，在一些羣體中，關於一個人富裕到一定
的程度之後幾乎就沒有什麼慾望的信念不僅是人們容易滿足的原
因，而且是一種人們不思進取的麻醉劑。而在另一些羣體中，人
們關於人的慾望無止境的信念是他們試圖改變現狀的力量源泉，
是驅使他們追求更高的生活、更大的樂趣的「加速器」。

因此可以說，機會是無限的，它不斷地使人有所作為，而不是被社會責任、集體感以及因此產生的知識的刻意追求（並不是需要）束縛住手腳。這種無限的條件又誘發出強烈的反文化情緒。這種無限的條件又誘發出強烈的反文化情緒，使人們蔑視一些主導的價值觀，希望掙脫一個保守的社會裡阻止人們追求的桎梏而投身實踐。對另一些人來說，則產生另一種相反的反文化：暫時的快樂只是個假象，規矩（discipline）、奉獻、禮儀和清貧（poverty）才是通往幸福之路（只注重物質的社會才追求錯誤的理想）。

然而，最初的想法也是正確的，在某些情況下，那些社會最底層的人們（the disprivileged）試圖顛覆這個社會，使最底層的成為最高層的。然而，人們並不認為簡單的權力更換會帶來這個結果。一種需要犧牲和紀律約束的新的生活方式會隨之而來。沒有捷徑能使那些運氣很糟的人得到滿足。在西元一世紀和二世紀時，那些下層階級的人最可能信奉基督教。那些仍舊崇拜帝王的人和改變了信仰的人都把這看成是反文化。在印度，那些放棄印度教而改信佛教或基督教的人都來自下層社會。大多數黑人穆斯林教徒（現在的美國黑人穆斯林教會）就是從下層階級中吸收進來的，尤其在這場運動開始的幾年內更是如此。

由此看來，那些通常趨向於把反文化與中上層階級聯繫起來的人沒有看到反文化常常是從兩個方面對現存文化進行衝擊，這兩個方面分別強調不同的重點。一方面，有來自特權階層的反文化——他們說，這裡有值得我們尊重的價值觀，它們給我們一種意義感；另一方面，有來自無權階層的反文化——他們則說，這裡有我們可以取得的反文化，它們給我們一種權力感。

通常只有一小部分的底層階級是反文化的，即使在反對這個社會的鬥爭最尖銳的時候也是如此。例如，就拿近年來的美國來說吧，有一些人曾說，我們要進入美國，我們想做為個人被美國

接受，美國沒有按照它自己的價值觀運轉。另外一些人則說：我們要出去，我們想離開，美國的文化又差勁又殘酷。還有人則說，我們要翻身，要控制那些以往總是控制我們的；白人是罪惡的，他們的法律是一種恥辱。這三種以簡單的措辭列在這兒的陳述，都與越來越強烈的反文化趨勢聯繫在一起。

在第二章內，我指明了那些處於一個社會中但不屬於這個社會的羣體的反文化運動與那些是一體或可以成爲一體的人的反文化運動之間的區別。這句話中的變量是很難確定的。從政治和法律的意義說，南非黑人（black South Africans）生活在這個社會但並沒有成爲這個社會的一分子。那些在他們與有著歐洲背景的南非人之間發展起來的複雜的獨立模式，只產生出一些共同文化的因素。鑑於這兩個模式是相對獨立的，人們可以說，發生在南非的革命性的價值觀和行爲規範眞實地反映了社會之間的衝突；然而，在某種程度上說，它們是社會內部的，也是反文化的。尤伊斯（S. Uys）在他對於南非的「新黑人清敎徒」的研究中描述了「一種超乎尋常特徵的文化革命……描述了一種幾乎全是程式化的對統治集團在一個種族隔離地區的秩序——這是一種一直包含種族隔離的秩序——所進行的破壞①。」自我否定（self-denial）是這些新的清敎徒的支配性主題。女孩子應該停止使用化妝品，不能再戴假髮和穿便褲。聚會和舞會都沒有了，諸多違法的「酗酒髒窩」被摧毀了，那些地方往往是黑人藉酒澆愁時聲討種族隔離而事實上又一起喝醉了忘掉種族隔離的地方。這些地方的主人看作像是湯姆叔叔。年輕的激進分子認爲，大多數黑人、有色人及印第安人的首領，無論他們的個人觀點如何，他們的地位都歸因於種族隔離。這樣擺布他們的價值觀以及他們所處於其中的制度——包括被壓迫者所調和的和壓者所強迫的——都必須取而代之。

如果從最廣泛的意義上來說，南非的這些發展與美國的黑人

權力運動（the Black Power movement）的某些方面有些相
似。美國黑人完全參與一種共同的文化，他們的非洲傳統和他們
在美國的痛苦經歷所凝結的文化產物都為這種文化貢獻了很多東
西。他們的文化的變更，很適於反文化的概念。他們沉入了極度
的矛盾心態（ambivalence）（內在的衝突），同時也滿懷著憤
怒和敵意（外部的衝突）。

　　在討論一些美國黑人中的反文化趨勢之前，我想說明，前面
提到的有些少數民族的反文化是一種從兩面作戰的戰爭：他們反
抗和顛倒統治文化中的許多價值觀念，但同時也攻擊少數民族文
化本身，覺得它是退步的，或是遷就的。我注意到南非文化衝突
的特徵可以這樣描述。即使是十九世紀七〇年代和九〇年代流行
在平原印度安人部落中的「鬼舞」（the Ghost Dance）也具有
一些這樣的特點，儘管印第安人與「美國社會」相當隔膜。它的
主要思想在那些與白人交往過程中而分裂的部落裡很有誘惑力。
它完全是反對白人的：這種舞蹈可以使所有死去的印第安人復
活，而白人則將永遠地消失，印第安人將回到「一種原始的快樂
生活，永遠擺脫了死神、疾病和痛苦」②。統治集團和他們統治
下的價值觀念將會被顛覆。這種使生活徹底改觀的思想與一些對
於印第安人生活的批評混合在一起，尤其在這種舞蹈流行的後半
期：這種舞臺阻止了戰爭，一些傳播者強調印第安人需要彼此之
間及與白人之間和平共處、避免欺騙和偷竊、停止自相殘殺、屠
宰馬匹及其他一些野蠻的活動。總之，它旨在恢復一個強有力
的、完整的文化，一種儘管內戰後土地與牧牛更快喪失但仍活在
人們記憶中的文化。鬼舞是一種對波尼族人（the Pawnee）的
印第安文化的復興，是「蘇族人（the Sioux）希望的火焰」。
用萊塞（A. Lesser）的形象的話來說：

　　　「在文化衰朽沒落及逐漸暗淡的情況下，鬼舞的教導像
　　一道亮光投下。印第安人的風俗沒有消失，所謂恢復也就無

從説起。印第安人的風俗正在重現……。跳吧，跳吧，跳
吧。白人將會被一陣強風摧毀。印第安人將會與他們的牛、
先人、老朋友及舊仇人一起留下。拋開白人的風俗就像拋棄
一件外衣，重新穿上印第安人的服裝，準備著迎接新的一天
同時也是古老的時代的到來③。」

在那些比平原印第安人遭受了白人社會更殘酷的、更長時間
的侵略的印第安人中，他們的文化運動的目的不是十分注重復興
固有文化，而是更注重解決文化中的衝突及由於雙重「國籍」而
造成的個人選擇的困難。我不想把這些運動與俊湖（Handsome
Lake）對於易洛魁人（the Iroquois）、摩根教（Peyotism）和
震蕩教（Shakerism）的偉大啟示相提並論④，但是，我要說，
它們都發展了既與主導社會的價值觀相矛盾，也與土著文化的價
值觀相矛盾的主題。它們在沃格特（F. Voget）所謂的「改革性
的土著保護主義」的過程中既是雙重的反文化的，同時也是雙重
認同的⑤。

美國黑人中的反文化

179

美國黑人在宗教、政治、文學和其他方面產生了諸多不同主
題的反文化。在大多數例子中，文化的、次文化的和反文化的因
素混雜在一起，很難分出反文化來。如果我們努力去理解種族隔
離的深刻影響，理解黑人對糟糕的「白人」文化的驚愕，理解他
們對美國社會愛恨交織的矛盾心態，那麼，我們考察美國黑人的
反文化以及產生它們的環境就是絕對必要的了。

美國黑人中一些最直接的反文化的主題是用宗教術語——神
學的、教義的和組織的——表達的。如果正如我曾論證的那樣，
當一些基本的價值觀失去人們的信任之後，反文化就蓬勃發展的

話，那麼，新宗教運動的興起，並協同其他方面的努力以建立新
價值觀的趨勢，就是毫不奇怪的了。在這種情況之下，向流行思
想挑戰的反文化的神學就可能得到長足的發展。當然，受影響的
不只是少數民族。那些猛烈攪亂生活的危機，總是伴隨著一種旨
在把那些新經驗導入一個系統的宗教解釋框架的宗教思想體系。
「在少數民族成員中，神學經常把地位的不利解釋成上帝賜予恩
惠的獨特標誌，羣體特殊使命的獨特標誌以及基於其特殊經驗的
獨到見解的獨特標誌⑥。」此神學開闢了兩條道路：用一種綜合
的形式來說，這一受迫害的階層被看作挑選出來的、給整個人類
帶來啓示的「痛苦的奴僕」。然而，做為受到不公平待遇的階
層，他們可能從他們在宗教上的代言人那裡聽到，大多數人所信
仰的基本觀念是錯誤的，是對眞理的顚倒；並且，他們注定要在
一場聖戰中大獲全勝。

　　「黑人神學（Black Theology）從它自身來看是革命
的」，科恩（J. Cone）這麼認為。它「證實了被壓迫者的敎會
一定是黑人的敎會，一個完全向所有與黑人處境相同的被壓迫者
認同的組織。不可能是白人敎會，因為白人的現實就是他們自己
試圖通過欺騙人們接受錯誤的種族意識而毀滅人性。基督教必須
是黑人的⑦。」或者，用小克利奇（A. Cleage, Jr.）的話說，當
耶穌再步行一英里時，「他的意思是只和你的弟兄一塊走⑧。」
180　「我們必須停止崇拜那個伶俐的白人嬰兒，而認識到成熟的黑人
革命者就是基督⑨。」

　　這些想法是從二十世紀六〇年代後期自由的神學圈子裡反射
出來的，其中有白人也有黑人。但是其中大多數都發現他們志趣
相投，而且與其說他們更多地捲入了宗教的反抗，不如說他們更
多的是世俗的反抗。許多比較有影響的宗教觀念上的倒置都發生
在下層階級的人中。也許黑人穆斯林、伊斯蘭民族最好地說明了
一些少數民族成員用宗教來解釋一些反文化規範的方法。

黑人穆斯林（the Black Muslims）雖然在二十世紀三〇年代就成立了，但是，直到五〇年代才引起了公衆注意。到那時候他們已經開始贏得一些勉強的尊敬，因為他們成功地改變了罪犯，並且堅持標誌著他們的個人和商業行為的嚴格的禁慾主義，一種要求在一切習慣活動中有明顯變化的禁欲主義⑩。同時，他們被認爲是一個尋求「黑人霸權」的暴力組織而引起人們的恐懼。雖然沒有對肉體施用暴力的證據，但是他們的辯論術是粗暴的。無論他們什麼時候提及白人，他們總是以憎恨來取代愛和聯合。《時代》（*Time*）雜誌用一種無意的諷刺來提及表達「冷酷的黑人的憎恨⑪」的伊利亞·穆罕默德(Elijah Muhammad)。他們所談的是一個分開的民族，而不是一個一體化的或多元的民族。基督敎是罪惡的，一切科學都起源於幾千年前二十四個黑人科學家的發現。黑人（而不是白人）是優秀的、正確的、強大的──或者他們由於能跟隨教義的誓約而成爲此類人。

因爲基督敎標誌著「白人的宗敎」，對它進行顛覆活動既是一種攻擊行爲，同時也是價值觀的急遽變化。「成爲穆斯林的眞正信奉者終於擺脫了舊的自我，換上新的個性。他改變了姓名、宗敎、祖國、母語、道德的和文化的價值觀，以及生活的目的。他不再是個黑奴，由於被白人輕視而導致他們幾乎自輕自賤，現在他是黑人──非凡的、宇宙的統治者，只是在程度上與眞主本身不同而已⑫。」

黑人穆斯林在他們成立以來的幾乎半個世紀裡有著決定性的變化，這一事實反映在他們的名稱的變化上，首先是伊斯蘭民族（Nation of Islam），然後是西方眞主─伊斯蘭世界組織（World Community of AL-Islam），現在是美國伊斯蘭敎會（American Muslim Mission）。兩個主要派別强調了大多數宗敎羣體代代相傳的張力。當馬爾科姆十世（Malcolm X）於一九六四年從麥加旅行歸來時，他開始呼籲：採取較爲溫和的活動方

181　式，反對種族融合不要過於激烈，聯合那些為改善美國黑人的社會地位而努力的團體，並且取消「憎恨白人」的主題。早在一年前他就被伊利亞・穆罕默德趕下臺來，不是因為這些觀點——他在動身去麥加（Mecca）朝聖之前曾倡導需要尖銳反抗甚至暴力——而是唯恐他成為這場運動的領袖。一九六五年，他被一個來歷不明的殺手謀殺，從而導致他是否在思想上向這場運動的領袖挑戰的問題成為疑案。

　　第二派別是隨著華萊士・穆罕默德（Wallace Muhammad）繼他父親伊利亞・穆罕默德一九七五年去世之後成為「伊斯蘭民族」的最高主宰而出現的。嚴厲的反白人氣氛早就開始緩慢地改變，部分原因在於持續的甚至增長的馬爾科姆十世的影響——他死後的影響甚至比生前還大。現在它正在逐步的變動，就像其他的教義和實踐一樣。華萊士・穆罕默德把它的名稱改作西方真主—伊斯蘭世界組織，用以區別那些大多由黑人自由主義者組成的「伊斯蘭民族」。他解散了伊斯蘭團體的準軍事組織，賣掉了許多商號及農場，使服裝和行為準則趨於自由化，取消了關於「藍眼睛」是世上一切痛苦的淵藪這一教義，甚至還把這一派向白人開放。當六○年代的經濟與政治的發展變得不景氣的時候，反對這些改變的情緒直線上升。路易斯・法拉坎（Louis Farrakhan）——哈萊姆清真寺（the Harlem mosque）長期的領袖，一九七九年到芝加哥——是最主要的反對者。他堅持認為分離的政策應該重新生效，白人們的懺悔一直就少得可憐，很多懺悔正在消失，原因在於錯誤地向種族融合歸順。

　　寫到這裡，我們還不能說這種主導趨勢是否會在美國穆斯林教會中延續或者分離主義者及更具有反文化意味的主題是否會成為時尚。這主要取決於社會的大趨勢。經濟衰退，黑人的高失業率，黑人社會的高犯罪率以及沒有取得有效措施來減少這些現象的感覺都使得反文化的主題更具有說服力。

幾乎毫無疑問，在開始的幾十年中，許多統治社會的價值觀和規範被顛倒了。依我看，黑人穆斯林有很深的矛盾心態也是毫無疑問的。表面上他們好像很痛快地反對白人並反對佔統治地位的文化，但在一個較深的層次裡，他們也一直在攻擊自己缺乏自尊心。正如基爾（C. Keil）所認為的，「穆斯林的綱領建立在完全嚴厲和嚴謹地否定對黑奴下層階級的偏見的基礎上⑬。」在《白人傾聽》（*White Man Listen*）一書中，萊特（R. Wright）指出，這種愛恨交織的矛盾心態是從下向上看的體驗的一部分。

182

雖然這一反抗的甚至在某種程度上分裂的主題得到了美國黑人的廣泛支持，但是黑人穆斯林在反對種族歧視的過程中並不是最具有代表性的。除非人們認為向白人統治挑戰的事實是反文化的，那麼，在民權運動（the civil rights movement）中大多數宗教的及許多世俗的派別都向美國信念發出呼籲：要求它切實得到應用和更新，而不是對它進行倒置。不過，在民權運動中爭取黑人權利的支派表現出反文化的因素，無論如何這點是應該提及的。也許，最有影響的關於黑人權力的形勢的陳述是由卡邁克爾（S. Carmichael）和漢密爾頓（C. Hamilton）提出的。他們不僅反對美國社會中權力及報酬的分配，而且反對佔主導地位的中產階級的價值觀：

> 「黑人的目標不是使自己與美國中產階級相似，因為這個階級——做為一個整體——沒有一種認識人性的良知。中產階級的價值觀允許黑人的報復永存。這個階級的價值觀建立在物質上的擴張，而不是人性的擴展。這個階級的價值觀最終支持那些關在修道院內的閉塞的像樹木成行且整潔得像郊區一樣的社會。這個階段的價值觀並不導致人們去創造一個開放的社會⑭。」

卡爾邁克和漢密爾頓的陳述中關於黑人權力的看法——為黑

人的獨立與隔離及譴責白人的佔統治地位的價值觀——相對來說是溫和的。衝突被強調，非法行動及暴力的可能性被承認，但是，他們關於「拒絕種族主義制度和這個社會的價值觀」的號召得到了論證。儘管從上述引文中可以看到他們攻擊了價值觀，但是，他們主要關心的是公正——是美國在達到下述需要上的失敗：它應該實行它的價值觀並在下層階級「進入開放的社會」之前廢除等級制度。因此反文化交織著社會批評。

在黑豹黨人（the Black Panthers）的文章及運動中也能發現這種交織，即使是在一九六八至一九七〇年這一他們最猛烈地反對種族歧視的時期也是如此。儘管他們的言辭很嚴厲，而且為暴力辯護，法庭判決驗證警察的行動，而公眾的感覺極大地誇大了實際的暴力運用⑮。他們對工作、教育及中止警察對黑人的野蠻行為等方面的要求決不是反文化的。然而，對美國制度的攻擊，以及對游擊戰及革命的要求——為了實現價值觀的根本變革——才真正涉及到劇烈的倒置⑯。

黑人權利運動還強調對佔主導地位的白人社會觀察問題的視角（perspectives）進行倒置，這方面的表現可以從文學中看到。一些文學作品發展了我們已經提到過的黑人民族主義或黑人革命（black nationalism or revolution）的主題。做為多產作家之一的貝拉克（A. Baraka）——瓊斯（L. Jones）——從一位不從流俗的奇裝異服者（beatnik）〔他曾把他早期的詩作獻給金斯伯格（A. Ginsberg）及其他一些先鋒派（avant-garde）的白人作家〕轉變為一個憤怒的、粗暴的黑人民族主義者（在 20 世紀 60 年代中期，他譴責白人自由主義分子及白人與黑人聯合為實現人權所做的努力），進而向馬克思主義發展〔例如，他從以前所支持的卡倫加（M. Karenga）的黑人民族主義中退出〕。儘管這些變化涉及攻擊點的巨大轉變，但是，它們在對主導文化始終不懈的反對這一點上是一致的⑰。

183

　　大約在一九五〇年之前，大多數黑人作家的作品主要表現爲取得公正和認同而與殘酷的、充滿壓迫的現實展開的鬥爭，這是一個被萊特（R. Wright）的《土著之子》（*Native Son*）很好地寫過的主題。然而，在黑人權力的背景中，以及在經濟和政治反抗活動的背景中，其他的一些主題出現了：黑色是美麗的，黑人是有力量的，黑人具有白人害怕黑人具有的性的力量（the sexual force）⑱。布朗（C. Brown）批評了萊特，因爲他沒有使《土著之子》中的主人翁──Bigger Thomas──這一個強有力的人性感一點。布朗自己的《尼格先生的生活和愛情》（*The Life and Loves of Mr. Jiveass Nigger*）中的主人翁喬治・華盛頓（George Washington）就沒有此類的弱點。他所要幹的勾當就是研究他遇到的每個人，尤其是白人婦女。正如迪克斯坦（M. Dickstein）所批評的，布朗自己所幹的勾當都可以寫成一部色情小說來騙一騙讀者和出版商了⑲。克利弗（E. Cleaver）和赫恩頓（C. Hernton）也間接地用相反的方法批評了萊特。他們賦予 Bigger Thomas 色情意義，使他成爲「一個走動的男性生殖器」⑳。一方面是對黑人的力量、狂熱及性慾的描寫，另一方面是對白人在這些方面的弱點進行描寫。兩種描寫通常都比較接近於諷刺（實際上也落入了諷刺）：對他們在文學和社會批評中所受的傷害進行諷刺。（當然，白人作家當然很少能夠比較高明地避開對黑人的諷刺。）極度的誇張經常涉及不確定性和矛盾心態。在一些黑人作家的著作中象徵化了的反社會可以釋放憤怒、減少自我懷疑、鼓勵自尊，甚至讓白人對現行種族關係的不人道警覺起來（同時更多地認識到他們對黑人的偏見），但是對基本狀態的改變無能爲力。讓我們探討一下我們潛在的矛盾心態，看看什麼新的但並不必然是唱反調的價值觀和行爲可以創造性地降低羣體關係與個人關係的嚴峻程度。

184

「貧困文化」：
傳統的生活方式或反文化

「不幸的人啊，你們衣不蔽體，

在哪裡都得忍受風暴無情的襲擊。

你們上無片瓦且腹中空空，

連衣服也是千瘡百孔。

你們又如何抵擋得了這樣的天氣？」

——李爾王對弄人所說的臺詞

莎士比亞《李爾王》第三幕第四場

到底如何？窮人如何抵擋如此惡劣的季節（其意思是說所有季節）？他們與權力的分配做鬥爭嗎？他們躲在共同價值觀的偽裝之下尋求主導文化本身對他們的保護呢，還是創造新價值觀（或許也就是顛倒既定的秩序以確信：新的將是第一的，或可能的將是美好的）呢？我相信，所有的這些都發生在錯綜複雜的關係中。在此我們所關心的是怎樣評論一些條件——窮人對他們無權的環境做出反應時產生反文化價值觀的條件。

後面有一章談到美國黑人的宗教反文化的幾段，主要是種族誌式的描述。現在我想對一系列相關的問題做更富於分析性的考察，力圖界定處境不利者（the disadvantaged）的反文化得以發展的系統原因。注意的焦點將集中於做為原因系統中的一個基本因素的貧困。至少對一代人來說，已經存在大量著作考察社會各階級在文化及行為上相區別的範圍和方式㉑。儘管各種觀點極為不同，但是幾乎所有寫這個題目的人都強調最底層的人的確與一般的人有不同的生活模式。一些人比較同情地對此差別做出解釋，另一些人則不然。在一系列論著中，劉易斯（O. Lewis）描

述了一種「貧困文化」（"culture of poverty"）──他相信，它
應該被當作一種受到尊重的生活方式來考察，至少也應該以人類
學的客觀態度來看待它㉒。另一方面，霍弗（E. Hoffer）在提到
美國黑人時說道，他們「好像缺乏建立或創造一種給人留下印象
的東西的毅力和進取精神。……他們期待白人養活他們，給他們
房子、管教和教育他們的孩子，為他們提供供他們搶劫的商店、
充足的酒和電視機㉓。」這個觀點不是經常被唐突地說出來，但
是許多中上層美國人都有與霍弗類似的觀點，他們用語言和行動
表明他們憎惡那些「社會福利的騙取者」，憎惡胸無大志、目光
短淺、貪得無厭以及準合法或非法的經營，他們把這些看作是下
層階層（the lower class）價值觀的特性㉔。人們可以用與此幾
乎完全相同的話來描述六〇年代嬉皮──十九世紀新移民或英國
伊麗莎白時期捕兔者們（the cony catchers）的後代──的流行
觀點。

　　無論大家的道德感如何，我們都需要按我們的目的問：在哪
種程度上說文化的差異象徵不同階級之間行為上的不同，在哪種
程度上文化的這些方面表現於下層階層對主導的價值觀和行為規
範的倒置？結構主義者將鑿鑿有據地爭辯說，貧困及與之相關的
行為主要是種族歧視的產物，是教育和工作機會不充足的產物，
是個人及家庭危機時期收入得不到保證的產物，是一個等級森嚴
的社會裡的不平等所帶來的產物。從任何大的方面來說，它們都
不是文化差異的標誌㉕。然而，那些在「貧困文化」這一意義上
來思考的人認為，一種傳統的生活方式造成並加劇貧困階層的貧
困。劉易斯用這個概念明確地描述了「一種西方社會中有它自己
的結構和理論基礎的次文化，一種以家族為線索一代傳一代的生
活方式。貧困文化不僅僅是一種涉及被剝奪（deprivation）或無
組織（disorganization）的東西，也不僅僅是一個表明缺乏什麼
東西的術語。它是一種傳統的人類學意義上的文化，在這種意義

185

上，它爲人類提供生活規劃，提供現成的一套解決人類問題的辦法，這樣，它就起到了一種重要的適應功能㉖。」把這些不同的解釋放到一塊，人們就得到了一種多層次或多學科的解釋：「很低的機遇導致了與貧困相適應的價值觀，進而這些價值觀妨礙人們認識或追求適當的機會㉗。」

機會的缺乏或向某種傳統的次文化——它鼓勵應付而不是鼓勵進取——看齊的社會化都不是對貧困的充分解釋。這兩個方面必須結合起來。而且，其規範的組成往往包含著和社會主流相衝突的價值觀。這不能簡單地把它歸入「一種特色鮮明的傳統——它有幾個世紀的歷史，有它自己的完整性」——這是米勒（W. Miller）對「下層階級的文化」所做的評論㉘。在機會一直很少且遙遙在望的富裕又很誘人的情況下，這種傳統被建立了，被擴展了，並且，在迫切需要維持和保護人們的自我價值感的情況之下，又被以某些方式顚倒了。羅德曼（H. Rodman）所謂的「價值延伸」（a "value stretch"）㉙的結果是產生這樣一種規範系統，它是主導社會的價值觀與一些出自一種傳統的貧困次文化的因素以及新的文化適應相結合的產物。

馬爾科姆十世不無誇張地認爲，哈雷區（紐約黑人居住區）的每一個人都需要爲生存而努力，也需要適當的逃避方法來忘掉他們爲生存需要所做的努力。在他的《自傳》裡，他沒有把這些解釋爲規範性的。它們是痛苦的適應。與此相同，瓦倫丁（B. Valentine）在《坑蒙拐騙和其他重活：市內民族聚居區的生活方式》中強調，在她研究的羣體中，大部分由家裡撫養的人對領救濟金、非法經營、偷竊持否定態度，許多人是遵守主導社會的規範的，例如，他們沒有用其他的規範來解釋他們的行爲，他們把自己與家庭義務相聯繫。利博（E. Liebow）也懷疑活動在街角的那些人的違犯規範的行爲的承續性是文化傳承的結果。這種承續性實際上來自「這一事實：兒子走出家門，在同樣的地方，因爲

186

同樣的原因，獨自經歷了其父親曾經經歷過的同樣的失敗㉚。」

毫無疑問，機會的結構——這類研究中基本的解釋性變量——是那些身處貧困的人如何行動的一個主要因素。杜斯妥也夫斯基（F. Dostoevsky）在他的小說《可憐人》（*Poor Folk*）中明確地表達了這一點。他清楚地描寫了貧困生活和富裕生活的對比。當馬卡收到了一份一百盧布的禮物時，他的妻子的行為、自我形象和別人對他的態度都起了急劇的變化。他一直不曾按一種貧困文化（culture of poverty）生活，卻在按一種受到貧困威脅的生活方式生活。

儘管從結構而言的觀點來看，它是有說服力的，但我發現它是不完全的。它是一場抗議「把貧困的責任推到受害者身上」的運動的一部分，一場從道義上、從分析上我都支持的運動。一味簡單地把責任推給「社會」是不會有許多收穫的。當我們能使自己擺脫稱讚和責備這兩個詞時，我們就能較好地研究各種複雜體系的相互作用。在一個顯然很富裕的社會中，長期的貧困並不完全被認為天經地義（如果在一個幾乎每個人都貧困的社會中很窮的話，那是另一種不同的體驗）。不滿和抵制總是存在。一些表示抗議的手段比另外一些更有作用，它們做為受到影響的羣體的生活方式的一部分而出現。但這並不意謂著這種抗議卓有成效；它們也許並沒有很大程度地減輕貧困，但是，它們允許人們倖存下來。他們提供了一系列標準，這樣，人們就能夠有理由希望獲得並保護自己本人。如果「這個人」不給我一個工作，我就謀劃一個不正當途徑，一個反工作（antijob）的程序，一種對工作責任的否認，一個陰謀，一個最輕而易舉獲得收入的來源。我將圍繞追求刺激來安排我的生活——採取任何被守舊的人所忌諱的行為——這樣顯示了我對主導價值觀的蔑視㉛。

我想再次強調，一種反文化並不是一種孤立的文化。它是從與主導的傳統相衝突時發展而成的。那些擁有它的人本來已經被

187

主導的傳統社會化了，而且，當他們顛倒他們已經接受的這種規範時，他們陷入了矛盾心態。對現存價值觀的反對強度在許多例子中可以通過淡化這些價值觀的吸引力（同時，它們被看作令人反感的或不可得的）的需要來予以解釋。羅德曼和利博沒有用反文化這個術語，但是他們的價值延伸和文化影子體系（shadow system of culture）等概念似乎與反文化概念很一致，尤其是當它們被應用到那些地位極端低下的人身上時更是如此。利博把影子體系描述成「通過反覆失敗這面稜鏡所看到的一個大社會的文化模式」③，它是一個比較薄弱的、分量比較輕的體系，它與主導文化不可避免地聯繫在一起，但是，又是對主導文化的極大顛倒——這種顛倒體現在那些認爲主導文化不公正、不可企及的人所遵循的規範裡。對影子體系的適應也可能被那些正在經歷重大變化的特權階級的人接受。因而，窮人和下層人的反文化可能做爲文化範例或文化「變異」（cultural "mutations"）起作用③。

羅勒（J. Rohrer）和埃德蒙森（M. Edmonson）描述了在新奧爾良下層社會黑人團伙（the gang）中的「男性文化」。從它對這幫黑人本來的規範系統的反對上來看，從它對許多主導價值觀的顛倒來看，從他們擁有矛盾的價值觀時的矛盾心態來看，它都顯得非常接近反文化模式。參與這幫人可以看作是一種入會儀式——年輕人試圖通過它逃離這個（就他們看來）由女人、由不可行卻又具有強制性的機構統治的世界。自由成爲最主要的價值觀。婦女受到傷害。職業上和教育上的成就，宗敎，對許多團體的責任（對這一幫黑人的責任除外）都被嗤之以鼻。「你被這個幫接受，你就獲得了幾乎是唯一的完全保障，但這種接受是有條件的，你必須不斷得到讚賞，你受到讚賞的依據只能是身體的侵略性、性能力的不斷展示、以及象徵性地做一個女人氣的男人不會幹的那些非法勾當③。」向黑人團伙的標準認同被肉體的暴力強化著，被秘密的規矩強化著，被 "playing the dozens"——

字面上的意思是探索和開發一個人的感覺極限——强化著。

這不是一種次文化，一種表示自出生到進入亞社會的正常的社會化的次文化，而是一種反文化——它是男孩子和年輕男人在與大社會和他們做為其中一部分的亞社會的激烈衝突中發展而來的。對白人世界以及對穩定的黑人社區中他們所擁有的「地位」等的根本否定，反映了受到嚴重限制的機會和種族隔離文化對社會最底層的人們的衝擊。在另一個時間和地點，高漲的機會和更高漲的抱負可以導致一種更富於文化性而不是反文化性的反抗：我要進入。還有一種背景，那些被希望支撐著的窮人，即使他們世俗的抱負是樸實的，無論他們是哪個種族，都可能信奉一種基要主義的（fundamentalist）宗教及強調一種禁慾主義的生活。他們用宗教地位代替社會地位——用波普（L. Pope）的話來說——並且譴責富人的生活方式。

在我看來，貧困這一事實首先是機會體系的一個結果。那些在富裕社會中處於貧困狀態的人的價值體系在不同背景中以不同比例結合進了主導文化的一些因素，一種相當傳統的貧困次文化——一種劉易斯很好地描述過的從父母傳到孩子的適應方式——的一些因素，一種價值顛倒的反文化——它表現了對剝削的憎恨，代表了對一個被認為不公正、不值得支持的體系的適應——的一些因素。

在控制論的過程中，由剝奪所引起的這些文化後果有時候反饋到產生這些後果的體系中，加強了它們自身原因的作用。這導致了一些觀察者把貧困主要歸因於與衆不同的反文化和表達它的個人信仰和行為㉟。這是一個很牽強的解釋。批評或者試圖改變這一「結果變成了第二個原因」的論斷是沒有多大用處的，如果主要原因還是不變的話。那些不准走近水邊的人會發現學游泳很難。機會是首要的必備條件。

第八章　註釋

189　①尤伊斯（S. Uys）〈南非的新黑人清教徒〉（ "South Africa's New Black Puritans", 1976) p.702，載於 *New Statesman* 九十二。

②穆尼（J. Mooney）《鬼舞教與 1890 年的蘇族印第安人暴亂》（ *The Ghost-Dance Religion and The Sioux Outbreak of 1890*, 1965 ）。

③萊塞（A. Lesser）〈鬼舞教的文化意義〉（ "Cultural Significance of the Ghost Dance", 1933 ），載於《美國人類學家》三十五。此外還可參見拉巴爾（W. LaBarre）《鬼舞教》（ *The Ghost Dance*, 1972 ）；等。

④見華萊士（A. Wallace）《塞爾加的死與再生》（ *The Death and Rebirth of the Seneca*, 1970 ）；斯洛特金（J. S. Slotkin）《摩根教》（ *The Peyote Religion*, 1956 ）；阿伯利（D. Aberle）《拿佛和印第安人的摩根教》（ *The Peyote Religion Among the Navaho*, 1966 ）；巴尼特（H. Barnett）《印第安人的震蕩教》（ *Indian Shakers*, 1957 ）。

⑤沃格特（F. Voget）〈轉變中的美國印第安人：改革與調適〉（ "The American Indian in Transition: Reformation and Accommodation", 1956 ），載於《美國人類學家》五十八。

⑥辛普遜（G. E. Simpson）和英格（J. M. Yinger）《種族和文化上的少數民族》（ *Racial and Cultural Minorities*, 1972) p.524。

⑦科恩（J. Cone）〈黑人意識與黑人的宗教：一種歷史的和神學的解釋〉（ "Black Consciousness and the Black Church: A Historical-Theological Interpretation", 1970) p.53。

⑧小克利奇（A. B. Cleage Jr.）《黑人的彌賽亞》（ *Black Messiah*, 1968 ）。

⑨小克利奇，轉引自《紐約時報》（ *The New York Times* ）1970 年 11 月 9 日，p.30。

⑩泰勒（L. Tyler）〈黑人穆斯林的新教倫理〉（ "The Protestant Ethic

Among the Black Muslims", 1966），載於《種族》二十七。

⑪《時代》（ *Time* ），1959 年 8 月 10 日，p.25。

⑫林肯（C. E. Lincoln）《美國的黑人穆斯林》（ *The Black Muslims in America*, 1961 ）pp.108～9。也可參見埃辛-尤多姆（Essien-Udom）《黑人民族主義》（ *Black Nationalism*, 1962 ）。

⑬基爾（C. Keil）《都市的布魯斯》（ *Urban Blues*, 1966 ），p.185；也參見埃辛-尤多姆，同上，p.337。

⑭卡邁克爾（S. Carmichael）和漢密爾頓（C. Hamilton）《黑人權力》（ *Black Power*, 1967 ）p.40。

⑮《紐約時報》，1971 年 3 月 2 日和 14 日，p.1, p.20。

⑯代表性的著作有：克利佛（E. Cleaver）《冰上的靈魂》（ *Soul on Ice*, 1968 ）；西爾（B. Seale）《抓住時機》（ *Seize the Time*, 1970 ）；梅耶（A. Meier）等主編的《二十世紀黑人的反抗思想》（ *Black Protest Thought in the Twentieth Century*, 1971 ）中牛頓（H. Newton）的文章。

⑰有兩部集子部分地代表了巴拉克(A. Baraka)作品的範圍：《埃米利·巴拉克詩選》(*Selected Poetry of Amiri Baraka*, 1979a)；《埃米利·巴拉克劇本及散文選》(*Selected Plays and Prose of Amiri Baraka*, 1979b)。

⑱辛普遜和英格，同註⑥，pp.615～626。

⑲迪克斯坦（M. Dickstein）《伊甸園之門》（ *Gates of Eden*, 1977 ）p.179。

⑳克利弗（Cleaver），同註⑯，pp.97～111；赫恩頓（C. Hernton）〈羔羊的血〉（ "Blood of the Lamb", 1970 ），載於 *Amistad* 之一。也可參見迪克斯坦，同註⑲，第 6 章。

㉑參見克勞斯（I. Krauss）《等級、階級和衝突》（ *Stratification, Class and Conflict*, 1976 ）pp.105～90；休伊特（J. Hewitt）《社會等級與越軌行為》（ *Social Stratification and Deviant Behavior*, 1970 ）；羅勒（J. Rohrer）等《第八代》（ *The Eighth Generation*, 1960 ）。

190

㉒劉易斯（O. Lewis）《Sanchez 的孩子們》（ *The Children of Sanchez,* 1961 ）；〈貧困文化〉（ "The Culture of Poverty", 1966 ），載於《科學的 美國人》二百一十五；《五個家庭：對處於貧困文化中的墨西哥人的個案 研究》（ *Five Families: Mexican Case Studies in the Culture of Poverty,* 1959 ）；等。

㉓檀香山《星報》（ *Star-Bulletin* ）1968 年 9 月 16 日，p.A～22。

㉔參見英格和卡特勒（S. J. Cutler）主編的《主要社會問題》（ *Major Social Issues*》中威倫斯基（H. Wilensky）、休伯（J. Huber）、沃茨（H. Watts）等人撰寫的各章。

㉕見西爾弗曼（S. Silverman）〈義大利的農業組織、社會結構和價值觀〉（ "Agricultural Organization, Social Structure, and Values in Italy: Amoral Familism Reconsided", 1968 ），載於《美國人類學家》七十， pp.1～20。

㉖劉易斯，同註㉒，1966 年，p.19。關於貧困文化的概念，存在一系列不 同的觀點。可以參看埃布爾（T. Abell）和萊昂（L. Lyon）〈對美國貧 困文化的經驗性評估〉（ "An Empirical Evaluation of the Culture of Poverty in the United States", 1979 ），載於《美國民族學家》之六；帕 克（S. Parker）等〈貧困文化：調節之維〉（ "The Culture of Poverty: An Adjustive Dimension", 1970 ）；瓦倫丁（C. Valentine）《文化與貧 困》（ *Culture and Poverty,* 1968 ）。

㉗辛普遜和英格，同註⑥，p.176。

㉘米勒（W. B. Miller）〈做為團伙犯罪的推動性背景的下層階級文化〉（ "Lower Class Culture as a Generating Milieu of Gang Delinquency", 1958 ），載於《社會問題雜誌》十四，p.18。

㉙羅德曼（H. Rodman）〈下層階級的價值延伸〉（ "The Lower-Class Value Stretch", 1963 ），載於《社會力量》。

㉚利博（E. Liebow）《街角黑人研究》（ *A Study of Negro Streetcorner Men,* 1967 ）p.223。

㉛法恩斯通（H. Finestone）〈貓、刺激以及顏色〉（"Cats, Kicks and Color", 1957），載於《社會問題》五。

㉜利博，同註㉚，p.221。

㉝小澤克（L. A. Zurcher, Jr）〈窮人與新觀念：文化先導的一些表現〉（"The Poor and the Hip: Some Manifestations of Cultural Lead", 1972），載於《社會科學季刊》五十三。

㉞羅勒等，同註㉑，p.160。

㉟特別應參看班菲爾德（E. Banfield）的《世俗的城市》（*The Unheavenly City*, 1968）。不過，應該提到的是，他沒有使用反文化這一術語。

第九章
反文化的制度：政治

191

> 我們應該認識到：不會有另一代再重覆我們的經歷。在
> 這個意義上，我們必須承認，我們沒有後繼之人，因為我們
> 的孩子沒有先人。

> ——米德（M. Mead）：《文化與承諾》
> （ Culture and Commitment ）

所有的社會都以特定的方式生產和分配短缺的物品，提供公共服務；處理衝突和權力問題；按照相應的性行為規範、繁衍後代，保護後代成員並使之社會化；保存、交流、發展它所積累的知識；並妥善應付不乏天災人禍和神秘現象的生活，應付人們自身無可奈何的死亡。在當代社會科學的詞彙中，這一複合句的內容涉及一切社會都具有的經濟、政治、家庭、教育和宗教等的制度。

用這樣一種不適宜的形式來陳述，留下了一些問題。就上述各個領域所包括的信仰和行為的範圍而論（是在現代社會中），各種活動的模式和結構的形成，以及活動的可預測性就成了有待探討的問題。在新聞媒介，我們日常的談論和閒聊、以及學術研究中，都有一種側重越軌（deviation）、規範的虛弱性和信仰的變異等的傾向。毫無疑問，這種側重是有事實依據的。雖然人們對這個問題不可能發表精確無誤的高論，但是，總的來說，大

家處於紊亂的時代（anomic times），遠離人類正常的經驗。越
軌是司空見慣的。然而，那些傾向於強調越軌程度而不只是對此
做出一點評價的人，常常就是那些傾向於強調現存各種制度的僵
化和力量的人。這兩點不一定形同水火，除非你把它們相提並
論，有意先強調一點，然後再強調另一點，而不考慮它們的相互
制約。我們在時間和空間上離一種社會環境越遠，就可能看到更
多的模式，而生活的流程也會顯得更貼近制度所規定的條條框
框。一旦我們接近社會，我們盡看見個人的越軌。

　　儘管社會紊亂和越軌的各種表現廣泛存在，但是制度在結構
和文化上對社會生活的影響總的來說是強大的。對於那些反對一
個社會並有希望改變它的人來說，現存制度很可能被視爲主要的
障礙。我之所以提到表現在結構和文化上的制度的影響（influ-
ences of institutions），是因爲制度把一套規範和價值觀與一系
列地位以及受這些規範和價值觀指導的人之間的持續互動聯繫在
一起。因此，根據描述權力應該如何分配、操縱和制約，以及爭
端應該如何解決的標準，便可以給政治制度下定義了。給政治制
度下定義，也可以根據一系列努力實施這些標準的有關的關係和
羣體。美國的政治制度把文化因素（憲法、法律、先例、習慣）
結合進結構因素（立法機構、法院、政府、政黨和其他團體）。

　　對於現代社會來說，已分化的很容易描述，即使有關的功能
活動在文化上的標準化幅度與制度本身的要求還不盡一致。在部
落社會中，情況就不是這麼明瞭——聯繫到我做的總的陳述（即
一切社會都是制度化的），這便引出了第二個問題。沒有首領的
社會具有政治制度嗎？我們能說沒有學校的社會具有教育制度
嗎？我不想在這裡討論這個問題，只想指出，最近的趨勢，一直
是考察那些發育極不成熟，有時又相當複雜的制度（它們以前從
未受到過注意）①，同時也強調，涉及到制度的活動隨處可見，
即使不是在結構已經分化的情況之下。當然，分化的程度是一個

問題，即使是在當代社會之中。在美國，只要問一問敎會和政府的分離達到何種程度，或者「自由企業」（free enterprise）在何種程度上不依賴於政府，就足以引起一場激烈的爭論。雖然我們能夠在分析上做出條分縷析的區別，但是，各項制度之間的聯繫與它們的分化同等重要，也同樣是反文化的矛頭所向。例如，強烈抨擊現行教育制度的人就很不滿政府和商界對教育的操縱。

因此，在討論制度問題時，我們有必要記住，儘管我們很容易區別教堂、學校、法院、工廠和其他一所民宅，但是，一個社會的各項制度被千絲萬縷的聯繫糾結在一起。只是爲了達到分析上的條理分明，我們才將它們分開來看待。

第三個問題涉及到列舉這五個方面的制度的這份清單。這份清單是完全的嗎？難道不應該包括涉及藝術、閒暇、社會分層、醫療保健、軍事等方面的結構、活動和規範嗎？我即將以不同的篇幅討論的五個方面的制度，當然沒有窮盡所有的社會制度。其他一些有的已經在另外的章節討論過了。我的目的並不是要探討可以通過把文化逆反看作反制度（counter-institutions）而對這些文化逆反予以理解的全部方式，而是要通過一些較爲細致的分析強調，反文化的標準並不只是孤立的逆反。

伯克（J. Berke）尖銳地提出了批判的觀點（不過，他沒有確定替代性的選擇）：

「制度——學校、醫院、法庭——不僅沒有履行它們當初被建立時所賦予的使命，而是起了相反的作用。它們是我們文化的吸血鬼和惡狼，是我們生活方式的弗蘭肯斯坦（Frankenstein）[1]。我們現在身處異乎尋常的形勢之中，學校和大學使莘莘學子愚蠢；醫院說是要治病救人，卻使人

---

[1]弗蘭肯斯坦：謝利（Mary Shelly）所著《弗蘭肯斯坦》中的男主角，也指他所創造的一個怪物。他創造了這個怪物，結果被它所毀。

們的痛苦永無消解；廣播、電視、報紙雜誌說是要推動人類的交流，實際上是起了阻礙作用；工廠製造出的產品毀滅自身，使用它們（例如汽車）的人，以及環境（水、土地和空氣）。我們的交通系統阻礙交通，法庭造就罪犯，而政治系統的操縱者對國事一無所知，只知道最大限度地利用它損公肥私，損害我們和其他人。」

毫不奇怪，伯克會用這樣一句話來結束他的記述：「總而言之，我在描述一個世界，一個我們身處其中的瘋狂世界②。」

對反制度（counter-institution）的研究揭示了兩個層面的對立。在一個層面上，對佔統治地位的各項制度進行不竭餘力地抨擊。現行的制度化的過程連同其存在形式一起遭到譴責。而無政府主義（就這個詞最廣的意義而論）是受到歡迎的解決辦法。

在另一個層面，人們設想的反制度對現行手段的批判勝過對現行目的的批判，或者用相應的另一組概念來說，這些反制度更注意顛倒那些起支配作用的規範，而不是取代現行的價值觀。

194 ## 做爲反文化的烏托邦和公社

對現行制度最廣泛的批判可以採取構想的烏托邦(utopias)社會的形式進行：有人相信，在烏托邦社會，現行的一切制度都將得到改變。或者這種批判也可以採取公社(communes)形式進行：公社的建立，旨在說明與現行制度大相逕庭的制度模式能夠成爲切實可行的社區生活的基礎。

儘管人們經常把烏托邦和公社混爲一談，有時還把它們用作同義詞，但是，弄清兩者的各種差別還是有益的。莫爾（T. More, 1487～1535）在杜撰「烏托邦」（Utopia「not a place」）一詞的時候，他是想指出「理想社會是不存在的」。或許它只是一個

塵世中的伊甸園，一個幻想中的人間天堂。在他提出「烏托邦」以來的近五個世紀裡，烏托邦思想不斷地受到進步思想和對人類天性的樂觀主義看法的影響，同時，也受到反對現行秩序的思潮的影響。設計烏托邦的人創造著未來。然而，這些創造「不僅是關於未來的藍圖和夢想，而且，它們的重要意義在於，它們是被重新賦予了生命的神話，神聖地宣布了與舊制度的斷然決裂，呼喚著一個完全不同於舊有的社會的理想社會的來臨」③。與潘恩（T. Paine）一樣，他們相信：「一個新世界將在我們手裡誕生。」芒福德（L. Mumford）認為烏托邦不應該是遠離這個世界的，我們最終還要住進我們所夢想的城市和高樓大廈。

與此相反，歐威爾（G. Orwell, 1903～1950）和赫胥黎（A. Huxley 1894～1963）都希望我們能夠學會怎樣避開我們夢魘中的烏托邦或反烏托邦（dystopias）。照我們的觀點，《一九八四》（*Nineteen Eighty-Four*）和《美麗新世界》（*Brave New World*）應該被看作雙重反文化的烏托邦。它們將我們的幻想世界又一次顛倒了。如果我們根據萊維塔斯（R. Levitas）的觀點，把烏托邦定義為「被個人或羣體最渴望追求的社會狀態」，那麼奧威爾和赫胥黎筆下的社會現在已成為典型的反烏托邦，代表人們竭力要拋棄的社會狀態——它就是工業社會中一切受譴責的事物的縮影。

曼海姆（K. Mannheim）採用流行的現代觀點，對兩種烏托邦進行了區分：一種烏托邦如果實際發揮作用的話，勢必毀滅社會秩序以及其他與之相抵觸的思想觀念（例如，關於天上樂園的幻想）；另一種烏托邦則可以整合到社會秩序之中去。烏托邦是推動行為發生的神話。它們同社會的關係是辯證的：由於激發了一個時代的需要，烏托邦「成為摧毀現存秩序的防線的爆炸物④。」

如果我們接受曼海姆的觀點，目前活躍著的許多公社的烏托

195　邦性質就不如以前目的明確的社團的烏托邦性質突出。用康特
（R. Kanter）的話來說，它們「很少表現重建社會的憧憬」，
它們更注重「內在的發現」和個人的成長。不過，我們應該承
認，「烏托邦的內容、形式、位置和社會作用隨著人們生活的物
質條件的變化而變化」⑤。有時它是虛妄的幻想，在另一個時候
則是一種進行社會批判的形式，或許又會轉變成為加速社會變革
的催化劑。這一過程的形成有賴於人們相信進步，承認社會的可
塑性。萊維塔斯認為當代的烏托邦是在宿命論觀點更強烈的時代
中發展起來的，現在又倒回虛妄的幻想，更加成為本來意義上的
烏托邦（沒有的地方）。

　　當代的公社，和過去的那些一樣，在一定的幅度內表現出彼
此的差別：從那些受烏托邦夢幻強烈影響的公社，到那些更具有
反抗性的公社。有人也許會說，有些公社成員是遷入美國的移
民，其他的是從強權國家逃來的難民。然而，他們不同程度分享
著對一種戲劇性地更新的社會秩序的憧憬。這種或那種制度──
例如，經濟制度、政策或家庭──可能成為衝擊主導（domi-
nant）社會的焦點。貫穿盧梭、佩斯塔羅茨（J. H. Pestalozzi）、
歐文（R. Owen）直到現在的一條思想線索強調了公社制度和教育
的關係。最有影響和生命力的公社往往是圍繞宗派的宗教價值觀
而建立的。然而，可以選擇的標準常常是為各種制度擬定的⑥。

　　不同於革命者，提倡公社制的人士（communitarians）
「繪製了一個社會，在這個社會裡，喚起一個新時代的手段已全
部準備就緒」，只需要激情的鼓動，而不需要為了權力而採取鬥
爭。真正需要的是一種新的憧憬⑦。這是一種罕見的時代現象：
至少不是一少部分人相信，確實存在更好的生活方式，它們優於
我們現在的制度所支配的生活方式。僅在美國，從一九六五年以
來就有五千至一萬（或許更多）公社問世。儘管大多數公社規模
很小而且存在時間不長，但是，它們的誕生揭示了對新的社會憧

慔的需要。許多沒有參加公社的人也被公社制思想吸引，這種吸引力主要來自大量的關於公社的文學作品。然而，大多數人對公社懷著矛盾心態（ambivalence）。「似乎我們既想讓自己相信，我們那些最放縱的幻想將會成為現實，但同時又指責一些人認為（無論他們的說法多麼溫和）不要我們現有的嚴密管制人的體系，社會生活也同樣能夠進行⑧。」

　　這種矛盾心態也被帶進了公社內部，它表現在公社所面臨的組織問題和二難處境之中。正如康特的雄辯所說的，只有公社成員獻身於公社的工作及其價值觀，團結一致，公社才有可能生存下去。要做到這些，又必須發展出有效的方法，以便解決一些複雜的問題：

　　　　怎樣使工作完滿完成，又不使人感到壓力

　　　　怎樣確保做出決議，又能做到皆大歡喜

　　　　怎樣在公社成員中建立親密的合作關係，而又不自我封閉

　　　　怎樣選擇新成員並使他們適應公社的生活

　　　　怎樣保持一定程度的獨立自主，個人特長、甚至不拘一格的越軌表現。

　　　　怎樣保證公社成員圍繞團體的功能和價值觀保持一致性，並且分享共同的感受⑨

　　毫不奇怪，要使對一種新社會的憧憬成為現實並非易事。艾布拉姆斯（P. Abrams）和麥卡洛克（A. McCulloch）在研究了近百個公社之後指出，「反文化神話所引起的狂熱勁、帶給人們的超驗體驗和小小的啟示」，即使能夠出現，也只是「曇花一現，只在國內引起一陣奇特的興奮，引出一些問題，促使形勢更加嚴峻⑩。」

　　儘管存在著這些問題和矛盾，並且，處理它們的方法也是平

196

淡無奇，但是，無論是就公社還是就更制度化的具體的反文化
（我們現在正把注意力轉向它們）而言，我們都有必要接二連三
地問自己：如果沒有這類幻想以及人們對它們所進行的努力，事
情又會怎樣呢？它們有助於我們從更加清楚的角度來審視現存世
界的結構和價值觀嗎？它們能夠檢驗可以被用在不同情境
（contexts）中的各種成分嗎？它們之中是否存在一些社會設計
的初始模式，在通過適當的程序加以適當的完善和充實之後而成
爲當今文化的基本內容呢？正如米德（M. Mead）所說的，如
果我們所有的人都是「新時代平等的移民」，我們恐怕不敢貿然
斷定，我們所熟悉的文化就是完美無缺的模式。

政治制度

　　因爲人人爲之奮鬥的許多目標（最重要的諸如權力、名譽和
金錢）都是很難達到的，所以每個社會都會面臨可怕的緊張
（tensions），並且都有潛力來應付它們⑪。如果人人都可以隨
心所欲地追求這些目標，一個有組織的社會將不復存在。但是，
如果人們沒有一點表現個人興趣的餘地（並不是對少數人來說，
而是總的來說），那麼，難免要出現一個包含高壓政治以及不平
等的社會。在那些相對比較穩定的社會或者一切社會相對穩定的
階段裡，某些手段被公認是用來維持和保障人們分享這些有限目
標的正確途徑。政治制度就是這樣的規範——以及包含這些規範
的組織——它們確定應該由誰和怎樣行使集體的權力，以便維護
達到生活目標的正確途徑。合法性（legitimacy）意謂著通過高
度的一致性對權力分配的認可：我們的領袖應該以這種方式選
出；這些是他們的合法權力；那些是對他們權力的限制。

　　政治過程存在於小團體和私人組織中，例如在大學機構中，

197

在教堂、工會和商業俱樂部裡。不過，我們這裡關心的只是就社會而言的政治。正如韋伯所指出的，政治的特點就是：合法的强權統治，甚至極端到主宰人們的生死。實際上韋伯正是把這種强權的合法性看作給「政治組織」下定義的根本內容，不過，他似乎主要考慮的是國家這種政治組織⑫。

　　政治體系的存在並不解決社會秩序的問題。它的存在並不保證人們只運用那些被允許的手段去達到社會中稀有的目標。做為社會成員向關於合法性的現行定義和關於有價值的互惠的觀念進行社會化的一種結果，如果規範得不到切實有效的自覺遵守，那麼，政治的强制程度就會升級，並且可能導致分裂。政治上的實權人物本身（他們擁有文化所認可的運用權力的合法性）為了他們自己的利益，可能會濫用被認可的手段。規範也許是為保護少數人達到社會所稀有的目標而享有的特權而制定的。因此，它們很難適應不斷變化的社會環境。這些條件對於現代社會顯得特別重要：現代社會的個人和集體在權益和要求上的不斷轉變不僅影響到權力的分配，還影響到大眾對政治體系的接受程度。

　　當權者以及他們所代表的階層傾向於將政治體系視為神聖不可侵犯的。艾森斯塔特（S. N. Eisenstadt）在他的具有重要意義的比較研究中指出：「在我們這裡所研究的所有的社會中，統治者們都試圖粉飾自己和他們所建立的政治體系，標榜自己擁有特殊的文化符號並負有特殊的使命⑬。」出於各種不同的動機（例如，害怕動亂，膽小怕事，懷抱希望，以及社會化所造成的安分守己），那些沒有權力的人以及那些自己的利益沒有在政治上得到很好的反映的人或許也會認為現存政治體系是神聖不可侵犯的。更重要的原因是，正是這些人被號召為國家做出最大犧牲，甚至生命，所以他們難以相信這是一個邪惡的體制。殉教者的鮮血是教會的種子；而博爾廷（K. Bowlding）研究之後說，士兵的鮮血是國家的種子⑭。當然，革命的和反文化的團體也利

198

用這種犧牲心理（psychology of sacrifice）：如果猶豫不決的
人們被吸引去參加與既定的方式相反並且與他們自己的傾向完全
不同的活動，便很可能成爲虔誠甚至狂熱地支持逆反規範的人，
因爲他們的行爲已經將他們與那些接受現存的標準的人們分離開
了。更重要的是這些行爲產生了對公正和信仰的需要，而這種需
要則有助於壓制他們自己從前的標準。

反文化的政治是從這些人之中發展起來的：他們拒不相信統
治者和現行政治制度「擁有特殊的文化符號並負有特殊的使命」
（這裡重複的是艾森施塔特的說法）。他們所相信的恰恰與此相
反。不僅統治者在他們眼中是不稱職的，罪孽的，連政治機構本
身以及相應的價值觀也受到否定，其手段則遭到唾棄。

如果關於核武器、核動力或環境保護的政策令人反感，人們
就會不顧法律採取直接行動阻止其實施。他們振振有詞地公開拒
絕納稅（漏稅緩稅另當別論）以抵制戰爭和日益增長的國防費
用，否認政府的合法性以及政府決定的可行性。麥克唐納（M.
McDonald）在談到當代法國的時候說，對於現行政治方向的不
滿可能產生出這樣一種團體，它「要拋棄西方思想的核心⑮。」

政治反文化有一種極端的表現，它攻擊任何既定的政治過
程，並且否定它們的必要性；而另一種表現得比較有節制。我們
試圖分辨出這兩種政治反文化，也許對我們的分析不無裨益。後
者反對現存政治，是因爲它認爲，現存政治是建立在錯誤的價值
觀之上，並且，它認爲那些制度化的手段對我們達到基本的政治
目標所起的阻礙作用遠遠超過了促進作用。然而，它並不攻擊建
立政治這一觀點。當然，在現實中兩者的界限也並非輕易能劃
分。我們將恰如其分地把兩者的區別當作標明範疇的做法，而不
認爲這種區別代表了兩種絕然分開的政治反文化類型。

無政治（no-politics）或反政治（antipolitics）的思想觀念
肯定了無政府主義的價值觀。不要干擾我們。我們不需要解決衝

突的組織體系。建立這種組織體系的努力只會製造出更多的衝　199
突。個人臨場解決反而更好。

> 「不要問你的國家能為你做些什麼。
> 要問你的國家正在為你做些什麼。」

> ——格拉菲托（Graffito）在一所美國大學校園所說。

　　大多數美國人以及大多數社會中的人，都不同程度地在行動
和信仰上帶有無政府主義的色彩⑯。梭羅（H. D. Thoreau）在
論述「民眾拒不服從」（"Civil Disobedience"）的文章中建議：
「讓你的生命產生反摩擦力，以便讓這機器停止運轉。」國家這
部無情的機器看上去還很強大。儘管這種觀點經常同左派的政治
聯繫在一起，但是，它在右派中也不少見。例如，參議員拉克索
爾特（P. Laxalt）用下面的話表達了大多數支持雷根（Reagan）競
選總統的人的基本思想（他這麼認為）：「只要不來打擾我們，
我們對政府一無所求。（如果雷根以前照此原則行事，他先就成
了參議員了。」然而，反對權力過分集中以及反對為統治而統
治，同直接抨擊承認有組織的社會的世界觀是有區別的。我們所
關心的就是後面這一種意識形態領域的無政府主義。

　　這種無政府主義狀態很容易用漫畫給予表現。如果沒有某些
統一的秩序，我們怎麼能讓兩百萬人每天在聖保羅、東京或曼哈
頓進進出出呢？我「走我自己的路」的自由也許要受到你的限
制，那麼，我們怎麼對待這樣的事實呢？

　　然而，這種漫畫式的詰難妨礙人們去檢驗法規的僵化、不公
以及過分，正是它們引起了無政府主義的反應。並且，它們妨礙
一個社會的統治成員去達到這種見識：「這些保證人們自由的高
明的限制措施」也能轉化成枷鎖。

　　無政府主義者依據這種見識為生存而鬥爭。由於面臨著一個
矛盾——無政府主義意謂著按規範來捍衛一個無規範的環境，捍

衞不應該有規範這一宣言——因此，他們常常轉入那些新建立的小型社會系統，在這裡，他們追求那種極少受到外部限制的生活。事實上，正如某些參與者和研究者都發現的那樣，一些公社的管理體系是壓制性的和等級森嚴的⑰。有時，在小規範的公社裡，人們可以直接定出準則，個人可以解決矛盾衝突，這與較大的社會相比，顯得享有極大的自由。

當然，公社並不僅僅是無政府主義信仰的一種表現。他們在不同程度上把對大社會的權威結構的反對同旨在創建新型結構的信仰和行動結合起來了。他們對高壓性的權威的反抗是專門指向國家的，因此，許多參加者並不因爲正創造或參與建立無政府主義基礎上的有組織的團體而感到矛盾。馬克思相信，隨著生產關係的變化，國家會消亡（國家是統治階級的工具——這差不多就是他給國家下的定義）。與此類似，許多無政府主義者都相信，隨著「外部」統治的排除，自私之心將會消亡。十九世紀的一些公社就是從這些觀點中受到鼓舞的。既然他們帶有宗教教義傾向，他們一般都表現出對新教教義的超越——新教認爲所有信仰者都具備教士身分。這一點很容易與政治上的無政府主義相結合：教會與國家都不應該統治人⑱。

宗旨明確的公社，在設計的時候或在存在過程中所依賴的文化體系，不僅與大社會的行政體系相矛盾，而且與整個社會現行的一切制度都形成尖銳的衝突。不是在某種程度上退縮到不受權力威脅的獨立的公社中去，而是積極地向權力結構發動攻擊，這才是無政府主義更徹底的政治作爲。

無政府主義的當代表現在不同的社會裡千差萬別。克蘭伯格（O. Klineberg）評論道，即使歐洲大陸國家發展起來的反文化與盎格魯—撒克遜國家的文化大不相同，「我們仍然發現整個無政府主義思潮正滙聚在與反文化相同的目標上。」法國的「situationists」，德國的「kommune I」，荷蘭的「Provos」

和其他許多既反社會主義又反資本主義的運動，把焦點集中在
「追求個人的自由，反對一切集權的政府和組織」。正如一個法
國的「形勢主義者」(situationist)所指出的，在他們看來，「運動
的目的已不再是奪取權力，而是一勞永逸地棄絕權力⑲。」

　　在一九六八年五月的事件中形成高潮的法國抗議運動表現出
強烈的無政府主義。巴黎的許多牆上都寫著浦魯東（P. J.
Proudhon）的名言：「被統治就是被看守，受審察，受監視，
聽指揮，守法紀，入編制，進牢獄，受灌輸。」在人們能夠反對
現存秩序之前，人們不會有現成的解決方法；需要的只是「向迄
今尚不得而知的可能性開放。」實踐主義（activism），而不是
那些能夠代表一場運動的鬥爭內容的政治辯論，是公分母。而這
一實踐主義的基礎就是自發性。實踐主義尋求如何造成持續不斷
的變化，造成一種「螺旋式運動」，而不是尋求一次「太容易與
奪取中央權力並建立新秩序的觀念相聯繫」的革命過程。「我只
是一個傳聲筒，而不是領袖」，科恩─本迪特（G. Cohn-
Bendit）如是說，這一宣言表明了這樣的看法，「革命運動既不
能容忍先知，也不能容忍導師⑳。」

　　如果並不全面地說，呼籲行動而不是求助於綱領，這很接近
馬克思，僅僅批評現代社會中非人的力量──這集中表現在「金
錢交易關係」之上──並且痛惜由此產生的異化，這都是不夠
的。馬克思堅持認為，一個人的思想是不是真理，必須由行動來
證實。在他的《關於費爾巴哈的提綱》中有一句名言：「哲學家們
只是用不同的方式解釋世界，而問題在於改變世界㉑。」

　　對待憲法的左派和右派　人們用什麼樣的標準來確定一場政
治運動是不是反文化的呢？反文化的表現不僅包括認為該政體的
主要目標相互矛盾的宣言，而且包括拒絕接受統治手腕（認為它
們只能給自己永遠帶來失敗）的行為。這種拒絕或是來自左派，
或是來自右派，也就是說，可能來自左和右兩個方向的反對憲法

201

的激進分子。來自左派的人想推進到想像的新世界中去。儘管他
們中有的人生活困苦，另一些人則取得了成功，然而優越地位和
成就都顯得毫無意義，或淡然寡味，得不償失。

那些處於極右立場的人則希望回復到以前的世界（眞實的或
想像的），在那個世界，他們和另一些志同道合的人過得更好，
而且較少受到競爭的威脅——或者，他們這樣覺得，在這個他們
看來即將來臨或者已經來臨的世界，一系列新的要求會給他們帶
來麻煩。在一個技術日益發展，科層制日益嚴密的世界中，他們
的技能不斷貶值。他們眼睜睜地看到自己的價值觀以及關於美好
生活的觀念日漸消失，可是，他們不可能在這一體制之內找到恢
復它們的途徑。

在自己只能永遠成爲現行政治制度中的少數派成員的感覺的
背後，存在著一種更廣泛的意識，那就是對政治的強有力影響已
經一去不復返的失落感。一九六四年出版的題爲「一個新歐洲
嗎？」的那一期 Daedalus，樂觀地論述了經濟增長、富裕，以
及不斷擴大的教育機會，這無形中減少了不滿的程度，從而削弱
了左派和右派的激進運動。然而，十五年後，伯傑（S. Berger）
針對那期刊物，指出了劇烈的變化。她強調的是這一事實：「對
工業社會的進化觀和發展觀不再信任，這造成了對政治前途的疑
慮。」這種變化常常由二十世紀七〇年代初經濟危機開始前發生
的反抗運動表現出來。因此，它們反映了對這樣一種社會和國家
的抵制，這種社會和國家「被認爲是富裕的和擴張的……，對新
產生的被剝奪感和不安全感毫無反應。」在所有的西歐國家，伯
傑指出，「已經造成危機的似乎是人們對這些問題所爆發的懷
疑：發達工業國家的生活質量和發展方向，大衆消費社會中的各
種人際關係，開動一個工業社會所需要的各種組織與滿足人的深
層需要所必需的價值觀以及人際關係之間不可調和的矛盾。這種
反抗不是針對一個未能提供經濟發展和物質繁榮的國家或社會，

而是針對只關心經濟財富的成功以及這種成功的代價㉒。」

　　同樣的懷疑對美國近年來的激進思想起了很大的作用，就像在歐洲一樣，在美國，這些懷疑與其引起政治反抗的其他根源結合在一起。由於面臨著這樣的窘迫境地——越來越多新成立的共產黨國家和資本主義國家一樣（韋伯在六十多年以前，就認爲這是不可避免的）被官僚體制與技術統治所操縱，所以，一些激進分子轉向了中國和古巴，因爲他們相信，在這兩個國家裡這些問題還不是那麼嚴重。然而，另外一些人則強調自發性和個人自由。由此，「新左派」（the "new left"）不僅僅攻擊現存的秩序，而且也攻擊「老左派」的批評家，認爲後者太注重程式，太不關心發揮人的創造力和享受方式。在一九六八年六月十三至十五日的「來自巴黎大學文理學院的呼籲」之中，我們讀到：「資產階級革命是法律的，無產階級革命是經濟的。我們的革命將是社會的和文化的，經過這種革命之後，人才能成爲他自己㉓。」

　　儘管新左派受到了第二次大戰後一個時期的「批判理論」（the "critical theory"）對現行制度強烈攻擊的影響（霍克海默，M. Horkheimer，清楚地表達了這一點：「儘管一切都變樣了，但什麼也沒有進展。」），但是，他們並沒有像批評理論那樣陷入低沈的悲觀主義。他們試圖把政治與自我完善相結合，把制度的改變與感情的發揮相結合。做爲一種反文化，新左派的政治，正如皮爾遜（G. Pearson）所指出的，是震憾人心的和表現求生本能的。在這群有錢有勢的富人中，「開創你的自由之路」這個口號比「全世界無產者聯合起來！」實際得多。他們害怕百無聊賴勝於害怕無權無勢，害怕因循守舊勝於害怕窮困潦倒：「做爲保證不讓餓死的交換條件」，瓦賴根（R. Vaneigem）寫道，我們的社會「只提供了一種死於無聊的前景㉔。」還必須編寫一本關於無聊的社會學，在接二連三的感官刺激與閒暇和富裕相混雜的社會中，無聊成爲一種強大的力量，不僅表現在政治

203　上，而且瀰漫在全部制度中。

「新左派」強調自我完善勝於強調制度重建，「老左派」把他們這種觀點看作是反革命的而不是反文化的。正如列寧用一種並不陌生的諷刺方式所指出的，「放蕩是資產階級的」，在相互的嘲諷中，老左派被視爲是仇恨生活的。利普塞特（S. M. Lipset）在最近的一個專題討論會上提到，幾個十九世紀的激進分子表示出對革命學生的「虛無主義」的失望。但是，弗里登伯格（E. Friedenberg）表示堅決不同意：「我早就不對我認爲旣緊張又富於戰鬥的革命左翼分子寄予過多期望，也不指望我一直試圖加入的進程能有什麼結果。」他說，從社會束縛中尋求個人解放的鬥爭是需要付出代價的，他沒有想過要隱瞞這種代價。「我想把它們包括進去並承擔支付這些代價的責任。即使堅持要求這種來自有特權的中層階級生活的自由，可能成爲世界革命潮流的障礙物，我仍然要這麼做㉕。」對於那些認爲政府威脅到《權利法案》的左派人物來說，不平等的稅收條款，軍事需要的優先地位，環境保護法的不足，以及種族歧視之類，才是主要的問題，而新左派的價值觀似乎與旣定的價值觀具有同樣的威脅性。

今天，許多國家的左派和右派都對國家政權極度地喪失信心，並且試圖縮小國家權力的範圍，儘管右派人物通常不把軍事和警察功能包括進國家過分發揮的功能之列。喪失信心的原因並不完全一致：國家不能再統治下去了——它統治得太徹底了，以致否認了個人選擇的機會㉖。

在民主社會裡，大多數來自右翼的批評家和來自左翼的一樣，試圖在現行政治的價值觀框架中，利用被接受的政治手段來達到自己的目的，隨便舉幾個例子，從法國的新哲學派（Nouve-au Philosophes）到美國的新保守黨（neo-conservatives），一種「小即好」的政治主題在政治競爭和哲學辯論之中大受宣傳。

然而，就像極左分子一樣，極右分子認爲，政治競爭和哲學

辯論並不是達到目的的靈丹妙藥。反文化的右翼組織對用憲法規定的手段去建立或重建諸如白人優越、民族至上或反對宗教多元論等觀念在社會中的地位幾乎不抱什麼希望。儘管美國的「三K」黨（the ku klux klan）、「約翰、伯奇」會（the John Brich Society）以及新納粹組織在某些方面十分不同，但是，它們都有一個共同的觀點：他們的價值觀只可能在正常的政治程序之外謀求實行。在那個正常的政治之內，他們只會看到他們所熟悉的世界不斷地遭到毀滅。

恐怖主義（terrorism） 二十世紀六〇年代中期，部分反文化人士轉向暴力，儘管大多數人口頭上說得多，實際上做得少。范農（F. Fanon）在《地球的不幸者》（The Wretched of the Earth）中談到暴力，認爲它是「淨化力量」，這引起了廣泛的注意。該書的觀點與沙特（Jean-Paul Sartre）所寫的前言互爲印證。沙特寫道，這種不可壓制的暴力，「既不穩妥，也不狂暴，也不是獸性的復活，甚至不是怨恨的結果，它是人在重新創造自己」㉗。氣象局職員曼森家族（Charles Manson's "family"）和共生者解放軍（the Symbionese Liberation Army）都是極端的例子，不過，正如勒納（M. Lerner）所指出的，他們許多人都試圖尋求在自己能力範圍之內去打擊，呼喊，面對生命危險，從而得到體驗。在某種意義上說，把對暴力的接受融入個人的生活成了一種「神聖的使命」㉘。一場既害怕又輕視「冷酷的理性」的運動或許不可避免地要在它的各種表現之中找到對狂熱追求的强有力支持。

暴力和恐怖主義是某些形式的無政府主義最顯著的表現。這些行爲否定了這一流行的觀點：社會需要通過政治機構壟斷對「合法」暴力的使用，並有權控制非法的暴力。對於無政府主義者來說，正是這種壟斷保護了罪惡。一些人想從它的影響中退出來，其他的人則要挫敗和反對它。後者與莫里斯（W.

Morris））和其他「哲學」無政府主義者恰恰相反，他們的政治、經濟和家庭的目標可能是反文化的，而他們的基本特徵在於使用反文化手段，包括暴力。他們的目標是沒有終結的，隨著形勢的發展而即興產生。一個計劃或一個目標，意謂著秩序即將受到攻擊。無政府主義者相信，即使是革命的觀點和文化產物也會被統治社會所利用，但是，暴力是不可遏制的。借用爭論超現實主義的一句話，一九六八年法國反抗運動中的活動家在《五月二十二日運動的公報》中寫到，「我們知道，沒有一種姿態如此激進，以致意識形態不努力去吸收它……文化鬥爭必須以這樣一種方式進行，以致正統文化不能吸收它，並利用它做為自己的謊言的一種新形式……暴力（violence）不可能被既定的秩序吸收，因爲它是對這種秩序的否定㉙。」

應該強調的是，即使是在強烈支持激進的變化的羣體中，暴力通常也是遭到大多數人譴責的。在對十一個國家的大學生所做的比較研究中，克蘭伯格（O. Klineberg）和他的助手發現，超過三分之二的回答者譴責把暴力用作一種政治手腕㉚。

儘管有這種反對意見，暴力依然成爲許多社會政治中的一個因素。在最近幾年中，恐怖主義是最顯著的暴力形式。它否認並試圖顛覆現存秩序控制暴力的權利。在大量的有關恐怖主義的文獻中，人們可以發現許多定義，但是，沒有一個能完全滿足我們的目的㉛。這個問題有貶義的，儘管許多人發現有些恐怖運動是值得稱道的，就像他們看待革命一樣——如果它們發生在足夠遙遠的過去。恐怖主義是把暴力當作一種政治武器，它似乎很合理地包括了爲暴力運動提供費用的搶劫和敲詐。恐怖主義產生在這種形式之下，當一個團體強大得足以摧毀現存政治體制或能取代其統治者，但卻看不到通過可行的政治秩序達到自己的目的的情況之下。它完全不是最近才有的產物。在一些社會中，人們理所當然地認爲謀害一個政治對手是無可非議的。西塞羅（Cicero）

指出，「暴政總是以暴亂而告終；羅馬人總是爲殺死羅馬人的人喝彩。」有必要區分殺死一個被認爲是暴君的人和參加推翻一個制度的暴力運動的人。然而，這並不意謂著這個或那個不是那麼令人反感。前者的行爲或許可以從該詞的意義範圍排除出去，因爲正如約翰遜（G. Johnson）在一個關於恐怖主義的會議上給它下定義時所說的：「恐怖主義是政治性的，以目標爲取向的行爲，涉及到對特殊暴力的使用和威脅，從心理上而不是從物質上達到其效果，其犧牲品具有象徵性而不是實質性㉜。」

不能把所有的恐怖主義都看成是反文化的。儘管在實際中不好區分，在民族分裂過程中運用的暴力就不是反文化的，或者我們可以把它定義爲邊緣反文化——因爲它意味著兩種以上文化之間的衝突而不是文化內部的衝突。「巴勒斯坦解放組織」（PLO）所採用的恐怖活動，或者不那麼確切地說，愛爾蘭「共和軍」（IRA）的恐怖活動，在這個方面就與德國的「紅色部隊」（the Red Army Faction），義大利的「紅色旅」（the Red Bridge）或美國的「氣象局職員」（the Weathermen）不相同。（當然，這並不意謂著 PLO 或者 IRA 的暴力比它們本來應該的那樣更合法或更不合法，如果它們屬於反文化。）而且，暴力必須是不同流俗的（nonconformist），而不是越軌的（oberrant），這才成爲反文化；它必須是由一個組織以新價值觀的名義宣布的一種行動。

無論是極右的還是極左的都這樣宣告，我們所追求的價值觀新穎、超羣，我們引以爲自豪。恐怖主義分子爲他們的行爲的正義性所做的辯護有時使人想起源於聖·奧古斯丁的「正義之戰」（"just war"）理論，不過，更爲經常的是，它們成了「聖戰」（"holy war"）擁護者的粗暴的聲明。他們把自己看作是自由的鬥士，肩負著推翻建立在錯誤的價值觀上的制度的使命。然而，局外人把他們看作投入到一場陷入泥潭的運動的失意者。他們對暴力的使用，一方面是爲了建設自己贊同的秩序，另一方似乎

206

同樣重要的是爲了他們自己的獻身（commitment）問題㉝。

　　很難在「建設」（"establishment"）所需要的暴力和「恐怖主義分子」的暴力之間劃一條涇渭分明的界線，這又給確定暴力的正義性增加了困難。這一困難被沙特的《辯證理性批判》和阿宏（R. Aaron）的《暴力的歷史和辯證法》以不同的觀點給予了鮮明的刻畫。沙特爭辯道，所有的人類關係都具有導致暴力的潛在的可能性，並且，如果不參照政府的制度化的和正式的暴力，那麼，就不能對革命的暴力做出評判。阿倫把這看作是自我選擇的少數派使他們對不完善的但卻相對民主的政府進行的攻擊獲得正義性的企圖，實際上，他們攻擊的後果可能帶來極權主義或更多的暴力。就我看來，我們還得找到當代的聖・奧古斯丁，在最廣泛的背景中，避開當代的政治衝突去考察這個問題。沙特擅長於就這個問題展開一般的哲學辯論；阿倫側重於審視我們時代的實際的恐怖主義事件及其後果。

　　如果把沙特展開這一主題時所表現的人道主義內容擱置一旁，人們就會發現他的辯論與托洛斯基（L. Trotsky）的嚴厲批判多麼相似：

　　　「……那些目睹每件恐怖活動的道德家們，卻得意地高談著人類生活的『絕對價值』。在不同的形勢下，他們是同一類人物，但打著其他絕對價值的幌子，例如，打著國家榮譽或者神聖的君主的旗號，隨時可能將億萬人民推入戰爭的深淵。今天的英雄當數這些部長們，他們以財富的最神聖的名義下令扼殺手無寸鐵的工人。將來，這些絕望的失業者握緊拳頭，拿起武器的時候，他們又會用空洞的詞句來論述暴力是『不可容忍』的㉞。」

207　　那些把減少暴力做爲自己的願望和目標的人，受他們自己的和其他人的傾向所支配，對現存政權的殘忍視而不見，卻誇大了

恐怖主義者攻擊現存政權的規模及其後果。因為恐怖主義十分具有新聞價值和攝影價值，所以它受到了人們的廣泛注意。它當然並不是簡單的新聞事件。在過去的十年中，有一萬人被殺害㉟，這是一個悲痛的事實，但是，並不是力量強大的標誌。恐怖主義可以導致千萬人的痛苦，但是，它更大的可能是強化而不是削弱統治集團的權力意志。而且，「恐怖主義者已經發現推翻半民主的政府比從權力主義者的（authoritarian）激烈反應逃生要容易得多㊱。」

　　我不太清楚人們必須採取兩種對待恐怖主義的極端立場中的哪一種立場。其中的一方，宣告政府以及為它效力的特權階級是殘暴的，因而用暴力予以反抗是正義的。另一方則宣告恐怖主義分子是不分青紅皂白的凶殺之徒，利用社會手段來發洩個人憤怒，對議員的打擊遠甚過對獨斷專行的政府的削弱，前者儘管有許多不足，但卻是我們認為最好的。因此，恐怖主義分子的宣傳毫不足取。暴力本身是最可悲的，它的減少是大多數人夢寐以求的。大概我們必須弄清對強者的暴力漠不關心或願意接受，與對被異化的人或鋌而走險的人所採用的暴力給予支持之間的差距。

第九章註釋

① 例如，可以參見巴蘭迪爾（G. Balandier）《政治人類學》（*Political Anthropology*, 1970）；弗里德（M. H. Fried）《政治社會學的演變》（*The Evolution of Political Society*, 1967）。

② 伯克（J. Berke）主編《反文化：對另一種社會的創造》（*Counter-Culture: The Creation of an Alternative Society*, 1969，『前言』（"Preface"）。

③ 古斯費爾德（J. Gusfield）《現代社會的烏托邦神話和運動》（*Utopian Myths and Movements in Modern Societies*, 1973）p. 7。參見曼紐爾（K. Manuel）和曼紐爾（F. Manuel）《西方世界的烏托邦思想》（*Utopian Thought in the Western World*, 1979）；曼海姆（K. Mannheim）《意識形態和烏托邦》（*Ideology and Utopia*, 1936）；芒福德（L. Mumford）《烏托邦的故事》（*The Story of Utopias*, 1922）；以及萊維塔斯（R. Levitas）〈社會學和烏托邦〉（"Sociology and Utopia, 1979）。

④ 曼海姆《意識形態和烏托邦》，1936 年，p. 199，並參見第 4 章。

⑤ 萊維塔斯〈社會學和烏托邦〉，載《社會學》十三，1979，p. 19。

⑥ 關於公社的論述，參見小貝斯特（A. E. Bestor, Jr.）《荒野的烏托邦》（*Backwoods Utopias*, 1950）；阿米蒂奇（W. H. G. Armytage）《人間天堂：1560 年到 1960 年英國的烏托邦實踐》（*Heavens Below: Utopian Experiments in England*, 1560～1960, 1961）；加德納（H. Gardner）《幸運的孩子：十三個現代美國公社》（*The Children of Prosperity: Thirteen Modern American Communes*, 1978）；札布洛茨基（B. Zablocki）《異化與天啟：當代美國公社研究》（*Alienation and Charisma: A Study of Contemporary American Communes*, 1980）；等。

⑦ 札布洛茨基《快樂的社區》（*The Joyful Community*, 1971）p. 21。

208

⑧艾布拉姆斯（P. Abrams）和麥卡洛克（A. McCulloch）《公社、社會學與社會》（ *Communes, Sociology and Society,* 1976）p. 3。

⑨康特（R. M. Kanter）《承諾與社區：社會學視野裡的公社與烏托邦》（ *Commitment and Community: Communes and Utopias in Sociological Perspective,* 1972）p. 64。

⑩同註⑧，p. 20。

⑪下列幾個段落中的一些句子採自本人的《宗教的科學研究》（ *The Scientific Study of Religion,* 1970）第 18 章。

⑫韋伯（M. Weber），見《韋伯文選》（ *From Max Weber,* 1946）p. 334。

⑬艾森施塔特（S. N. Eisenstadt）《帝國的政治體制》（ *The Political Systems* of Empires, 1963）p. 141。

⑭見《新共和》（ *New Republic* ）1967 年 10 月 7 日，p. 7。

⑮麥克唐納（M. McDonald）〈納粹主義：法國極右勢力的興起〉（ "Le Nouveau Nazism: A Rightest Fashion from France, 1980 ），載於《禮拜六評論》，1980 年 2 月 2 日。

⑯例如，可以參見德利翁（D. Deleon）《做爲無政府主義者的美國人》（ *The American as Anarchist,* 1979）；森尼特（R. Sennett）《無序的使用》（ *The Use of Disorder,* 1970），以及《權威》（ *Authority,* 1980）；珀林（T. M. Perlin）主編《當代無政府主義》（ *Contemporary Anarchism,* 1979）。

⑰札布洛茨基，同註⑯。

⑱見德利翁，同註⑯；馬丁（J. Martin）《反對聯邦的人們：1827 年至 1908 年美國個人主義的無政府主義解釋者們》（ *Men Against the State: The Expositors of Individualist Anarchism in America*: 1827～1908, 1953）。

⑲克蘭伯格（O. Klineberg）等《學生，價值觀與政策：一個跨文化的比較》（ *Students, Values, and Policies: A Crosscultural Comparison,* 1979）p. 12。

⑳本段以威倫納（A. Willener's）的優秀的《社會的活動印象》（*The Action-Image of Society*, 1970）爲基礎。參見布朗（B. Brown）《法國人的造反：1968 年 5 月》（*The French Revolt: May*, 1968）1970 年。

㉑見《馬克思恩格斯選集》卷一，人民出版社，1972 年，p. 19。

㉒伯傑（S. Berger）〈七〇年代西歐的政治與反政治〉（"Politics and Antipolitics in Western Europe in the Seventies", 1979）p.p. 27, 32。載於 Daedalus, 1979 年冬季號，p.p. 27, 32。

㉓轉引自迪克斯坦（M. Dickstein）《伊甸園之門：六〇年代的美國文化》（*Gates of Eden: American Culture in the Sixties*, 1977）p. 267。

㉔威倫納，同註⑳，p. 147。

㉕利普塞特（Lipset）和弗里德伯格（Friedenberg）的觀點見於思羅爾（C. Thrall）等主編《技術、權力與社會變化》（*Technology, Power, and Social Change*, 1972）p.p. 86～87, p. 101。

㉖伯傑，同註㉒。

㉗沙特（J. P. Sartre），見法隆（F. Fanon）《地球的不幸者》（*The Wretched of the Earth*, 1963）p. 21。

㉘勒納（M. Lerner）〈無政府主義與美國反文化〉（"Anarchism and the American Counter-Culture"），載於《統治與反對》（*Government and Opposition*, 1970）p. 439。

㉙轉引自威倫納，同註⑳，p. 142。

㉚克蘭伯格等，同註⑲p.p. 218～22。

㉛見拉克爾（W. Lacquer）《恐怖主義》（Terrorism, 1977），及其主編《恐怖主義文存》（*The Terrorism Reader*, 1978）；阿倫（R. Aron）《暴力的歷史和辯證法》（*History and the Dialectic of Violence*, 1975）。

㉜見拉克爾編《恐怖主義文存》p. 268。

㉝見沃爾澤（M. Walzer）《正義與非正義的戰爭》（*Just and Unjust Wars*, 1977）p.p. 197～206；英格，同註⑪，p.p. 459～466。

㉞拉克爾，同註㉜，p. 222。

209

㉟同上，p. 260。

㊱同上，p. 1。

第十章
反文化的經濟制度

210

> 這東西，只這一點點兒，就可以使黑的變成白的，醜的
> 變成美的，卑賤變成尊嚴，老人變成少年，懦夫變成勇士。

> ——莎士比亞：《雅典的泰門》，論錢

　　人類渴望得到的一些東西在供給上是短缺的。既然需要超過
了供給，那就必須確立某種方式，以便據此決定如何把貨物和服
務分配給那些渴望得到它們的人。此外，資源的短缺還要求確定
資源如何在相互競爭的物資生產和服務行業中進行分配——也就
是說，要求確定它們的比較值。實際上，在一個社會，由經濟制
度（economic institutions）來說：這些問題應該用這些標準的
方式解決。它們也包括那些最終使用——商品和服務由誰來使用
以及怎樣使用——的標準（standards）。與這些標準相關的雇
主與雇員、買方與賣方、家庭成員、政府及其公民等等之間的模
式化的相互作用，就是經濟制度的看得見摸得著的表現。

　　一個社會的成員在大多數時候都把該社會的經濟標準看作理
所當然的，儘管他們為經濟成果爭來鬥去。舉例來說，部落社會
的人基本上是圍繞血緣羣體組織起來的，他們所過的日子是代代
相沿的，通常與某個入侵進來的帝國的不同標準對抗，知道如何
在自己的成員之中分配資源，在男人與女人之間、老人與年輕人
之間進行正確的分工；知道哪個人或哪個羣體擁有哪些土地和其

他財產；知道對於短缺資源的使用應該孰先孰後。這並不意謂著可以把部落民對於變化所做出的這種標準的經濟反應簡單地說成「盲目的保守主義」——這種解釋已經受到近些年的人類學研究的駁斥①。不如說，它是適應現存形勢的一種形式。當這些文化「指令」（"oughts"）與經濟現實（通常以外部勢力所造成的變化的形式出現）相碰撞時，整個社會體系都將被觸動。

211　　儘管現代社會對經濟制度的運作（operations）產生了接二連三的論爭，但是，經濟制度的許多價值和規範仍為大多數人所接受。他們一直沒有完全意識到經濟制度中隱含的關於開展經濟活動的正確方式、合適的目標、所有制的性質以及工作的意義等的觀念，直到這些觀念受到嚴峻的挑戰——這種挑戰很早就開始了，因為工業的和不斷工業化的這個世界已經存在好幾代人了。在歐洲，商業、城市化、以及經濟力量集中化（在貴族和教會的手中）的發展至少早在十四世紀就不斷伴隨著一連串針對佔統治地位的經濟標準的反抗運動——通常以宗教的形式出現，同時也表現出對家庭制度、宗教和政治制度的反對。我不打算在這裡審視這段引人入勝的歷史，只想提出平均主義和共產主義的一條線索，從威克利夫（J. Wyclif）經赫斯（J. Hus）到芒澤（T. Müntzer），再到再洗禮派（Anabaptist）運動的左翼，最後到英國的喧囂派（Ranters）、掘土派（Diggers）和平等論者（Levellers）。當然，這些羣體不盡相同，其中的一些羣體提出過相比之下更為激進的經濟主張。當代有人聲稱，一個人有權「撈」大公司。不過，早在十五世紀，塔波萊特派（Taborites）就不接受人類的任何權威，並聲稱有權去搶劫。兩個世紀之後，一些喧囂派教徒與清教徒（Puritan）強調懶惰有罪不同，相信一個人不應該在勞動中讓自己的身體受累——它成了現在另一種流行觀點的先導②。

　　溫斯坦利（G. Winstanley）在《自由法》（*The Law of*

Freedom）等著作及其行動中，發展了一套詳盡的計畫，以實現劇烈的經濟變革，其基礎是土地再分配（土地應該公有）和財產平均。他和另外一些人發動的平民抵抗運動在六〇年代的美國大顯聲勢之後，並不是一種演講會或友愛會（這兩種成分都微不足道），而是切實讓人民擁有公共財產的努力。「真正的宗教和廉潔就是，將從平民百姓那裡奪走的一切（the Earth）歸還回去……你們嘲笑平等論者之名。我告訴你們，耶穌基督就是最大的一位平等論者③。」

在交待了這樣的背景之後，我們可以更好地理解反文化的經濟學說在最近的表現。隨著金融、商業、工業以及得到改善的經濟形勢變得越來越規範，與此恰恰恰相反的是，反抗運動變得越來越廣泛。發展，似乎許諾財富與日俱增，卻也帶來了越來越多的不幸——既是相對的，又是絕對的。

卡爾·馬克思很欣賞莎士比亞在《雅典的泰門》中通過泰門之口所刻畫的金錢的性質。馬克思寫道，它是「實實在在的神明，能將人類的和自然的一切秉性顛倒，可以混淆黑白，使萬事萬物是非不分……；它是人盡可夫的娼妓④。」齊美爾（G. Simmel）在其經典著作《貨幣哲學》（Die Philosophie des Geldes）之中，詳盡地探討了貨幣經濟是如何使經濟事務喪失人性的，它把強權與共同遵守的規定分開，把交易與責任網絡分開。

當然，並不只是金錢本身，也不只是對金錢的崇拜，才是「萬惡之源」，成了遭到攻擊的焦點。此外，經濟組織中那些以金錢爲標誌的東西也招致抨擊。儘管不一定全面，我將在下面列出在我看來總括了近年來——以及更早的許多年裡——攻擊經濟制度的四個主題：通過一些主要的生產手段進行控制所造成的經濟力量的集中化（concentration）；收入分配的巨大的不平等（inequality）；物質主義（materialism）——過分注重財產的人文價值；以及技術統治（technocracy）——我不把它定義爲

212

企業經理的統治，而把它定義爲機器本身的統治，它已經成爲一種冷酷無情的主宰。

　　毋需贅言，這些主題是密切相關的。然而，做爲批判經濟秩序的基礎，它們相互之間的聯繫有多種方式，因爲每個主題都可以單獨成爲一個注意的焦點。完整意義上的馬克思主義（從青年馬克思到老年馬克思的思想）涉及所有這四個主題。但是，同時包含它們全部是困難的。如果傾向於把不平等看作現存經濟秩序的主要罪惡，那麼，就難以堅定地反對技術統治和物質主義。如果技術被認爲是首要的敵人，那麼，人們將傾向於對不平等不那麼憎恨。總的來說，在人們生產水準低下的那些社會，反文化的攻擊集中在不平等和少數人對經濟的控制之上。如果那些宣揚逆反價值觀的人推翻了寡頭政治的和不平等的統治而掌握了政權，情況更是如此。馬克思傳統中反對物質主義和批判技術的這一組成部分對今天的蘇聯幾乎沒有多少影響。（馬克思傳統中強調平等、反對經濟力量集中化的那些組成部分是否仍然活躍在蘇聯，這確實是一個問題。不過，這已成了另一回事。）

　　中國革命的發生要比蘇聯革命晚一輩人，它現在的形勢處於流變之中。有一些人滿懷希望，另一些人心存顧忌：大規模的技術將迅速擴大（取代）小規模的、地方性的、公社的勞動力密集型生產單位。中國近些年的政策鬥爭在某種程度上展現了已見之於其他地方的圍繞不同著重點（priorities）的衝突，一些人強調要減少不平等，降低權力的過分集中；另一些人強調必須反對物質主義，不能讓機器主宰人。文化、歷史、人口和資源等的差異，以及對其他地方的技術效果瞭解程度的差異，使中國不可能緊跟蘇聯的轉變亦步亦趨。不過，工業化進程的一些方面也許是都得如此的。

　　在人均生產水準較高的那些社會，反文化的經濟價值觀傾向於強調物質主義和技術統治是最大的惡魔⑤。其導師與其說是馬

克思，不如說是梭羅（ H. D. Thoreau ）；其目標與其說是改造社會，不如說是實現自我。

　　當然，這些傾向是籠統而言的，自然有許多例外。那些更傾向於從哲學角度反對現存經濟制度的人探索著如何顛倒所有四個主題。而在富裕社會的被剝奪者羣體之中，在經濟危機時期的被異化的（ alienated ）人之中，不平等和集權的主題更能引人注目。在三〇年代的大蕭條時期，美國共產黨的黨員發展到五萬人左右，他們主要來自中上階層，高於西歐諸國共產黨員選民的比例。由於其成員很不穩定，在一九五〇年（從這一年開始，美國共產黨的成員開始銳減）之前，加入共產黨的人員總數實際上遠遠超過了五萬。它的許多政策是反文化的：生產資料歸集體所有，工人當家做主，財富重新分配，收入的平均化，這些目標與佔統治地位的經濟價值觀形成尖銳的矛盾。捍衞它們的是宗敎熱情，一旦對這些目標的信仰喪失（許多人都曾經如此），在當事人的經驗中就彷彿是「上帝的失敗」（"the God that failed"）。凱斯特勒（ A. Koestler ）生動地描述過這種信仰的强烈程度：

　　　「在我讀完《費爾巴哈》（ Feuerbach ）和《國家與革命》（ State and Revolution ）的時候，我的大腦中有某種東西在作響，它就像精神爆炸一樣震撼了我。說豁然開朗是不足以描述那種心內的狂喜的，唯有皈依宗敎的人能夠體會（不論他皈依的是哪一種信仰）。新的光輝彷彿從四面八方一齊瀉入腦海，整個宇宙一下子變得井然有序，就像一堆本來雜亂無章的拼圖版，變戲法似的一下子組成了整齊的圖案。現在，所有的問題都有了答案，而懷疑和衝突已經屬於痛苦的過去——一個已經很遙遠的過去，當時，自己渾渾噩噩地生活著，沒有意識到這個世界索然無味，慘淡無色，而組成這個世界的那麼多人至今還對此一無所知呢⑥。」

到六〇年代，在那些獲得成功的（ prosperous ）反文化人士

那裡，針對權力過於集中化和不平等的反抗運動已經實質上被反
對物質主義和技術統治的運動所取代，從而導致對經濟制度的批

214 判性質發生了戲劇性的變化。一種要求是獲得經濟上的拯救，以
擺脫無意義的勞動，另一種要求是從貧窮無權的處境中拯救出
來，兩者的價值觀和實施方案是不同的。我的陳述確實不是十分
貼切，因為反對過分强調技術以及不滿社會未能將技術很好地結
合進現在的生產過程，就意謂著反對主宰技術的工業巨頭。不
過，這是一種旁敲側擊的反對，只是沒有直接攻擊這些巨頭們的
權威以及支撐這一權威的制度的結構罷了。

　　在「新生」的經濟上的反文化人士之中，也表現出對不平等
和貧困的關心。不過，他們認為，要改變這種現狀，只有對技術
加以「人道化」，對物質主義進行限制，而不能簡單地依靠經濟
增長和重新分配。也許，這不失為一種眞知灼見。然而，這對於
那些工作朝不保夕的人或生活在貧困之中的人來說，不可能解決
問題。他們，以及那些獲得成功的反文化人士（他們認為現在的
經濟基本上是健全的，不過，批判家應該受到限制，親環境
（pro-environment）的技術──不只是靠不使用來達到環境保
護──還有待發展，也許更傾向於贊同卡恩（H. Kahn）認為未
來「難以置信地光明」的觀點。卡恩經過研究後得出結論，兩百
年前，地球上的人口約七億五千萬，全世界的總產值是一千五百
億美元，年人均收入是二百美元；到二十世紀七〇年代中期，世
界人口為四十一億，總產值為五萬五千億美元，年人均收入為一
千三百美元；再過一百年，他預測的地球人口是一百五十億，總
產值是三百萬億美元，年人均收入將增加到二萬美元（按 1975
年的美元比價計算）⑦。

　　與此針鋒相對，羅斯札克（T. Roszak）嚴密地陳述了自己
的觀點。他知道，把注意力轉向內在的自我似乎背離，甚至危及
「廣大民眾的興論」，因為大眾興論把技術進步視為獲得自由和

體面的最大希望。按照這種大眾觀點，完滿的生活要求一種「可靠的富裕」（"dependable abundance"），以便擺脫貧困和壓迫。羅斯札克指出，這種觀點的缺憾在於沒有認識到發生在工業社會的生態效應。「只是現在我們才開始看到，恰恰是給西方世界的中產階級生產了驚人的財富的種種力量——無限的經濟增長，技術人員和企業家的才能的自由發揮——終究會使他們適得其反，並將把我們拋入一個新的、貧困與野蠻的黑暗時代，而它比人類曾經經歷的任何時代都更具有毀滅性⑧。」

　　自我發現（self-discovery）這一主題導致人們的工作態度發生急劇的變化。由於體驗不到工作的必要性，並且，做為一種召喚的勞動欲望日漸淡漠，再加上工業技術的不斷發展幾乎使勞動者發揮個人技藝的機會喪失殆盡，勞動在人們看來成了反生活的（antilife），成了按部就班的例行公事，成了外在於勞動者的（用馬克思的說法）。經濟系統被認為充斥著這樣的工作，它們即使不是實際上有害的，也沒有任何內在的價值可言。

　　即使是工業經濟的一系列「成就」，後來證明都是以慘重的代價換來的。「綠色革命」（the green revolution），卓有成效地增加了食物的供應，卻在促進大「工業化的」農場發展的同時，削弱了那些從事小規模農場生產的人的地位，增強了對能源和商品肥料的依賴性，甚至提高了對那些其人民營養不良的國家的食品出口⑨。已有的一定數量的變化提供了人道一點的工作條件：增加勞動者對工作節奏的控制，在已成慣例的孤獨的工作環境恢復羣體性（如果別無他法，起碼可以來點噪聲），減輕對健康的危害，再加上減少勞動時間，以及在一段較長時間裡才能看到的增加工資。然而，這些進步主要被用作提高生產效率的手段，而不是被用作把更豐富的意義賦予勞動的方式。用米爾斯（C. W. Mills）的話——在《白領》（*White Collar*）一書中，把這一短語用在與此多少有點不同的語境裡——來說，其結果不過

是努力「在勞動異化的範圍之內克服勞動異化」。

針對這種經濟的和就業的形勢，產生了兩種反應：一種純粹是反文化的；另一種則不盡如此，而可能在工業社會衆說紛紜的經濟抉擇中逐漸成爲一種可以接受（即使被少數派接受）的觀點。

我們可以把第一種反應稱爲不工作（no-work）或反工作（antiwork）的倫理觀。它在一些人身上並不表現爲破壞機器的行動（那些把他們的木板鞋扔進機器的人也想工作，只是不願意在鋼鐵怪物旁邊爲鐵石心腸的老板而工作），而是表現爲高比率的缺勤，粗製濫造，消極怠工。而在另一些人身上，不工作對他們來說成了一種生活方式，因爲他們採取不工作的態度對於他們自己來說是非常嚴肅的，他們通常努力這樣做。當然，我指的不是那些由於個人的不幸和社會的過失而陷入貧困的長期失業者，儘管一些遊民、流浪漢和乞丐的生活中也存在著反文化因素。我指的是這樣一些人，對於他們來說，不工作是一個文化聲明（cultural statement），用《紐約時報》的一個標題的措詞來說，他們是「信奉不工作倫理觀的人」⑩。並且，他們懂得如何利用富裕社會的各種資助系統，以避免陷入可悲的貧困之中。我們或許有必要再次強調，只有他們宣稱他們的不工作是正確的和正當的，並不爲此而遮遮掩掩或滿腹內疚的時候，他們才是反文化的。有人說，只要工作一直是如此泯滅人性，我們的工間咖啡就永遠呷個沒完。

一些仍然待在就業系統之內而總要對他們認爲不公正的事憤憤然的人，有時候不那麼堅定地持有這一觀點。人們過去常提到「兵痞子似的吊兒郎當」（soldiering）對待工作。然而，我們需要弄清導致這種行爲的大量職業結構，並認識到對它們的羣體支持能夠不斷擴展。康特（R. M. Kanter）和伯恩斯（T. Burns）等人調查研究過反成功（antisuccess）同仁的內聚力——

它是在那些沒有機會在社會上求得個人發展的人之中形成起來的。如果他們集體創造了新的成功標準，並且蔑視「工頭們」的權威，那麼，他們沒有必要認為自己是失敗者⑪。

在美國，不工作的觀點似乎沒有捲入強烈政治色彩的意識形態，而在西歐，不工作倫理觀（no-work ethic）是激進思想的一種表現，正如內格里（A. Negri）的著作中所寫的。當今的激進主義無論如何必須面對這一事實：共產主義只是在相對不發達的社會和農民社會取得了政權，卻還沒有像馬克思所相信的那樣消滅國家並清除異化勞動。它「實際上帶來了這樣一些政權，它們對國家的鞏固以及對勞動的強化比資本主義之下的情況有過之而無不及⑫。」凡是投身於法國一九六八年的反抗運動的學生都把自己視為車輪上的一個小齒，無論他們後來是工作在帶有中央集權特徵的資本主義社會，還是工作在蘇聯式的國家資本主義社會。借用在運動時期的傳單上發現的一些術語來說，做為一個小齒，意謂著被摧殘，被壓榨，被閹割，被蒙蔽⑬。

既然正如一個著名的警語所說的，資本主義是人剝削人而社會主義不過是顛倒過來，那麼，西方的激進分子就陷入了二難境地。希恩（T. Sheehan）對內格里的幾本書曾做過精彩的分析，他發現，內格里處理這種二難矛盾（dilemma）的方式是強調他自己所說的馬克思的不勞動的觀點（no-labor view）。用內格里的話來說，「勞動的（of）解放就是從（from）勞動中解放出來。這並非誇大其辭。馬克思本人這樣說過幾十次，上百次⑭。」

我讀馬克思的著作時看到他所說的是從勞動中而不是從雇傭中解放出來，是從異化勞動中而不是從建設性的和自我完善的工作中解放出來。無論如何，人們能夠接受希恩的這一判斷：內格里對馬克思的這種解說對那些憎惡並摒棄工作倫理的年輕人頗有感召力。不僅如此，正如萊曼（S. Lyman）所言，我們許多人

的心底或多或少都會為這類觀點所觸動。受若隱若顯的矛盾心態
所折磨，勞動者對那些「終日荒淫無度，遊手好閒」的波希米亞
人似的傢伙和嬉皮，表面上嗤之以鼻，可是，內心裡則羨慕不已
⑮。

為了使個人或家庭在遭遇失業、疾病、工資減少以及其他有
損其福利的問題時能維護最起碼的收入，公共資助系統不斷在發
展，而與這一發展一直相平行的是，福利的「負作用力」
（"backlash"）也在增長⑯。有人把靠福利為生的人視為「吃白
食者」和「福利騙子」，其理由是，這些人拿公共資助過日子，
不是出於經濟上的迫切需要，而是因為他們具有另外一套價值
觀。這種看法實在是大謬不然。堪得此咎的應該說更大的可能是
那些中上階層的停職不幹的人。為了評價他們在經濟系統中的作
用，我們有必要提一個涂爾幹式的問題：他們的越軌行為有助於
一個社會重新確認其職業價值觀嗎？或許更重要的是，這種越軌
行為有助於一個社會從主要的卻也是被忽視的變革力量的角度來
重新評價其職業價值觀嗎？

我不知道如何作答，但是，我不怎麼相信對後一問──重新
評價的問題──的正確答案是「無助於」。無論不工作的倫理觀
對於捲入進去的個人意謂著什麼，社會的反應似乎都不是深思熟
慮地評價其根源和意義，而是一味地大加撻伐。這是很可以理解
的，只可惜我們或許正在失去一次很好的機會，去調查研究這種
反倫理（counter-ethic）產生的個人根源以及社會根源。

對工業社會急劇變化的經濟形勢所產生的第二種反應──一
套更加廣泛地為人們所接受而又不那麼大逆不道的價值觀和行為
──也許正在促成重大經濟變革的發生。這種反應與不工作的倫
理觀都同樣相信，許多工作是毫無意義的，不過，它還對經濟帝
國主義和過分強調大型給予了尖銳的批判。在某種程度上，它可
以被描述成一種「反現代化的意識」（"demodernizing consci-

ousness"），表現爲反對加諸物質世界、社會關係和自我之上的理性控制。「人們不應該去主宰現實，而應該代之以『發掘』現實。人們不應該去操縱他人，而應該代之以『友愛』他人。感情（感受性，感覺能力）被置於理性思考之上。確確實實，青年文化總的來說是與一切統籌計畫、精打細算和系統工程之類相衝突的。諸如此類被認爲『過於刻板』……違背了『自然』生活中自由奔流、無拘無束的人類本性⑰。」

我們從這一觀點中看到了對生態保護運動的支持，以及神秘的宗教和非理性的鬼靈世界的相通之外，並且，這一觀點有助於強調整體性而反對現代主義的分析程序，有助於重視現在更甚過對未來的籌劃和等待。「這種價值觀上的顚倒，不僅意謂著放棄做爲現代社會中的個人行動的根本動機的成就精神，而且表明了與生活計畫（life-planning）觀念以及生活計畫賴以建立的時間體驗相衝突的關係。換句話說，青年文化不僅是『反資產階級的』，而且更深刻的是，它是反現代化的⑱。」在反對整個制度的結構以及人們在其中所扮演的角色時，眞實的自我變成了本能衝突的自我（the impulse self）——這裡用的是特納（R. H. Turner）的術語。

當人們注意經濟發展不是著眼於一個正在經歷反現代化運動或已經進入「後現代」時期的社會，而是著眼於一個正在迎接經濟騰飛的社會的時候，就可以看到文化與反文化相互鬥爭的另一種不同的模式。這樣一個社會的傳統勢力，包括它的許多領導人，可能會被有力地吸引到現代化中來，即使他們爲現代化破壞傳統的力量而感到憂心忡忡，因而把發展視爲反文化的。因此，正如貝拉（R. Bellah）的研究所指出的，第二次世界大戰中日本的戰爭目標被描述爲「克服現代」和保衛「大和精神」。與此相似，希特勒時期的德國發生的衆多的運動都把「現代的」（modern）與外來的、猶太人的、西方的、骯髒的給予等量齊

218

觀，把這些性質看作是與傳統的德國民衆的生活完全相違背的
⑲。經過一個相當長的工業化時期（以便自由觀念和強大的中產
階級有時間得到長足的發展），日本和德國才把工業嫁接到仍然
包含大量封建性質的社會之中。其結果是造成了文化上的極不和
諧。

　　無論在「過於發達的」（"overdeveloped"）社會還是在那
些正在高速發展的社會，人們對現代化的反應都帶有一定的浪漫
主義（romanticism）色彩。發展中國家對民間傳統的弘揚根本
掩蓋不了繼續加快工業化的事實；而發達國家的反現代化根本掩
蓋不了這一信仰：繼續推進工業化將把大部分繁重勞動交給人工
智能系統去做，由此產生的效率有可能使反文化人士傾心嚮往的
自由奔流式的生活成爲現實。

　　反現代化主題的一些表現涉及到另一種從盧梭以來一脈相承
的羅曼蒂克的思想，它包含盧梭的觀點（滌蕩社會的污泥濁垢；
人性是善良而純潔的，只要它免遭制度的腐蝕而自然發展），
「社區—社會」（gemeinschaft-gesellschaft）傳統的一些因素
（城市和工業生活是不自然，它破壞了社區生活的道德結構），
以及早期人類學研究的一些因素（部落的和務農的人們悠然自得
地生活在他們的小規模的社會和社區裡）。毋庸贅言，所有這些
219　觀點在近些年裡都遇到了挑戰。然而，在那些反對專橫跋扈的工
業化的人的經濟和政治觀念及其行爲中，這些觀點仍然活著，或
者說，又一次復活了。

　　說這些思想是羅曼蒂克的，我們並無菲薄之意。用巴比特的
話來說，當某種東西神奇有餘而可能性不大的時候，我就把它看
作羅曼蒂克的。幾乎人人都免不了要用一些神話來充實他的生
活。毫無疑問，卡恩對未來經濟的展望不乏羅曼蒂克色彩。問題
的關鍵在於，我們的信仰如何影響我們對人類處境的評價，如何
影響我們的行動。我們在此看到了一系列鮮明的對照：工業社會

佔統治地位的觀點一直傾向於認為世界資源是無窮無盡的，工業
廢料既是有限的，又是容易處理的；而反文化的批評人士顛倒了
這兩個判斷所使用的文字——我們正在同自己的子孫後代進行經
濟戰爭，因為我們正在消耗世界上的大量非再生性資源，而取代
這些資源的是我們給後代留下的大量廢棄物質、化學污染物以及
放射性廢料（其中的一些在三萬二千年內都保持著一定的危害
性），可是，我們到現在幾乎還沒有開始去學會控制它們的方
法。

　　到了本世紀八〇年代，認為石油貯藏量是有限的，我們必須
學會把保護和改善環境列入我們的開支計畫，或者認為關心工人
的積極性是做生意所必不可少的一環，這些幾乎都算不上是反文
化的（儘管可能還不是家喻戶曉）。大企業家、政治家和科學家
已經開始熱心支持生態事業並為此效力。為扭轉水和大氣的污染
狀況的法令開始實施。即使不考慮到環境保護，材料的價格也迫
使企業越來越多地回收利用消耗過的材料。

　　然而，反文化對工業經濟的批判並不滿足於這些進展，又把
鋒芒指向這種觀念：只要有可能，經濟增長總是受歡迎的；大型
公司結構，甚至發展到國外註冊，才是做生意的必由之路。半個
世紀以前，凱恩斯（J. M. Keynes—1883～1946）比卡恩略為謹
慎一點地預計，這一天將會來臨——可能需要一百年——到那
時，每一個人都變得富裕。並且他相信，在這種條件下，人類將
會「再度把目的看得重於手段，優先選擇善而不是實用」[20]。如
今，批評經濟的人既懷疑再過幾代就會人人富裕的可能性，也懷
疑即使人人富裕真的發生之後人類會看重目的勝於手段，看重善
勝於實用的可能性。在過去幾十年裡，只有少數國家進入了富裕
的行列。雖然全世界的絕對收入略有增長，但是，與富裕國家相
比，許多國家都是得不償失。假設這一形勢將發生變化，世界上
三分之二最不富裕的人在燃料消耗量（這裡把它用作一個指標）

220 上趕上富裕的三分之一的人，那麼，對燃料的需求量將是現在的三倍。更具體一點說，如果在本世紀最後三分之一時間內，富裕國家人均燃料消費量每年遞增百分之二點二五，貧窮國家人均每年遞增百分之四點五，前者的人口增長率為百分之一點二五，後者為百分之二點五，按照舒馬赫（E. F. Schumacher）的計算，燃料的總需求量將增加四點五倍；而且所增加的燃料中有三分之二消費在富裕國家㉑。

當然，這種估算不一定靠得住。技術的進步也許會改變燃料和其他資源的利用形勢。現在還遠遠落後的國家也許不必急劇耗盡資源就可以迎頭趕上富裕國家。這是否有助於肯定佔主導地位的經濟價值觀——增長總是好的，財富帶來幸福——呢？反文化人士回答說，非也。高速經濟增長幾乎總是意謂著大型（bigness），而大型總是伴隨著集權以及與之相連的人格否定。這加劇了相對剝奪感（the sense of relative deprivation），而不是減輕了它，因為慾望和對可能的前景的嚮往總是跑在現實狀況的前面。正是技術成就擴大了我們的問題：巨型油輪意謂著大量石油洩漏；高速公路意謂著廢氣瀰漫；超音速飛機意謂著噪音污染以及對臭氧層的威脅。一味追求經濟增長有可能使勞動的豐富意義喪失殆盡。舒馬赫在他那橫掃一切的控訴中表明他懷疑普遍的繁榮能夠奠定和平的基礎，「因為這種繁榮即使真的能夠達到，它也只有利用人性中諸如貪婪和妒嫉之類的衝動才可能達到，可是，這類衝動破壞才智、幸福、恬靜，並且進而破壞人類的和平。富人很有可能比窮人更珍愛和平，但是，只有在他們覺得絕對安全的時候才可能是如此——這便是一個矛盾。他們的財富是依靠大量耗費有限的世界資源而賺取的，這就使他們陷入了一種不可避免的衝突——主要不是與窮人為敵（因為窮人的實力太弱，自顧不暇），而是與其他的富人對壘㉒。」舒馬赫提出，我們最需要這樣一種技術：價格便宜，適宜於小規模的運用，並

且有助於使用者發揮個人的創造才能。這種技術屬於「永恆經濟學」（ "economics of permanence" ）──一種「佛教徒經濟學」──宗旨是，在使勞動富有意義的框架內利用資源。

這種技術的若干可能性由布蘭德（S. Brand）在《下一份全球目錄》（ *The Next Whole Earth Catalog* ）之中做了說明，並由斯塔夫里阿諾斯（L. S. Stavrianos）在《黑暗時代來臨的預示》（ *The Promise of the Coming Dark Age* ）之中做了討論。小規模的、關於環境如何受影響的試驗現在受到大量積極的支持，而許多支持來自公共的和私人的機構。然而，這個工業化的世界是否會通過它自己的「起攔路作用的先導力量」（ "retarding lead" ）而妨礙這些試驗的進行呢？斯塔夫里阿諾斯就想探討這個問題。在工業化時期發展起來的價值觀和制度，現在成了障礙。如果先導力量不允許社會去適應新的形勢，它就轉化成了攔路虎。這時就需要有新的價值觀和新的行為方式出現。

由舒馬赫、斯塔夫里阿諾斯、羅斯札克、康芒納（B. Commoner）以及其他環境保護主義者所呼籲的變革，比起反工作的倫理觀或物物交易、自由商店以及 "head shops"，在改變現行的經濟價值觀這一點上具有大得多的潛力。反工作的倫理觀以及自由商店之類產生出來，更大程度上是服務於一幫不從流俗的烏合之眾的，其次才是促進在全社會範圍內確立新的經濟模式㉓。最廣義的環境保護主義者同梭羅在觀點上有一些相通之處。梭羅認為，人們已經夠富裕的了，他們有那麼多東西實際上並非必不可少。但是，他們不像梭羅那樣過多強調退隱，而更注重經濟制度的變革。他們要求優先考慮的已經不再是生產、利潤、財富的增長和技術的最大利用，而是有意義的勞動，與環境和諧的生產（如果不能保證在很長時間裡環境都會保持不受影響，就不要進行），適合於人的技術以及保證長期的社會效益的合理利潤

（我們可以舉例來說明這一點：廢品的回收利用工程不是等到對個人的商號有利可圖了才去開展，而是根據它的長期社會效益來判斷該不該開展）。

正如我在前面提到過的，優先對象的這些改變所要求的代價可能主要靠窮人來承擔。有人爭辯道，富翁才有條件去關心勞動的意義和環境的質量——這將是他們留給子孫的一部分遺產。窮漢更擔心有沒有工作可做，有沒有足夠數量的食物給他們的孩子現在吃。依我看，這一說法把矛盾說得過於極端。受污染的環境給窮人帶來的疾病和死亡通常比給富人帶來的要多得多，因爲窮人生活和工作在環境污染最嚴重的地方。唯利是圖的決策決不會顧及產品會有無用、危險、過時的一天，這對富人沒有大的影響，可是「窮人深受其害」。而且，豐富勞動的意義，增加使用小規模自助設計，不斷弱化財富是達到成功和美好生活的手段的觀念，將使財富最少的人取得最大的收穫。

222　　　　儘管如此，我們卻不能愚蠢地忽視經濟反文化中可能存在的階級因素，並忘記某些選擇所陷入的潛在的二難境地。

當整個世界天翻地覆的時候，自相矛盾的現象和始料未及的結果會紛至沓來。韋斯利（J. Wesley）發現，與宗派的狂熱相輔相成的道德規範幫助一個人在經濟上一步一步向上爬，虔誠使他富有，而富有卻危及虔誠。貝爾（D. Bell）在《資本主義的文化矛盾》（ *The Cultural Contradiction of Capitalism* ）中爭辯，資本主義的成就所助長的一些價值觀反對理性運籌這一價值觀，而它正是這些成就所依賴的基礎。具有諷刺意味的是，工作、節省和克制等價值觀帶來了奉行揮霍和享樂的價值觀的可能性。我們現在看到「反文化的資本家」，他們爲了成爲大企業家而入學深造。他們是「卡斯塔內達（C. Castaneda）式的鬥士，活躍在商界」——一個「全球範圍的商會」。施瓦茨（R. Schwartz）的執行會議中心的方法

……吸引了這樣一些反文化的支持者，他們已經超出了外來宗教領袖和國內預言家們的另一種追名逐利的精神。他們渴望把修道院的精神帶進商界，把以前從毒品、冥想、交友俱樂部或其他「人類潛能」體驗中學到的東西運用到所謂的「生活經營」（"the business of life"）中去。「生活經營」的提出者是威爾梅特（S. Wilmet），紐約城一家工廠的主人，朝氣蓬勃，才二十四歲。不可能準確地預言哪一方面將發生最大程度的改變——是那種精神呢，還是商界㉔？

韋斯利說出了自己的預言——我相信，他在預言時不會猶豫不決。「我擔心的是，財富每增加一分，」他寫道，「宗教的實質就會相應地減少一分……因為隨著財富的增長，驕傲、憤恨以及對塵世各種事物的迷戀也會同步增長。……於是，雖然宗教的形式依舊存在，但是，其精神卻在迅速消失㉕。」

美以美會的創始人曾預言，美以美教徒（Methodists）注定要在獲得財富的同時敗壞宗教，那麼，傾向於精神追求的經濟反文化人士是否能夠做到財富和精神兼得呢？或者說，舒馬赫（相信經濟價值觀必須來一場巨大的變革）是正確的嗎？

第十章註釋

① 參見拉帕波特（R. A. Rappaport）〈自然、文化和生態人類學〉（"Nature, Culture, and Ecological Anthropology"），載入夏皮羅（H. Shapiro）主編《人，文化和社會》（ *Man, Culture, and Society*, 1971 ）；奧爾蒂斯（S. Ortiz）〈哥倫比亞印第安人的決策結構〉（"The Structure of Decision-Making Among Indians in Colombia, 1967 ），載入弗思（R. Firth）主編《經濟人類學的主題》（ *Themes in Economic Anthropology*, 1967 ）。

② 參見伯恩斯坦（E. Bernstein）《克倫威爾和共產主義：英國大革命中的社會主義和民主》（ *Cromwell and Communism: Socialism and Democracy in the Great English Revolution*, 1963 ）；貝倫斯（L. Berens）《掘土派成員溫斯坦利著作中揭示的共和時期的掘土派運動》（ *The Digger Movement in the Days of the Commonwealth as Revealed in the Writings of Gerrand Winstanley, the Digger*, 1961 ）；科恩（N. Cohn）《對千福年的追求》（ *The Pursuit of the Millennium*, 1970 ）；希爾（C. Hill）《天翻地覆的世界》（ *The World Turned Upside Down*, 1975 ）；莫頓（A. L. Morton）《喧囂派的世界》（ *The World of the Ranters*, 1970 ）；皮特戈斯基（D. Petegorsky）《英國內戰中的左翼民主》（ *Left-Wing Democracy in the English Civil War*, 1940 ）；古齊（G. P. Gooch）《十七世紀英國的民主思想》（ *English Democratic Ideas in the Seventeenth Century*, 1927 ）。

③ 引自溫斯坦利（G. Winstanley）〈獻給國會和軍隊的新年禮物〉（"A New Year's Gift for the Parliament and Army, 1973 ），載入《論自由法及其他》（ *Law of Freedom and other Essays*, 1973 ）。參見貝倫斯，同②，p.p. 132~45；古齊，同②，p. 187。

④ 馬克思（K. Marx）《社會學和社會哲學論文選》（ *Selected Writings in*

223

Sociology and Social Philosophy, 1964）p. 192。

⑤英格爾哈特（R. Inglehart）《無聲的革命》（*The Silent Revolution*, 1977）。

⑥凱斯特勒（A. Koestler），見克羅斯曼（C R. Crossman）主編《失敗的上帝》（*The God That Failed*, 1949），p. 23。

⑦引自羅達（A. de Rhoda）對卡恩（Kahn）的訪問記，見《基督教科學箴言報》（*The Christian Science Monitor*）1976 年 7 月 28 日。參見卡恩、布朗（W. Brown）和馬特爾（L. Martel）《下一個二百年》（*The Next 200 Years*, 1976）。

⑧羅斯札克（T. Roszak）《人與行星：工業社會的創造性分解》（*Person/Planet: The Creative Disintegration of Industrial Society*, 1978）。

⑨拉普（F. Lappe）和科林斯（J. Collins）《食物第一：超越短缺的神話》（*Food First: Beyond the Myth of Scarcity*, 1977），第 17 章。

⑩《紐約時報》，1975 年 6 月 1 日，p. 45。

⑪見萊夫科維茨（B. Lefkowitz）《休息時間：不靠工作在一個從九點到五點的世界而生活》（*Breaktime: Living Without Work in a Nine to Five World*, 1979）；康特（R. M. Kanter）《公司中的男男女女》（*Men and Women of the Corporation*, 1977）p.p. 149～152；伯恩斯（T. Burns）〈小羣體的行為參照：職業環境中的朋黨和結社〉（"The Reference of Conduct in Small Groups: Cliques and Cabals in Occupational Milieu", 1955），載入《人類關係》之八。

⑫希恩（T. Sheehan）〈義大利：滑雪面罩之後〉（"Italy: Behind the Ski Mask"），載入《紐約書評》1979 年 8 月 16 日，p.24。

⑬威倫納（A. Willener）《社會的活動印象》（*The Action-Image of Society*, 1970），p. 136。

⑭內格里（A. Negri），轉引自希恩，同⑫。

⑮萊曼（S. Lyman）《七大罪惡》（*The Seven Deadly Sins*, 1978），p. 37。

224

⑯見休伯（J. Huber）〈公衆支持的政治：西歐和美國〉（"The Politics of Public Assistance: Western Europe and the United States", 1978），載入英格和卡特勒主編《主要社會問題》，第九章；威倫斯基（H L. Wilensky）《福利國家和平等》（*The Welfare State and Equality*, 1975）。

⑰伯傑、凱爾納《無家的思想》（*The Homeless Mind*, 1973），p. 202。

⑱同上，p. 208。

⑲貝拉（R. Bellah）《超越信仰》（*Beyond Belief*, 1970），第4章。

⑳舒馬赫（E. F. Schumacher）引自《小的就是美的》（*Small Is Beautiful*, 1973）p. 32。

㉑同上，p.p. 23～25。參見羅馬俱樂部（The Club of Rome）的《增長的極限》（*The Limits to Growth*, 1974）；康芒納（B. Commoner）《封閉的循環》（*The Closing Circle*, 1971）。

㉒舒馬赫，同⑳，p. 30。

㉓見劉易斯（G. H. Lewis）〈資本主義、反文化和 Head Shop：對結構變化的探索〉（"Capitalism, Contra-Culture and the Head Shop: Explorations in Structural Change", 1972），載入《青年和社會》之四；以及他的〈社會運動的援助結構〉（"The Structure of Support in Social Movements: An Analysis of Organization and Resource Mobilization in the Youth Contra-Culture", 1976）。

㉔格爾村（M. Gerzon）〈反文化的資本家〉（"Counter Culture Capitalists"），載入《紐約時報》1977年6月5日。

㉕轉引自韋伯（M. Weber）《新教倫理與資本主義精神》（*The Protestant Ethic and the Spirit of Capitalism*, 1930），p. 175。

第十一章　反文化的宗教

225

　　「但是，邊緣文化，特別是受到高壓的邊緣文化，爲了保持它自己的穩定和傳統，也許不得不限制選擇。……修道院變成了它們所攻擊的那個系統的包容豐富的堡壘：自由的教堂變成了容納傳統的死寂的淵藪。可見，反文化必須有不同的反文化繼之而起：這是辯證法中的辯證法（dialectic），這是否定之否定。」

——馬丁（D. Martin）

《當代宗教的二難境地》，第三頁

　　有的價值觀極大地改變了生活；它們不僅僅預示著對抗，而且預示著迫害；它們與關於自己和他人的深刻的矛盾心態糾結在一起。這樣一套價值觀的採用不是偶然的。對於許多人來說，它需要一個擁有天啓的權威性領袖（a charismatic leader），或一種冥冥之中的神秘的際遇，或信仰者選區的支持，或惡魔的一個偶像以及他的制度上的具體表現——或者所有這些都需要，如果它一定要做爲一種可行的生活方式讓人去體驗的話。

　　這不是一份關於反文化的原因的清單（關於這一點請看第3章），而是當那些原因發揮作用時可以隨之發展而成的幾類教主的表現。同樣的影響可以強化傳統的價值觀。宗教可以把現存制度神聖化，正如馬克思在一系列批評文章中所宣稱的；但是，它

也是促進變化的力量源泉，不管它是有意的，還是無意的①。其中通常包括宣稱負有神聖使命的得力領袖。在某些情況下，確實有這麼一個具有天啓的領袖出來努力保護和修正岌岌可危的道德秩序。天啓（charisma）——一種「上帝恩賜的才能」——觀念來自早期的基督教，而在魯道爾夫·索姆（R. Sohm）——他把這一術語引入到現代的討論中——看來，天啓是一種保守的力量。

然而，在不同的背景裡，天啓不僅表達了對生活過分理性和程式化的感覺的逆反，而且宣布，那種既定的道德秩序必須打破。

「它被寫下來了……但是，我告訴你們……」

韋伯正是在這一意義上使用了這一術語。雖然他的例子通常取自猶太教與基督教的傳統，但是，他所使用的意義超出了宗教。

226 「天啓的權威……與理性的權威，特別是官僚的權威、傳統的權威尖銳對立。……在它所昭示的範圍內，天啓的權威棄絕過去，而在這一意義上，它是一種特殊的革命力量②。」

如果人們為了強調起見而想選擇一個主題來研究文化與反文化的辯證法，在我看來，選擇宗教是最明智的。為什麼新的宗教信仰和實踐活動（行事）會湧現呢？為什麼有的人接受它們，而另一些人排斥它們呢？那些思想觀念在與周圍環境的互動中又是如何演化的呢？這些都是對於文化倒置的研究來說至關重要的問題。無論他們在具體事例中得到怎樣的回答，對它們的考察都將揭示一場宗教運動中的感情緊張、變革潛力、和合法化的權力——用韋伯的話來說，這些都是直接導向「實際行動」的力量。

文化包括意義系統這種在社會範圍內建立起來的精神世界，如果沒有這一系統，個體就會面臨「最高危險」——無意義（meaningless），「對亂糟糟局面的恐懼」，正如伯傑（P.

Berger）所說的。我們都是某種基本秩序（order）系統的信徒，這種秩序系統是和諧的，它給宇宙（cosmos）賦予了自己的特性。「宗教是人類的這樣一種事業，通過它，一種神聖的和諧得以建立③。」它是對抗動亂的金盾（the ultimate shield against chaos）。

或許人們應該對這種表述有所限定。具有活力的意義系統不會讓追求秩序的需要模糊了動亂現實所造成的悲劇感。事實上，有些人發現，經歷動亂並不比傳統所加在人身上的緊張更可怕。他們接受了這種知識觀（gnostic position）：清規戒律才是最可怕的。然而，許多人對動亂的擔憂所做出的反應是尋求避免「對亂糟糟局面的恐懼」的新途徑。當「神聖的天道」（"the sacred canopy"）分崩離析的時候，就會出現各種新的意義系統百花齊放的局面——這加強了伯傑的觀點。一部分認為天道不可能或不應該再行修復的人游離出來，尋求對個人的保護。其他人則創設或共同擁有一種新的宇宙觀，擁有一種把自己與已經落得漏洞百出的宇宙觀分割開來的宗派性選擇。

在出現重大的反文化鬥爭的時期，宗教運動無疑屬於既定秩序的最強勁的反對力量之列。反抗總是表現在許多不同的方面。韋勒·斯塔克（W. Stark）曾說「宗派（sect）是典型的反文化④。」雖然他的觀點有賴於對宗派做更嚴格的限定（我發現他可以更自由地用這一表述：宗派是「一個衝突的社會」——這種狀況只能延續一代人），但是，他把敵意和否定做為重要特徵來強調，這無疑是言之成理的。斯塔克注意到，宗派從三個基本的方面背離了處於支配地位的社會秩序：它們可以強調一個光輝的過去（通常重新發掘，重新注入生機），或者大肆渲染一個光輝的未來（表現在千福年或烏托邦企望中），而現實則遭到棄絕；它們可以奉行禁慾主義的、或縱慾主義的、或非道德律者的（antinomian）道德，而折衷主義的道德則遭到棄絕；它們或以

227

消極隱世的態度，或以暴力對待佔統治地位的社會，而不屑於合作與對話。這些擺脫社會統治的不同方式無一例外地體現在當代各種宗教流派的活動中。鑑於第二次世界大戰以來新的宗教流派層出不窮，我們清醒地認識到，如果不輔之以關於宗教對社會秩序的衝擊的歷史敍述和理論，那麼，涂爾幹式的關於社會與宗教相統一，關於教會和它們的世俗力量趨於保守的歷史敍述和理論就是殘缺不全的。

關於這個論題，也許我需要特別強調一下：反文化的宗教的出現本身並不一定是好事，也不一定是災難。正如過去的情況所說明的，有一個支持一種新宗教的人，或許就有十個反對它的人，同時很可能有更多漠然處之的人。雖然我也有我自己的取捨（這一點無疑會被人看到），但是，在這裡我只想以不偏不倚的態度說明宗教反文化的重要性。

在經典性的《基督教會的社會教育》（ *The Social Teaching of the Christian Churches* ）中，特羅爾齊（ E. Troeltsch ）詳細描述了教會的複雜結構和正規組織，他還注意到，基督教中有些東西是與制度化相抵觸的。我們可以把這一觀點引申到其他宗教上去，甚至包括像共產主義這樣的「世俗宗教」，因為沒有哪一個避免了分裂和宗派鬥爭的傾向。人們已經廣泛研究了大量體現在現代文學中的逆反視角問題。我們也需要強調的是，宗教以其固有的與世界矛盾交織的關係，擁有不斷尋求同樣的逆反途徑的潛力。

已有大量文獻探討了做為一種反文化的基督教，以及做為它自己的反文化的靶子的基督教——儘管大家並沒有使用「反文化」這一術語⑤。通過探討不同的人們對異教、暴動、諾思替教（ gnosticism ）的懷疑論和非道德律者的唯靈論的指控或稱道，我們可以更好地理解當代的形勢。

基督教一開始主要是相對於猶太教的反文化：它的大多數教

徒是從信奉猶太教皈依過來的，它的許多信仰出自猶太教，同時，它又爲自己確立了與猶太教對立的地位。然而，在幾代人的時間裡，它與羅馬帝國的衝突愈演愈烈。據《聖經‧使徒行傳》記載，可能是帖撒羅尼迦（Thessalonica）的猶太教會堂的一個成員到地方官那裡喊叫：「那攪亂天下的，也到這裡來了。」不過，「這裡」的烽火很快就在各地燃燒起來了。隨著基督徒日益增多以及羅馬統治者日益對帝國的大一統缺乏信心，早期教會成員不再把對羅馬皇帝的效忠視爲理所當然，他們擡高窮人和弱者，用關於千福年的（millenarian）希望來代替理智的希臘和羅馬的信念，並攻擊國敎──這一切引起了對他們的迫害。

在像馬卡斯‧奧里歐斯（公元 161年至180 年在位）這樣一些在歷史記載中顯得較爲公正的羅馬皇帝統治下所表現出的對基督敎的强烈反對反映出基督敎羣體的羽翼日益豐滿，他們的反抗也越來越明目張膽。基督徒被歪曲成表演殺人和亂倫儀式的吃人魔頭，這反映了「羅馬國的宗敎與早期基督敎不共戴天」⑥。羅馬精神是它的保護者；帝國的信仰和儀式把帝國各地區聯結成一體。然而，對基督徒來說，羅馬是十惡不赦的，因爲它是反對基督的王國。

在二世紀末葉前後，特圖利安（Tertullian）槪括過羅馬人對他們的基督徒同胞的指控：「你們不崇拜諸神，也不爲皇上做奉獻。」此外，人們還可以補充上一些人「自願殉敎」的狂熱：他們爲了激發公衆，遠不限於做敎會所要求他們當作虔誠的標誌去做的那些，他們把自己整個都奉獻出來了⑦。

塞爾（Celsus）是一個有節制、有修養的享樂主義者，在他關於早期基督徒的「實錄」中，他批評他們旣不講理，也不聽人講理。「這個世界的智慧代表邪惡，而其中所謂的愚蠢則代表睿智。」他不贊成他們的信仰和禮儀，他反對他們對這個世界的習俗慣制的漠視，他也反對他們拒絕維護統治者的權威。將近一個

世紀之後，奧里根（Origen）──早期教會的神父之一──站出來對塞爾的觀點做出反響（這也說明他的觀點影響深遠）。他是以宗教信仰的語言來應付的。他問，理智曾減輕過通常由有教養者的墮落所滋生的人類的不幸嗎？他又問，相對於輕蔑或迫害，同情不是更為弱者所喜歡嗎？羅馬的哲學家和統治者不可能達到足以去「選擇一種本身生活得更好的、脫離動機的感情熱潮」（"enthusiasm of emotion"）──他想澄清「感情熱潮」並非必然地或經常地與糟糕的選擇聯繫在一起，卻是歷代理性主義者不可迴避的挑戰。弗勞德（J. A. Froude）──正是他為我們理清了塞爾和奧里根之間的這場筆墨官司──指出了他們的世界觀之間的尖銳衝突⑧。

奧古斯丁指出，基督徒扭轉了以前的所有價值觀。並不只是羅馬時期的背景造成了它的反文化屬性（從主導價值觀的角度來看）。這些屬性是它的信仰所固有的，正如它們是所有集大成的宗教所固有的一樣。當「四海之內皆兄弟」的宗教道德用「全世界只有一個統一的上帝（這是韋伯的措詞）的觀念來向地域的、部落的和國家的障礙進攻時，它與政治秩序的緊張就生發出來了。反對君權而信仰上帝的王國──儘管這一點常常受到一體化國家的影響──「在自然的社會統一體中創造了反文化；它在傳統和現代的自然序列中造成了斷裂⑨。」

還有一些其他因素與普救說（universalism）一起共同支持了早期基督教及其以後的反文化運動。諾思替教⑴（Gnosticism）的觀念中有「宇宙」（cosmos）這一術語，它包含秩序、平衡、

⑴諾思替教（Gnosticism）：希臘與羅馬世界的一種秘傳宗教，主張禁慾清修，通過某種靈的直覺徹悟到真知才能得救。其中的一些支派吸收了基督教的觀念，成為早期基督教派。基督教確立正統地位之後，它被視為異端。

完整、規則，是希臘人的關鍵概念，但是他們顛倒了它的價值內涵。秩序（order）是他們所抗議的，因爲它是專制的，它對個體的目的是苛酷的，歧視的。因而，「宇宙」這一術語可以轉化成諾思替教的用法，「正像他曾在希臘傳統中做爲象徵一樣，它也能夠以其顛倒的價值標誌成爲新的象徵⑩。」儘管諾思替教出現在基督教之前，但是，直到基督教已經確立，它顛倒主導傳統的努力仍然勁頭十足。做爲基督教的異端，諾思替教被確認爲一種通過神秘的知識（它被用以代替福音）達到拯救的教義。它關於內在獨立和「神聖的絕對自我」的原則與虛無主義、宗教思想自由論聯繫在一起（也與禁慾主義聯繫在一起）。喬納斯（H. Jonas）强調：對法律（它是在我們的自由之上所設計的那些東西的一部分）的忠誠不復存在。

關於罪的神學思想被極端的諾思替教分支所顛倒了：罪是通向拯救之路。爲了把該隱提高到一種受尊重的地位，爲了肯定「在傳統上聲名狼藉的人」，「被放逐者的原型」，一個諾思替分支堅信他們正在「通過把原先賦予的意義顛倒過來的方式」而從該隱與亞伯的故事中提取眞義。「在漫長的歷史中，人們塑造了一系列這樣的對立角色，他們做爲一個整體形成了一種反叛者的歷史觀，構成了與官方歷史觀的有意的對壘」⑪。

這種觀念經常反覆出現，正如在中世紀和當代撒旦崇拜（Satanism）中的表現，或歌德等人在浮士德神話中的象徵性表現。其根源深藏於那些使對主導價值觀的顛倒對於某些人來說顯得大受歡迎或至關重要的社會和心理條件中。羅賓遜（J. Robinson）在他爲收藏諾思替教文獻的納格·哈瑪狄（Nag Hammadi）圖書館寫的介紹中說，當他處在與其時代的權威大爲衝突的情境中時，「耶穌號召對價值觀來一個徹底的顛倒」。後來他的許多追隨者採取了一種較規範的生活，但是，激進主義的衝動並沒有消失殆盡。它仍然以不同的方式反覆出現在一些宗

230

教分支中，出現在一些邪教和諾思替教的信仰中。當基督教確立
了自己一家獨尊的地位之後，諾思替教被當作異端邪說受到排
斥，但是，這種排斥是相互的⑫。

當代宗教反文化

「⋯⋯如果有人打你的左臉，你就砸爛他的右臉。」

——安東・拉維（Anton Lavey）

《撒旦的聖經》，第三十三頁。

宗教反文化的範圍涉及從那些使精神世界天翻地覆的現象，
到那些顛倒傳統信仰、習俗慣制和儀式（同時又承認了與其他宗
教的某種親緣關係）的現象。一些諾思替教的支派，更急切地渴
求千福年的羣體（他們迫不急待地要使注定要在完美的新秩序出
現之前來臨的災難早日來臨）、倡導「自由精神」的極端分子以
及許多不同歷史時期的撒旦崇拜都表現了各種逆反的實例。

從其影響和捲入的人數來考慮，宗教傳統的急遽逆反或許比
不上局部的顛倒那麼重要。然而，因爲急遽逆反從外部標明了越
軌行爲的幅度，所以，它們使文化與反文化的對壘顯得陣線異常
分明，正如撒旦崇拜——它在前些年又死灰復燃，並且還愈演愈
烈——所造成的效果那樣。撒旦，這位人類之敵，被召喚來聲援
傳統標準的對立面。崇拜惡魔的人「全面排斥一個社會的神聖之
物，並以褻瀆之物取而代之⑬。」惡魔崇拜的當代變種已經轉向
了宗教—法術系統的法術方面，也就是說，它們主要關心如何通
過非經驗的手段去滿足直接的和迫切的需要，去處置壓倒人的焦
慮。

「撕心裂肺的音樂戛然而止。在突如其來的沉寂中，空

氣似乎在搖曳，在悸動。然後是一支蠟燭跳著火苗燃了起
來，接著是另一支，另一支。在它們的閃耀中，黑黑的、朦
朦的人影依稀可見，在儀式室的牆壁上神秘地手舞足蹈。山
羊神從上方凝視著一動也不動的人體造型。一個紫黑緞帶的
人逐步走向石壇，隨著那幫人影被驚動，向仰靠在他面前的
石壇上的少女的裸體造型舉起了寒光閃爍的寶劍⑭。」

231

　穆迪（E. Moody）所刻畫的這幅奇異的景象既不是取自中
世紀的歐洲，也不是取自美洲部落社會，而是取自七○年代初期
舊金山撒旦崇拜的梯形第一敎會。其中所有的參與者都有些行為
不端──正如穆迪所指出的，他們對別人的滋擾遠甚於別人對他
們的妨礙。他們的童年都打上了艱難困苦的烙印。他們過去常常
逸出正常的社會互動關係而陷入反常者或近於反常的人的染缸之
中。他們迷戀法術的初衷是想藉此使這個世界「可以預見並因而
少製造一點煩惱」。他們相信，他們的失敗和挫折並不只是由於
他們個人的缺陷，而是更根本地在於「巨大而神秘莫測的力量，
例如，邪惡的力量──在它面前，一切人都相對地顯得無能為
力。」正是在這種信仰的控制下，他們缺乏自尊和自信⑮。

　從基督崇拜者轉向撒旦崇拜者是極不容易的，因為基督敎的
「七大罪惡」深深地紮根於道德之中。在《撒旦的聖經》（The
Satanic Bible）中，我們讀到，撒旦代表著赦免；代表著對尊崇
者的仁慈；代表著復仇，而不是打你左臉還要送上右臉的善意；
代表著一切帶來身體的、精神的和感情的滿足的所謂的罪⑯。黑
人彌撒旨在褻瀆基督敎儀式。例如，穆迪提到，十字架被放得顛
三倒四，祈禱文的引用亂七八糟，污穢的語句反覆用拉丁文唱
湧，騷尿被用作祭酒，裸婦被置於祭壇。

　撒旦的狂熱崇拜者極力要造成一個強有力的、敢作敢為的羣
體形象，以激發其成員的熱情，並激起公眾的反對──這也是他
們所需要的。他們演講和寫作都用粗俗的話。在一位「權力派」

領袖寫的《戰神》（ *The Gods of War* ）中，「聖主撒旦」訓導大家：

> 「解放你身內的惡魔吧，因爲它是强悍有力的，是桀驁不馴的，它的力量豈是脆弱的人性所能拘禁的？
>
> 藉助你的原始衝動脫穎而出吧，讓爭强好鬥的慾望汪洋恣肆，讓打擊、砸亂、粉碎一切束縛你的東西的衝動抖擻起來……
>
> 以你的勃勃雄風去播愛；以你銳不可擋、萬無一失的劍客之手去衝殺；
>
> 以你殘忍的才能去破壞；以你非人的力量、不可遏止的怒火去毀滅；最後，拿出你的權力的全部威嚴去大肆蹂躪⑰。」

班布里奇（W. Bainbridge）指出，在他所知道的那幫人中，沒有一個成員把這番訓導當作行動指令。然而，在這個羣體的書刊中，許多地方用這番話做爲狂熱分子的標誌。有人提到，眞正按這番話行事的曼森（C. Manson）與這幫人混得很熟，並爲其刊物寫了一篇短文⑱。

人們可以爭辯說，如果它們的信仰和儀式沒有「起作用」──沒有從蔓延的焦慮中獲得某種情感的釋放，對生活的滿足感也沒有什麼增加，那麼，像撒旦教會和「權力幫」這樣一些羣體就會很快做鳥獸散。穆迪相信，法術不僅對捲入的個體起作用，正如自信心被提高了，性禁忌被克服了的青年男子的實例所展示的，而且也對社會有作用：越軌行爲被限制在一個特殊的社會環境中；參與者以各種形式、以流行開來的範式爲依據再度社會化；被進步、科學與技術之「神」所要求的可怕代價日見分明；並且，主導社會的成員有了一個活生生的反文化實例，可以用來解釋世界的不幸，用來標明與主導文化之間的模稜兩可的、模糊

不清的界線。

提醒大家注意越軌行為的潛在後果（the Latent consequences of devietion）不無益處。然而，在人們同意穆迪的結論——「像『梯形教會』這樣的邊際宗教（marginal religions）應該給予鼓勵」——之前，人們應該探尋更進一步的後果：偏執和嚴屬在向更大的人口範圍擴展，對那些嘗試逆反的儀式和信仰的人可能因為更大的失望而導致新的傷害，那些利用別人的焦慮來謀求自我利益的投機分子會出現，那些給予心煩意亂的個體以觀念上的支持，使他們得以表現靈魂深處的敵意的世俗化形式會發展。曼森家族以其激化種族衝突的計畫並使謀殺合法化的主張證明了最後這一點。鑑於他倍受折磨的童年，人們會同情曼森在痛苦的鬥爭中從社會一無所得的苦楚。他前三十五年中就有二十二年是在獄中熬過的。他在一九八〇年說，「請聽我說吧，我其實從生下來就一直被關在大牢裡」。把他孤苦伶仃的童年——總是被拋棄、受拒絕的童年——與維護文化產物的社會氣候聯繫起來，我們就會見識到一個可能很殘忍的崇拜惡魔的人⑲。

我們非常需要進一步研究反文化對不同人在一系列環境中所引起的各種後果。

「新宗教」　地地道道反文化的宗教狂熱者不像那些雖然在儀式和信仰上極不相同，但是畢竟有些接近於既定社會的目標的宗教羣體那樣人多勢眾。其中一些羣體即使在宣稱自己是對一種主要的宗教傳統的叛逆的時候，也否認自己與它的歷史親緣關係。另一些羣體則擁有一個「外來」傳統，它們把它做為一種參照系，藉助它批判並顛倒它們自己的背景中的宗教。「泊來的」宗教——例如美國的佛教和印度教——被那些皈依它們的人進行了一定的改造之後才得以紮下根基。

在某種「世界宗教」佔主導地位的那些並不單一的社會裡，宗教反文化不乏其例。不過，在幾種力量促成叛逆一起發生的歷

233

史時期，宗教反文化特別發達。在這種時期，佔統治地位的宗教羣體變得不堪一擊，新宗教浪潮則會席捲而來⑳。

應該指出的是，與羣體的人數形成對照的參與者人數常常既被爲某一羣體說話的人極大地誇大了，也被一般公衆極大地誇大了。當我請那些相當知情的人（不過，不是專門研究者）估計一下「太陽太陰合一教」（Sun Myung Moon's Unification Church）在美國的人數時，回答的數字從一萬到「遠不止一百萬」不等。該羣體自稱有三萬人；而洛夫蘭（J. Lofland）經過長期研究後的估計是二千人㉑。很難獲得關於宗教團體成員的準確信息。困難就在於這種信息是關於更新著的、高度大衆化的叛逆羣體的。許多人加入一陣子就離開了，所以老成員比實際成員多得多，這就使估算成了難題。人們可以相當自信地說，保守的教會日趨龐大。一些持中的羣體——例如「耶穌運動」（the Jesus Movement）——也相當有勢力。然而，極端叛逆的羣體，包括準宗教性的精神治療羣體如科學教（Scientology）和「厄斯特」（est），則趨於人數不斷減少㉒。我把活躍分子的總數估計爲幾十萬人（大致而已）。而與那些宗教羣體的某一種有所接觸的人就多得多了，肯定幾倍於此。

我們估計那些較多叛逆性的宗教羣體的大小，並不是想貶低它們的重要意義，而是想强調：它們的意義建立在它們做爲文化挑戰的性質上，而不是建立在人數的多寡上。人們可以從許多各各不同的社會裡找到這種挑戰的實例。我將主要針對美國而言，因爲那裡的新宗教的種類和數目都很可觀。然而，適當提及日本和馬來西亞的情況將有助於防止我們誤認爲這些發展只見於西方社會，將有助於我們認清那些使宗教挑戰顯得溫和或激烈的條件。

在日本，一九三九年的一個法案（它鞏固了流行的宗教活動）對一切宗教的嚴格控制被麥克阿瑟將軍在一九四五年發布的

一個命令完全取締了。原來的宗教由於與失敗的天皇相聯繫而日漸衰微。成千上萬的人發現他們在文化上和身體上被這場戰爭、被急速的城市化、被來自西方（特別是美國）的衝擊弄得六神無主。在這種背景下，幾十種宗教羣體應運而生或者很早就開始了快速發展。有幾個羣體的人數多達幾百萬之眾。其中最大的是花道（Soka Gakkai），它在自己的成員與拒不接受它的人之間劃了一道明確的分界線；它改變人們信仰的方法帶有强制性；它强調個人的成功遠甚於强調社會的、國家的財富。人們在一本正式出版物中可以讀到，「通過這種最高宗教，只要一個人誠實工作，他就能避免貧窮，過一種如花似錦的生活；即使你身處動亂，你也會發現家是幸福的、寧靜的；即使你身患疾病，你也會完全恢復健康，並能繼續進行以前的工作。通過神的力量，一個因自己兒子的犯罪而遭受心靈痛苦的母親有朝一日會發現他已洗心革面㉓。」這樣一種「製造幸福的機制」（這是它的一位領導人的措詞）與它所從出的佛教傳統大異其趣㉔。

　　然而，「新宗教」與反文化的宗教並不是同義語。新宗教呈現了一些顛倒日本佔統治地位的宗教主題的勢頭，但是，它在日本的發展並不像在美國的發展一樣與那麼多傳統的信仰與行事完全水火不容。在很大程度上，它們通過融滙舊的與新的，成了通向急遽改變了的世界的橋樑。儘管在最近幾十年裡日本也不乏緊張和變化，但是，我前面曾經討論過的一些反文化的關鍵原因在日本的作用就比不上西方世界那麼顯著。在這裡，人口中年輕人的比例沒有一個突然增長的時期。儘管存在向城市移民的因素，但是，親密的社交圈子，家庭、親族甚至社區所受到的衝擊遠遠比不上其他工業化社會的情況。精神需求水準與收入、地位的實際改善大致相匹配，因而，那種相對失落感（在許多社會裡它都是一種强大的力量）就沒有震撼日本人的體系㉕。

　　這些條件是內在於日本社會與文化的呢，還是它們反映了它

235

充分工業化的近代特性呢？這仍然有待探討。我預計這兩方面都是眞實的，並相信反文化的抗議活動（包括宗教反文化）的某種程度的增長在今後必將出現。伴隨著新宗教，日本還出現了政治和經濟的反抗活動，其中一些甚至相當猛烈；不過，捲入進來的人相對來說比較少。最強大的反抗活動可以說見之於大學校園，見之於對國家和經濟的變化最敏感的校園師生㉖。他們也許是尋求社會與文化的變革的更廣泛的運動的先驅。

馬來西亞列島雖然受到與日本列島很不一樣的事件的影響，但是，它們也遇到了文化接觸、文化衝突與社會變革。它們也經歷了宗教運動和宗教性政治運動的浪潮的洗禮。其中最著名的是千福年貨物崇拜（the millenarian Cargo Cults），島民們通過它來處理歐洲人的統治所造成的社會羣體的麻煩和個人的煩惱。這些運動之所以說是信仰千福年式的，是因爲他們想像著用宗教手段使眼下一個受困擾的、被剝奪的國家戲劇性地、快速地轉化成一個受恩賜的、光輝的國家。

傳統社會受到了一系列文化震蕩、種植方法和採礦監視方式、種族矛盾以及軍事入侵等的嚴重干擾。傳教士傳授的價值觀與主宰居民生活的那些人所體現的價值觀之間的對照使人們更加困惑，更加無所適從。在這樣的處境裡，土著居民不可能回到過去，因爲白人不僅攪亂了他們的社會，而且也給他們帶來了新的慾望和新的滿足；他們也不可能一往直前，因爲他們所得到的微乎其微，他們的機遇屈指可數，他們對白人的活動方式的掌握還極不地道。正如沃斯利（P. Worsley）所說的，這一舞臺的設置是爲了土著人的獨立活動，而這些運動則在宗教外衣裡表演著社會的與經濟的慾求㉗。

首先，這些活動傾向於是本土主義的（nativistic）和自我保存主義的（revivalistic）。像幾個印第安部落中的鬼舞教（the Ghost Dance）一樣，它們發誓，舊秩序應該重建，而入侵者應

該被驅逐出去。於此看來，貨物崇拜運動談不上是反文化的。他們謀求顛倒的秩序是歐洲人的。「抵抗與希望」之敎義憧憬著祖先的回歸，獨立的贏得以及繁榮和幸福生活的最終來臨。

236

　　然而，甚至在這場運動的早期就表現出了新需要和新價值觀。運動在許多方面是保守的，但是，即使是在傳統宗敎裡也不乏對於創造的崇拜，更何況這種運動？可以相信，在與歐洲人及美洲人廣泛接觸之後出現的這種運動會包含導致激進主義變化的種子，其中包括革命的民族主義——正如勞倫斯（P. Lawrence）所強調的，民族主義使天各一方的部落有了一種共同的命運感和共同的目標。這場運動中的許多支派都發展了關於「失竊的貨物」的主題。從島上的土著居民的觀點看來，他們周圍的白人不斷通過輪船和飛機從一個未知的世界獲得大量的物質供應——那些貨物不是白人生產出來的，他們只不過送去一條條小紙片就能得到。土著居民不難相信，那些貨物是他們的祖先生產的，而被白人從他們的祖先那裡偷走了，可是白人卻一直對他們保密。先知們站出來宣傳保衞貨物的方法，宣傳重建土著人至高無尚地位的方法。

　　如果信仰和儀式，對貨物的毀壞和對工作的拒絕顯得不能打敗白人並掌握他們贏得大量貨物的秘密，我們就要提醒我們自己注意本土文化被削弱的程度以及新的、具有魅力又遭憎恨的方式受重視的程度。島民們不可能直接了當地採納白人的生活方式。即使部分社會化及官方政策爲他們開了方便之門，自尊也不允許他們這樣做。然而，他們也不能對這種生活方式視若罔聞。隨著他們的經濟受挫，企求上漲，與其他生活方式的接觸拓寬，對歐洲人的物質文明的依賴確立下來，任何維護他們的忠誠的反抗運動都不得不幫助把他們帶入新的地步，都不得不通過社會紊亂達到新的秩序㉘。

　　因而，形勢使個體以及文化都充滿了愛憎交織的矛盾心態。

（ambivalence）──它有助於說明許多貨物崇拜者的極端態度。「舊秩序的維繫日趨嚴酷，對舊規範的排斥就需要巨大的勇氣，並引起深深的犯罪感，並進而引起歇斯底里症和侵犯行為。許多非道德律者的表現都是對先前接受的規範的有意拋棄，他們並不是旨在拋棄所有道德，而是為了創造人與人之間新型的友好氣氛和新型的道德㉙。」

貨物崇拜絕不是純粹的反文化。它們本身差別很大，複雜到無法進行這種分類。塔爾蒙（Y. Talmon）用「對先前接受的規範的有意拋棄」所指的是努力重建傳統文化，恢復改革項目（越來越多地採取政治形式）、一些基督教因素以及反對白人的情緒（混合著對白人介紹進來的物質的渴望）。既然外部文化是它們的反對焦點，按我的定義，貨物崇拜不是反文化的；但是，他們的信仰體系和儀式中的那些顛倒了其成員曾經接受過的價值觀和規範的部分則是反文化的。經驗世界並不遷就我們的範疇。不過，我們通過對各種複雜的組合進行研究會大有收穫。

美國的宗教狀況同樣複雜，從傳統的和正統的宗教羣體到我們討論過的完全反文化的信仰撒旦的羣體，什麼都有。本書的大多數讀者或許都會同意，一個宗教團體只有具備下述特徵才能明智地適應一個多元化的、現代性的和快速變動的社會：它與大社會的關係合情合理，對外界的批評兼收並蓄；它處理內部事務是民主的；它與其他團體携手並肩去滿足人類的各種需求；它不武斷地糾纏「信仰的純潔性」；它有志於眞誠的對話和人類的團結。這些也就是教堂不斷減少的原因。那些發展勢頭不減的團體──無論它們是保守的（conservative）和基要主義（funda-mentalist）的基督教會，還是出自其他傳統的「新宗教」──都不合於這種模式。凱利（D. Kelley）針對那種基督教會說，它們「通常拒不承認其他教會的教義和聖事的合理性，」把它們看作奇怪的禮儀和習俗。它們堅持一些「非理性的行為」，以致

拒絕接受現代藥物治療，例如，拒絕輸血。「它們頑固地通過監察、異教審判等手段在其成員中推行信仰與行為的一致原則」⑳。

在那些有宗教自由的民主國家裡，人們很難稱這種信仰和行事是反文化的。把它們看成替代性選擇也許都是不對的。在一個多元化的社會裡，它們只不過表示了宗教觀的差異幅度。不過，它們確實有一些反文化的性質，這些性質通過它們對佔主導地位的美國文化的反對（它們認為這一主導文化缺乏標準，並且在向道德紊亂的狀態急轉直下）表現出來——不過，支持者們則把這種「急轉直下」看作自由的擴展。

既然聯邦最高法院（the Supreme Court）可以被看作在為主導文化講話，宗教選擇的幅度近年來變得更加廣泛了。六〇年代初，最高法院開始做出一系列判決，重新解釋各種宗教行事的法律標準。其主要傾向是把它們從非法的、反文化的改判為可以接受的，儘管仍然不乏模稜兩可之處。

直到一九三一年，最高法院還聲稱「我們是一個信奉基督教的民族。」一九四〇年，「耶和華見證者」⑵的成員們的子弟因為拒絕參加向國旗致禮並表忠心的儀式而被開除出校，這得到了法院的支持。應該指出的是，對該派教會的大量攻擊發生在隨後的幾年裡。然而，三年之後，最高法院開始著手扭轉自己先前的判決。一九六三年，最高法院認為，否認給予星期六拒絕工作而在其他方面完全合格的一位信仰基督即將臨世並守星期六為安息日的人以誤工補償是違憲的。此後不久，出於宗教意識對服兵役的反對又受到了它的支持。一九六四年，加利福尼亞高等法院裁

238

⑵耶和華見證者（Jehovah's Witnesses）：拉塞爾（C. T. Lassel）於1870年在美國賓夕法尼亞創設的一個基督教派，主張宗教信仰高於一切，宣稱上帝之國即將降臨。

定，美國土著教會（the Native American Church）的拿佛和
（Navajo）印第安人成員擁有摩根毒品可以免受拘捕㉛。

　　儘管有了這麼多變化，法律上可以接受的事物與宗教上反文
化的事物之間的界線仍然難以劃斷。在一九六六年因非法持有大
麻而遭指控的利里（T. Leary）建立了「精神發現聯合會」
（the League for Spiritual Discovery）㉜。不過，他沒有成功
地獲得保護，沒有成功地將賦予給拿佛和人的宗教團體的保護引
申到他自己和他的聯合會上來。他的案件引起了人們對豁免拿佛
和人的決定的嚴厲批評㉝，但是，批評無損於傳統的印第安人宗
教團體繼續享受與眾不同的法律待遇。

　　達姆雷爾（J. Damrell）對「寰宇自由教會（Church of the
Cosmic Liberty）的研究明確地顯示了在美國社會（無疑可以算
上通常所說的西方等其他社會）把毒品的使用納入可接受的宗教
行事的困難。他描述了一個嬉皮小團體：當他們從一個主要圍繞
世俗的藥物的使用而建立的團體轉變成一個圍繞冥想與「聖藥」
的使用而構成的團體時，他們共同分享毒品、鬼靈和印度教的神
秘主義。起初，「教會」大致是一個吸毒活動的堡壘，即使在它
取得了官方的免稅待遇之後仍然秘密保持著這種活動。漸漸地，
他們對印度教信仰和行事的認同感就佔了主導地位；最後，開創
者們「認識到精神治療藥物（特別是大麻）是通向神明的紐帶，
而他們自己則是配製這些藥物的藥劑師，是接受上帝旨意來『開
導』這個世界的神聖使者㉞。」然而，幾年之後，這個團體放棄
了自己是一個教會的宗旨。一些新成員受教會外衣下的毒窟的吸
引入會，對宗教信仰和行事毫無興趣；一些開創者則進退維谷，
他們的藥物配方和使用仍然是非法的。不論是否繼續高舉「寰宇
自由教會」的旗幟，他們仍然是反文化的。

　　藥物的使用只是宗教自由原則與「新宗教」的各種信仰和行
事之間的張力之一。像過去的慣例一樣㉟，最近一些年裡幾個叛

239

逆社會的宗教經歷了法律的高壓和公衆的攻擊。羅斯札克（T. Roszak）認爲，對抗來自幾個不同的方向：「對於基督教的建立來說，它在很大程度上是崇拜外來的唯靈論者（antinomien）的諸神。對於正統的人文主義來說，它來自對理性的侵犯和心智的不健全。對左翼人士來說，它即使不是資產階級的墮落的標誌，也是對社會良知的背叛。對於大衆傳播來說，它是多少有點過於情緒化的狂熱。對於美國中產階級的大多數來說，它是對優良風範和常識的猖狂侵犯㊱。」羅斯札克一度持此觀點，但是，他現在相信，那些新團體值得、也需要我們更有同情心地傾聽它們的聲音㊲。然而，這需要對對抗有一種理智的態度，需要完整地敍述被羅斯札克所指責的團體看作特別應該反對的那些信仰和行事。

一九七八年十一月在圭亞那的瓊斯敦（Jonestown）發生的事件無疑使以理智的客觀性審視這一問題變得更加困難。一個凶手刺殺了一位議員、三位新聞界人士和「人民寺」（the People's Temple）的一位成員，接著，九百多位崇拜者進行了謀殺和自殺，給全美帶來了巨大的震驚和困惑㊳。類似的事件以前在幾個不同的地區發生過。許多人捲入到一場運動中來——或者支持，或者反對。這場運動圍繞相互對立的關於洗腦、思想灌輸、綁架和對宗教自由的侵犯等的爭吵而展開。因而，瓊斯敦悲劇在理解上就變得很複雜了。

新宗教從哪些方面來看是反文化的呢？如果說一些人使用毒品是爲了尋求「悟」的話，其他的，例如梅赫·巴巴（Meher Baba）運動、黑爾·克里什那（Hare Krishna）信仰以及聖光傳教團（Divine Light Mission），就傾向於是禁慾主義的。它們很好地說明了馬丁（D. Martin）所指的辯證法中的辯證法。舉例來說，大多數崇拜黑爾·克里什那的人最初拋棄家裡人的宗教信仰而轉向嬉皮，現在他們來了一次突然的大轉向。他們放棄

240

了嬉皮的享樂主義和鬆垮的道德，接受了苦行僧的生活方式；他們也接受與其父母的宗教很不相同的信仰和行事。不僅藥物和酒、就連茶、咖啡、魚肉也是禁止的。爲了生育，性交只是不得已而爲之。每個成員被希望每天把一百零七粒的念珠默默地數十六圈。他們剃光頭，並用濕泥巴把臉和身上的十一個地方塗抹上。爲了對他們的問題尋求一種超然的精神解脫，他們拒絕追逐物質利益、既定的教育以及物質主義社會的一切權威㊴。

　　新宗教的一些領導人被指責或被控告爲了私利而欺騙其成員和普通人民。如果事實果眞如此，其行動就不是反文化的：它們是受禁的、犯法的，但不是在顚倒了的價值觀的名義下進行的。我還不曾見過違法和缺德行爲的比例與商人、政客或其他羣體的比例的比較。既然缺少充分的信息，我的猜測可能成爲一個有趣的羅莎測驗(3)。

　　彌賽亞信仰（Messiahship）的說教——例如哈巴特（L. R. Hubbard）等所做出的——就與大多數人的宗教信仰相矛盾。一些人並不承認什麼彌賽亞；一些人相信他以前出現過；其他人則認爲他將要降臨。現在，正如過去一樣，那些聲稱懷有他們自己的彌賽亞信仰的人又與這些信仰相矛盾。

　　幾種新宗教最重要的反文化性質之一是它們的認識論的和宇宙觀的信念。科學教稱自己是知道如何求知的科學。相對於那些通常稱爲「科學」的領域的一個個「可能」，它是「下斷言的科學」。「科學教以其在極大比例上反常的眞實觀與傳統世界對壘」㊵。

勿動！靜坐！

---

(3)羅莎測驗（Rorschach test）：一種心理學的測驗，根據被試者對墨水點和畫的反應來分析其性格。

那些强調通過沉默、冥想和瑜珈達到了悟的東方宗教也向西方流行的關於達到內省和知識的方法的信念發出了挑戰。可能源於佛教的團體與西方流行的關於幸福和自我的觀念衝突得較爲激烈。慾望的滿足不是幸福；目標應該是改變慾望，而不是滿足慾望。這一信念與自我觀念密切聯繫在一起。佛說「人生不幸與孤獨的根源是深藏人心的以爲存在自我這種東西的信念⑪。」在西方的文本中，這些信念的潛在的反文化性質被減弱了。與其說它們是東方的，不如說它們是新的；自我不是被壓縮回去了，而是被肯定了⑫。

有幾種新宗教從其招募方法（methods of recruitment）來看被認爲特別具有反文化性。一些人把這些方法看作提出「誰受吸引」的問題，而不是「誰被改變信仰」的問題，因爲它們相信教派和信徒有足夠的灌輸思想的力量以說服幾乎任何人加入他們並分享他們的信仰。「幾乎沒有一個靈魂不響應『新宗敎』的召喚和承諾」，斯托納（C. Stoner）和帕克（J. Parke）寫道；不過，我應該補充的是，他們並沒有一直堅持這一觀點。已有多項研究把中國人在朝鮮戰爭時期的思想控制方法與一些新宗教的轉變信仰的過程（the conversion process）做了比較。中國人的思想教育運動與黑爾·克里什那教徒的活動之間的相似顯而易見，與耶穌運動的相似也不難發現⑬。通常被忽視的是，許多這種行動是基要主義教會的一般特性，並且，在某種程度上也是一切急於改變信仰和重振旗鼓的宗教團體的特性，儘管它們的行動沒有這麼激烈，自我意識也沒有這麼明確。如果著重點有所改變，人們就可能把利夫頓（R. Lifton）所說的狀況誤當作思想管制——例如傳播媒介控制、神秘的操縱、對純潔性的要求、坦白、神學之氛，語言中充滿的火藥味；並把這些狀況指向各種各樣的宗教團體和部門⑭。

人們反對這一觀點：招募新成員的能力和改變信仰的技術最

241

重要。他們認為，新宗教內的人格改變主要歸因於個體素質、他們的潛在的焦慮和不成熟性。其他人強調社會背景——社會變化過速、文化氛圍、關於公共問題的尖銳衝突。

在我看來，把各種影響因素聯繫起來的場理論的探討（field theoretial approach）似乎更關鍵。在一個著名的範例中，洛夫蘭（J. Lofland）和斯塔克（R. Stark）描述了用之於判斷一個「合一教會」（the Unification Church）早期分支的信仰改變的七個方面：

> 「至於改變信仰，一個人必須：
> 一‧體驗持續的、強烈的壓力；
> 二‧而這種體驗不超出宗教性的解決問題的角度，
> 三‧這種體驗使他把自己當作一個宗教探索者：
> 四‧他在人生的轉折點上抗擊他所屬的羣體，
> 五‧在這個羣體內，他與某個或多個已改變信仰的人情投意合；
> 六‧以外，不存在對其他信仰的虔誠，或許對其他信仰的態度是中性的；
> 七‧最後，如果他變成了一個可以傳播新信仰的人，他必須進行產生強大影響的人際接觸㊺。」

242

洛夫蘭—斯塔克模式對人格以及相關的互動因素的描述是很有價值的。然而，它只是含蓄地涉及到了而不是充分注意到了互動發生於其中的、更大範圍的社會文化背景。鑑於我們的目的，設計一個更簡潔的模式，我們就能把它做爲一個省視被一些新宗教派別所使用的改變信仰和保持信仰的諸種方法的參照系。在變動過程中，這些因素互相作用。

社會土壤×個人習慣×特定時期的人際接觸（機會）

這是一個乘法模式，而不是一個加法模式，因爲任何一個變量的

缺失都會使活動不能發生。我們必須把社會背景置於視野之中，因爲新宗教更易於在某些時期而不是在另外一些時期大獲發展。既然一些人參加，而另外的人不參加，那麼，個人傾向就不能置之不顧。那些與新宗教羣體沒有接觸的人不可能參與，哪怕他們有這種傾向；如果接觸發生得不是時候，他們也不可能參與。

當人們認爲「崇拜」（"cults"，現已變成多少帶有一點貶意的詞）有極大的獨立作用的時候，很容易忽視整個力量場（field of forces）的作用。在近幾年裡，人們對新宗教的幾個派別的批評，因它們吸收成員的方法、對與外界接觸的成員的傷害程度和爲了防止叛教而制定的苛酷制度，變得特別激烈。那些宗教信念和宗教歸宿感變得多少有些淡漠的人常常驚愕於信仰的嚴肅性——許多教派和狂熱分子持這種態度：他們的路才是唯一正確的路。他們可能會因爲對他們的社會的文化分野不甚明晰而深爲不滿，這種不滿促使他們把越軌的羣體當作鮮明的對照。

有一些人說：我們正在把忠誠召回到這個世界來；我們愼重地選擇了我們奠定的路；我們心甘情願爲它獻身，即使因此而受到孤立和誤解也在所不惜。如果我們與不信上帝的那些人劃清界線，那麼，我們一方面可以創造一個我們能夠履行我們的信仰的社區，另一方面可以使我們免遭迫害。

當然，我們從反對者那裡則聽到迥然不同的話：欺騙、誘惑和洗腦使孩子們和青年人加入了顚倒他們的培養標準的羣體。一旦他們在內心中覺得被孤立了和受人利用了，他們個人的歸宿感就會蕩然無存。擺脫特定的宗教羣體的意願常常被窒息，不過，對他們的阻力並不是來自對肉體的迫害。帕特里克（T. Patrick），一個專門「分解程序的人」（deprogrammer），是這種觀點的一個著名的闡釋者：「宗教運動愈演愈烈。……它所造成的最大災難是使青年人的精神變得面目全非。我所要說的只有一句話：『警覺吧，美國！』[46]」西格爾曼（J. Siegelman）和

243

康韋（F. Conwey）在比較了會在其他宗教狂熱羣體中發生的事件之後說，「瓊斯敦事件也許只不過是一次很隨便的野餐⑪。」另外，還有幾部作品——其中有些是自傳性的——頗富戲劇性地描述了受誘惑、改變信仰、疏離家庭、父母把他們從宗教狂熱中解救出來的努力等環節所組成的過程。愛德華（C. Edward）的《對上帝的狂熱》（*Crazy for God*）成功地解釋了個人的經歷。他有意無意地使他自己顯得相當天眞、柔順。在合一教內待了幾個月之後，他終於識穿了把他轉化成一個「卑委的信徒」的「邪惡的思想灌輸過程」⑱。

我看過一部影片，它是由一個基要主義的教會攝製的，它把類似的材料進行了戲劇化處理。它表達了這樣的意思：宗教崇拜（the cults）是偏執的、專斷的、應該對此加以揭露並給予限制。

除了這兩種觀點——參與不安分的新宗教的人士的觀點和他們的反對者的觀點——之外，那些既不指責也不支持新宗教各派別，但關心這場爭執對於宗教自由和公民權力的意義的人提出了第三種觀點。考克斯（H. Cox）說：

> 「我惶恐地發現，那些爲了保證宗教自由而警惕地捍衛著《憲法第一修正案》的人，在我們都認識到了這些方法也可能——並且已經——被用在天主教徒、基督教分支的成員和其他宗教運動的追隨者身上時，原諒那些分解程序的人。……人們想知道這些熱忱地保護心理規範的人與耶穌——他的父母曾認爲他精神錯亂——有什麼關係，或者與聖托馬斯・阿奎那（St. Thomas Aquinas）——他的父母曾千方百計要他放棄他的宗教誓言——有什麼關係」⑲。

244　　　瓊斯敦悲劇發生之後，許多宗教領袖表示了他們的擔憂。正如凱利（D. Kelley）所說的，這種擔憂將帶來「所謂的崇拜熱

的開放季節」。來自圭亞那的新聞播出後不久，「一位電視新聞播音員來到曼哈頓（Manhattan）的黑爾·克里什那寺，問主持這個寺的羅馬帕達·達斯（Romapada Das）：『你帶著自殺藥嗎？』緊接著又問：「好，假設你攜帶著，你會怎樣服用它們？』㊿」

羅賓斯（T. Robbins）和安東尼（D. Anthony）都是關於崇拜熱以及反宗教狂熱的運動的最活躍的研究者，他們從社會學的觀點很好地闡述了人們反對反文化的宗教羣體的原因。他們既解釋了目無法紀的狂熱分子大增的原因，也解釋了對他們的攻擊與日俱增的原因：他們把它們看作更大範圍的美國制度和規範的危機的一部分。崇拜分子起著大家庭的代理人的作用；他們使用新奇的、起治療作用和精神作用的神秘儀式，賦予社會過程和經驗以意義，而傳統思想恰恰在這一點上一籌莫展。「不過，在這樣做時，他們利用了現存一些機構（教會、核心家庭、精神診療所）的弱點，並且，可能對它們構成了威脅。」思想再改造淡化了這種威脅，並恢復了傳統的觀點和制度的權威性。「反顛覆（Counter-subversive)的運動捍衛並重新確立了美國精神㊿①。」

這種反對越軌羣體的運動也反映了由對地位的焦慮和價值觀衝突所造成的「一種道德恐慌㊿②」。從經歷過這種失望的人的觀點來看，在我們之中有各種各樣的新型巫覡（witches）。爲了緩解焦慮並鞏固社會的道德陣線，降魔法（exorcism）又大顯神通，而「那些害怕巫覡的人們很快發現他們自己正處於巫覡們的包圍之中㊿③」。並且，這種害怕有助於加强受懼怕的東西的力量，正如埃里克森（K. Erikson）接下來所說的。當一些人被指斥爲不法分子時，他們會滑得更遠，他們之所以樂於扮演這樣的角色，一方面是因爲他們的信念得到了加强，一方面是因爲他們的憤怒本身——憤怒使他們變得對其他異化了的人們更有吸引力，另一方面是因爲這樣一來他們的其他機會被大大地縮小了。

　　對於那些把遭受的個人不幸視爲宗教活動的後果的人來說，
社會學的分析可能顯得不著邊際，甚至有點愚妄。傷害確已造
成。對於加入並堅定地留在一個羣體的心理壓力有時是很嚴峻
的。人身迫害也不能完全排除，事實上許多人已因此而喪命。在
那些宗教領袖中，江湖騙子、投機分子和精神紊亂者都不乏其
人。兩位科澤（Lewis and Rose Coser）曾把瓊斯敦描述成一個
「乾坤顛倒的烏托邦」、一個被隔絕、被嚴密控制的「貪婪機
構」。其領袖吹噓說，他以自己的性的力量支配著這個團體㊹。
不管是在宗教中，還是在政治中，權力總歸要崩潰，阿克頓
（Lord Acton, 1834～1902）的著名格言也許更適用於宗敎方
面：絕對的權力絕對要崩潰。

　　是的，這裡險象叢生，需要耐心細緻的研究。然而，我們也
需要記住，控告並不就是事實，起訴並非就是定罪，並且定罪是
針對個人的，而不是針對羣體或運動的。更應受到重視的是，如
果沒有越軌的宗教團體，這也是危險的。在出現强有力的煽動的
情況下，在出現不懷空想的敎派的情況下，在父母漠不關心、迷
惑不解或者被他們自己的問題糾纏不清的情況下，多種反文化會
異軍突起，它們大多數充滿了危險。一個社會怎樣有效地處置這
些危險呢？千萬不要通過陣地戰來解決。這種方式近於絕對化，
它因爲一些人的活動而指斥所有的人。近幾個月裡，我已經見過
好些針對宗教團體的類似斷言，它們有些甚至出自通常極力反對
偏見的人。這種全面進攻實際上也加劇了越軌行爲的升級和擴
展，而不是杜絕了它們。

　　急劇變動著的社會如果一味指望通過巫師來封閉人們的價值
觀的困惑，它們取得的唯一「成功」將是使它們對調整的迫切性
視而不見。我們需要在保證宗教自由、施行刑法和增進我們的瞭
解之中進行某種中和，以便我們能夠較好地懂得如何著手減少宗
敎越軌行爲中的破壞性因素。

如果我們依賴那些脫離了崇拜熱的人及其父母，我們的知識就是支離破碎的。他們的敍述是關鍵的，但又不是那麼有廣泛的代表性。自傳性材料多數是提綱性的，只包括一些經過篩選的片斷，免不了有點自以為是。早些時候，有幾個人恰如其分地公開承認了他們以前做為共產主義者的信仰。或許可以說，一個社會總是歡迎浪子回頭，並對他們禮遇有加，因為他們的故事有助於我們其他人處理自己的煩惱。

我們對那些自願留在那些團體內的人和大量自願地，自由地脫離了團體的人所知甚少。我們從對於前成員與不參加的人的比較中獲得的信息也很有限。許多叛教者是探索者，他們尋找著解除人生痛苦（它們是不幸的童年，不公平的社會和可怕的未來圖景引起的）的途徑。如果這些都在易於受新宗教以及其他反文化中的破壞性因素傷害的原因之列，努力減少這種因素不是比一味詛咒它們的後果更為有益嗎？羅斯福（E. Roosevelt）習慣於說，與其咒罵黑暗，不如點燃蠟燭。

新宗教的社會後果不是單一的。一些人藉用對「唱反調的儀式」的常識性解釋來解釋它們：它們是社會的安全閥。「它們把個人變革社會的熱情轉變成可以被容忍的。……它們是保守的，儘管它們常常以激進的面目出現⑤。」另一些人則把它們看作對於激進的政治主張的替代性選擇或以吸毒為取向的團體的必由之路。在符號層次上，它們完全是激進的和反文化的。它們在這一層次上滿足人們反抗現行社會的需要，避免引起暴力政治運動。這不僅對於那些從東方宗教吸取了主題的團體來說是符合事實的⑤，而且對耶穌運動來說也是如此。基督教世界解放陣線（the Christian World Liberation Front）的機關報登過下列告示：

246

懸賞

基督，又稱彌賽亞、上帝之子、王中之王、主中之主、和平王子等，一場席捲全球的解放運動的聲名狼籍的頭頭。

因下列指控而受通緝：

無照行醫布食；

在教堂內干涉商人；

未與知名罪犯、激進分子、顛覆分子、妓女和市井之徒劃清界線；

鼓吹有權使人們成爲上帝的孩子。

體貌特徵：不得而知。拒傳不尊重傳統的服飾慣制……

注意——該犯特別危險。他的無孔不入的煽動性宣傳對青年人特別有效。他改變人並讓他們自由。

警告：他現在仍然消遙法外！⑤

斯特賴克（L. Streiker）認爲「耶穌怪誕派」（the Jesus Freaks）是一種「反—反文化」（counter-counterculture）——這不是青年運動的一個範例，而是對青年運動的歪曲。從許多意義上說，確實如此，不過，逆反的範圍是廣泛的。對社會以及現存教會的尖銳批判，嬉皮形象的象徵體系以及耶穌衝浪派（Surfers for Jesues）和耶穌空手道（Karate for Jesus）的象徵體系，都顛倒了許多傳統的標準。

大多數新宗教團體規模很小，且不夠鞏固。那些最遠離社會的傳統價值觀和符號的團體尤其如此。它們中的許多在成立幾年之後或領袖逝世後就不景氣了。其他的則四分五裂。它們不得不改變自己的孤立處境和反對大社會的粗暴程度。正如科學教（Scientology）所做的，它們開始介入社會改革項目⑤。它們選送未來有望成爲領袖的人進現存的神學院，正如合一教（the Unification Church）之所爲⑤。經過一些調整之後，分裂趨勢

可能被遏止；這一趨勢可能會逆向發展；或許可能發展到這一
點：團體失去了大部分或全部違法性質和標誌。

　　其他團體向相反的方向演化。它們變得更加與世隔絕，更富
於反文化性。幾種因素——增長了的社會壓力、領導者的權力慾
的膨脹、成員的選擇性——形成的合力爲它們的越軌行爲推波助
瀾。

　　至少在一個時期，一個團體會顯得同時在向兩個方向運動：
一個分支在某種程度上適應著周圍的社會，而另一個分支則強有
力地反抗佔統治地位的規範。例如，牙買加的拉斯·塔法里分子
（Ras Tafari）中現在就似乎出現了這種情況。幾十年受專門研
究的課題，現在變成了公衆討論和爭執的話題。辛普森（G. E.
Simpson）在他最後的著作中寫道：「從一開始，拉斯·塔法里
分子的規範體系就是由反文化所構成的⑥。」基於海勒·瑟拉西
（Haile Selassie）是一個彌賽亞（messiah）的信仰，這一運動
首先在牙買加的下層人之中廣泛傳播。然而，利用較輕微的越軌
形式，拉斯·塔法里開始逐步贏得了中上層社會中的叛教者。

　　人們也許會相信，在我們一直討論的各種宗教團體中，那些
最無法無天、最極端的團體行將滅亡。我們應該從事實論證和理
論評價這兩個方面抑制人們的這種認識傾向。有鑑於此，我們先
必須回答這些問題：它們努力要使之脫胎換骨的文化竟是如此不
可救藥，以致於只有一個被顛倒了的世界才值得去追求嗎？正在
調適的團體將要變成它們過去一直在尋求如何批判和改變的制度
的一部分嗎？

第十一章註釋

①見盧伊（Guenter Lewy）《宗教與革命》（*Religion and Revolution*, 1974）；英格（J. M. Yinger）《宗教的科學研究》（*The Scientific Study of Religion*, 1970）第 22 至 23 章。

②馬克斯·韋伯（M. Weber）《社會和經濟組織理論》（*The Theory of Social and Economic Organization*, 1947），p.p. 361～63。參見魯道爾夫·索姆（R. Sohm）《教會法規》（*Kirchenrecht*, 1892）p.p. 26～28；威爾森（B. Wilson）《高貴的野蠻人》（*The Noble Savages*, 1975）；伯傑（P. Berger）〈天啓和宗教改革：以色列預言的社會地位〉（"Charisma and Religious Innovation: The Social Location of Israelite Prophecy, 1963）；載《美國社會學評論》之二十八；希爾斯（E. Shils）〈天啓、秩序和等級〉（"Charisma, Order and Status", 1965），載於《美國社會學評論》之三十，1965 年；羅思（G. Roth）〈社會歷史模型和發展理論：承蒙天啓的社區、天賜理性以及反文化〉（"Socio-Historical Model and Development Theory: Charismatic Community, Charisma of Reason, and the Counterculture," 1975）載於《美國社會學評論》之四十；韋伯（M. Weber）《宗教社會學》（*The Sociology of Religion*, 1963）。

③伯傑（P. Berger）《神聖的天道》（*The Sacred Canopy*, 1967）p. 25。參見紀爾茨（C. Geertz）〈做爲一個文化系統的宗教〉（"Religion as a Cultural System," 1966）載於《對宗教的人類學研究》，班頓編；伊利亞德（M. Eliade）《宇宙與歷史》（*Cosmos and History*, 1959）。

④斯塔克（W. Stark）《宗教社會學》（*The Sociology of Religion*），第二卷：《宗派宗教》（*Sectarian Religion*, 1967）p. 129。

⑤見弗倫德（W. H. C. Frend）《早期教會的殉教與迫害》（*Martyrdom and Persecution in the Early Church*, 1965）；格洛弗（T. R. Glover）

248

《早期羅馬帝國的宗教衝突》（ *The Conflict of Religions of the Early Roman Empire,* 1932 ）；利茨曼（H. Lietzmann）《早期教會史》（ *A History of the Early Church,* 1961 ）等。

⑥科恩（N. Cohn）《出自歐洲的惡魔》（ *Europe's Inner Demons: An Enquiry Inspired by the Great Witch-Hunt,* 1975 ）p. 12。

⑦克羅伊克斯（S. Croix）〈早期基督徒爲什麼受迫害？〉（ "Why were the Early Christians Persecuted?", 1963 ）p.p. 10, 21~24。載《過去與現在》二十六。

⑧弗勞德（J. A. Froude）《簡論重大問題》（ *Short Studies on Great Subjects* ）卷四，1917 年，p.p. 361~431。

⑨馬丁（D. Martin）《當代宗教的二難境地》（ *The Dilemmas of Contemporary Religion,* 1978 ）p.p. 1, 12。

⑩喬納斯（H. Jonas）《諾斯替教》（ *The Gnostic Religion,* 1958 ）p. 250。

⑪同上，p. 95。

⑫見羅賓遜（J. M. Robinson）《納格・哈瑪狄圖書館的英文圖書》（ *The Nag Hammadi Library in English,* 1977 ）。

⑬博德曼（Y. M. Bodeman）〈反文化運動中的神秘力量、邪惡力量、信仰千福年的力量〉（ "Mystical, Satanic, and Chiliastic Forces in Countercultural Movements: Changing the World—or Reconciling It", 1974 ）載《青年與社會》p. 441。

⑭穆迪（E. Moody）〈法術治療：對當代撒旦崇拜的人類學調查〉（ *"Magical Therapy: An Anthropological Investigation of Contemporary Satanism"* ），見扎雷茨基（I. Zaretsk）等主編的《美國當代的宗教運動》（ *Religious Movements in Contemporary America,* 1974 ）p. 355。

⑮同上，p. 362。

⑯拉維（A. Lavey）《撒旦的聖經》（ *The Satanic Bible,* 1969 ）p. 25。

⑰轉引自班布里奇（W. Bainbridge）《撒旦的權力》（ *Satan's Power,*

1978）p. 121。

⑱同上 p.p. 119~24。

⑲見伯傑（P. Berger）《直面現代性》（ Facing Up to Modernity, 1977 ）
p.p. 83~94；扎納（R. C. Zaener）《我們的原始神：東方思想的逆用》
（ Our Savage God: The Perverse Use of Eastern Thought, 1975 ）；
等。

⑳見梅爾頓（J. G. Melton）《美國宗教百科全書》（ The Encyclopedia of American Religions, 1978 ）。

㉑洛夫蘭（J. Lofland）《末日信仰》（ Doomsday Cult, 1977 ）p.p. 315, 320。

㉒見格洛克（Glock）和貝拉（Bellah）主編的《新宗教意識》，1976 年，p.p. 267~93。

㉓池坊出版社（Seikyo Press）（東京）《花道》（ Sōka Gakkai, 1960 ）。

㉔見麥克法蘭（H. N. McFarland）《日本新宗教研究》（ A Study of the New Religions in Japan, 1967 ）；莫里奧卡（K. Morioka）《改變日本社會的宗教》（ Religion in Changing Japanese Society, 1975 ）；埃爾伍德（R. Ellwood）《鷹與朝陽：美國人與日本新宗教》（ The Eagle and the Rising Sun: Americans and the new Religions of Japan, 1977 ）。

㉕見賴肖爾（E. O. Reischauer）《日本人》（ The Japanese, 1977 ）；弗格爾（E. Vogel）《做為第一的日本》（ Japan as Number One, 1979 ）；勒布拉（T. Lebra）《日本人的行為模式》（ Japanese Patterns of Behavior, 1976 ）。

㉖卡明斯（W. Cummings）〈大學危機的後果〉（ "The Aftermath of the University Crisis", 1976 ）載於《日本信使》十。

㉗沃斯利（P. Worsley）《號角即將吹響》（ The Trumpet Shall Sound, 1957 ）。參見蘭特納利（V. Lanternari）《被壓迫者的宗教：關於現代救世主崇拜的研究》（ The Religions of the Oppressed: A Study of Modern Messianic Cults, 1963 ）第 5 章。

㉘英格（Yinger），同註①，p.p. 317～319。

㉙塔爾蒙（Y. Talmon）〈追求千福年：宗教變革與社會變革之間的關係〉（"Pursuit of the Millennium: The Relationship Between Religious Change and Social Change", 1962），載《歐洲社會學檔案》三，1962 年 p. 141。

㉚凱利（D. Kelley）《保守的教會為什麼日趨壯大》（*Why Conservative Churches are Growing*, 1972）p.26。

㉛見普費弗（L. Pfeffer）〈一些美國宗教的法律認可〉（"The Legitimation of Marginal Religions in the United States"），見於扎雷茨基等主編的《美國當代的宗教運動》，1974 年，p.p. 9～26。

㉜利里（T. Leary）《高級牧師》（*High Priest*, 1968）。

㉝康維茨（M. Konvitz）《宗教自由與宗教意識》（*Religious Liberty and Conscience*, 1968）。

㉞達姆雷爾（J. Damrell）《尋求認同：青年、宗教與文化》（*Search for Identity: Youth, Religion and Culture*, 1978），p. 76。

㉟見戴維斯（D. B. Davis）〈幾個反顛覆的主題：反共濟會的、反天主教的以及反摩門教的文學之研究〉（"Some Themes of Counter-Subversion: An Analysis of Anti-Masonic, Anti-Catholic, and Anti-Morman Literature", 1960），載於《密西西比歷史評論》四十八，1960 年。

㊱羅斯札克（T. Roszak）《後工業社會的政治與超越》（*Politics and Transcendence in Postindustrial Society*, 1973）p.p. 16～17。

㊲關於『新宗教』，可以參閱格洛克和貝拉《新宗教意識》，1976 年；安東尼（D. Anthony）和魯賓斯（T. Robbins）《我們信仰多神：美國宗教多元化的新模式》（*In Gods We Trust: New Patterns in American Religious Pluralism*, 1980）；斯科特（G. G. Scott）《崇拜與反崇拜》（*Cult and Counter-cult*, 1980），等。

㊳見基爾達夫（M. Kilduff）等《自殺崇拜：「人民寺」教派的秘聞與圭亞那的集體自殺》（*The Suicide Cult: The Inside Story of the Peoples*

250

Temple Sect and the Massacre in Guyana, 1978）。

㊴見朱達（S. Judah）《黑爾‧克里什那信仰與反文化》（*Hare Krishna and the Counterculture*, 1974）。

㊵沃利斯（R. Wallis）《完全自由之路：對基督教科學派的社會學分析》（*The Road to Total Freedom: A Sociological Analysis of Scientology*, 1977），p. 212。

㊶尼德爾曼（J. Needleman）《新宗教》（*The New Religions*, 1970）p. 26。

㊷科克斯（H. Cox）《轉向東方：新東方主義的希望與危機》（*Turing East: The Promise and Peril of the New Orientalism*, 1977）。

㊸斯托勒（C. Stoner）和帕克（A. Parke）《都是神的後裔：狂熱經驗——超越或者奴役》（*All Gods Children: The Cult Experience—Salvation or Slavery?* 1977），p.p. 118, 236～269。

㊹見利夫頓（R. J. Lifton）《思想改造與專制主義心理研究》（*Thought Reform and the Psychology of Totalism: A Study of "Brainwashing" in China*, 1961）p.p. 419～37。

㊺洛夫蘭（J. Lofland）和斯塔克（R. Stark）〈做為一個救世者〉（"Becoming a World Saver: A Theory of Conversion to a Deviant Perspective", 1965），載《美國社會學評論》三十，p. 874。

㊻轉引自《全是上帝之子》（*All God's Children*）（斯托納和帕克）的說明。

㊼轉引自 *Cleveland Plain Dealer*, 1979, 5, 10, p. 10。

㊽愛德華（C. Edwards）《對上帝的狂熱》（*Crazy for God*, 1979）。

㊾科克斯，同註㊷，p.p. 141～2。

㊿《紐約時報》（*The New York Times*, 1978, 2, 3）p. 31。

51羅賓斯（T. Robbins）和安東尼〈狂熱分子、思想改造和反顛覆〉（"Cults, Brainwashing, and Counter-Subversion, 1979）載《美國政治與社會科學學院年報》之446，p. 88。

251

(52)見科恩（S. Cohen）《民間信仰中的惡魔和道德恐慌》（*Folk Devils and Moral Panics*, 1972）。

(53)埃里克森（K. Erikson）《頑强的清教徒：對越軌行爲的一項社會學研究》（*Wayward Puritans: A Study in the Sociology of Deviance*, 1966），p. 22。

(54)見他們的文章〈做爲一個乾坤顛倒的烏托邦的瓊斯敦〉（"Jonestown as a Perverse Utopia", 1979），載於 *Dissent* 二十六。

(55)扎雷茨基等，同註⑭，在用羅馬數字標頁碼的部分，p. 35。

(56)羅賓斯（T. Robbins）〈東方神秘主義與吸毒者的再社會化〉（"Eastern Mysticism and Resocialization of Drug Users: The Meher Baba Cult", 1969），載於《宗教科學研究雜誌》十一。

(57)轉引自海因茨（D. Heinz），見格洛克和貝拉主編的《新宗教意識》，1976 年，p.p. 153～4。 252

(58)沃利斯，同註㊵，p.p. 254～5。

(59)《紐約時報》，1979 年 11 月 4 日，p. 28。

(60)辛普森（G. E. Simpson）《加勒比海地區的宗教狂熱：千里達島、牙買加和海地》（Religious Cults in the Caribbean: Trinidad, Jamaica, and Haiti, 1970）。p. 227。

第十二章
反文化的家庭和性規範

253

> 「……不可挽回的事情發生了……：使歷史顯得一團糟的男女協作……已經變得不可維持了。」

——迪納斯坦（D. Dinnerstein）
《美人魚與牛頭怪物》（*The Mermaid and the Minotaur*）276 頁。

在過去幾十年的文化討論中，沒有哪個主題的討論比有關家庭和性的問題更尖銳的了。當然，這些問題和討論是古老的。它們牽涉到人類生活中最基本的要求、問題和二難選擇（dilemmas）：它們事關性和激情、人口再生產、保護、孩子們的社會化以及他們在社會中的位置。鑑於人類文化事象的創造性，值得提醒大家注意的是，人類經驗中的這些基本因素幾乎在任何地方都是連成一體的。有充分的證據支持默多克（G. Murdock）以廣泛的跨文化比較研究爲基礎的論點：家庭是普遍存在的。他相信，即使是核心家庭也在任何地方都可以找到，儘管它經常——或許該說「通常」——只是做爲較大的家族結構的一部分①。

斯皮羅（M. Spiro）想弄清是否以色列集體農場（kibbutz）對「家庭的普遍性（universality）」規律來說算不上一個重要的例外。最後他總結道，這種集體農場從結構上看是一個例外，但是，從功能上和心理上來看則不是一個例外。斯皮羅解釋說，在不具備通常的家庭結構的情況下，「整個社會變成一個大的、擴

展的家庭已經非常必要。但是，只有在一個其成員都在心理上覺得彼此是族人的社會，它才能起一個家庭的功能②。」此後幾年，他和其他人又注意到，更傳統的家庭結構又在這種集體農場內出現了。既然角色的大致認同對於取得兩性平等一開始就被認為是必須的，斯皮羅發現一種「反革命」（counterrevolution）現象在七〇年代中期就發生了。兩性平等後來被男人和女人定義為對等：只要角色的任何差異都被認為具有同等的價值，就存在兩性平等。存在的社會的、心理的和生理的基本參數決定了變革問題──這是他的看法。「做為一位文化決定論者，我在一九五一年研究人格發展的目的就是要考察文化對人性（human nature）的影響，或者更準確點說，就是要發現一種新文化是如何產生出一種新人性的。在一九七五年，我發現（大違我的初衷），我正在觀察人性對文化的影響；換句話說，我正在觀察（在現代外衣下的）舊文化的復興，它做為人性中的部分因素發揮功能，而這種人性使新文化不能得到改變③。」

那種集體農場上的實際變化很難說是一項允許我們說得確切些的純粹的「實驗」。斯皮羅的研究好像顯示出，關於家庭結構和男女角色的社會選擇要受到前文化（preculture）條件的影響。

然而，是否家庭是普遍的，這在一定意義上講只是一件下定義的事。要考察的事（而不僅是定義）是性、激情、人口再生產、社會化和孩子們在社會中的位置等的文化聯繫。當然，其聯繫不是單一的。所有這些行為都可以在家庭外見到。這個問題──今天它在許多社會中受到檢驗，但是，大家沒有明顯地意識到我們正在檢驗它──關鍵在於在什麼程度上它們可以在形式上從家庭中分離出來。家庭是最偉大的社會發明（在其中，多種多樣的需要都可以愉快地得到滿足）之一嗎？（相互依賴的和部分衝突的價值觀很少得到最高滿足。）抑或它已經過時，不論它過

去有過什麼了不起的價值（它做為束縛性的和不平等的關係堵塞了我們全面發展的出路）？在這兩種極端的提問之間，還有其他的提問（它們針對家庭必須適應其變化的環境）。

在一些社會中，家庭內的行為的傳統聯繫仍然很強。當然，動搖已經出現，但是，文化意義沒有出現多大的模糊；價值觀和規範都是清楚明瞭的。在其他社會中，包括最具現代意味的都市社會，形勢要複雜得多。選擇性的處置（alternative arrangements）——在人類學的模式（patterns）的意義上使用它——已經變得很普遍。其中的一些選擇（alternatives）也許曾經是反文化的，也就是說，曾經被大多數人不僅看得與「正確的價值觀」不同，而且還被看作對它的顛倒。例如離婚這一「連續的對偶婚」的通常的伴隨物（按其有效實施而論，這也可以稱為「連續的多偶婚」），已經做為法律、風俗和許多宗教團體的律令等的一項選擇而被廣泛接受。而其他的家庭和性的實踐仍然是反文化的。它們被倡導者們宣稱為正確的和適當的，儘管在公開討論中並非不存在矛盾的情感和模糊的意義。從近來的評論來看，這種傾向使人們相信（儘管沒有具體調查），在性和家庭問題上的實踐所發生的變化已經變成了可以接受的多樣選擇或規範（而它們是由反文化所倡導的）④。我們很難在多樣選擇、反文化舉動以及違法亂紀之中做出涇渭分明的區別。然而，既然它們各自的原因和結果都不相同，它們基本上還是能區別開來的。

分解家庭的幾種功能的可能性和好處，自從工業革命以來，由於每一代人都面臨著一種「家庭危機」，所以一直擺在大眾的議事日程上。當初，危機主要反映了家庭的經濟的、教育的和宗教的功能的不斷轉移。近來，有關性、愛情、人口再生產和孩子的撫育等的問題變得越來越突出。一方面，傳統的家庭和性倫理（sex ethic）仍然受到廣泛的支持（儘管這種支持更多地表現在言辭上而不是行動上），另一方面，反文化的價值觀正在得到越

來越多的響應（或許這種響應也更多地表現在輿論上而不是行動
上，特別是，這種響應既包括那些在一場性革命中獲得滿足的人
的言論，也包括另外那些從對立的角度一想到這樣一場革命就能
體驗到一種奇妙的亢奮的人的言論）。

正如在其他制度中一樣，關於家庭和性的反文化的價值觀並
不是清一色的。有這樣一種人，當他們面對著迫切的家庭選擇
時，他們仍然強調家庭對於個人和社會的功能的多樣性、重要性
和相互依賴性。而更加徹底的反文化人士則集中針對一個小小的
焦點：他們把性「壓抑」——對性的任何禁阻——看作人類幸福
的最大障礙，或者，他們把傳統的家庭看作導致壓迫的罪魁禍
首。

那些持有較極端的反文化觀點的人相互之間不一定是一致
的。事實上，他們的意見衝突有時與他們和主導文化的衝突一樣
尖銳激烈。對做為一種權利體系的家庭的攻擊⑤可能很少包括什
麼直接的性規範逆反的意味，不過，激進的女權主義分子——她
們把男性統治看作基本的壓迫形式，把男人看作「不共戴天的敵
人」——持有這種立場：她們寧願要自「淫」、同性戀或獨身，而
不要異性愛。在關於性與政治的聯繫的一個吸引人的變動中，一
些女權主義者表現了性逆反（antisex）、逆反家庭（antifamily）與
政治的一種聯繫——我想，這會使列寧（V.I. Lenin）非常反
感，他說過強烈反對它的話。確實，「每一個臥室裡的革命」這
一主題，而不是每一會議室裡的革命這一主題，使一些當代激進
分子非常反感。埃爾希坦（J. Elshtain）把它看作一種「錯位的
政治——儘管它能激發一種純正的公共生活的出現，但是，它腐
蝕了個人的生活」⑥。她所追求的對於權威結構和價值觀的顛倒
包括那些關於性和家庭方面的，但是不能忽視經濟和政治方面
的，也不能以蔑視男女之間的感情共鳴為代價。迪勒斯坦也重視
男女之間的親密關係，對它的肯定性後果和否定性後果都不排

256

斥。前面所引的她的「男女分工合作使歷史一團糟」的說法是與
她對佔主導地位的家庭和性價值觀的尖銳批評聯繫在一起的。她
所指的是婦女照管孩子和男人統治世界的合作以及全部由此產生
的不幸後果。然而，她認為，推開成人對孩子的固定責任，攻擊
「穩定的、耐久的、跨代的基本單位」的人文效果，結果只會更
糟⑦。

　　那些最根本的興趣在於顛倒性規範和性倫理的人很難說是否
會關心做為一種急需重組的制度的家庭。他們覺得更麻煩的是性
壓抑，而不是對創造性和女性（或其他任何人）的壓抑。女子的
性解放可能受到歡呼，但是，男性的好色也是一個儘管通常不被
承認但確實明顯的主題。雖然婚姻並不被看作一錘定終身的和排
他的束縛，但有時也有這樣的辯論：「靈活的性關係」和較開放
的婚姻能夠改進人際關係的質量。

　　因此，許多羣體為著相當不同的原因努力從事顛倒家庭的、
婚姻的和性的世界的活動。核心家庭的模式不只是受到了攻擊，
即使是在那些能夠接受它的人中，這種家庭也很難建立，這裡有
各種制度的和文化的原因。在一個社會發生急劇變化的時期，靠
核心家庭完成社會化不會有什麼大的成功，至少靠使用傳統方法
是如此。正如米德（M. Mead）經常所說的，如果環境不斷變
化的話，父母不能有效地預設（prefigure）他們的孩子們未來
的成年生活⑧。事實上，孩子們也許可以重新設想（postfigure）
他們父母的生活。當父輩的模式被快速的變化弄得可疑了時，青
年人試探新路的闖勁就大為加強。這種情況在一九六五年至一九
八〇年期間的美國和其他許多社會被異常龐大的青年羣體弄得沸
沸揚揚。

　　從預設到重新設想的差距幅度在我看來是被誇大了。在價值
觀、趣味和動機方面的牢固的連續性還沿著家庭渠道流淌著⑨。
老人的失去權威——按福伊爾（L. Feuer）的說法——也不是什

257

麼新現象。然而，這是那種時期之一——在此期間，社會化的間
斷具有重大意義。

家庭制度也受到那些要求建立更平等的社會的運動的強大影
響。沒有哪一種制度避免過大量民主運動、社會主義運動和人權
運動的影響。對男性統治的攻擊、對性不平等的反抗、對高壓控
制孩子的反對，已經變成這些運動的組成部分，儘管它們姍姍來
遲。只要流行的家庭文化還是家長式的，這些鬥爭就會繼續以反
文化標準的名義進行。

那麼，有關家庭和性的價值觀和規範如此發展的後果是什麼
呢？我們必須清楚我們所謂的「性革命」——在一個世紀的運動
進程裡，它時緩時急地開展著⑩——已經廣泛地改變了反文化價
值觀必須以它為對立的參照系來衡量的主導價值觀。漸進的變化
比今天的「性激進分子」所願意承認的要廣泛得多，比傳統主義
者所願意承認的要根本得多。不過，仍然被宗教、法律和風俗習
慣有力地制約著的標準依舊與一代代反文化人士所宣傳的性標準
還相差十萬八千里。布雷克（W. Blake）所說的「令人吃驚的
對腐敗的傳統的顛倒」⑪在今天就像它們在兩百年前一樣令人吃
驚。他在《天堂與地獄的結婚》（ *The Marriage of Heaven and
Hell* ）中用不拘一格的詩行寫道，「殺死一個搖籃裡的嬰兒比懷
有未付諸實踐的慾望更省事。」是理智，而不是慾望，導致了人
類的災難。「矯枉過正方能通向智慧之宮。」

我不打算回顧悠久的反對流行的性道德的歷史。這段歷史在
西方至少可以追溯到中世紀和現代早期的宗教派系（儘管關於他
們的違衆言行的敍述沒有被他們的當代追隨者的想像遺漏下什
麼）⑫。將近兩百年前，布雷克是向流行的關於性和婚姻的觀念
挑戰的浪漫主義運動的一員。這一運動的影響一直持續到現在。

十九世紀的幾個公社（Communes）在它們的家庭和性觀念
上比在其他方面更具有反文化性。或許，獨身這種在震盪教徒

（shakers）等類人中受到歡迎的模式被看作一種替代性選擇比被看作一種反文化模式更合適。然而，俄內答（Oneida）社的「伙婚」、摩門教（Mormon）教友的多妻制以及瓦倫（J. Warren）的「現代社」（Modern Times Community）的「自由愛」等明顯是對流行的性及家庭道德的逆反。歐文（R. Owen）在態度上更像一個多元論者，但是，像其他許多公社的創立者一樣，他把既定的家庭模式與其他制度聯繫在一起，都看作壓迫性的。在一八二六年的七月四日國慶演講中，他講到了「由那些最大的惡魔所組成的一個三位一體（a Trinity），這些大惡魔可以被聯合起來對付精神上和肉體上的邪惡……私有的或個人的財產——荒誕的和非理性的宗教系統——以及婚姻，建立在與其中的某一種非理性的宗教系統結合在一起的個人財產之上⑬。」

258

當然，這一份逆反名單可以再加擴大。不過，向主導的家庭制度和性關係模式的挑戰，在二十世紀由於受到佛洛依德觀點的影響，已經愈演愈烈。

對佛洛依德的闡釋形形色色。那些在理論和價值觀上受到他的著作的強烈影響的人也許會讚道，他有力地指出，性的決定性作用不僅表現在個人生活中，而且表現在社會中。然而，我們感興趣的是，他的這種強調是如何得到解釋的，而它的效果又是怎樣產生的，並且，對於它的評價——無論它被用來支持既定的文化，還是被用來建立一種反文化——為什麼人與人之間又是如此不同？有些人把佛洛依德基本上看作一個保守分子——他辯解道，或許還兩眼噙滿淚花，只有通過對性衝動的壓抑和它的昇華，文明的創造使命才得以推行。其他人把佛洛依德看作一個解放的個體主義者，——他強調了壓抑及其必要性的代價。里夫（P. Rieff）辯道，他既不站在做為主宰的超我（superego）一邊，也不站在非理性的本我（id）一邊。他探求保護這兩者之間

的某種小空間的方法，在這一空間內，自我（ego）可以利用超我和本我的力量求得發展，卻不被它們所支配⑭。

新佛洛依德主義者們——其中霍尼（K. Horney）和佛洛姆（E. Fromm）最有影響——修改了佛洛依德，他們認爲，發揮壓抑作用的，不是一般而言的社會，不是一般而言的政治，而是某些種類的社會和政治。只要我們理解：我們應該並且實際學會怎樣減少導致「我們時代的病態人格」的原因，我們就能著手建立一個「健全的社會」——這裡使用了他們的兩個書名。

其他研究者和批評家發現他們的修正不合適。羅海姆（G. Roheim）、賴克（W. Reich）以及在近來的反文化人士中最負盛名的赫伯特·馬庫塞（Herbert Marcuse）走得更進一步：性壓抑何止是不必要的，它簡直就是文明的破壞者⑮。馬庫塞和賴克把它看作政治統治的一個基本機制，所以他們探求把佛洛依德和馬克思聯繫在一起。在《愛慾與文明》中，馬庫塞發展了「剩餘壓抑」（surplus repression）的概念，它與馬克思的「剩餘價值」（surplus value）是相應的。他的概念的意思是，一些壓抑也許是必要的，但是社會的壓抑太過分了。「佛洛依德主義左派」——羅賓遜（P. Robinson）這麼稱呼他們——的這些成員與勞倫斯（D. H. Lawrence）和其他作家聯合在一起，把性的快樂推崇爲最高快樂，把壓抑貶斥爲最大災難⑯。施萊特（P. Slater）生動地表達過這一觀點：

> 「對性設置禁忌的思想是一個令人叫絕的文化發明。……人類在其中發現了一個無限的、綿綿不絕的力量源泉——它使人類得以在地球上建立帝國。通過把人類最豐富的資源變得稀罕的魔法，人類在千百年之後又千方百計使它的最稀罕的資源變得豐富起來。然而，在否定的方面，人們通過把他們自己變成一頭追求一個不可得的胡蘿蔔的驢而得到了這個奇蹟⑰！」

　　在我們以巨大的犧牲爲代價建立了我們的「地球上的帝國」之後，我們是否會發現這些帝國是可憎的，它們的成就是空虛的？做爲對這些感情的反應，一些人是否就不再需要一個做爲者（do-ers）社會，而是需要一個存在者（be-ers）社會；不再需要一個征服者社會，而是需要一個體驗者社會？這樣一種信念蘊含著一種鮮明的價值觀的逆反，其中包括——如果佛洛依德主義的昇華觀點被接受的話——與性有關的價值觀。

　　在猶太教和基督教傳統（它一直是西方家庭和性文化的基本淵源）的背景下，巨大的變化在潛滋暗長。用某些文化標準來圍堵性的洪水本來就很艱難，下面這些影響——關於性控制是整個現存制度的壓抑本質的表現的信念，可靠的避孕法的改進，在一個易於流動的缺乏人情味的都市世界裡人際控制力的減弱，高漲的追求快樂的熱情，以及向更多的寬容和文化多元性發展的大趨勢——更使這樣做難上見難。

　　這樣一些影響在以前的若干代人中已經引起了大量文化上的——不僅是行爲上的——後果。法律、宗教和道德加於同性戀之上的禁忌已經受到巨大的改變，因此，至少在更富於都市色彩的社會圈子裡，最好把它看作選擇性的。而在那些沒有發生這種改變的地方，它對人們來說就成了反文化的（也就是說，它是被用來對抗主導價值觀的），而不是某些同性戀者本身所體驗的和其他人所認爲的犯罪。美國多妻者（polygynist）的數量已經增至二至三萬，儘管他們的婚姻是非法的，但是他們宣稱有宗教支持⑱。對大社會來說，他們顯然屬於反文化。不過，只要沒有引起暴力事件，他們在很大範圍內是被容忍的。（一妻多夫制就不可能受到同樣的容忍，這說明，反文化常常得到某些潛在的文化支持——在一夫多妻制的例子中，具體表現爲「男性優越」。）幾乎普遍被認爲是人類社會之根本的亂倫禁忌（incest taboo），在更小的範圍內，偶而也被觸犯，它的不可移易使一些人深爲痛

260

惜⑲。

　　然而，對傳統的性規範的最廣泛的挑戰是那些造成婚前和婚外的性行為的模式和價值觀。為了顛倒他們所認為的普遍流行的性觀念，反文化人士把它們看作消除壓抑的必由之路。創造性的、給予型的、契合的和愉快的生命能量的發洩不僅就其本身而言是很有意義的，而且也是「為全部人類關係重新取向或開道的一把利刃⑳。」色情變成了拯救（salvation）之途。當對其他一些通向某個希望中的目的地的途徑的信賴發生動搖時，「追求比先前的其他途徑更富於啟示性的感官興奮」——這是梅勒（N. Mailer）的提法——就會顯得引人注目，使人覺得不妨一試。對於那些擔心來自社會的和他們自己的性壓抑——他們自己的感情歷程和公眾輿論早已使他們對此很警覺——的人來說尤其如此。而對於那些年長而擔心身體上的壓抑的人來說也是如此。性生活不僅是愉快的和可行的，而且還是通向拯救和美好社會的必由之路——還有什麼福音比這更沁人心脾呢？

　　令人吃驚的事情也許還不是這條福音引人入勝，造就了英雄，幫助書刊和戲票的銷售，在一些俱樂部、公社和商業事務中得到了表現，而是它居然沒有造成一場性革命。至少在美國，那些已經發生的、具有實質性的變化主要限於個人的框架裡。幾年前，有新聞標題說非婚夫婦的數量從一九七〇年以來翻了一番。標題下面的故事給出的信息更實在，在這一個新數量中，不到百分之二的人有完全的家什；不少這種性質的夫婦後來又以婚姻形式確認了他們之間的結合。在一些大學裡，可能多達三分之一的人到畢業的時候都已與某人達成了臨時的結合㉑。在一份全國範圍內對二千多名二十至三十歲的男子的抽樣調查中，百分之十八的人說，他們有六個月以上的同居史。在大學生中的比例則是百分之十五。其中三分之二（即百分之十二）的人只有過一次非婚關係㉒。

這種也許要被人們認為「越來越穩定」的實踐屬於日益普遍 **261**
的婚前性行為——興起於幾十年前，在二〇年代及以後的時間裡
發生了很快的變化。「有愛情的性」（sex-with-effection）一直
是許多人的指導原則，這說明這種行為的普遍增長受到了主導價
值觀的強烈影響[23]。缺乏人情味的色情也在泛濫，但是很少被人
捍衛為正確的。它更多地被看作犯罪，而不是被看作不同流俗的
表現。這對於兩位朱里奇（A. P. and J. A. Jurich）所謂的「無
愛的非佔有性許可」（nonexploitative permissiveness without
affection）來說也許不能成立，他們所說的那種情況被他們的一
些響應者當作準則接受[24]。大致看來，我根據我在前面討論過的
那些標準而在許多事例中把它看作反文化的。直到最近幾十年，
這對於「有愛的許可」——賴斯（I. Reiss）曾討論過的婚前性
行為的四條標準之一——來說還是成立的。現在這似乎更接近是
選擇性的（alternative）——在我所使用的這一概念的意義上而
言。另一方面，這一雙重標準已按相反的方向發展，儘管實際行
為或許沒有這麼大的變化。雖然男子的較大自由度的性行為在傳
統上沒有得到充分的文化肯定，但是，它一直都是一種文化選
擇。然而，在近年來，有跡象表明這種雙重體系正遇到了挑戰
[25]。這種雙重標準已經變成或正在變成反文化的；那些捍衛它的
人已與主導觀念形成了對峙。

蕭伯納（Bernard Shaw）說過，婚姻如此受人歡迎，這是
因為它把最大慾望與最大機會結合在一起了。雖然這種結合的好
處近些年來在不斷地降低（非婚的慾望和機會則在逐步增加），
但是，婚姻現在又變得廣受歡迎了。離婚率一直在增長；如果現
在的比例不被改變的話，將有三分之一的美國夫婦離婚。然而，
三分之二的不會離婚，並且大多數離婚的人會再婚。在一份全國
範圍的對男子的抽樣調查中，四分之三的人同意婚姻是「最理想
的性生活」[26]。婚外性生活傾向於只是這樣一少部分人——他們

以反文化價值觀的名義承認它的合理性，或者認爲「交換性伴侶」（mate-swapping）是可以接受的——所熱衷的事㉗。

到七〇年代中期，一些新聞標題顯示，發生著的事件正在「顛倒性革命的方向」。如果說米勒（H. Miller）的著作賣了幾百萬册的話，那麼，卡特蘭（B. Cartland）寫貞潔的女主人公爲保衛她們的名譽而鬥爭的浪漫故事的書就可以說賣了幾千萬册。她評論道，當一個人不可能「比裸體還裸」時，「遮羞布就變得引人入勝了，善就取代了惡」㉘。

事實上，擺回到更保守的性道德的幅度可能並不是很大。要把行爲及價值觀的轉變與新聞熱門話題的轉換分割開來是很困難的。在審視並在某種程度上創造了性革命的圖畫之後，傳播媒介可能就降低了它的新聞價値。寫天眞現在可能更走俏。不過，漸進的變化似乎更接近事實。

一些表現在性方面的反文化人士除了徹底自由，看不到有什麼可以替代處於統治地位的嚴厲、僵化、壓抑的性道德（他們對它的認識不乏想像的成分）。即使可以說這一觀點在近幾十年裡更經常地被人們採納了，並已賦諸實施，這也並非由於社會已經在性上變得更加壓抑人性。事實上，壓抑在減輕，這種減輕提高了人們通過性來達到自我實現的企望，甚至當我們正在逐漸懂得性的自我實現是如何緊密地與其他價値觀糾結在一起時也是如此。

大多數社會都用這樣或那樣形象的說法教導人們，從老虎爪下退到鱷魚嘴裡並沒有什麼兩樣。新家庭結構的發展和性禁律的解除是解決了我們的問題呢，還是只不過又把新問題推到了我們面前？我想通過陳述一些疑問來突出這一難題的複雜性和重要性：

如果性是一種建立在它自己之上的價値，那麼，我們怎樣避免在追求快樂的過程中表現出來的自我中心呢？我們怎樣避免異

常突出的對他人的利用和色情狂（例如，在米勒和梅勒的作品中
所寫的那些）呢？我們怎樣對待拋棄感和嫉妒心呢？如果一個人
不正視這些激情的存在，他就不可能更充分地使性具備人性和個
性。我們怎樣避開快樂相對主義（對於情場老手來說，只有不斷
有更強烈更新奇的刺激，才能帶來同樣的快樂）的陷阱呢？用坎
貝爾（D. Campbell）的話來說，當達到愉快的刺激水準提高
時，我們是否就直接了當地提高我們的標準以便「我們的體驗仍
然是三分之一的快樂，三分之一的痛苦和三分之一的無聊」呢
㉙？涂爾幹（E. Durkheim）以同樣的態度討論過「對無限的病
態企求」（"morbid desire for the infinite"）──他把它看作是
與性的紊亂（anomie）（正如其他的紊亂一樣）聯繫在一起
的。如果缺乏有益的文化規則，「人們就會陸續醒悟到自己的各
種新希望受到了欺騙，只留下一系列的疲倦、牢騷和失望㉚。」

　　性與侵犯行為之間──即性從文化戒律中的解脫與侵犯行為
的上升或下降趨勢之間──的關係是什麼呢？佛洛依德對這個問
題的觀點也難免有些曖昧，有時他把二者聯繫在一起，例如，當
他認為在潛意識水平上性行為包藏著侵犯因素時，就是如此；有
時他又把它們看作「本能衝動」的競爭者。拉斯韋爾（H.
Lasswell）沿用柏拉圖的思路，強調二者的聯繫，把這種聯繫不
是看作某種基本人性的產物，而是看作特定社會條件的產物㉛。
年輕人過分注重財富的價值，導致了對急功近利的強烈要求和向
及時行樂的沉淪。在缺乏自我理想和一個健全的超我的情況下，
性衝動和侵略衝動被極大地釋放出來了。

　　那些已從對性的社會限制中解放出來的人則採取了對立的觀
點。在《性愛與文明》中，馬庫塞宣稱性愛衝動的釋放意味著侵犯
行為的減少。然而，他也認為侵犯性在「整個當代工業社會中愈
演愈烈」㉜──從他的觀點不可避免地就推到了這一結論：當代
的性道德的鬆弛是虛假的（spurious）。

263

　　一個人如何以一種確切的方法確定鬆弛是眞實的，而不是虛假的，以便他能避免馬庫塞的循環論證，我對此不甚瞭然。他會爭辯說，一種眞正的人類在性上的解放也意謂著利比多（Libido）的一種轉換——「從限制在生殖需求至上之下的色情向整個人格的性愛化（erotization）的轉換」③③。在他看來，這一點遠未被人們現在更悲觀地看待的「有局限的和器官化的色情」所達到，因此侵犯行爲尚未減少。

　　馬庫塞關於「整個人格的情愛化」的觀念、他把它與馬克思主義觀點（「使人類的肉體成爲幸福的淵藪而不是勞動的工具」）聯繫起來的方法、以及他對國與國之間的侵略的批評，有一種神奇的和烏托邦的感召力。然而，不那麼富於哲學意味的傾向與他因此而獲得的影響並不相符。這麼大的影響部分地歸因於「做愛，而不是作戰」這一或許在六○年代最顯示見識、最能鼓動人心的口號。然而，這一反文化要求——束縛人的和壓抑人的性道德必須被徹底顚倒、以便創造一個新世界——在最大限度內被以一種相當俗套的方式給予了解釋。例如，一些里格比（A. Rigby）曾與之交談過的公社成員用反抗的語言「攻擊流行在一本正經的社會中的壓抑人的道德觀念」，同時又表示他們之所以聚集到一個公社，是「因爲它能保證你每個晚上都能過上很便利的性生活③④。」

　　對性與侵犯行爲的聯繫的實驗性研究缺乏「現實主義」（"realism"），但是，其研究結果與我們從一些文章中所讀到的是一致的：其聯繫是密切的，但又是複雜的③⑤。在某些條件下，性戒律的解除增加了侵犯行爲發生的可能性；在另外一些情況下，它卻減少了這種可能性。避免武斷地說它們毫無例外是反比例關係或正比例關係，也許不失爲一種明智的態度。我們所論及的是充滿暴力的時代，它們甚至是一些性戒律大爲鬆弛的時代。無論人類在追求其他價值並避免侵犯行爲的同時是否能夠達

到反文化人士所憧憬的那種性的極樂境界，它都不能不受時代的決定。

那些最重要的問題之一慢慢呈現在我們面前：對於受到影響的孩子們來說，改變性觀念和性行為的意義以及反文化的家庭結構的意義是什麼呢㊱？羅斯札克說到過做為血緣系統的核心的「自發的和無條件的忠貞（Loyalty）」──他相信這種忠貞「被熔鑄進了生命的生物性承續之中㊲。」當然，他認識到了忠貞也可能不存在或弄錯對象。在急遽的社會變化要求寬鬆的環境的一種時代，父母的權威可能限制孩子們的選擇。因此，他看到，人類需要一種「開放的童年」──讓孩子們無拘無束地編織「一種富於首創性的產物」。他的確切意思我們不是很清楚。我懷疑他會認為羅思恰爾德（J. Rothchild）和沃爾夫（S.B. Wolf）所描述的那種反文化中的孩子們是無拘無束的，儘管他們正在自由的名義上得到撫養。擺脫束縛的自由並不等同於卓有成效地為自己選擇的目標或為公社的目標而奮鬥的自由。

有充分的證據說明，愛與規範的融和是發展自愛且愛人的人格的決定性環節㊳。然而，在某種意義上，這種融和較難發生在小的，在社會上處於孤立的夫妻家庭內。發展新的家庭模式（family patterns）的某些動力來自衝破「依賴性這一障礙」的願望（正如懷廷所說的），也就是說來自不再把感情的重心放在幾個人身上的願望。人們在探索新的維繫系統。「在一些例子裡，他們努力通過鼓勵交換伴侶來破除婚約中兩性親情的排他性。他們都希望把核心家庭置於比核心家庭大的事務單位中去，或者組織某種類型的小型社區。」不過，懷廷（B. Whiting）繼續說，這要求有新的習慣和價值觀，而這些並非易事；「生活在一個切實可行的小型社區裡，要求具備一些被傳統的吉庫尤人（Kikuyu）所推崇的品質：一種與核心家庭圈子以外的人們同甘共苦、合作共事的能力，一種對他人負責的品德，一種推崇相

互依賴而不是各自獨立的傾向㊴。」

　　那些生長在反文化環境中的孩子的體驗（experiences of children）與這個環境中的成年人的體驗一樣是逆反的，但是，羅思恰爾德和沃爾夫在關於一所「自由學校」（free school）的效果的評述中描寫了一種普遍的模式——也許可以稱之爲「矛盾心態的否定」（ambivalent neglect）。「那所自由學校的教學是以曾經被稱爲休假的那種形式開始和結束的。沒有什麼五花八門的課程，沒有教學程序，不分年級，不留永久性的成績檔案，也不布置功課。孩子們整天沉溺於做那些他們覺得高興的事：用大塊的放大鏡聚光升火，坐三輪車互相追逐，把草地上的桌椅擺成要塞，有時試著讀點輕鬆的作品（多數時候不去讀）。這樣害怕窒息了孩子們的天性，這樣害怕束縛了他們的手腳，以致教育已經變得無教可談了。」然而，父母的心情充滿巨大的矛盾：「他們更看重孩子們現在的自由，而不是他們日後進哈佛大學的機會。這可以說恰好是對衛星時代的一個反動。」不過，大多數父母都儘量讓孩子們在晚上得到一個灌輸傳統知識的機會，希望他們既把時間花在「新文化上，也能進哈佛大學。」這種「無政府主義的幻想」一遇到挫折就可能破滅；一年後就不會再「陶醉於他們的孩子們的自由㊵。」

　　正如在其他反文化活動中一樣，在孩子們的培養過程中，人們總是苦心經營。爲了努力建立一種和諧的生活方式，他們不能不貶抑那些與佔統治地位的動機和價值觀相衝突的東西。這種貶抑的進行靠的是雙管齊下———一方面擡高體現了他們的主導價值觀的利益，儘管人們心中對此不乏疑慮；另一方面則把他們意慾貶抑的價值觀歪曲得一無是處，儘管它們暗中被人接受。對反文化價值觀的集體支持在這種貶抑中大見成效；但是，如果潛藏的價值觀也爲大家所共有的話，它們就會迫使人們公開承認它們。做爲反文化人士的父母面臨著一種尷尬的處境：既然他們充滿矛

盾的感情，他們就不能全心全意地按新的價值觀培養他們的後
代。即使他們有了相當明確的價值觀，也只有在他們變成了具有
相當傳統意味的父母，並否定所謂的「開放的童年」的時候，他
們才能教育他們的後代接受它們。（這個二律背反與常發生在宗
教支派中的那種二律背反相似。一些支派變成獨立的教會，它們
擁有非常複雜的教育機制，這種機制教育下一代懂得個人的自由
選擇，而不是教會的經文和儀式，才是通向拯救的途徑。教會教
導人們不迷信教會才是一個好教徒。）

　　現在，在社區維繫感情的作用日益降低的同時，更大的感情
重心移向了家庭。「我們所做過的一切都只是使我們自己退回到
我們各自孤立的家庭，並謂之『個人隱私』」㊶。重新發生的對於
公社和其他涉及家庭的替代性選擇的興趣部分地表現了對這種
「退回」的拒斥。從它們這裡，人們看到了想解決一種二難境地
的嘗試：人們覺得家庭是束縛人的，而沒有一個具備感情維繫作
用的羣體也同樣使人難受。亨丁（H. Hendin）描述過一個學
子。他夢想自己被迫吃一個像一座房子那麼大的蘋果。他所幻想
的一個幸福世界是一個他可以感到餓的地方。那些相信他們只不
過是其父母的使命的代理者的人，──他們如何看，做什麼都是
由父母決定的──總是通過不遵照父母標準的行動來進行反叛。
因而，他們不可避免地需要感情上的支持。在其以自己的診療經
驗為依據的著作中，亨丁認為，「那些對他們的家庭如此絕望，
以致覺得有必要從他們的感情生活中消除他們的家庭的人，被他
們從未得到的那份愛，被麻木抑鬱以及為一個人、一樁事業、一
次經歷而感到愉快和充滿愛心的能力的喪失，永遠地和他們的父
母聯繫在一起了」㊷。

　　加入一個反家庭的家庭（antifamily family）──它同時是
一個小社區和準家庭，能夠更好地解決感情上受包圍和感情上受
孤立這種家庭生活造成的矛盾。人們把家庭看作一夫一妻生兒育

266

女的地方，看作強調成就感或接納的天平，在反對這些傳統的標準的意義上來說，一些公社和其他形式的羣體是「反家庭的」（antifamily）。不過，對現行家庭的攻擊與對某種家庭的企求密切相關㊸。

現行家庭並不比社會中的其他制度更少受文明轉向的壓力和張力的影響。很難懷疑對於新思想和新實踐——無論是被用來對付這些壓力和張力以反抗傳統家庭的，還是被用來創建新型家庭的——存在著某種需要。現在我們已經有了大量新型的家庭模式——包括在原始部落範圍內的不自覺的「實驗」和我們精心設計的嘗試。然而，因為參加者都是自己選擇的，所以，很難根據傳統的家庭和婚姻模式來評估公社、羣婚和其他反文化的變異的長遠意義。一些羣體可能運轉得很好，因為參與者們受到宗教觀念的有力推動，或者因為他們的動力來自對於解決那些與性、家庭和孩子的撫育有關的當代困難事務的深切關注。其他的羣體可能運轉得很糟糕，因為與其說成員們已被新的標準所吸引，不如說他們正從痛苦的經驗中退縮下來或正在反抗這些經驗。例如，克萊頓和沃斯通過一份全國抽樣調查發現，在年輕男子中，那些曾經捲入或正處在一種與人私通的關係中的人比其他人更易於使用非法藥品㊹。萊恩斯、利普茨和戴維斯發現與他們的女朋友住在一起的男子對於她們的信任和尊重比不上一些男子對於那些與他們確定了穩定的情侶關係的婦女的信任和尊重㊺。

大家知道，起先正常運轉的實驗在較少獻身精神並且熱情不高的人參與後證明是不成功的。然而，我們也需要指出的是，似乎失敗了的實驗可能就顯示出自我選擇（self-selection）過程吸引了某些出於與實驗目的不同的理由而加入的人。那些少一點憤怒、自疑或矛盾心態的人可能使實驗能夠進行下去。

我們可以用一個問題來總結這些評論——關於顛倒佔統治地位的性規範所可能引起的後果的評論。當性體驗變成了一種宗教

觀的一部分的時候，我前面所提出的這些與社會對性的調控制度和形式聯繫在一起的現象就被消除了嗎？宗教的性是許多古老的教義所關心的。它現在又做為一種信仰──相信《聖經・天啓錄》所說的通過把肉體從壓迫下解放出來而達到人類狀況的轉變──的中心而出現了，有時伴隨著對比的神學解釋，有時又沒有這種解釋。一個由雷尼希・默漢（Rajneesh C. Mohen）所領導的帶有印度教和佛教因素的教派以比西方所通行的術語更神秘的術語表現了這一信仰。雷尼希的門徒阿洛克（S.A. Alok）說，通過狂放，人們達到了「性衝動向一種與世界交歡的感覺的轉變」，「達到了在觀念上與宇宙的合一」⑯。

　　兩千五百年前，傑拉米阿（Jeremiah）反對崇拜神聖的性精靈阿斯塔特(Astarte)，據伯傑（P. Berger）說，這並非更多地由於性的原因，而是因為建立一種包含「淫靡的狂歡」的宗教意謂著道德的淪喪。「那些向天后獻祭的人恰是那些壓迫弱者並吸無辜者血的人⋯⋯；照顧寡婦和孤兒就不會這般淫靡⑰。」

　　現在，「神聖的性」採取了許多表現形式：從布朗（N. Brown）的公開的宗教慶典到更加世俗化的各種治療組織，從賴克（W. Reich）一伙到某些種類的「感覺訓練」。伯傑不是傑拉米阿；「在我們的時代有比阿斯塔特更壞的東西。」正是神聖的性，做為拯救的性，使他煩惱。「在這樣一個集體屠殺和集體挨餓的世界裡，在這樣一個發生了史無前例的恐怖、可恨的獨裁和核毀滅的世界裡，難免有些淫穢的東西⑱。」

　　持續不斷的家庭制度危機和對於工業社會中的性的關注突出了福考爾特頗有分量的判斷──近年來的潮流所解除的對於性壓抑的程度遠比不上所解除的對於談論及研究性的壓制的程度。它們產生了富於諷刺意味的影響：導致情感生活的理智化（rationalization），提高了機械性（mechanization）和衝動（compulsion）的程度，促使人們更關心其技術⑲。其全部影響

268

還沒有全部釋放出來。

第十二章註釋

①默多克（G. Murdock）《社會結構》（ *Social Structure*, 1949 ）。

②斯皮羅（M. Spiro）〈家庭具有普遍性嗎〉（ "Is the Family Universal?" 1954 ），載於《美國人類學家》五十六，p. 846。

③斯皮羅《性別與文化：再訪以色列集體農場的婦女》（ *Gender and Culture: Kibbutz Women Revisited*, 1979 ）p. 106。

④見塔勒西（G. Talese）《鄰人之妻》（ *The Neighbor's Wife*, 1980 ）；基恩（S. Keen）〈一個有窺淫狂的人〉（ "A Voyeur in Plato's Cave", 1980 ），載於《今日心理學》十三。

⑤見費爾斯通（S. Firestone）《性的辯證法：女權主義革命之一例》（ *The Dialectic of Sex: The Case for Feminist Revolution*, 1971 ）。

⑥埃爾希坦（J.B. Elshtain）〈反對家庭的女權主義者〉（ "Feminists Against the Family", 1979 ）p. 497。

⑦迪納斯坦（D. Dinnerstein）《美人魚與牛頭怪物》（ *The Mermaid and the Minotaur*, 1976 ）。

⑧米德（M. Mead）《文化與承諾》（ *Culture and Commitement*, 1978 ）。

⑨要尋求有關研究，可以參看：比德爾(B. Biddle)等〈父輩與同輩對青春期男女的影響〉（ "Parental and Peer Influence on Adolescents", 1980），載於《社會力量》五十八；坎德爾（D. Kandel）等《兩個世界的青年》（ *Youth in Two Worlds*, 1972 ）；韋斯特利（W. Westley）等《沉默的多數》（ *The Silent Majority*, 1969 ）。

⑩見福考爾特（M. Focault）《性史》（ *The History of Sexuality*, 1977 ），卷一；德格勒（C. Degler）《陰差陽錯：婦女與美國革命以來的美國家庭》（ *At Odds: Women and Family in America from the Revolution to the Present*, 1980 ）。

⑪巴布科克（B. Babcock）主編《可逆的世界》（ *The Reversible World*,

1978）p. 117。

⑫要詳細瞭解各種觀點，請參看：勒納（R. Lerner）《中世紀後期異端的自由精神》（ *The Heresy of the Free Spirit in the Later Middle Ages,* 1972）；科恩（N. Cohn）《探尋千福年》（ *The Pursuit of Millennium,* 1970）。

⑬轉引自小貝斯特（A.E. Bestor, Jr.）《荒野的烏托邦》（ *Backwoods Utopias,* 1950）p. 222。參見芒西（R. Muncy）《烏托邦社區的性與婚姻：十九世紀的美國》（ *Sex and Marriage in Utopian Communities: Nineteenth Century America,* 1974）。

⑭里夫（P. Rieff）《佛洛依德：道德主義者的頭腦》（ *Freud: The Mind of the Moralist,* 1959）。

⑮羅海姆（G. Roheim）《精神分析與人類學》（ *Psychoanalysis and Anthropology,* 1950）；賴克（W. Reich）《性革命》（ *The Sexual Revolution,* 1945）；馬庫塞（H. Marcuse）《愛慾與文明》（ *Eros and Civilization,* 1966）。

⑯羅賓遜（P. Robinson）《佛洛依德主義的左派：賴克、羅海姆和馬庫塞》（ *The Freudian Left: Wilhelm Reich, Géza Roheim and Herber Marcuse,* 1969）。

⑰施萊特（P. Slater）《追求孤獨》（ *The Pursuit of Loneliness,* 1971）p. 84。

⑱《紐約時報》1977 年 10 月 9 日，p.p. 1,80。

⑲德莫特（B. DeMott）〈支持亂倫的議員遊說者〉（ "The Pro-Incest Lobby", 1980），載於《今日心理學》（ *Psychology Today,* 1980）p. 81。

⑳迪克斯坦（M. Dickstein）《伊甸園之門：六〇年代的美國文化》（ *Gates of Eden: American Culture in the Sixties,* 1977）p. 81。

㉑麥克林（E. Macklin）〈大學未婚學生的異性同居〉（ "Heterosexual Cohabitation Among Unmarried College Students", 1972）。

㉒克萊頓（R. Clayton）和沃斯（H. Voss）〈過夜：七〇年代的同居〉

269

（ "Shacking Up: Cohabitation in the 1970s", 1977 ），載於《婚姻與家庭雜誌》三十九。

㉓見賴斯（ I. Reiss ）〈婚前性放任的社會條件〉（ *The Social Context of Premarital Sexual Permissiveness*, 1967 ）。

㉔朱里奇（ A.P. Jurich ）和朱里奇（ J.A. Jurich ）〈以婚前性標準的選擇為基礎的道德認知發展所引起的結果〉（ "The Effect of Congitive Moral Development upon the Selection of Premarital Sexual Standards", 1974 ），載於《婚姻與家庭雜誌》三十六。

㉕科馬羅夫斯基（ M. Komarovsky ）《男性化的二難境地：對大學青年的研究》（ *Dilemmas of Masculinity: A Study of College Youth*, 1976 ）。

㉖皮特羅平托（ A. Pietropinto ）和席默諾（ J. Simenaur ）《超越男性神話》（ *Beyond the Male Myth*, 1977 ）。

㉗罕特（ M. Hunt ）《七〇年代的性行為》（ *Sexual Behavior in the* 1970s, 1975 ）。

㉘轉引自《舊金山紀事》（ *San Francisco Chronicle* ）1977 年 5 月 17 日，p. 35。

㉙坎貝爾（ D. Campbell ）〈論生物的與社會的進化之間和心理與道德傳統之間的衝突〉（ "On the Conflicts Between Biological and Social Evolution and Between Psychology and Moral Tradition", 1975 ）p. 1121。

㉚涂爾幹（ E. Durkheim ）《論自殺》（ *Suicide*, 1951 ）p. 271, 參看第 259~76。

㉛佛洛依德（ S. Freud ）〈對性理論的三個貢獻〉（ "Three Contributions to the Theory of Sex" ）；拉斯韋爾（ H. Lasswell ）〈今日關於集權專制國家的假設〉（ "The Garrison State Hypothesis Today" ），見於罕廷頓（ S. Huntington ）主編《變化中的軍事政治模式》（ *Changing Patterns of Military Politics*, 1962 ）。

㉜馬庫塞（H. Marcuse）《單向度的人》（*One Dimensional Man*, 1964）p. 78。

270

㉝馬庫塞《愛慾與文明》p. 201。

㉞里格比（A. Rigby）《英國的公社》（ *Communes in Britain*, 1974 ）p. 77。

㉟見費什巴赫（S. Feshbach）和馬拉穆特（N. Malamuth）〈色情與侵犯〉（ "Sex and Aggression: Proving the Link", 1978 ）；以及他們與傑菲（Y. Jaffee）合寫的〈色情的激發與侵犯行爲：最近的實驗與理論問題〉（ "Sexual Arousal and Aggression: Rescent Experiments and Theoretical Issues" ），載於《社會問題雜誌》三十三。

㊱正如艾杜森（B. Eiduson）和亞歷山大（J. Alexander）所説的，供選擇的生活方式通常更多地表現了父輩的期望，而不是表現了爲他們的後代提供不同角色或權力的努力。見〈替代性家庭模式裡的孩子角色〉（ "The Role of Children in Alternative Family Styles", 1978 ），載於《社會問題雜誌》三十四卷第二號全期；英格等主編的《主要社會問題》1978 年，第 4 部分。

㊲羅斯札克（T. Roszak）《人與星球：工業社會的建設性分解》（ *Person/ Planet: The Creative Disintegration of Industrial Society*, 1978 ）p. 163。

㊳參考比（E. Maccoby）〈社會化研究中的變量的選擇〉（ "The Choice of Variables in the Study of Socialization", 1961 ），載於《人類關係社會學》二十四；拉希（C. Lasch）《冷酷世界裡的避風港》（ *Haven in a Heartless World*, 1979 ）p.p. 14～15；懷特（R. White）和利皮特（R. Lippitt）《自治與民主：一份試驗調查》（ *Autocracy and Democracy: An Experimental Inquiry*, 1960 ）。

㊴懷廷（B. Whiting），見英格等主編的《主要社會問題》p. 225。

㊵羅思恰爾德（J. Rothchild）等《反文化的孩子們》（ *The Children of the Counter-Culture*, 1976 ）p.p. 13～14。

㊶羅斯札克，同註㊲，p. 146。

㊷亨丁（H. Hendin）《敏感的年齡》（ *The Age of Sensation*, 1975 ）p.

339。

㊸見艾布拉姆斯（P. Abrams）和麥卡洛克（A. McCulloch）《公社、社會和社會學》（*Communes, Sociology and Society,* 1976），第 5 章。

㊹克萊頓和沃斯，同註㉒。

㊺萊恩斯（J. Lyness）等〈同居：對婚姻的一種替代〉（"Living Together: An Alternative to Marriage", 1972），載於《婦姻與家庭雜誌》三十四。

㊻《檀香山廣告報》（*Honolulu Advertiser*）1980 年 2 月 16 日。

㊼伯傑（P. Berger）《直面現代性》（Facing Up to Modernity, 1977）p. 201。

㊽同上，p. 206。

㊾福考爾特，同註⑩。

第十三章
反文化的教育

272

　　請從下列選擇你下學期的課程：反文化、反環境、反詩、反家庭、反制度。

　　「倫敦反大學」（London's Anti-University）的第一份發起書（1968 年）①清楚地說明，教育制度沒有免受六〇年代反文化運動的影響，也說明教育制度在以往的時代一直未能避免這種影響。在十五世紀裡，塔波萊特派（the Taborites）指責布拉格大學的教師們。「如果大學把它們培養的思想家用一條看不見的線聯繫起來了，那麼，反對社會的價值觀的敵人就已經埋伏在你周圍了」②——當一個人讀到這裡的時候，就會發現它所指的時間和地點都不是特定的。雖然這一陳述實際上所指的是三百多年前的牛津和劍橋，但是，它仍然適合做爲對俄國一八六〇年以後的大學的評論，適合做爲對近幾十年西歐、中國、日本、拉丁美洲和美國的大學的評論。

　　在反文化的挑戰聲勢浩大的時期，我們有可能發現，通向真理的現存途徑、證明的權威、有威信的人，以及有關的制度受到了衝擊或貶斥。執掌真理的人並不必然身處教育體系之中，正如我們今天所認爲的。在英國國內戰爭（the Civil War）前的時期，大學依附於教會，一些宗派就號召在講道之後舉行討論（這在波士頓也採用過一段時期）。巡迴插話人，具有專門技巧的詰

難者，儘管他們有法律上的麻煩，他們仍在各教堂之間往返，指責牧師的自以爲是和他們向教徒收取什一稅的貪婪③。他們宣告，眞理並非神父的專利，相反，眞理可以通過一種內在的光輝被賦予每一個人。使用這一系列行動和言論來描述近年對大學和「自由大學」（free universities）的理論基礎的反文化批評，幾乎不需要對術語做什麼改變。

衆所周知，學生熱心於參加涉及經濟、政治、家庭和性、以及宗教的革命運動和反文化運動④。不過，這不是我們在討論教育制度時所要直接關心的。學校不僅是爲了其他的制度而進行反抗並發展反文化項目的場所，而且它們本身就是目標。從學生的觀點來看，確實不容易淸楚地劃分做爲一般反抗運動的舞臺的教育部門與本身需要大幅度改造的教育部門。就高等院校的校園來說尤其是如此，因爲具有某種「整體制度」（total institution）的性質，一所大學在學生們的生活中不僅是一種教育體制；它還是管理的一個主要部門──涉及在他們的生活中至關重要的政策問題；還是一種經濟體制──要求共同分享他們的智慧並造就他們的經濟出路；還是一個教堂，準確地說，對大多數人而言，還是一系列互相競爭的「教堂」──指明各種拯救之路；還是一個臨時家庭──提供親密關係和感情慰藉。教員、行政官員、校友、父母和一般公衆──對他們來說，其他方面的體制更能發揮這些功能──時常對學生們批評教育體制的強烈程度感到詫異，感到驚慌。如果反抗運動部分地被看作對教育過程的反對，部分地被看作對學校的上述非教育方面的反對，部分地被看作反對其他方面的制度的途徑，它們也許就顯得不那麼令人難以理解了。

反文化與中學教育

雖然我將主要針對高等教育，但是，忽視一些更年幼的學生
對標準價值觀的倒置，這將是一個錯誤。有這樣一些人，對他們
來說，上學從一開始就是一種折磨。由於不善言辭或由於有益於
正兒八經的學習過程的經驗準備不足，他們與家庭外的世界最早
有規律的接觸就深深地打上了失敗的烙印（marked by failure），
緊接著，他們被越拉越後。學校就以振聾發聵的聲音說：你根本
不合格。一些學生變得相信這話，並且與得到了同樣信息的其他
人搞在一起，設計一種倒置的文化，以使他們在其中有一個出人
頭地的機會。只要可能，那些不擁有這種文化的人都被歸入不算
什麼東西的那一類人裡。不過，這一事實——為了努力壓抑縈繞
心頭的希望和雄心而顛倒價值觀——是「剪不斷，理還亂」的矛
盾心態（ambivalence）的一種表現。

標準的中學次文化，以其對體育、課外愛好和少量的學習的　274
強調，顯得在社會學意義上很不同於那些以逃學、偷竊、逞強耍
蠻和打羣架為取向的羣體⑤「課外愛好」次文化在一定程度上得
到成人圈子的接受和支持。在相當大的程度上，中學次文化能夠
與學校及校外的主導價值觀和信念相融和，它們至少是一些可以
接受的選擇。默多克（G.M. Murdoch）和弗爾普斯（G.
Phelps）以他們對英國中學的研究為依據，不同意這種說法：
「青少年身處兩種基本對立的文化之間；學校文化建立在滯後滿
足（deferred gratification）、認知技能、個人成績和尊從權威
之上，而校外『青年文化』建立在直接滿足、運動技能、羣體團結
和羣體成員平等之上。因而，他們被迫不是選擇這一種，就是選
擇另一種⑥。」

許多學生發現沒有必要在學校的「官方」文化與某種「可以匹敵的」（peer）文化之間做出一個選擇。然而，有這樣一些反文化的羣體，它們的逆反規範確實代表著這種選擇。如果主導社會說，好好上學，熱心自己的本業，尊敬老師，這才是好樣的。一個處於拒絕接受面臨的大量價值觀的形勢之中的羣體也許流行著這樣一套價值觀：盡可能多地逃學，並且盡早告別學校生活，以最慢的速度工作，並且經常打斷別人的工作，藐視老師的權威，砸碎學校的窗戶——因為學校是你「早夭」（"death at an early age"）的標誌。

並非所有顛倒流行的教育價值觀的中學生都出身低下。有些學生正在處理富裕帶來的紊亂（the anomie of affluence）⑦。他們不願受教育（顯得「缺乏動機」，輟學、逃學、吸毒），因為他們害怕失敗（我怎麼能夠指望達到我那訓練有素、教養很深的父母的水準？），害怕成功（既然培養過程如此枯燥，結果又如此灰暗和空虛，我為什麼要達到他們的水準？）。這兩種害怕不同程度的混合是他們各人離校的原因。

那些為這種混合所造成的結果——被創造出來的反文化價值觀，它們既不適於處理個人的失意，也不能滿足社會的巨大需要——而惋惜的人們面臨著一個棘手的任務：努力降低對失敗的恐懼（增加諮詢、取消年級和考試，自動升級，學生自選課程）也許只是增加了對成功的恐懼，而與此同時，它們都被學生想像成糊弄人的——也就是說，實際上與他們的需要無關。

降低對成功的恐懼的努力是不容易在學校範圍內做的。這種恐懼源出於下述家庭的經歷和對這種家庭的認識：它們被某種東西驅策著去追求對那些在富裕的環境中成長的孩子們來說是不值得的和虛假的目標。它也源出於青年人對富裕社會的認識：在這種社會中，人們爭權奪利而不願相互依賴的關係，忽視日常幸福的根源。這並不是說許多十一年級的「癮君子」變成了道德哲學

家。雖然富裕的社會減少了許多問題，但是，代價太大，新的困難又湧現出來，塡補了它們的位置——這不是什麼想像之詞。

至少在美國，沒有哪方面的制度比學校受到過更徹底的批判，這些批判不僅來自學生們的行動和言論，而且來自教師和社會評論家。一個又一個人指出，它是不平等的，它連基礎知識也傳授不了，它冷落創造性，它陷入了一種不動腦筋的、自我本位的程式之中。我將不在此驗證這些批評。儘管這些批評充滿意氣，但是，它們大多數不是明顯的反文化的，因而不是直接與我們的興趣有關。正規教育的基本價值，它對社會全面發展的意義和對個體的意義，通常沒有被否認。教學方法和質量，經濟資助和決策的來源，供來自不同階級，不同種族的孩子們利用的機會體系（the system of opportunity）所產生的實效幾乎總是得到關注——在我看來，這是明智的。

然而，有些批評確實在向教育體制賴以建立的理論前提進行挑戰。古德曼（P. Goodman）認爲美國的中學與中產階級的價值觀並不吻合。「學校越來越不能表現人類的任何價值觀，它只能表現對一個機械系統的適應。」他想知道，既然大多數閱讀材料糟糕透了，如何閱讀它們就成了統制人民並堵塞生機勃勃的民間文化的策略，那麼，不教孩子們如何閱讀能夠壞到哪裡去？他的話並不完全出於滑稽。他問，我們爲什麼要助長那些「充滿廢話、謊言和乏味的冗辭」的東西呢？他的批評大致可以總結爲一個陳述：學校正在日漸忽略「獨立性、首創性、誠實、認眞、效用、以及對純學術的尊重⑧。」

古德曼似乎只是熱心於盡力改革中學（不過，他的建議在這樣一種否定的宣判很流行的背景下很難引人注目），而伊里奇（I. Illich）在他很有影響的《取消學校的社會》（*Deschooling Society*）中表示他相信，義務教育應該廢除，它只不過被用以聯繫教育與職業系統，並强化不平等的模式。在他看來，對教育

276

的巨大依賴（特別是在發展中國家）可以說是明珠暗投了。它所
造成的重大教訓是意想不到的：窮人被告知他們的卑下；主張個
人成功的道德廣爲流行；在這些發展中國家（這裡只有少數人能
夠希望在不遠的將來接受比最起碼的教育高那麼一點的教育），
對學校教育的強調堵死了大多數人接受教育的機會。即使是對那
些千方百計取得相當高的教育的人來說，「想像被學校訓練得不
講價值，只接受程式。藥物治療有誤身體健康，社會工作有誤社
區生活的改善，警察保護有誤安全，軍事平衡有誤國家安全，勞
神而無法迴避的日常事務有誤生產性的工作⑨。」

關於這些信念的流行，我很難不同意伊里奇的說法。不過，
在說明它們在學校的根源時，他似乎不那麼成功。正如赫恩（C.
Hurn）所評論的，他的評論「堅持了過去關於學校教育效果的
自由主義思想」，並把學校看作拉大國家之間與個人之間的不平
等的一個原因。伊里奇的判斷有這樣一個前提：學校在「傳播那
些他不喜歡的思想和價值觀時很見成效，在傳播那些他贊成的思
想和價值觀時無甚起色⑩。」當教育與其他方面的制度的相互依
賴關係得到強調時，那些相信學校裡處於統治地位的價值觀應該
大大改變的人就把他們的批評指向了一個較大的目標。

那是鮑爾斯（S. Bowels）和金蒂斯（H. Gintis）在他們的《資本
主義的美國的學校教育》（*Schooling in Capitalist America*）中所
進行的研究。他們辯解道，教育體系不是失敗地，而是成功地發
揮了它的潛在作用——生產出一個資本主義社會所需要的價值觀
和人格。（非資本主義的社會似乎很難避免出現教育與經濟價值
觀之間的這種聯繫。）爲了這個結果，不同的學校培養不同種類
的個人，完全取決於它們在大社會中的目的。一些人受訓是爲了
服從和效率，一些人受訓是爲了權威和想像。像古德曼和伊里奇
一樣，鮑爾斯和金蒂斯從中看不到任何有益於一個更平等和更民
主的社會的東西。

　　由古德曼、伊里奇、鮑爾斯和金蒂斯所代表的那種批評中的反文化因素是對學校教育的信念的倒置。信念的失落有各種原因，其中有兩種是基本的：教育體系旨在維護上層階級的利益（儘管有可能在大多數情況下不是有意識的），並毀滅人的天性和創造性。這兩個判斷有足夠的證據⑪。能始終使這些問題引人注目，這是近年來的批評的一個重大成功。不過，在設計新的程序時，它們很少有什麼成就。雖然小範圍的方案經過檢驗，證明能減少一些問題，但是，大範圍的替代性選擇還是難住了全世界的各個社會。

　　只就美國社會的情況而論，我看到了那些想在上述批評的基點上減輕這兩個問題的人所面臨的一種兩難境地：那些可能減少不平等的變化很可能帶來不利於人的天性和創造性的更大壓力；倒過來說，最廣泛的學校改革可能對於中上層階級和上層階級的學生在一段時間裡大為有利，但是，對另外的人來說則很少有什麼幫助，甚至大為有害。即使經濟資助有所增長，刻板的控制有所放鬆，這種兩難處境也依然如故。在對古德曼的批評中，卡茨（M. Katz）似乎把這個問題弄得過於絕對了，幾乎沒有為階級之間的差異和跨越階級界限的共同利益留下什麼位置。不過，他對這種兩難處境做了很清楚的闡述：「實際上，我很懷疑窮人為他們的孩子所要求的是富裕、地位、在郊區而不是在聚居區的一所房子、一把吉他，以及崇高的德性。他們也許寧願學校敎他們的孩子如何讀寫和計算，而不願學校敎他們的孩子如何感覺、如何存在。如果此言不差的話，那麼一種不那麼令人愉快的現實就是不可迴避的了：教育激進主義本身就是一種階級行為⑫。」

277

反文化與高等教育

學生運動通常顯示出狂熱勁和宗教性來。倫敦自由大學的領袖們宣稱，它與其他大學相區別的特徵是：「教師完全熱衷於他們所教的，學生完全熱衷於他們所學的。」這是什麼意思呢？蓋爾納（E. Gellner）認為，它意謂著他們不屑於探討思想的合理性。「性實驗是完全允許的——但是，智力遊戲、探索、嘗試等任何缺乏『信奉精神』（commitment）的東西都被看作新維多利亞時代的假正經。對於所提的建議，至少要用全部的愛來擁抱它們」⑬。

羅斯曼（M. Rossman），這位伯克利言論自由運動的領袖之一，在十年後回顧它的時候還強調信奉，不過，不帶蓋爾納的那種輕鬆的幽默或沉重的諷刺（在於你怎麼看）。羅斯曼認為，由於經歷了幾個月的鬥爭，

> 「……在我們之中產生了一種關於社區和文化的新觀念，它把關於推動我們以新左派的姿態行動起來的社會正義的觀念聯成了一體。大家的出場鼓勵我們敢作敢為，可是，我們已處於變化的邊緣——此時，我們所知道的突然成了未知的，成了另一種現實的圖景。一時間一切都破碎了。我們的事業雞飛蛋打，我們的生活岌岌可危，我們關於我是誰和我怎樣做一個人中人的觀念被動搖、被修改了，其深刻程度不亞於當代任何先驗的宗教性皈依⑭。」

這一陳述使我們想起了奧爾特加・依・加西特（Ortega y Gasset）的一段話：「改變信仰（conversion）不是人從一點思想到另一種思想的變化，而是人從一種確定的觀念向它的對立面的

變化：生活對我們來說好像突然變得乾坤顛倒，內外易位⑮。」

如果人們把大幅度改造大學的努力看作「宗教的」運動，而不是看作設計新的統治程序或系統的一項理性的任務，那麼，無論人們多麼為它的出現惋惜或歡呼，對「完全信奉」的強調就不再是難以索解的了。

像其他改造一方面的制度或一個社會的努力一樣，激進主義的教育運動也面臨著一種棘手的戰略上的二難處境（dilemma）。如果他們迫切要求急遽的變化，他們將失去支持，並將承受越來越強的壓力。如果他們把目標改變到很溫和的程度，社會的統治力量就會插手這場運動，因為他們樂於接受系統內的自由化變革。然而，那些追求激烈變化的人則把這些變革視為裝潢，並把他們的要求逐步升高。他們把自由化變革視為塗在一座基礎已搖搖欲墜的建築上的一層新油彩，只不過是為了掩蓋它的虛弱基礎而已⑯。

這一二難處境的重要性被它在社會結構的許多方面所引起的社會變化突出出來了，並且，不僅僅表現在教育方面。在經濟、政治和宗教方面，我們不得不繼續在礁石與漩渦之間航行，而一些與我們同行的人注意到潛伏在一邊的危險，卻總是忘了潛伏在另一邊的危險。馬里頓（J. Maritain）討論的是托馬斯‧阿奎那（St. Thomas Aquinas），不過，他的話稍作改變就可以用來針對近年來關於教育的爭論：聖托馬斯認識到一切社會行為的二難矛盾、他「反對兩種一直對立卻同樣導致錯誤的傾向：一方面，反對落後的經院哲學（它執著於基督教傳統的那些瑣碎的和陳腐的因素）所日積月累的惰性；另一方面，反對隨意分離（spendthrift disassociation）的本能」⑰。

近年來，有幾個作者認為那些要求激進的教育改革而表現出「隨意分離」的人是虛無主義者，並且屬於極端人格類型（extreme personality types），他們與「凱尼斯頓（K. Keniston）熱情

洋溢的、或許浪漫化了的研究所生動地描繪的『青年激進分子』相當不同——正如恩德利曼（R. Endleman）所指出的⑱。要想在狂熱的理想主義和自我異化的虛無主義之間劃一條界線，很難不落俗套。或許帶有後者特徵的那些人最易於根據這一特點——他們不僅不容忍他們的反對者，也不容忍那些在同一場運動的不同領域活動的人——來確認。「這表現的是宗教狂熱的武斷；它不是關於衝突的政治語言，而是關於異端邪說的宗教語言⑲。」

我雖然承認一些要再造大學的人提出了富於啓示性的觀點，但是，我的觀點畢竟不同於利伯特（R. Liebert）、亨丁（H. Hendin）、福伊爾（L. Feuer）等人——他們認為，在一定的條件下，極端人格類型可以成爲一個動力因素推進那些似乎由於缺乏它們而被完全堵塞了的變革。在人類發展出一個能保證穩步進化的可靠系統之前，我們也許不得不付出開展運動的代價，以尋求爆發性的變化。這種運動可以被看作突變，正如我將在後面要討論的，它們大多數對社會福利是有損害的。而一種反文化的制度會一次又一次地被倡導，這些倡導者或許就是最不適應他們周圍的世界的人，這種制度比起它向之挑戰的制度來，更易於與一個快速變化的世界和諧相處。

而且，要理解反文化運動，就需要注意極端人格類型——它們可以被看作社會文化不合諧的具體表現，而不可以被看作初始原因——的結構原因。在評論毛澤東與他父親長期衝突時，福伊爾把「家庭內戰」看作「後來的政治內戰的原型」。毛澤東的觀點「被鑄進了關於學生運動的政治學」，而這場活動把捲入了同一種家庭衝突的許多人聚集在一起了⑳。我覺得這種心理歷程並不假，但顯得空洞。家庭內的人際關係的緊張還不曾被突出出來。是什麼使他們對二十世紀中期中國的社會變革過程起了決定作用呢？爲什麼他們把一些青年人而不是另一些人引向了革命觀點呢？是什麼結構因素提供空間使個人的人生戲劇走上了公衆舞

臺呢？

　　對當代高等教育的批判一向比爲反文化的選擇提供的建議要有力得多。也許，對價值觀的最強烈、最廣泛的顚倒發生在認識論上，而不是課程或管理上。旣然我已在第四章及另外一些段落裡討論了對科學的和理性的世界觀的挑戰，我在這裡就不再重複了。強調通過神秘的洞察力、冥想、瑜伽、情感教育等獲得知識，這並不像反對教育理性主義那樣多地反對教育的制度化——實際上，新制度被形成了。羅斯札克（T. Roszak）想知道是否我們不應該把卡斯塔內達（C. Castaneda）所參與的那種他和雅基族（Yaqui）印第安巫師唐・朱安（Don Juan）一起經歷的薩滿入會儀式包括進我們「對於教育的想像」之中。他想知道，是否我們不應該過分考慮朱利（Johnny）不能閱讀這一事實。

　　　　「我們爲什麼不考慮到朱利的身體被壓抑的憤怒和慾望所攪住，他的新陳代謝受到便宜食品和精神緊張的干擾，他的夢是一片荒涼，他的想像即將消逝殆盡，他的社會意識被他的競爭性的個人主義所抹煞？我們爲什麼不考慮到朱利不能跳舞、不能繪畫、不能冥想、不能自娛、不會處理焦慮、侵犯、嫉妒、不會表達信任和柔情㉑？」

　　我不敢斷定羅斯札克的陳述究竟是什麼意思。我們理智地考慮一下：Was ist das Evidenz? 這些問題已經變得更嚴峻了嗎？如果是這樣，學校從根本上出毛病了嗎？（上述引文出自題爲「學校：讓他們走，讓他們成長」的一章）如果我們假設對這些問題的回答是肯定的，我們又能靠做什麼來緩解這些問題呢？悲傷鬱積；它們也許只是一個開頭；但是，人們幾乎總是徒勞地尋求關於一些選擇————這些選擇顯示了人們對各種價值觀（在某種意義上說，這些價值觀是矛盾的，但都是我們所要努力爭取的）的認識——的思想。

對高等院校的其他批評因為通常蘊含著反文化價值觀而特別著名。在某種程度上說，它們來自「右」翼：校園是「異」邦、在其中，激進思想和激進生活方式得以成長；或者說，它們是象牙塔，包藏在其中的深奧和神秘的內容需要漫長的探索。

然而，近年來，在世界的許多地方，批評來自「左」翼。我在這裡只需要列出一些重大的主題：高等教育與政治、經濟和軍事權力結構是如此密切相關，以致它無法很好地發揮它自身的功能，如知識的保存，傳播和增長，道德心和美感的發展，以及對創造性的鼓勵。人們不難發現，一些政治大人物在取得政治的或經濟的成功之際，被授予榮譽學位，宣傳大學對於國家的重要性，並許諾進一步的經濟資助。儘管這只是一段關於克倫威爾（D. Cromwell）一六四九年在牛津的敍述㉒，但是，相似的故事在許多地方被重複著。（不必多說，有人相信學院和大學是經濟的、政治的或宗教的勢力的附屬物，自有他們的道理。）

那些把高等教育看得與「軍事工業聯合體」的代理者沒有什麼不同的反對者不能確定向誰挑戰。大學本身並不是一個自治的政治單位，因為「外部的」羣體——學校理事和董事、捐贈者、立法者——在制定政策上有決定作用。然而，既然校園是他們的家園，既然在大多數問題上職業頭腦的行政官員、教師和學生滿意於教育與「外部世界」的聯合，大學價值觀和政策的反對者們通常把矛頭針對校園。在《激進的探索》（ *The Radical Probe* ）裡，正如邁爾斯（M. Miles）所說的，他們試圖拆散不確定的聯合，試圖誘導（或許會用強制手段）行政官員參加那些將暴露他們做為強制性社會的代理人的「真實身分」的行動。

內部管理因為無感情的行政程序和不可親近的教授們（他們只對他們的研究或課程感興趣）而遭到攻擊。一個世紀以前，列·托爾斯泰（L. Tolstoy）爭辯道，沒有誰有權施教，因為那些施教的人將從他們自己的興趣出發來這樣做；但是，所有的人

都有權受教育㉓。人們可以通過具體反對學校的課程和方法或者
通過總的進攻來對這種兩難矛盾（dilemma）做出反應。後一種
反對與其說可能創造一種反文化的替代性選擇或改革教育，不如
說可能爲他們「咬牙切齒地反抗他們的代理父親」提供了機會
㉔，正如施瓦布（J. Schwab）所指出的。或者，人們可以努力
創造「實驗學院」或「自由大學」——它們提供了新的課程，並
向頒發學歷證明的過程（它被認爲是極不恰當、極不公平的）挑
戰。在這些學校最富於反文化精神的前提下，專家們（社會這麼
給他們下定義）被一種自我教育、自我發現和同伴的相互作用等
形成的過程所取代了。課程表被改變到包括一些被相信屬於夏令
營或假期高中的課程，還包括其他課程——例如「反制度」，或
者「反詩」：它們把原來的課程表給弄顛倒了。伯克利自由大學
的課程之一被其教師描述成一種通過集體的性生活克服異化和孤
獨的方法，一種通過參加「地地道道的狂歡」而不帶罪感或羞怯
的方法㉕。

282

　　在一九六六年及此後幾年的中國文化大革命期間，「資產階
級教育」是一個受攻擊的主要靶子。由於在那些想接受高等教育
的人中只有極少數能夠如願以償，並要遵循一系列考試、錄取、
教學等方面的傳統標準，所以反對是嚴厲的。完全不能反映革命
熱情的程度的升級和考試遭到了指責。被懷疑抱有資產階級態度
的教師變成了工友和園丁。然而，在近年裡，政治資格在人們看
來，對於研究數學、建橋或成爲一個社會科學家的條件來說，已
經變得不充分了。

　　托爾斯泰的兩難矛盾仍存在於中國和世界其他地方。或許，
要判斷反文化的教育運動，應該根據它們干擾一個系統——在其
中，那些執教者出於他們的興趣執教——的程度，根據新價值觀
增加被教育的權力的程度。在對它們的考察中，我很少見到可以
做爲建設性的反文化教育的東西。也許，一所自由學校（a

Freedom school）——它試圖通過向一個極端不平等的教育體系挑戰，以顛倒白人強加給黑人學生的自我印象——符合條件㉖。一些反抗運動對這種兩難矛盾一直很敏感，它們也沒有簡單地鞏固現存體系。通過它們的反對，它們有助於把公衆的注意力集中在嚴重的教育問題上，從而，在減少涉及到教育的那些人的自我利益所產生的影響的同時，增加受教育的權力。我認爲很少有機會或理由去把學校本身建成反文化的機構。有相當大的機會讓它們成爲檢驗關於社會的各種構想的選擇方案的主角，同時，它們也有一定的機會投入到一種種變化模式的實驗之中，從而爲更多的人參與到不斷發生的變化之中做準備，也就是爲民前驅，開風氣之先。

第十三章註釋

①見埃爾齊（R. Elzey）的文章，載伯克（J. Berke）主編的《反文化：創造一個嶄新的社會》（*Counter-Culture: The Creation of an Alternative Society*, 1969）p.p. 229～48；羅斯札克（T. Roszak）《反文化的構成》（*The Making of a Counter-Culture*, 1969）p. 45。

②希爾（C. Hill）《十七世紀英國的變革和繼承性》（*Change and Continuity in Seventeenth-Century England*, 1974）p. 133。

③希爾《天翻地覆的世界》（*The World Turned Upside Down*, 1975）p.p. 105～106。

④見利普塞特（S.M. Lipset）《大學裡的反叛》（*Rebellion in the University*, 1971）；沃勒斯坦（I. Wallerstein）和斯塔爾（P. Starr）《關於大學危機的讀物》（*The University Crisis Reader*, 1971）；福伊爾（L. Feuer）《代際衝突：學生運動的特性與意義》（*The Conflict of Generations: The Character and Significance of Student Movements*, 1969）；弗拉克斯（R. Flacks）《青年與社會變化》（*Youth and Social Change*, 1971）。

⑤見克拉克（B. Clark）《教導這個需要專門知識的社會》（*Educating the Expert Society*, 1962）；科爾曼（J.S. Coleman）《青年的社會》（*The Adolescent Society*, 1961）。

⑥默多克（G. Murdock）和弗爾普斯（G. Phelps）〈青年文化與我重訪的學校〉（"Youth Culture and the School Revisited", 1972），載於《英國社會學雜誌》二十三，p. 78。

⑦西蒙（W. Simon）等〈富裕造成的紊亂：一個後默頓式的概念〉（"The Anomie of Affluence: A Post-Mertonian Conception", 1976）p.p. 356～78，載於《美國社會學雜誌》八十二；默頓（R. K. Merton）《社會理論與社會結構》（*Social Theory and Social Structure*, 1968）。

283

⑧古德曼（P. Goodman）《誤人子弟的強行教育》（*Compulsory Mis-Education*, 1964）p.p. 26～27。

⑨伊里奇（I. Illich）《取消學校的社會》（*Deschooling Society*, 1971）p. 1。

⑩見赫恩（C. Hurn）《學校教育的局限與可能》（*The Limits and Possibilities of Schooling*, 1978）。

⑪參見阿什萊恩（N. Ashline）等編《教育、不平等以及國家政策》（*Education Inequality and National Policy*, 1976）。

⑫卡茨（M. Katz）《階級、文官系統以及學校》（*Class, Bureaucracy, and Schools*, 1971）p. 139。

⑬蓋爾納（E. Gellner）《當代思想與政治學》（*Contemporary Thought and Politics*, 1974）p. 8。

⑭轉引自格洛克（C. Glock）和貝拉（Bellah）主編的《新宗教意識》（*The New Religious Consciousness*, 1976）p. 80。

⑮加西特（J.O. Gasset）《人類與危機》（*Man and Crisis*, 1958）p. 151。

⑯見恩德利曼（R. Endleman）等〈學生造反：反思與展望〉（"The Student Revolt: Afterthoughts and Prospects", 1972）p.p. 3～9，載於《當代社會學》之一。

⑰馬里頓（J. Maritain）《真正的人文主義》（*True Humanism*, 1938）p. 202。關於社會活動的二難性的論述，參見英格的《爭取權力的宗教》（*Religion in the Struggle for Power*, 1946）p.p. 25～50。

⑱恩德利曼等，同註⑯，p. 6；參見凱尼斯頓（K. Keniston）《青年激進分子》（*Young Radicals*, 1968）。

⑲恩德利曼等，同上。

⑳福伊爾，同註④，p.p. 181～183。

㉑羅斯札克（T. Roszak）《人與星球：工業社會的建設性消解》（*Person/Planet: The Creative Disintegration of Industrial Society*, 1978）p. 197。

284

㉒希爾，同註②，p. 135。

㉓見羅斯札克，同註㉑，p. 194。

㉔見施瓦布（J. Schwab）《學院的課程與學生的反抗》（*College Curriculum and Student Protest*, 1969）。

㉕索恩（R. Thorne）〈在伯克利邁向性自由的一步〉（"A Step Toward Sexual Freedom in Berkeley", 1965）p. 5。

㉖豪（F. Howe）〈密西西比的自由學校：教育政治學〉（"Missippi's Freedom Schools: The Politics of Education", 1965）p.5。

第十四章
反文化與社會變革

285

> 葛羅斯特，我們愈十分危險，
>
> 愈要把勇氣增至十二分。⋯⋯
>
> 邪惡中往往蘊藏著精華，
>
> 關鍵是你要懂得提煉它。⋯⋯
>
> 我們能從草萊裡採到香蜜，
>
> 也能從魔鬼那裡獲得啓迪。

——國王亨利在阿金庫爾戰鬥前的臺詞，

見莎士比亞《亨利五世》，第四幕第一場。

對反文化的認識一向是仁者見仁，智者見智。它們或被看作社會變革的動力，或被當成這種變革的標誌和後果，或者被認為只是一些時髦的副現象（epiphenomena）。在本書中，我自始至終隱含著這樣一個觀點：後一種說法不合實情，事實上，反文化具有巨大的人文意義。但是，我並不想否定，它們的許多表現是危險的、庸俗的、微不足道的。儘管如此，總的來說，文化逆反現象做為人類經驗歷程中的一環，既表徵出了我們生活中的基本矛盾，也深深地影響了我們的生活過程。

在第三章中，我討論了產生反文化的根源，並把它們看作許多社會因素和個人因素共同影響的結果。當我們回頭再問「在什麼意義上反文化是社會變革的動因，反文化又是怎樣引起社會變

革的」這種問題時，我們面臨的是社會學理論最棘手的一些問題。對於近些年的各種反文化，人們現在普遍從基本上是功能主義的（functionalist）角度進行理解，即使是一些過去一直傾向於強調它們的負作用的保守人士也是如此。美國聯邦最高法院的大法官伯格（W. Burger）就公開說，「騷亂的美國青年——他們無視法紀的行為曾使我『震怒』——實際上指向著更高的精神價值①。」施萊特（P. Slater）寫道，行之有效的社會制度的一個基本特徵是不乏這樣一些途徑：它們能夠保證與主導趨勢形成鮮明對照的替代性選擇源源而生。

286

> 「這些潛在的替代性選擇通常裹藏於某種形式之中（「一有時機就脫穎而出」），例如神話、節日或一些特殊的角色。歷來的狂熱分子（fanatics）孜孜以求的就是要消除這些相反相對的方面的對壘，一旦他們成功，社會總是受到決定性的影響。正如芒福德（L. Mumford）曾經指出的，其原因在於：某種制度下的『禮崩樂壞，人心不軌』的狀態，使對於那些一切社會制度都必須滿足的彼此矛盾對立的慾求的考慮成為可能。這種潛在的替代性的選擇是無價之寶，理應受到珍視，謹防失落。因為一種新文化模式的形成絕不可能像海市蜃樓的形成一樣，實際上，它的種子或根基必定早就深深地縈在那裡了②。」

很有意思，有些是無價的珍寶，有些是危險的炸彈，而我們卻難以避害就利。施萊特的辯論是涂爾幹式的。涂爾幹的本意是指犯罪，但是，他的闡釋也能夠用到反文化上。他聲稱，犯罪對於道德的進步和法律的改革是絕對必要的。「為了讓其美夢超越了其時代的理想主義者可以表現其首創性，就必須同時讓落後於時代的違法亂紀者想表現其首創性時有可乘之機。不想刮風就別指望下雨③。」並且，涂爾幹還接著說，犯罪不僅意謂著新的選

擇敞開著，它甚至預示了某種新生的集體情感。蘇格拉底就是一個「違法亂紀者」，但是，正是他幫助鋪墊了通向一種新道德的路。

對這種含糊其辭的功能主義觀點，我不能不有所保留。反文化可能會刺激強大的社會阻力——它們使明智而必須的變遷步履唯艱——不斷增長。對新奇事物的反對可能會使注意力偏離人的基本需要；這種反對可能會用貌似雄辯的道德輿論來武裝最頑固的變革阻力，那就更不用說與變革力量聯合了。

面對著阻力、困擾和建立新文化模式所固有的艱難困苦，寂靜無為論（quietism）有可能在那些最易於持叛逆價值觀的人中佔主導地位。因此，即使他們已參照新的處境而對自己做了調整，他們已不受大社會的歡迎；希爾（C. Hill）在論及美以美會初期的喧囂派（Ranters）時說，「那些看起來好像會變成一種反文化的東西最後變成了中產階級文化的一部分，擁有它的那些人最後只要求讓他們清靜一點④。」同樣的隱退過程今天發生得仍很普遍。

在另一點上，涂爾幹以更恰當的方式陳述了功能主義問題。請允許我相應地再引述他一次：「那些最野蠻最荒誕的儀式和最異想天開的神話表達了人類某種慾求，表現了個人生活或社會生活的某個方面。信徒們用以證明自己的合理性的理論可能——實際上常常就是——走入了歧途；但是真理不會不存在，於是，發現它們就成了科學的使命⑤。」

反文化的後果不是自動產生的。它經過了——或曰可以經過——人類智慧的過濾。我們能夠「從草萊裡採到香蜜」，我們也能夠發現那些隱藏在「最野蠻最荒誕的儀式」之後的人們的需要，從而希望有一些用建設性方式來滿足這些需要的機會。如果不思考，不採取冷靜的、深刻的、真正系統的思考，並且以盡可能客觀的調查研究為基礎，那麼，我們就會一事無成。

287

　　在評論十九世紀法國文學及其揭示社會生活的殘酷和混亂的清晰性時，特里林（L. Trilling）指出其文學是可以多麼廣泛地被徵引的資料。「我們不得不說，它使自己太有用了：它就像這樣一位罕見的人，他能接受關於社會在所難免的不道德的事件的全部新聞而無損於他自己的道德，確實，無損於他自己的心智——沒有什麼能夠像那種簡單化、不費思索地認爲社會是一個謬誤的信仰一樣具有那樣强大的否定性。不過，我們不敢挑剔偉大的法國小說中的詳細的社會知識（intelligence）——它是我們的文化所施的恩惠⑥。」

　　是的，我們對它無可挑剔，但是，我們可以在這個基礎之上建設點什麼。我們需要充分記敍流行的對現代主義的批評，充分描述敵對的（adversarial）觀察方式，無論是用文學，還是用其他觀察世界的手段。這將闡明有關人類生活的眞理——一個有力的眞理。而這麼多人認識到了它的力量這一事實則是另一個眞理——對前一眞理的一種辯證否定，因爲它展示了被特里林相信來自知識和道德方面的驚人力量。

　　文化與反文化的遭遇戰是社會進化（social evolution）的一個決定性的方面。對立的雙方不可避免地要互相影響。不論我們是否情願，我們總要裝出做爲對手的面孔，正如法國諺語所說的：「無論如何，總有人把你做爲對手」。或者用更專門的術語來說，文化和反文化注定要共同進化。儘管每種後果都有很大差異，但是很少有社會能夠成功地避免共同的價值觀和規範系統的需要與對彈性和選擇性的需要之間的衝突。這種衝突勢必造就分別爲這兩個方面辯護的狂熱分子，就像特納（V. Turner）所指出的——儘管他所採納的術語與我們這裡所用的有那麼一點不同：「如果制度達到了登峯造極的嚴厲性，它就會招致諸如暴力革命或『萬馬齊喑』式的沉悶這樣的報應；如果組織被擡到至高無尙的地位，它就會變成它自己的黑影，就會出自壓抑和鎭壓其成

員發展制度內的獨立性和相互依賴性的一切傾向的需要而變成極權主義⑦。」

在失去了信念和正統受到貶低的條件下，來自主導社會方面的鎮壓新範式和新價值觀的努力只會導致更大規模的越軌（deviation）活動，而不會導致對既定規範和價值觀的回歸。通過確認他們的較溫和的行動的合理性而吸收越軌者的努力會造成同樣的後果。因此，我們有必要用一種認為越軌改變了一個羣體的進化的方法論來補充涂爾幹認為越軌加強了一個羣體的方法論。用格拉克（L. Gerlach）和海恩（V. Hine）的話說，「如果你不屬於變革的一方，你就屬於選擇或反對變革的環境一方。沒有誰能不承當一個進化過程中的角色⑧」。變成了一個羣體的操作性價值觀的越軌思想至少告訴了我們一些關於這個羣體的成員所面臨的壓力的情況。另一方面，它們能夠告訴我們一些關於社會大系統的情況，顯示出它的不合理之處。還有一方面，它們可能最後被證明是應運而生的新價值觀。

288

做為變種的反文化

研究社會變化與反抗運動之間的聯繫的一種途徑是觀察遺傳變種（genetic mutations），這些變種可以做為與反文化相提並論的類比來看。如果我們把它們做為發生在文化層面的相似過程的表徵，那麼，對這些相似性的研究就有助於我們去描述——如果還談不上去解釋的話——反文化。

生物系統是自動再生產性的，但是它們不是封閉系統。除了自然的遺傳變異外，它們還要經歷突如其來的中斷。大多數變化是難以適應的；生物學家擔心 X 光線、失檢藥物、原子試驗和其他引起更多變異的力量。只要外界條件依舊，那些基因因此而

被改變的個體比起同種的較標準的成員來更難以倖存或再生產。然而，如果外界發生了重大變化，那麼，那些携帶著被改變了的基因的個體可能具備存在優勢。（一個基因變種在某段時間裡可能是隱性的。）

在《久遠的歷程》（ *The Immense Journey* ）中，艾斯利（ L. Eiseley ）很漂亮地描述了一種怪異的「突吻」魚的進化，這事發生在大約三億年前水位從世界的許多地方退落的時候。它的鰭短而粗，肺也發生了變異，只要到處是水，它就不可能是一種享有優勢的魚；但是，在變化著的環境中，原先較優越的魚在原始沼澤中由於缺氧而瀕於死亡。而「突吻」魚的後代百萬年後在世界上極爲興旺，因爲在那些呼吸困難、垂死掙扎的生物中，突吻魚倖存下來了⑨。

一些個體碰巧承襲到一種抵抗新環境的威脅或開拓新環境的機會的能力，在這一點上，它們比同種的更「正常的」成員要優越。如果多數葉子長得貼近地面，脖子長的動物費盡氣力也許都撈不到什麼；但是，如果低矮的灌木叢被環境的變化破壞了或被其他競爭者取代了，這就對長頭頸鹿有利。麻煩的事在於環境很可能還要繼續變化；而高舉的脖子使其大佔便宜的長頸鹿可能就不妙了。用我們話題中的術語來說，關鍵的問題：在這樣一個日新月異的世界裡，現代工業社會是不是讓它們的文化脖力伸得太高遠了？它們是否有成套的隱性價值觀或變異價值觀，有足夠豐富的文化變種（ cultural mutations ）來與適應新環境的生活方式相匹配？抑或這些變種大部分是遺害無窮的？

最典型的進化性變遷是漸漸發展的，是由一系列小型的調節性變化造成的。然而，時不時的，突然的中斷或被辛普森（ G.G. Simpson ）稱爲「量子進化」（ quantum evolution ）的事也會發生。我們必須清醒地意識到下述可能性：文化變化有時也可能被一種較大的轉換中的變異突然促成，或許還是用宗教語

言陳述出來的。

　　隱性基因可以被看作一種基因庫，那些不適應的變異有時就儲存在那裡，如果環境的急遽變化使它們變得適合時機了，它們就會被提取出來發揮作用⑩。同樣，文化越軌（cultural deviation）可以被看作一個社會的規範系統的變種。只要它們變成了某種不僅只是個人癖性的東西，通過被吸收進次社會的規範系統而在其成員的社會化過程中得到傳習，它們就得以倖存了。

　　一種要應付大量的個人需要和焦慮的文化的發展改善著人際關係，調節著衝突，同時還要適應新的環境。毫不奇怪，出現在文化變遷時期的大多數文化創造不僅對大多數人來說顯得滑稽、可憎或危險，而且它們就沒有什麼存在的權力。然而既然很難相信個體、社會和環境這一個三維系統可以像生物和環境這一個二維系統——這是長期的進化選擇的結果——一樣達到高度平衡，我們就不應該認為最典型的文化越軌像最典型的變種一樣不善適應。我們也不應該附和那種認為任何變化總比固定不變更好的風氣，而來一個一百八十度的轉彎。某些文化越軌像大多數變種一樣，是毀滅性的；或者換個說法，它們彷彿是特洛伊木馬（Trojan horses），看起來挺有趣、挺吸引人，但是，實際上包藏著意想不到的摧毀力。

290

　　我曾聽說，一個人在舊貨市場見到一扇桃木門。它太精緻了，太漂亮了，並且太便宜了，以致他不能不買下它。他很快按他的設計裝上了門框。結果自然是房子的所有其他部分都顯得相當彆腳。他不得不裝修整個房間。可是，這又使整個房子的其餘部分顯得很彆扭。於是，整個房子都得修繕、改造。當一個變種或一種文化越軌被帶入一個系統時，它可能是--匹特洛伊木馬或一扇桃木門。我們需要努力理解導致這種或那種後果的條件。

　　現在大多數學者相信，僵化比文化突變更可怕。很少有人分享賴克(C. Reich)的樂觀主義。他把第三意識（Consciousness

III）奉作平靜的與和平的革命手段，它「承諾更高級的理智、更人道的社區、新型的和解放的個體⑪」。但是，正如坎貝爾（D. Campbell）在一篇重要文章中所討論的，社會科學家和心理學家也許過於急切地想「發現並相信反傳統的、反壓迫的學說」；他們可能特別易於接受「快樂主義傾向的解決之聲」。那些研究人類行為的學科可以「喚起人們熾烈的向文化正統挑戰的熱情。……對社會科學中的一種具備科學性的研究來說，最首要的是操作者有向文化正統挑戰的意願。但是，一門附帶這種入門條件的真正的科學在一定的時機可能不再歡迎那些不僅懷有挑戰意願而且實際上做得過火的人⑫。」

當然，傳統生活方式中包含著社會適應，這些適應在新環境下已經變成破壞性的了。坎貝爾在評論海爾布羅納（R. Heilbroner）的《人文景觀初探》（*An Inquiry into the Human Prospect*）時強調，「他所認為的災難來臨的原因更多地在於現在早已過時的那些社會適應頑固不化（例如軍閥主義、環境掠奪、反對計畫生育的禁忌），其次才是重整一度行之有效的道德束縛系統的失敗⑬。」然而，反對傳統文化的內在衝力不僅來自他們對新環境的一籌莫展，還來自做為生物選擇產物的享樂主義傾向的個人主義和自我中心。坎貝爾說，接下來的任務是在生物需要和社會體系之間達到一種和解或一個穩定的折中方案。

291　　雖然利他主義（altruism）傾向提供了一些生存優勢，這一點我們已在前面討論過；但是，生物進化一直都是有利於自我中心的個體發展的。假如生物進化更強烈地選擇了利他主義，我們就不會發現在全世界的道德和宗教律令中有那麼多對於社會公德的過分強調，有那麼多對自私自利的攻擊。在社會進化中，那些在一定程度上限制了自我中心傾向的社會獲得了更多的生存便利。自主（Self-assertiveness）與社會控制——它們是這兩條進化流的表現——之間的張力，被一直以這樣或那樣的方式用來說

明社會進步和社會變革的原因，正如佛洛依德和涂爾幹所做的那樣⑭。

社會規範要儘量限制自私自利、貪婪和欺騙，即使有人可以辯解說生物進化支持這樣做的個體。坎貝爾認為，「各人自掃門前雪」也許和「你不可貪得無厭」同樣重要，但是，自發地順從前者通常使規範的加強顯得徒勞無益。

他的觀點是很雄辯的，不過，我比坎貝爾還要更多地把鑄進社會體制中的嚴厲（rigidity）部分地當作社會道德（所謂的「利他主義基因」，是它們使社會生活成為可能）的結果來加以強調。他提到，在摩西（Moses）的時代，就像在我們的時代一樣，讚美某人的父母可以達到言過其實的程度，「但是，這種溢美是如此微不足道的毛病，以致像『你應該顯出你是獨立於父母的』這樣的教條通常是從有限的反覆申說的勸誡錄中省去的⑮」。或許通常是省去的，但並非總是省去的。摩西之後幾百年，一位有反文化傾向的著名先知宣告，「我來是要讓男兒反對其父親，讓女兒反對其母親，讓媳婦反對其公婆；並且，一個人的敵人應該是他的家裡人⑯。」

這段引述啟發我們認識到，重大的反文化變種常常——我可以說在大多數例子中——以宗教運動的形式出現。這並不是說它們因而就必然應該得到肯定或否定。多數人或許會同意：受他們認同的一定的預言運動（prophetic movements）是改變一個不公正或不合適的社會秩序的主要力量。然而，宗教，而不是人們自己，通常不被這樣看待；並且很少有人從撒旦教（the church of Satan）聽到貪婪、傲慢、嫉妒、易怒、暴食、好色和懶怠是基本道德之後（而不是七大罪惡之後）會肅然起敬。既然我們注意到許多反文化都是宗教性的，我想直接了當地強調，那些引人參與的反文化運動用基本的存在問題把人們聯合起來了。盧埃林（T. Lewellen）描述了在以天主教為主的秘魯（Peru）的一個

292

小小的「耶穌第七天再生說者」（Seventh Day Adventists）羣
體。他們並非個人行爲乖張，而是在宗教信仰方面表現出文化越
軌，這種品質能夠引導整個社區渡過一個急速的經濟轉折期。縱
觀歷史，「越軌的宗教小宗派在經受一段時間的嚴厲迫害之後大
獲發展，終於得以建立新的社會規範⑰。」

一些進化論者强調，無論是生物的還是文化的適應機制這筆
財富都是在一個漫長的進化過程中創造出來的⑱。變種，無論是
生物的還是文化的，按他們的觀點看來幾乎都是破壞性的。因
此，創新應該受到反對。

其他人把積累而成的文化的許多因素不是看作一筆財富，而
是看作一個圈套。文化標準可以壓制本能需要，他們相信這是一
個可怕的代價；它們還會直接威脅健康和生命本身。有無數的價
值觀和行爲模式都支持戰爭。我們可以在香烟盒上讀到：「注
意：美國公共衛生局局長認定吸煙有損健康」。然而，我們將讀
到的下述內容主要出自反文化人士，而不是出自美國公共衛生局
局長、司法部長或某位少將：「注意：歷史老人認定戰爭有損生
命」。

也有這樣一些人，他們相信，以當代形勢爲背景來考慮，所
謂的進化過程使我們落入了遺傳學的套子。進化過程無疑選擇那
些有强烈侵略衝動（以及利他思想）和性衝動的個體。就多數情
況而論，直到近幾百年前，社會總是懼怕來自兩個相反方向的危
險──食物匱乏和人手不足──帶來的毀滅性打擊。能征善戰與
生育力旺盛，這是賴以消除恐懼和不穩定綜合力的重要因素。如
果一個人指出，這些衝動現在表現出來會大大不利於其種族的存
在，那麼，即使這算不上什麼了不得的見解，起碼也不是謬論。

如果變種──無論是生物的還是反文化的──得以倖存，它
們就會與和它們互動的系統共同進化。格拉克和海因描述過一種
蟲蛾，它改變自己的色澤和行爲，以增進自己的生存機會。在它

的捕食者中，也有的發生了變異，以便於更好地發現變化了的蟲
蛾，於是，它們也相應地進化了。同樣的道理，社會在努力壓制
或吸取越軌者時，社會也被迅速地改變了⑲。

這些關於進化的類比可能很有啓發性。然而，文化變革加入
了有意識的創造因素，加入了對主導文化的積極反應，而不僅僅
是對環境變遷的簡單適應。有一個人問愛迪生（T. Edison）爲
什麼在失敗一萬次之後還要繼續試做電燈泡。他回答說：我不認
爲它們是失敗；我發現了大量做不了電燈泡的方法。正如一個系
統工程師談早期導彈研製者時所說的，他工作在「一個容忍失敗
的環境」裡。格拉克和海因認爲，一個「以發現新型的、適應後
工業時代的生活方式爲目的」的社會「可能也樂意提供一個容忍
失敗的環境以進行新型社會結構的實驗」⑳。

然而，人們也應該注意到他們對嚴密的科學規劃的參照。那
些進行實驗的人樂於看到成果，而把失敗置之一邊。他們不是在
拼命建設一種新東西，而是在糾纏俄底普斯問題，或尋求認同。
或許，容忍失敗的文化試驗最好由那些年過花甲的人來進行。更
嚴肅的問題是，我想強調「理性預選」（rational preselection）
在文化進化中的地位，這一過程是與盲目選擇一起發揮作用的。
某些環境比其他環境更可能導致突變，像這樣的預見只能在統計
學的意義上做出。突變是不能被納入計畫的。然而，貝姆（C.
Boehm）寫道，人類及一些其他高等社會動物「能夠預見複雜
的進化問題。然後，他們可以通過精心做出自己的適應性決策而
讓自然選擇走入正軌」。決策在個體和羣體兩個層面做出。「特
別是在羣體預選中，其結果是空前的靈活性與行動的快速性的一
個調節機制」㉑。我們不需要聲言每一個不發光的燈泡都是一次
成功（即使我們正生活在文化黑暗之中）。然而，在承認理性預
選在人類經驗中的重大意義的同時，我們將滿懷信心地認眞審視
關於如何行動的可供選擇的方法，而不是坐等「自然選擇」

293

（natural selection）這一更坎坷的過程到來。

革命和反文化

如果沒有社會制度和社會風氣的相應變革，由反文化所倡導的價值觀和行爲模式的變化就不可能取得長足的發展。我們所說的社會變革是從一個相當穩定的制度、文化和風氣所構成的系統過渡到另一個系統的運動過程。但是，這並不意味著「社會從相當平衡的狀態經過一個崩潰期而走向新的平衡態。新生力量進入一個系統的速度太快，以致雙方的協調過程不可能跟上步伐」㉒。像制度因素、文化因素和風氣因素（characterological elements）之間相互不斷出現陰差陽錯的格局所造成的狀況，也許是局部性的。但是，它不應該被想像成獨一無二的或病理學的。我們也應該就因而認爲變化肯定從系統的某一局部開始，例如，從經濟制度的變化開始，從一個天才的領袖出現開始，或者從大家共同擁有一幅關於未來世界的新美圖景開始。無論社會變化程序的哪一部分率先發難，其後果都將受到其他部分的變化幅度和方向的強烈影響。

這些觀點對研究革命特別具有針對性。在我看來，社會變革是一場有組織的運動，它們旨在用另一套價值觀代替現存的價值觀，並訓練個體向這些價值觀看齊，而不僅僅是爲了篡權。

「革命」（revolution）這個詞現在被用得如此自由散漫，以致我們很難給它下一個準確的定義。人們可以說買了「一塊革命性的新肥皂」或一套革命性的實用影視系統，這種用詞上的「通貨膨脹」極大地降低了這個術語的使用價值。不過，它現在又重新贏得了在社會變化分析中的基本地位。它不可能被拋棄。

它的本義——關於自然過程和社會變化的——在當代用法中

幾乎完全找不到。用《牛津英語詞典》(*Oxford English Diction-ary*)的解釋來說，革命是「指那些曾經擁戴現存政府的人對它的完全拋棄」。革命是「改變命」(a changing mandate)；不過，據講漢語的朋友們說，早些時期它指復新，意味著向錯誤地避離了既定目標的一種回歸。這也是英語中較早的一種用語。然而，正如盧梭（J.J. Rousseau）著作中的用法，如果你投身進步的思想，革命就變成了單向的，對舊事物的顛覆㉓。

鑑於我們的目的，把舊有的用法置入考慮之內也許是明智的，因爲許多場革命的反文化因素都包含了它們過去時代的（通常在實質上是想像的、托古的）價值觀。人們相信，新的社會應回歸到這些價值觀上去。

每一場革命運動的鬥爭內容之一不僅包括權力結構中的變化的深廣度，而且包括文化和風氣的變化的深廣度。在初期階級，各種革命通常注重文化變化；它們在對一個新世界的構想中包含了一種反文化。正如布盧默（H. Blumer）所說的，改革運動總是利用流行價值觀去批評並努力改變不如人意的條件。其呼籲是符合公衆輿論的口味的。而革命則攻擊這些價值觀，並要來個乾坤顛倒，也不受普遍大衆的支持，因而「其活動更像一種宗教」㉔。

如果權力結構不發生變化，價值觀的快速變化就不可能發生。然而，那些其初衷在於權力轉移的人也許會認爲他們的目的受到了對新文化的要求的威脅㉕。爲攫取國家統治權的激烈戰鬥使權力本身變成了終極價值，這就模糊，甚至抹煞了對權力的追求所服務的其他價值。阿克頓（Lord Acton）的格言「權力導致腐敗，絕對權力導致絕對腐敗」是一條重要眞理，起碼我這麼認爲，因爲絕對權力爲了不擇手段地保持某些人的地位而要求大量的壓迫和無條件的犧牲。而其他目的都被遺忘殆盡。

按曼海姆（K. Mannheim）關於引導人們追求理想的新世

295

界的藍圖的觀點，在烏托邦的層面上，新的價值觀對一切革命至
關重要。然而，大多數革命證明，完成制度的改變比完成文化的
改變要容易得多。前者可以由一系列相當簡潔的事件構成，可以
一蹴而就，而後者更需要循序漸進。爲了避免半途而廢，一切革
命中的文化使命不僅要重鑄一套各個部分珠聯璧合的複雜的價值
系統，而且還要重鑄這些價值觀所依附的個體人格。意識形態的
狂熱有助於許多直接參與革命活動的人做必要的改變。然而，在
舊秩序被推翻之後，這種狂熱很難歷久不衰。內部的競爭會急遽
增長。那許多默默地觀察這種變化的人在任何一例的意識形態的
戰爭中都不曾被消滅殆盡。他們總是希望多點公正，要求殘忍的
統治者下臺，渴望一個實現他們的美夢的更佳的機會。削弱了統
治階級權力的制度變化激勵一些農民和其他無特權的人去造反，
也激勵其他許多人支持革命運動㉖，不過，在許多情況下，它更
多地是以供給精神的名義而不是以新價值觀的面目而出現的。

　　在以革命的價值觀的面目出現的權力轉換發生之後，新統治
者顯得與舊統治者沒有很大差異。沙皇與黨魁並非天壤之別。激
進分子進行革命；寫憲法的則是保守分子了。家庭受到攻擊，人
們要掙脫代際束縛，但是，通常後來又回到了與革命前的形式很
相似的模式上。教育體系改變了──在許多情況下實際上是平民
化了，但是，新生的菁英人物和「遺老」或許要爲他們的孩子重
新鋪墊通向特權的路。

　　憧憬一場全面革命的馬克思曾爲這種文化逆反傾向而憂鬱：

　　　「一切已死的先輩們的傳統，像夢魔一樣纏著活人的頭
腦。當人們好像只是忙於改造自己和周圍的事物並創造前所
未聞的事物時，恰好在這種革命危機時代，他們戰戰兢兢地
請出亡靈來給他們以幫助，藉用他們的名字、戰鬥口號和衣
服，以便穿著這種久受崇敬的服裝，用這種借來的語言，演
出世界歷史的新場面㉗。」

　　無論擺不脫的傳統感覺起來像夢魘一樣，還是如某些人所相信的顯示了既定的辦事方法的有效性和活力（這兩種說法在我看來都包含著眞理），人們很難不同意馬克思關於「亡靈」具有極大粘著力的診斷。共產黨統治的蘇聯與它境內的其他文化羣體的磨擦以及在東歐集團中引起的磨擦使它顯得和昔日的俄國大同小異。它的革命前的歷史的影響並未根除。它的政治地理格局沒有改變。要把革命的反文化鑄進傳統文化，或者說，使革命的反文化成爲既定文化，三分之二個世紀的時間還不夠充分。

　　中國人近些年來的經驗同樣清楚地說明，體現在革命中的反文化色彩還不如爭權的色彩濃厚。用馬克思的話說，基礎改變了，但是上層建築並沒有崩潰。這種現象在經歷過革命的社會中屢見不鮮，儘管社會結構的基礎發生了急遽變化，但是，特權階級（vested interests）、個人習慣以及紮根於人心深處的價值觀還頑強地沿襲著。

　　一九六六年，在紅衛兵大串連時期，毛澤東把他們的紅袖章戴上手臂，明確地表示支持他們的反「四舊」——舊思想、舊文化、舊風俗和舊習慣。這位心中自有主意的統治者就這樣推動了一場既反對黨和政府外的「資產階級」分子，反對那些支持舊制度、舊價值觀和個人趣味的人，又反對黨內和政府內的這種人的鬥爭。鑑於在蘇聯發生著的一切，毛強調，當權力基礎被改變時，舊的法權、態度和價值觀並不必然發生變化；一個無產階級的社會不會自動冒出來。革命的新文化還沒有根除傳統的生活方式——這些東西如被允許繼續存在，確實就有可能顚覆新的社會主義基礎。最後，這既沒有保持全民族的「工農」本色，也沒有防止一個龐大的官僚體制的發展。

　　羅賓遜（J. Robinson）曾說，「對於未來的歷史學家來說」，偉大的無產階級文化大革命「將是新的一種階級鬥爭的首創——是社會主義事業中新型的工人無產階級和做爲改造了的公

297

社成員的農民對共產黨內新生的當權派的造反」㉘。這一觀點與傑拉斯（M. Djilas）的相似。傑拉斯把共產黨和會內的統治及通過統治謀求利益的權力看作所有制的功能對等物，因而，他用「新生階級」（the new class）做他的書名。由此看來，黨的機構在共產黨社會中扮演了一個與資本主義社會中的資產階級相似的角色㉙。

然而，並不僅是新的「當權派」要維護個人和階級的特權。在中國，許多中產階級人士鑑於他們看到的歷年動亂和腐敗，曾經擁護革命並為了它的成功而效力。但是，他們並沒有真正接受革命的意識形態。中國文化傳統中的許多因素，甚至孔孟之道，以及早期階級結構的許多因素，既在知識分子心中，也在工人和農民心中根深柢固㉚。

沃格爾（E. Vogel）主要針對廣州寫道，「偉大的無產階級文化大革命不僅是一次清黨，而且也是政治正統的原原本本的復活」㉛。正統（orthodoxy），用他的話來說，是中國革命的主導意識形態。文化大革命表現出統治集團相信存在走社會主義道路和走資本主義道路之間的嚴重分歧，因而，持續不斷的「兩條路線的鬥爭」就包括進去了。它也可以被看作一種政治迫害（witch-hunt）。面對著內亂和想當然的外患，這有助於重新加強中華民族的集體認同㉜。

然而，沃格爾也說過，大多數人，特別是大多數鄉下人，努力「站在鬥爭之外」。儘管成千上萬的青年投身於文化大革命，他們也沒有擺脫傳統的、自我中心的價值觀。在文化大革命是「政治正統的一種復活」的同時，它也是這樣一個標誌：它自己的價值系統——對中國歷來的正統和社會中擁有現代意識的階層、團體來說，它在許多方面表現為反文化的——不容易落腳生根。奪取權力比創造新文化容易得多。在文化大革命期間，毛自己的言論似乎更多地表現了對仍然存在的傳統主義的反對和對國

民改造（即還不曾發生過的價值觀革命）的需要，相對而言，較少地表現了對於一個既定的共產主義正統受到了「一個新生階級」威脅這種情況的擔憂㉝。然而，這種分別不應推到極端。較早的時候以及某種程度上他的整個統治時期，毛表示過對堵塞了社會主義的發展的官僚權力的擔心，這在部分上是由於他們的根源在於傳統觀念。

　　這具有雙重的諷刺意味：官方意識形態——我說過，它可以被看作反文化的——自身也沒有避免遭到新的反文化的反對。羅賓遜在一九六九年寫道，「對第三代人的問題曾經談論過幾年。這些幸運的孩子把新中國看作從來就有的，他們開始更多地考慮的不是父輩們為了它的建立付出了什麼，而是他們可以從它那裡索取什麼㉞。」通過調動紅衛兵自由批評甚至在某些情況下自由攻擊「右派分子」，毛想一箭雙雕：使紅衛兵肩負著建立新的上層建築的使命投身文化大革命，並以此打擊妨礙實現這一目標的黨員和其他人。

　　自從毛逝世後所發生的事件說明，儘管他的反文化對中國產生了不可估量的影響，但是，它畢竟沒有把舊的「一掃而盡」，也沒有堵死較溫和的現代價值觀的傳播。不那麼聳人聽聞但值得注意的是，一些羅賓遜所說的第三代「幸運兒」現在表現出某種享樂主義勢頭。「在許多方面，他們似乎故意要把毛澤東思想弄得頭腳倒置，藉以嘲諷這一共產主義思想的萬神殿。也許我們可以把這稱為中國的反文化，因為這是對那些年令人窒息地束縛個人及文化生活的一個反叛。他們也部分地表現了日益高漲的希望和慾求——這種現象與某些人對西方生活方式的渴望一起正蔓延在所有的中國城鎮㉟。」

　　儘管成功地創造了新的經濟基礎，但是，建立革命文化的困難並不是在一九六六年突然出現的。（其實這些困難至少可以追溯到老子的時代。）在評述文化大革命的背景時，一個上海「臨

298

時司令部」的成員在一九六七年指出，黨在一九五一年至一九五二年發動了對付政府官員的「三反」（反腐敗、反浪費、反官僚）和對付尚未被吸收進社會主義經濟的資本家的「五反」（反賄賂、反盜竊國家財產、反偷稅漏稅、反欺騙政府、反盜竊經濟情報）㊱。這些舊的邪惡現象的出現清楚地說明價值觀的改造進行得是多麼不徹底。

在中國的大量的其他的「徹底革命」的努力中，江青的反對傳統戲的運動在西方最著名。她認爲傳統戲爲帝王將相和封建主義塗脂抹粉，而不讚美無產階級精神。這場運動展示了她做爲主席夫人在「顚倒世界」、在圍繞一套新價值觀建設中國的奮鬥中的重要而顯著的地位。不過，在毛逝世後，她的影響立即被摧毀了。她是「四人幫」的一員。按照新的中國領導人的說法，他們把中國的經濟發展、政治秩序和防禦能力（特別是與蘇聯對抗的能力）弄到接近崩潰的邊緣。羅賓遜在評論中國革命的目標和組織需要之間的衝突時說，文化大革命「旣然大大地動搖了平衡，使組織向自發性發展；這怎麼能保持不漸漸倒退呢㊲？」自從毛逝世以來，那些強調需要有序的規劃（orderly planning）和適當的外部支持的人又回到了權力中心。現在來說鐘擺到底擺了多遠，多少先前的價值觀變得又可以接受了，未免爲時過早。上海一直是一個尋求文化變化的革命力量的中心。而一個敏銳的觀察家一九七九年在中國對我說，上海是一個「不公開的香港」。

由於認識到矛盾和反對力量，毛說，十五年或二十年之後可能有必要再來一次文化大革命。傑弗遜做過一個關於美國的類似診斷，因爲他看到取得獨立比建設一個新社會容易得多。兩者都是他們所處社會的權力結構的急遽變化，談不上什麼價值觀的變化。

革命而不能實現新價值觀，這可能使一些當代觀察家們對革命不再抱這種幻想；他們相信，文化變革可以，或者必須，首先

完成。按照馬克思的說法，迫切需要重新調整的不是生產關係，而是社會意識和價值觀㊳。他們斷言，如果這樣，結構的變化將接踵而至。

我所注重的不是引起變化的這一原因或那一原因的首要性，而是它們的相互作用。那些強調某一原因的人由於忽視了相互作用，可能會被其結果弄得疑惑不解。對一些人來說，中國的文化大革命向人們承諾了一個更富於平等主義色彩的社會——它既能避免蘇聯修正主義的錯誤，也能避免帝國主義的邪惡；它是較為原始的民主的一次大爆發。而對另一些人來說，這場運動是在資源有限，組織需要調整及國際局勢緊張下發生的對於基本的有序發展（它正體現著中國的社會主義建設）的粗暴衝擊㊴。

如果不參照中國的具體背景（我沒有打算在這裡對此做出判斷），而是就一般而論，關於「文化上的革命」的這兩個陳述都可能是對的，但是，每一個陳述都限定了另一個陳述，並且又都受到了另一個陳述的限定。我不想爭辯說，重大的文化逆反，特別是那些確定了新的最高的生活意義的文化逆反，不可能是引起社會變遷的一個主要因素㊵。然而，我要說，如果沒有社會結構和個體人格的相應變化，它們就不可能取得。並且，結構的變化如果不被新價值觀證明，結構的變化就會失去革命的意義。這些陳述並不表示我有什麼偏重。不論一個人是否希望結構的和文化的變化發生，鑑於對個體的相應影響，他都不能這樣絕對地表述他的願望，除非變化本身就被奉為最高價值。革命也不能僅僅根據它想像中的目的來評判。應該考慮的是文化：它在革命過程中展示出來，受到被用來奪取並保持權力的方法的有力影響。

300

反文化對個體參與者的影響

人過三十，不信他人。

　　鏡子遲早會問：你相信這話嗎？很少有人耐煩用言語做回答，而行為的回答則各不相同：從完全否定這個陳述，到悲哀地承認自己相信這話。即使是用這話來說自己，各種程度的反映都有。

　　不同的回答不僅對做出回答的個體以及與他們有密切關係的人來說是重要的，而且對整個社會來說，對他們參與或不參與的羣體來說，對他們支持與不支持的事業來說，也是重要的。

　　說那些不只是涉足過實際行動的人最後又滑回到主導社會中而不打上他們以前的自我的烙印，嚴格點講，這或許永遠不是眞實的⑪。然而，主要的角度轉換和價值觀的宣示表明變化可能來得出乎意料地迅速。我在前面提到過的「黑豹黨」（Black Panters）的創立者之一克利弗（E. Cleaver），他現在屬於政治溫和派和再生的基督徒——但他也是「太陽太陰合一教」（Sun Moon's Unification Church）的支持者，不過，這已是另一回事。他曾闡述說，「黑豹黨」是爲增加黑人警察而鬥爭。你現在到處可以看見他們，「並且他們似乎也不見得怎麼優秀」。在洛杉磯，他「甚至無法再抱怨那位做爲白人種族主義者的市長」。據說，當他在監獄受審時，他發現自己就站在一位黑人法官面前。「他提高了我的保釋金」⑫。

301　　傑里・魯賓（Jerry Rubin），嬉皮的領袖之一，許多種交友組織的參加者，曾寫道，「偷竊闊人是一種神聖的宗教行爲」⑬。他現在在華爾街工作。迪倫（B. Dylan）執反文化的音樂的

號角近二十年，本信猶太教，後來探討佛教、印度教，最後於一九七九年皈依基督教。

　　基本上沒有什麼疑問，像克利弗、魯賓、迪倫以及成千上萬的不那麼著名的人，他們現在參與到主導社會的組織中去，把表現他們早先所從事的事業的價值觀和目標帶進了新的活動。與此相似，在十七世紀的英國，美以美會的喧囂派（Ranters）向不苟言笑的敎友派（Quakers）的轉變雖然很難說是反文化向既定文化的轉變，但也確實爲反對主導社會及其許多價值觀提供了更確定的組織基礎。希爾認爲，敎友派敎義（Quakerism）的傳播「既標誌著政治平等論者（levellers）的失敗，也標誌著激進思想的繼續存在和一定的擴展」⑭。不難理解，現在有許多這種人，他們決心「在這個社會體系中」結成團體──獻身於資源保護、反對核能及核武器，婦女運動或其他與其價值觀一致的活動──而發揮自己的作用⑮。

　　其他人則會成爲我所謂的「約翰·威斯利（John Wesley）綜合症」的犧牲：當他們由於反文化活動而變得富裕時，積累更多的錢──以及由此帶來的權力和榮譽──將變成他們的首要目標。已經有大量作家、出版商、個人成長（personal growth）及交友的團體的領袖、以及不拋頭露面的違法藥物生產者和銷售者成了百萬富翁。仿效威斯利的說法，他們的反文化的「虔誠」使他們變調；除非有什麼新因素增加進來，他們的變闊則對他們的虔誠構成了威脅。

　　當對社會快速變化的希望受到挫傷或者人們選擇反抗方式證明不可靠時，許多仍然執著於新價值觀的人常會從一個反文化羣體轉向另一個反文化羣體。如果現在秩序改變得太慢，人們可以在一個公社（commune）裡實施他們的價值觀。如果一個以毒品和性爲價值取向的羣體像粉碎流行價值觀一樣粉碎了一個人的自我，他有可能轉向一個禁慾的宗教羣體，而這個羣體仍被感覺

到是極端反文化的。雖然對某些人來說，這些都是簡短或一時的
行為，但是，對一定數量的人來說，它們變成了一種生活方式。
在過去二十年裡出現在美國的成千個公社中，大多數只維持了幾
年。然而，有些公社不斷減少內部衝突，並學會了如何與大社會
的沒有什麼商業餘地的要求相處，最後習慣於這種生活。

302　　　　最後，人們必須注意到個人悲劇——它們是某些人參與反文
化的伴隨物。古德曼（E. Goodman）曾動人地寫到過與周圍世
界格格不入的「六○年代的少年」，他們「不僅離開了校園，而
且脫離成人」。他們內心的絕望以及像他們一樣的其他人的絕望
並沒有導致梭羅（H. D. Thoreau）式的從一種生活向另一種生
活的隱退，而是導致了屈從，導致了「意志的永恆失落」。（他
們胸無大志，這好像是一種對於粗劣的世界的溫和反應」⑯。

有些按流行標準衡量是成功了的人也情緒低落。林塞（R.
Lindsey）以訪問精神分析醫生和心理健康顧問為基礎的一份報
告使用了這個標題：「六○年代的許多造反者在三十歲前後情緒
低落」。先前的憧憬在感覺上的破滅以及「什麼都做了」卻仍然
覺得抑鬱的空虛感加強了他們的異化。「我爭得了一個好工作。
我大獲成功，可是我想宰了自己。生活毫無意義」⑰。

我們無疑談論的是積極投身到近些年的反文化中的那些人中
的少數。更多的人把他們的困苦轉移到改革活動中去了，或者加
入了某種新宗教。然而，我們不能忽視比率較高的抑鬱、酗酒、
使用毒品和自殺。從一九五五年以來，青年人的自殺率增加了百
分之二百。只有全面的個案研究才能揭示在什麼程度上這種增長
反映了與參與反文化活動的關係以及對反文化的失望的關係。即
使有很強的相關，這也不一定說明存在因果聯繫。或許那些由於
早期經驗的結果而過於焦慮的人先被導入一場反文化的運動，然
後又導致自我毀滅。正如涂爾幹所雄辯地論證的，這種情況發生
在社會紊亂（anomie）加劇的背景下，正是這種背景滋長出自

殺傾向。就我對證明材料的理解而論，反文化的介入是那些使自
殺量上升的複雜的複合原因中的因素之一㊽。

　　相似的悲劇性後果發生在第一次世界大戰之後一個時期的玩
世不恭者（the Bohemians）身上，這種後果隨著他們青春的消
逝而來。費滋傑羅（F. S. Fitzgerald）在一九二七年寫道：

> 「……跟我同時代的人已經開始在暴力的黑暗深淵中消
> 失。一個同學在長島殺了他妻子和他自己，另一個從費城的
> 一幢摩天大樓上失足跌下來，還有一個故意從紐約的一幢摩
> 天大樓上跳下來。一人被殺死在芝加哥一家販賣私酒的酒
> 店；另一人被打死在紐約的一家類似的酒店。……這些都不
> 是我多管閒事地去打聽到的災禍——他們都是我的朋友；而
> 且，這些事不是發生在蕭條期，而是發生在繁榮期㊾。」

　　只需要改動幾個詞，我就可以拿這段話來描述七〇年代和八〇年
代初的情況。

　　據我看，在這些不同的反應中，參與反文化的最關鍵的方面
是強化了的矛盾心態（ambivalence）。舊的衝突和不相容
（antipathies）沒有消除；它們呈現在一種新形勢中。烏托邦之
夢變淡漠了，但新的、更複雜的現實並沒有把他們帶入原先所憧
憬的那種環境。因目標未被達到而起的悲哀常常混合著一種仍然
要達到目標的受過磨煉的實踐主義（activism）。我們從此發現
了一個共同因素，一種對「代際理論」（generational theory）
的承認：成年初期的重要經驗對於一個人的定型具有決定作用，
而其定型的因素將主宰這個人的生活。當然，它們不僅變成了個
人因素，而且變成了社會因素，君不見，那些現在「三十出頭」
的人都在更徹底地謀求有影響的地位？正如韋斯特休斯（K.
Westhues）所說的，他們中的一些人「正懷著不可能是對今天
也不可能是對明天的憧憬——但它至少促使我們告別昨天」㊿。

303

結論

> 「讓我們懂得怎樣更人道地發揮科學的洞察力，以便人
> 們『學會如何在地球上生活得更加美好』」。

——新煉金術研究所

這段引文的作者斯塔夫里阿諾斯（L.S. Stavriunos）分析出
了四種變化（技術的以及政治的和經濟的），這些變化構成了
「即將來臨的黑暗時代的希望」（這是他的著作的標題）。每一
種都曾引起公衆的注意，並且在一定程度上是反傳統的羣體的反
抗及其他活動的結果。他談到了從尖端技術向大衆技術的轉變，
從老板控制到工人控制的轉變，從代表制向普遍參與制民主的轉
變，以及從自我服從向自我實現的轉變。這些變化中沒有一種是
萬靈藥，儘管每一種都時時被宣稱爲如此。在他深刻的討論中，
斯塔夫里阿諾斯極大地避免了在審視一些能夠有助於達到幾個目
標的發展勢頭時言過其實。這幾個目標是：把技術納入一種人道
的框架；保護資源及小型化；通過政治分權，建立反制度
（counter-institutions），發展有效的「監護」（watchdog）聯
繫，以便提高工作效率和對工作的滿足感；通過減少隔閡、增加
生活目標來開拓自我實現的更大機會。

304　　　這些目標的達到有賴於另一個目標：認識到世界人民的互相
依賴關係。近年來與生態、經濟、政治和精神等方面的危機構成
互動關係的反文化（它們的出現部分地是由這些危機所引起的）
幫助我們認識到了我們人類的共同命運。當然，這是一個古老的
信仰，但是，它極其容易被個人及民族問題這樣的重壓所埋沒。
我們現在對地球只是完整的一個地理單元這種事實的強調有了一

些新意。用被沃德（B. Ward）、博爾廷（K. Boulding）等人做普及性宣傳的話來說，我們都乘坐在這個地球飛船上，這整個飛船包括的只是一個相互高度依賴的人類集體。相互依賴的深度以及我們不遵循它行事所引起的不良後果可能都大大增加了，但是，我們同屬一個集體的事實不會改變。「沒有誰是一個孤島，地球自身才是一個孤島；每個人都是『大陸』的一塊，都是整體的一部分……每個人的逝世都縮小了我，因為我與全人類連在一起；所以不要讓喪鐘為誰鳴；只要它鳴，它也是為你而鳴。」

出自多恩（J. Donne）的《為人類命運而祈禱》的這一著名段落的雄辯性是難以匹敵的，但是，這一代人應該把他們的命運既置於從信仰上證實人類的相互依賴性，也置於循此而付出的實際行動中。最好我們有那麼幾代人，他們將消滅做為解決爭端的形式的戰爭。在我看來，這似乎是不證自明的。然而，只有在極廣泛的國際國內的平等被達到後，在對資源的揮金如土的浪費被杜絕後，在權力的壟斷迅速瓦解後，這才會發生。反文化（無論是退隱性的還是神秘性的）的「我」（Me!）的作用對於這些目標將不會有什麼大貢獻。那些向外發展自己，向統治制度的合理性挑戰並推行非常不同的標準的人可以幫助建立那種更貼切地適應世界範圍的需要的體制。

然而，一種類似於退隱的態度（privatism）成了現在強調生態學的一個主題：愛惜環境，以便我有一個安寧的角落。需要補充的一點是，對「擁擠的地球生態」（crowded-earth ecology）的更大強調，是一種對到本世紀末將有六七十億人居住在這裡並且幾十年之後就成了一百億以至更多的未來的認識。我們將比現在更加相互依賴，更多地朝夕相處。佔統治地位的那些體制對於處理這一形勢的衝擊顯得無能為力。

可能只有從反文化運動中我們才能聽到：國家民族（nation-state）並非神聖不可侵犯。幾十年前，英國學者們曾

說過：我們都是名譽美國人；我們受到美國人的決定的強烈影響
305 並應該有表決權。現在，我們都是名譽世界公民。這並不是一件「放棄」國家主權的事。它已經被技術的發展、人口的大量增長，具有不可想像的毀滅力的武器以及我們之間極大的相互依賴性所排除開了。我們只不過在勉爲其難地擁有它，而這種勉強是險象環生的。

持續的經濟增長對於富國和富人來說都不是拯救之路。

我們的子子孫孫（把他們所有人放在一起考慮）有自己的權力，而我們所有的人則是保障他們的權力的衛士。

我不曾想到要在這樣一個機會裡做競選議員的工作，除非我需要這種鍛鍊。這些都是反文化的綱領。假如它們變成了用於向社會秩序挑戰的新浪潮的共同出發點，我們就會從沃爾夫（T. Wolfe）或其他眼光敏銳的觀察家那裡得到一篇關於「我們所有人的十年」的文章。一九八四年可能是它發生的好時機。

在全世界人口過剩並且還在不斷膨脹的情況下，要放棄工業化的生產率，這似乎是不明智的，也確實是不可能的。這反過來說明，工具實用主義、大規模的諧調、高水準的技巧和技術訓練是迫切需要的。不過，我們對如此工業化的代價知道得太少了——它不僅窒息了我們的遊戲和神秘的感覺以及敏感性（這是反對者所說的），而且用它自己的術語來說，它導致了環境污染、疾病、非再生性資源的枯竭、爭奪不斷減少的供應而起的劇烈衝突(51)。我們剛剛才開始學著對某些工業說「不」，例如，有些農耕形式雖然高度積約化，但是效率不高，破壞土壤，浪費水和其他資源，產生新的病毒，把微量有害物質帶進了我們的食物，它們就遭到了否定。

在這樣一種形勢下，政治的和文化的反抗鬥爭很可能要繼續發展。

戴維斯（F. Davis）十年前在一篇觀察敏銳的文章中說，儘

管嬉皮（hippies）的活動很像以前的運動，但是，他們比他們的前輩更可能堅持不懈。他看到了一個極大的主要靠對工業化和技術社會具有決定意義的一套價值觀生活的中產階級和工人階級的羣體，也看到了一個嬉皮的「出走羣體」（dropout group），還有一個「稍大一點的，精神上受迫害、經濟上矮一頭以及文化上受隔離的第三世界羣體（主要是黑人、住在美國的墨西哥人和美洲的印第安人）」，他們都處於一種共棲關係中。他寫道「嬉皮反文化不是一種副現象，不僅僅是一種愛好，一種時髦，或一種曇花一現的叛逆。」準確地說，因爲以技術爲取向的主導社會不能拋棄它的價值觀，所以其對立形象——嬉皮反文化——將繼續存在。這三類文化將不會有什麼鐵幕把它們隔絕。它們之間將有來有往，一些第三世界的成員可能升入其他羣體，一些嬉皮的玩世不恭和表現風格可能擴散到更大範圍的人中去㊼。

306

　　他的預言沒有落空。在美國的第三世界人口中，現在有相當多屬於中產階級，不過，其中大多數還處於富裕社會的邊緣。即使嬉皮像我們於六〇年代開始注意他們時一樣並非多得不得了，但是，還有很多其他人按「逆反觀念」生活，並且，他們的新規範已經廣泛地浸入了文化主流。在一九六九年，百分之十二的美國成年人認爲使用大麻應該被承認合法；到一九七九年，已有百分之二十五的人持這一觀點。在一九六九年，百分之二十一的人相信婚前性行爲沒有什麼錯；到一九七九年，這種人已增到百分之五十五㊽。

　　在今日的美國，存在一種把六〇年代浪漫化的傾向。由於忘記了一些粗暴的事實，正在出現的神話可能比眞實更有影響力，更富建設性。正如我們常常把過去時代的英雄裝扮得比眞實生活更偉大，把他們塑造成我們所需要的形象，我們也要裝飾我們的社會運動，使它們切合我們的現實要求。

　　我們絕不能認爲一切具有高度叛逆精神的反文化運動都擁有

同樣的社會變革的意義。有些與此風馬牛不相及，另一些與周圍形勢或人類常情很彆扭，而還有一些則是切實可行的革新。就像舊有的組織一樣，那些尋求按顛倒的價值觀生活的羣體遇到了一系列二難選擇和矛盾，有些學會了如何處理它們，另外的一些則被它們給破壞了。其中最深刻的矛盾是强烈的無政府主義（anarchy）要求與組織一個新價值觀可以在其中得到保護的新社會的要求之間的衝突。旣要做自己想做的事，避免官僚體制的束縛，自由地超脫出社會的習俗慣制，同時又要克服孤獨，並在一個高度文明的、治理有方的社會裡找到一個溫馨的、可依賴的集體，事實證明這是難以兩全的。「如果說專制統治是無法無天的孤立的暴君的自由主義，那麼，自由主義則是無法無天的孤立的羣衆的暴政」[54]。人們獲得最高感官享樂的程度是有限制的，人們在一定程度上可以不帶承諾、責任，不用「激戰」就獲得性滿足，發現一個可以愛也可以被愛的境界。

「在攻擊這種定義，這種分別，這種程序之後，回過頭來尋找新的有用的定義、分別和程序是非常困難的。……這裡應用了這一規律：對社會組織的嚴重問題的解決幾乎不能指望會出自那些經歷了這些問題的人」[55]。他們可以提醒社會注意這些問題，但是，解決這些問題的使命就留給了那些能夠「抵制太平盛世思想誘惑」的後來人，正如道格拉斯（M. Douglas）所說的。

這也許不是一個很全面的觀點。七年前馬斯格羅夫（F. Musgrove）考察了爲時不遠的情況，他發現，許多反文化的參與者學到了三個重要的敎訓：

「……過重的藥量不能導致狂歡，只能導致酣睡，最後引起死亡；藥不增進人際關係，卻破壞它們。公社的建立和維持比當初想像的要困難得多，它們沒有使『有意義』的關係得到昇華，卻只能以使關係變得淺薄爲代價來維持自己的存在。一個純粹是『表現性』（expressive）的社會系統存在一

些不可克服的障礙：『工具性』（instrumentality）悄悄介入
進來，可能就成了一個使公社倖存的條件」㊻。

然而，這些都只是否定性敎訓；並且，它們也許並不是正確
的或最重要的。它們也許可以加諸那些道格拉斯所謂的能「抵制
太平盛世思想」的人，但是，它們本身並不代表這個快速變化的
時代所需要的新思想。

反文化所引起的間接後果可能比其直接的和預計的後果還要
有意義得多。英國十七世紀中期的反抗運動創造了一種不信國敎
的「傳統」（tradition），而這一傳統比這場不信國敎的運動本
身的一些內容持續得還要長久。從此，這一傳統給予英國和美國
的歷史以強有力的影響，在另一方面，法國和德國由於沒有受到
這麼強的不信國敎的傳統所影響，所以一直更容易受革命與對革
命的革命這種循環圈的影響㊼。

只要一些中上層階級的享有特權的白人和猶太人堅持他們反
對技術社會並從中退隱的立場，兩位伯傑（P. and B. Bergers）
認爲，他們就不大可能迅速改變這個社會，從而在它上面爲體力
勞動者──「美國藍領階級」──的兒女建立新的空間㊽。

特定形式的反文化會引起什麼後果，這不僅依賴於它自身的
性質，而且還依賴於它所處的形勢。我們假設轉入低消費和低資
源消耗的生活方式已成了富裕社會的當務之急。在最近幾年裡，
我已經發現，即使是習慣的生活水準中的一小滴水也在極大程度
上反映出一個社會。所有的政治調和及激烈的討價還價──通過
它們達成了特定的利益分配──都被反映出來了。如果沒有不同
異常的支持，低消費的價值觀只能從必需品的緩慢而痛苦的減少
所產生的後果中萌芽出來。現在，一場以能滿足其他需要的有力
的意識形態爲旗幟來減少一定的享受需要的運動──不是做爲一
種目的明確的發明，而是做爲一種文化變異──可能已經登上了
這一舞臺。對以前被認爲屬於高級生活標準的那些東西的減少不

308

是什麼失敗：它事實上代表著優美的生活。與其說我們發現抑鬱的、充滿不和諧的倒退，不如說我們發現了對這種轉變的「宗教」支持。公社、禁慾傾向的宗派以及嬉皮可能有助於打破尋求快樂的時尚的價值支柱，幫助參加者及其他被他們的言行推向新價值觀的人們平衡自己的心理。如果沒有這種轉變，我們就不得不用一種不斷提高的享樂需要的標準來思考。當然，新的價值觀有一個代價：艱難地贏得的秩序——它們對其他價值觀是根本的——可能被削弱；此外的價值觀轉換被反文化人士納入了整個社會的變化之中。

曾經有人說過，每個國家都有它應得的社會主義政黨。同樣正確的是，每個社會都有它應得的反文化，因為它們不只是唱反調，它們也反映了它們所由出的社會——它們偏離它、為它的矛盾而痛苦，嘲弄它的缺點，並從它的被忽略的或潛藏的傳統中吸取養料。如果我們震驚於非法藥物問題，我們首先應該更認真地研究一下酗酒與肺癌的發生率以及其他合法的作用於人腦的藥品的使用後果。如果我們震驚於「大家庭」或「共生者解放軍」（the Symbionese Liberation Army），我們就應該不僅是反省一下我們施給孩子們的暴力，還要拿出改正的實際行動來。如果我們震驚於「撒旦教」，我們就應該同時注意到那些「可尊敬的人」對基本價值的侵犯，注意到已經被越軌的狂熱分子變成他們的道德的侵犯。

為了避免使我顯得一味地在為反文化的否定性形象辯護，請允許我補充一句：如果我們讚賞賦予當今的許多反對運動以特色的對於優雅和愛的強調、對於資源保護與分享的強調、對於自我依靠和自我發現的強調，我們就應該認識到這些也是從主導文化中借鑑而來的（甚至在它們反對主導文化的時候也是如此），哪怕它們是以價值觀的急遽逆反的形式表現出來的。

從反文化的研究中所獲得的最有意義的教訓不是它告訴了我

們關於我們的時代的什麼或任何特定時代的什麼，而是它告訴了
我們關於人類處境的什麼。從某些方面看，這種研究突出了保守
主義分子所持的觀點：社會結構是精細的，它以長期的經驗為基
礎，建立在人類生活的恆定因素之上。因此，千萬莫碰它。然
而，這個結論常常是一種謬誤。正因為社會結構是精細的，所以
我們需要不斷地用新線去紡織、加工。文化與反文化的對抗，不
斷改變的形勢與缺乏彈性的結構相互作用的結果，是一條代價高
昂的前進之路。我們需要學會如何對早期的警告性信號做出反
應，而不是坐等被矛盾心態和憤怒所推動的矯枉過正的攻擊。

　　無論我們是談文化，還是談反文化，我們都面臨著一個與
「誰保證保證者」這個古老的政治問題相似的問題㊾。人們一直
用一個金字塔形的答案來回答這個政治問題：

309

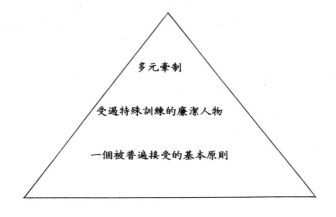

如果把這個圖例用於反文化的轉換，我們需要問：誰設立那些設
立標準者的標準？當金字塔形的答案失去作用了或被極大地削弱
了時，將會發生什麼呢？簡單地認定或反對新的或舊的都不可能
真正回答所面臨的問題，而只會消解問題本身。我們需要不懈地
和認真地研究新標準和舊標準的各種不同後果。

　　據我的判斷，我們正處於一個重大的文化轉變時期之中。人類現在所面臨的關鍵問題是如何創造出一種靈活的調節機制以適應發生在這個星球上的迅速和急遽得令人難以置信的變化。我們所面臨的問題是，旣要重建車站，重鋪、改造鐵軌，讓列車乘載更多的客員，同時又要保證列車不停地前進。有些人說：別折騰了；文明太容易受到破壞了；或者，拿火車的比喻來說，車站修修補補就可以了，千萬別觸動基本結構。其他人則說：把列車停下來；這寶貝已經沒有什麼保留價值；它眼看就要崩塌了；我們需要清出一塊乾淨的場地來建造新的。這是反文化所採取的立場。如果我們把它們當作藝術形式來考慮，我們就會發現，像其他從崇高到醜惡的各種藝術形式一樣，它們預先感到了激烈的問題，並把它們戲劇化，把它們突出到引人注目。無論是做爲「荒野中的呼聲」，還是做爲社會發生重大紊亂的症候（不期而然的警告和前途未卜的預示）來看，反文化都要求最深入細緻地研究，並且這種研究不僅僅需要那些其目的和使命就是審視社會並把社會當作一個整體來對待的人來做，也需要那些正在努力改進社會的人來做。如果這兩種工作在許多情況下都是同樣的人在做，我們將會非常幸運。

310

第十四章註釋

①*Cleveland Plain Dealer*, 1976 年 5 月 29 日，p. 5～A。

②施萊特（P. Slater）《追求孤獨》（*The Pursuit of Loneliness*, 1971）p.p. 110～111。

③涂爾幹（E. Durkheim）《社會學方法規程》（*The Rules of Sociological Method*, 1938）p.p. 70～71。

④希爾（C. Hill）《天翻地覆的世界：英國革命時期的激進思想》（*The World Turned Upside Down: Radical Ideas During the English Revolution*, 1973）p. 371。

⑤涂爾幹《宗教生活的基本形式》（*The Elementary Forms of the Religious Life*, 1965）p.p. 14～15。

⑥特里林（L. Trilling）《對立的自我》（*The Opposing Self*, 1955）p. 176。

⑦特納（V. Turner）《戲劇、場景與暗喻》（*Dramas, Fields, and Metaphors*, 1974）p. 268。

⑧格拉克（L. Gerlach）和海恩（V. Hine）《生活方式的飛躍：美國的變化動力》（*Lifeway Leap: The Dynamics of Change in America*, 1973）p. 260。

⑨艾斯利（L. Eiseley）《永遠的歷程》（*The Immense Journey*, 1957）p.p. 52～53。

⑩格拉克和海恩，同註⑧，p.p. 224～225。

⑪賴克（C. Reich）（*The Greening of America*, 1970）p. 4。

⑫坎貝爾（D.T. Campbell）〈論生物的與社會的進化之間和心理與道德傳統之間的衝突〉（"On the Conflicts Between Biological and Social Evolution and Between Psychology and Moral Tradition", 1975），載於《美國心理學家》三十，p. 1121。

⑬同上，p. 1123。

⑭見梅丁（J. Meddin）〈人性與社會文化的內在變化的辯證法〉（"Human Nature and the Dialectics of Immanent Sociocultural Change", 1976），載於《社會力量》五十五。

⑮坎貝爾，同註⑫，p. 1118。

⑯正如《馬太福音》（*Matthew*）第 10 章之 55 至 56 節所記載的。

⑰盧埃林（T. Lewellen）〈越軌的宗教與文化進化〉（"Deviant Religion and Cultural Evolution: The Aymara Case", 1979），載於《宗教科學研究雜誌》十八，p. 249。

⑱可以參見洛倫茨（K. Lorenz）《論侵犯》（*On Aggression*, 1966）。

⑲格拉克和海恩，同註⑧，p.p. 219～260。

⑳同上，p. 314。

㉑貝姆（C. Boehm）〈從猿到智人的理性預選：適應性進程的關鍵之所在〉（"Rational Preselection from Hamadryas to Homo Sapiens: The Place of Decisions in Adaptive Process", 1978）p. 265。

㉒英格（J.M. Yinger）《宗教的科學研究》（*The Scientific Study of Religion*, 1970）p. 477；同時參見 p.p. 387～392, p.p. 476～480。

㉓見斯科克伯爾（T. Skocpol）《國家與社會革命：法國、俄國和中國的比較性分析》（*States and Social Revolutions: A Comparative Analysis of France, Russia and China*, 1979）；愛德華（L.P. Edwards）《革命的自然史》（*The Natural History of Revolution*, 1927）；戴維斯（J.C. Davies）〈建設關於革命的理論的嘗試〉（"Toward a Theory of Revolution", 1962），載於《美國社會學評論》二十七。

㉔布盧默（H. Blumer），見帕克（R.E. Park）主編《社會學原理概論》（*An Outline of the Principles of Sociology*, 1939）p.p. 269～271。

㉕科恩（A. Cohn）《兩維的人》（*Two-Dimensional Man*, 1974），第 3 章。

㉖斯科克伯爾，同註㉓。

㉗馬克思《路易·波拿巴的霧月十八日》（ *The Eighteenth Brumaire of Louis Napoleon*, 1972 ），見《馬克思恩格斯選集》卷一，人民出版社，p. 603。

㉘羅賓遜（ J. Robinson ）《中國的文化革命》（ *The Cultural Revolution in China*, 1969 ）p. 28。

㉙傑拉斯（ M. Djilas ）《新階級：對共產黨的制度的分析》（ *The New Class: An Analysis of the Communist System*, 1962 ）；參見費爾班克（ J.K. Fairbank ）《美國與中國》（ *The United States and China*, 1979 ）第 16 章。

㉚罕格（ F. Hung ），見於 G.C. Chu 等主編的《推動一座山：中國的文化變革》（ *Moving a Mountain: Cultural Change in China*, 1979 ）p.p. 419~23。

㉛沃格爾（ E. Vogel ）《共產主義制度下的廣東：1949~1968 年的省會大事和政治》（ *Canton Under Communism: Programs and Politics in a Provincial Capital, 1949~1968*, 1969 ）p. 321。

㉜見迪特默（ L. Dittmer ）〈理論上與實際上的「路線鬥爭」：文化革命源起的再認識〉（ "'Line Struggle' in Theory and Practice: The Origins of the Cultural Revolution Reconsidered", 1977 ），載於《中國季刊》七十二；伯格森（ A.J. Bergesen ）〈一種涂爾幹式的關於政治迫害的理論：以中國文化大革命為例〉（ "A Durkheimian Theory of Witch-Hunts with the Chinese Cultural Revolution of 1966 ~ 69 as an Example", 1978 ），載於《宗教科學研究雜誌》十七。

㉝迪特默（ L. Dittmer ），同註㉚，p.p. 207~36。

㉞羅賓遜，同註㉘，p. 27。

㉟巴特菲爾德（ F. Butterfield ）《紐約時報》1979 年 10 月 12 日。

㊱見羅賓遜，同註㉘，p. 47。

㊲同上，p. 43。

㊳賴克，同註⑪；羅斯札克（ T. Roszak ）《反文化的構成》（ *The Making*

of a Counter Culture, 1969）；伍思勞（R. Wuthnow）《思想改造》
（ The Consciousness Reformation, 1976 ）。

312　㊴因為不能十分自信，我把對中國的幾個轉折關鍵的評論放在脚註裡。下
面我把它們納入三向引力圖中（點代表相對位置）：

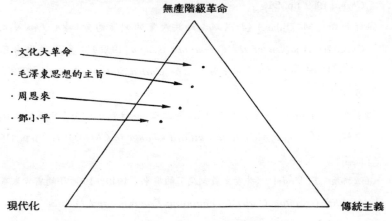

　　　　　　　　　　　無產階級革命

·文化大革命
·毛澤東思想的主旨
·周恩來
·鄧小平

現代化　　　　　　　　　　　　　　　　　　傳統主義

㊵見韋伯（M. Weber）《新教倫理與資本主義精神》（ The Protestant Ethic
and the Spirit of Capitalism, 1930 ）；伍思勞《思想改造》。

㊶見韋納（R. Weiner）和斯蒂爾曼（D. Stillman）《對六〇年代那代人的
全國性調查》（ The Nationwide Survey of the Sixties Generation,
1979 ）。

㊷《聖·彼得斯堡時報》（ St. Petersburg Times ）1977 年 2 月 16 日。

㊸見魯賓（J. Rubin）《做》（ Do It, 1970 ）；及其《三十七歲才長大成人》
〔 Growing (up) at 37, 1976〕。

㊹希爾，同註④，p. 240。

㊺見萊因霍爾德（R. Reinhold）等〈反文化的衝擊〉（ "The Impact of the
Counterculture", 1979 ），載於《紐約時報》1979 年 8 月 12 日、13 日和
15 日。

㊻Cleveland Plain Dealer, 1979 年 1 月 28 日。

㊼《紐約時報》，1976 年 2 月 29 日，p.p. 1,40。

㊽見亨丁（H. Hendin）《敏感的年代》（*The Age of Sensation*, 1975），第9章；英格《建設行爲場理論的嘗試》（Toward a Field Theory of Behavior, 1965）p.p. 279～81。

㊾轉引自考利（M. Cowley）《放逐者的回歸》（Exile's Return: A Narrative of ideas, 1934）p. 238。

㊿韋斯特休斯（K. Westhues）《社會的陰影：反文化的社會學研究》（Society's Shadow: Studies in the Sociology of Countercultures, 1972）p. 208。

(51)見小卡頓（W.R. Catton, Jr）《超越：革命性變化的生態基礎》（Overshoot: The Ecological Basis of Revolutionary Change, 1980）。

(52)見戴維斯（F. Davis）《論青年次文化：嬉皮的變異》（On Youth Subcultures: The Hippie Variant, 1971）p.p. 21～26。

(53)萊因霍爾德（R. Reinhold），《紐約時報》，1979年8月12日，p. 38。

(54)鮑爾澤爾（E.D. Baltzell）〈尾聲：做一隻不死鳥〉（"Epilogue: To Be a 313
Phoenix-Reflections on Two Noisy Ages of Prose", 1972）p. 202。

(55)道格拉斯（M. Douglas）《自然的符號》（*Natural Symbols*, 1970）p.p. 153～4。

(56)馬斯格羅夫（F. Musgrove）《迷狂與神聖：反文化與開放社會》（Ecstasy and Holiness: Counter Culture and the Open Society, 1974）p. 26。

(57)見鮑爾澤爾，同註(54)，p.p. 217～18。

(58)伯傑（P. Berger）和伯傑（B. Berger）〈美國的藍色憂鬱〉（"The Blueing of America", 1971），載於《新共和》1971年4月3日，p. 23。

(59)蓋爾納（E. Gellner）《當代思想與政治學》（*Contemporary Thought and Politics*, 1974）p.p. 40～41。

參考文獻

ABELL, TROY, and LARRY LYON. "Do the Differences Make a Difference? An Empirical Evaluation of the Culture of Poverty in the United States." *American Ethnologist* 6 (August 1979): 602-21.

ABERLE, DAVID. *The Peyote Religion Among the Navaho.* Chicago: Aldine, 1966.

_____. "The Prophet Dance and Reactions to White Contact." *Southwestern Journal of Anthropology* 15 (1959): 74-83.

_____. "Shared Values in Complex Societies." *American Sociological Review* 15 (August 1950): 495-502.

ABRAMS, PHILIP, and ANDREW MCCULLOCH, with SHEILA ABRAMS and PAT GORE. *Communes, Sociology and Society.* Cambridge: Cambridge University Press, 1976.

ACKERMAN, JAMES S. "The Demise of the *Avant Garde:* Notes on the Sociology of Recent American Art." *Comparative Studies in Society and History* 11 (October 1969):371-384.

ADAMS, ROBERT M. *Bad Mouth: Fugitive Papers on the Dark Side.* Berkeley: University of California Press, 1977.

ADELSON, JOSEPH. "What Generation Gap?" *New York Times Magazine.* January 18, 1970, pp. 10-11, 34-36, 45.

ADLER, NATHAN. *The Underground Stream: New Life Styles and the Antinomian Personality.* New York: Harper Torchbooks, 1972.

AIKEN, CONRAD. *Time in the Rock.* New York: Charles Scribner's Sons, 1936.

ALVES, WAYNE M., and PETER H. ROSSI. "Who Should Get What? Fairness Judgments of the Distribution of Earnings." *American Journal of Sociology* 84 (November 1978): 541-64.

ANTHONY, DICK, and THOMAS ROBBINS. *In Gods We Trust: New Patterns in American Religious Pluralism.* New Brunswick, N.J.: Transaction Books, 1980.

ARMYTAGE, W. H. G. *Heavens Below: Utopian Experiments in England, 1560-1960.* London: Routledge & Kegan Paul, 1961.

ARNOLD, DAVID O., editor. *The Sociology of Subcultures.* Berkeley, Calif.: Glendessary Press, 1970.

ARNOLD, MATTHEW. *Poetical Works.* London: Macmillan, 1907.

ARON, RAYMOND. *History and the Dialectic of Violence*. Trans. Barry Cooper. New York: Harper & Row, 1975.

ASHLINE, NELSON F., T. R. PEZZULLO, and C. I. NORRIS, editors. *Education, Inequality, and National Policy*. Lexington, Mass.: Lexington Books, 1976.

AYLMER, G. E., editor. *The Levellers in the English Revolution*. London: Thames & Hudson, 1975.

BABBIE, EARL R. "The Third Civilization: An Examination of Sokagakkai." *Review of Religious Research* 7 (Winter 1966): 101-21.

BABCOCK, BARBARA A., editor. *The Reversible World: Symbolic Inversion in Art and Society*. Ithaca, N.Y.: Cornell University Press, 1978.

BACK, KURT W. *Beyond Words: The Story of Sensitivity Training and the Encounter Movement*. Baltimore: Penguin Books, 1973.

BAINBRIDGE, WILLIAM SIMS. *Satan's Power: A Deviant Psychotherapy Cult*. Berkeley: University of California Press, 1978.

BALANDIER, GEORGES. *Political Anthropology*. Trans. A. M. Sheridan Smith. New York: Random House, 1970.

BALL, RICHARD A. "The Dialectical Method: Its Application to Social Theory." *Social Forces* 57 (March 1979): 785-98.

BALL-ROKEACH, SANDRA J. "Values and Violence: A Test of the Subculture of Violence Thesis." *American Sociological Review* 38 (December 1973): 736-49.

BALSWICK, JACK. "The Jesus People Movement: A Generational Interpretation." *Journal of Social Issues* 30, No. 3 (1974): 23-42.

BALTZELL, E. DIGBY. "Epilogue: To Be a Phoenix—Reflections on Two Noisy Ages of Prose." *American Journal of Sociology* 78 (July 1972): 202-20.

BANFIELD, EDWARD. *The Unheavenly City: The Nature and Future of Our Urban Crisis*. Boston: Little, Brown, 1968. Rev. ed., 1974.

BANTON, MICHAEL, editor. *Anthropological Approaches to the Study of Religion*. London: Tavistock, 1966.

BARAKA, AMIRI (LeRoi Jones). *Selected Poetry of Amiri Baraka/LeRoi Jones*. New York: William Morrow, 1979a.

_____. *Selected Plays and Prose of Amiri Baraka/LeRoi Jones*. New York: William Morrow, 1979b.

BARBER, THEODORE X. *LSD, Marihuana, Yoga, and Hypnosis*. Chicago: Aldine, 1970.

BARKER, EILEEN. "Living the Divine Principle: Inside the Reverend Sun Myung Moon's Unification Church in Britain." *Archives de Sciences Sociales des Religions* 45 (January-March 1978): 75-93.

BARKUN, MICHAEL. *Disaster and the Millennium*. New Haven: Yale University Press, 1974.

BARNES, DOUGLAS F. "Charisma and Religious Leadership: An Historical Analysis." *Journal for the Scientific Study of Religion* 17 (March 1978): 1-18.

BARNETT, HOMER. *Indian Shakers: A Messianic Cult of the Pacific Northwest.* Carbondale: Southern Illinois University Press, 1957.

BATES, WILLIAM, and BETTY CROWTHER. *Drugs: Causes, Circumstances, and Effects of Their Use.* Morristown, N.J.: General Learning Press, 1973.

BATESON, GREGORY. *Steps to an Ecology of Mind.* San Francisco: Chandler, 1972.

BATESON, GREGORY, et al. "Toward a Theory of Schizophrenia." *Behavioral Science* 1 (October 1956): 251-64.

BECKER, HOWARD P., with CHRISTOPHER BENNETT BECKER. "Normative Reactions to Normlessness." *American Sociological Review* 25 (December 1960): 803-10.

BECKER, HOWARD S. *Outsiders: Studies in the Sociology of Deviance.* New York: The Free Press, 1963.

BECKETT, SAMUEL. *Waiting for Godot.* New York: Grove Press, 1954.

BECKFORD, JAMES. "Through the Looking-Glass and Out the Other Side: Withdrawal from Reverend Moon's Unification Church." *Archives de Sciences Sociales des Religion* 45 (January-March 1978): 95-116.

BEIDELMAN, T. O. "Swazi Royal Ritual." *Africa,* 36 (October 1966): 373-405.

BELL, DANIEL. *The Cultural Contradictions of Capitalism.* New York: Basic Books, 1978.

BELL, WENDELL, and ROBERT V. ROBINSON. "An Index of Evaluated Equality: Measuring Conceptions of Social Justice in England and the United States." *Comparative Studies in Sociology* 1 (1978): 235-70.

BELLAH, ROBERT N. *Beyond Belief: Essays on Religion in a Post-Traditional World.* New York: Harper & Row, 1970.

BELLOW, SAUL. *Herzog.* London: Penguin Books, 1965.

BEN-YEHUDA, NACHMAN. "The European Witch Craze of the 14th to 17th Centuries: A Sociologists's Perspective." *American Journal of Sociology* 86 (July 1980): 1-31.

BERENS, LEWIS H. *The Digger Movement in the Days of the Commonwealth as Revealed in the Writings of Gerrard Winstanley, the Digger* (1906). London: Holland Press and Merlin Press, 1961.

BERGER, BENNETT M., *Looking for America: Essays on Youth, Suburbia, and Other American Obsessions.* Englewood Cliffs, N.J.: Prentice-Hall, 1971.

_____. *The Survival of a Counterculture: Ideological Work and Everyday Life among Rural Communards.* Berkeley: University of California Press, 1981.

BERGER, BENNETT M., and BRUCE M. HACKETT. "On the Decline of Age Grading in Rural Hippie Communes." *Journal of Social Issues* 30, No. 2 (1974): 163-83.

BERGER, PETER L. "Charisma and Religious Innovation: The Social Location of Israelite Prophecy." *American Sociological Review* 28 (December 1963): 940-50.

_____. *Facing Up to Modernity: Excursions in Society, Politics, and Religion.* New York: Basic Books, 1977.

_____. *The Sacred Canopy: Elements of a Sociological Theory of Religion.* Garden City, N.Y.: Doubleday & Co., 1967.

BERGER, PETER L., and BRIGITTE BERGER. "The Blueing of America." *New Republic*, April 3, 1971, pp. 20-23.

BERGER, PETER L., BRIGITTE BERGER, and HANSFRIED KELLNER. *The Homeless Mind.* New York: Random House, 1973.

BERGER, SUZANNE. "Politics and Antipolitics in Western Europe in the Seventies." *Daedalus*, Winter 1979, pp. 27-50.

BERGESEN, ALBERT JAMES. "A Durkheimian Theory of 'Witch-Hunts' with the Chinese Cultural Revolution of 1966-69 as an Example." *Journal for The Scientific Study of Religion* 17 (March 1978): 19-29.

_____. "Political Witch Hunts: The Sacred and the Subversive in Cross-National Perspective." *American Sociological Review* 42 (April 1977): 220-33.

BERGSON, HENRI. "Laughter." In *Comedy*, Wylie Sypher, editor. Garden City, N.Y.: Doubleday Anchor Books, 1956, pp. 61-190.

BERKE, JOSEPH, editor. *Counter-Culture: The Creation of an Alternative Society.* London: Peter Owen Ltd., 1969.

BERNSTEIN, EDUARD. *Cromwell and Communism: Socialism and Democracy in the Great English Revolution.* New ed. London: F. Cass, 1963.

BESTOR, ARTHUR EUGENE, Jr. *Backwoods Utopias.* Philadelphia: University of Pennsylvania Press, 1950.

BIALE, DAVID. *Gershom Scholem: Kabbalah and Counter-History.* Cambridge: Harvard University Press, 1979.

BIDDLE, BRUCE, BARBARA BANK, and MARJORIE MARLIN. "Parental and Peer Influence on Adolescents." *Social Forces* 58 (June 1980): 1057-79.

BLAKE, WILLIAM. *Poems.* Edited by W. H. Stevenson. Text by David V. Erdman. London: Longmans, 1971.

BLAU, PETER M., editor. *Approaches to the Study of Social Structure.* New York: The Free Press, 1975.

_____. *Exchange and Power in Social Life.* New York: Wiley, 1964.

BLECHER, MARC J., and GORDON WHITE. *Micropolitics in Contemporary China: A Technical Unit During and After the Cultural Revolution.* White Plains, N.Y.: M. E. Sharpe, 1979.

BLOY, MYRON B., Jr. "Alienated Youth, the Counter Culture, and the Chaplain." In Donald R. Cutler, editor, *The Religious Situation: 1969.* Boston: Beacon Press, 1969, pp. 649-63.

BLUMER, HERBERT. Contribution in *An Outline of the Principles of Sociology,*

Robert E. Park, editor. New York: Barnes & Noble, 1939, Part IV.

BODEMAN, Y. MICHAEL. "Mystical, Satanic, and Chiliastic Forces in Counter-cultural Movements: Changing the World—Or Reconciling It." *Youth and Society* 5 (June 1974): 433-47.

BOEHM, CHRISTOPHER. "Rational Preselection from Hamadryas to *Homo Sapiens*: The Place of Decisions in Adaptive Process." *American Anthropologist* 80 (June 1978): 265-96.

BOTT, ELIZABETH. "Psychoanalysis and Ceremony." In J. S. LaFontaine, editor, *The Interpretation of Ritual: Essays in Honor of A. I. Richards*. London: Tavistock Publications, 1972, pp. 205-37.

BOUDON, RAYMOND. *Education, Opportunity and Social Inequality: Changing Prospects in Western Society*. New York: Wiley, 1974.

BOULDING, ELISE. "Adolescent Culture: Reflections of Divergence." In *Social Forces and Schooling: An Anthropological and Sociological Perspective*, Nobuo K. Shimahara and Adam Scrupski, editors. New York: David McKay, 1975.

BOWKER, LEE. *Prisoner Subcultures*. Lexington, Mass.: Heath, 1977.

BOWLES, SAMUEL, and HERBERT GINTIS. *Schooling in Capitalist America*. New York: Basic Books, 1976.

BRADEN, WILLIAM. *The Private Sea: LSD and the Search for God*. New York: Quadrangle Books, 1967.

BRAILSFORD, H. N. *The Levellers and the English Revolution*. Edited and prepared for publication by Christopher Hill. London: The Cresset Press, 1961.

BRAKE, MIKE. "The Skinheads: An English Working Class Subculture." *Youth and Society* 6 (December 1974): 179-200.

BRAND, STEWART, editor. *The Next Whole Earth Catalog: Access to Tools*. Sausalito, Calif.: Point/Random House, 1980.

BRICKER, VICTORIA R., editor. "Intra-Cultural Variation." *American Ethnologist*, Vol. 2, February 1975, whole issue.

BRIM, ORVILLE G., Jr., and STANTON WHEELER, editors. *Socialization After Childhood: Two Essays*. New York: Wiley, 1965.

BROMLEY, DAVID G., and ANSON D. SHUPE, Jr. "Financing the New Religions: A Resource Mobilization Approach." *Journal for the Scientific Study of Religion* 19 (September 1980): 227-39.

BROWN, BERNARD E. *The French Revolt: May, 1968*. Morristown, N.J.: General Learning Press, 1970.

BROWN, CECIL. *The Life and Loves of Mr. Jiveass Nigger*. New York: Fawcett, 1978.

BROWN, JAMES W. "The Values and Norms of the Expressive Student Subculture." *Youth and Society* 4 (June 1973): 483-98.

BROWN, MICHAEL E. "The Condemnation and Persecution of Hippies." *Trans-Action* 6 (September 1969): 33-46.

Brown, Norman O. "Apocalypse: The Place of Mystery in the Life of the Mind." *Harper's* 222 (May 1961): 46-49.

_____. *Life Against Death: The Psychoanalytic Meaning of History*. New York: Random House, 1959.

_____. *Love's Body*. New York: Random House, 1966.

Bryce-Laporte, Roy S. "Crisis, Contraculture, and Religion Among West Indians in the Panama Canal Zone." In *Afro-American Anthropology*, Norman E. Whitten and John F. Szwed, editors. New York: The Free Press, 1970, pp. 103-18.

Buck-Morss, Susan. *The Origin of Negative Dialectics*. New York: Free Press, 1977.

Buffalo, M. D., and Joseph W. Rodgers. "Behavioral Norms, Moral Norms, and Attachment: Problems of Deviance and Conformity." *Social Problems* 19 (Summer 1971): 101-13.

Burke, Kenneth. *Language as Symbolic Action: Essays on Life, Literature, and Method*. Berkeley: University of California Press, 1968.

Burns, Tom. "The Reference of Conduct in Small Groups: Cliques and Cabals in Occupational Milieu." *Human Relations* 8 (1955): 467-86.

Burridge, Kenelm. *Mambu: A Melanesian Millennium*. London: Methuen & Co., 1960.

Butler, Christopher. *After the Wake: An Essay on the Contemporary Avant-Garde*. New York: Oxford University Press, 1980.

Campbell, Donald T. "On the Conflicts Between Biological and Social Evolution and Between Psychology and Moral Tradition." *American Psychologist* 30 (December 1975): 1103-26.

Camus, Albert. *The Rebel: An Essay on Man in Revolt*. Trans. Anthony Bower. New York: Random House, 1956.

Caplan, Arthur L., editor. *The Sociobiology Debate: Readings on Ethical and Scientific Issues*. New York: Harper & Row, 1978.

Carmichael, Stokely, and Charles Hamilton. *Black Power*. New York: Vintage Books, 1967.

Carroll, Jackson W. "Transcendence and Mystery in the Counter Culture." *Religion in Life* 42 (August 1973): 361-75.

Catton, William R., Jr. *Overshoot: The Ecological Basis of Revolutionary Change*. Urbana: University of Illinois Press, 1980.

Chu, Godwin C., and Francis L. K. Hsu, editors. *Moving a Mountain: Cultural Change in China*. Honolulu: East-West Center, 1979.

Clammer, J. R., editor. *The New Economic Anthropology*. New York: St. Martin's Press, 1976.

Clark, Burton R. *Educating the Expert Society*. San Francisco: Chandler, 1962.

Clark, Walter H. *Chemical Ecstasy: Psychedelic Drugs and Religion*. New York: Sheed & Ward, 1969.

CLARKE, MICHAEL. "On the Concept of 'Sub-Culture'." *British Journal of Sociology* 25 (1974): 428-41.

CLAYTON, RICHARD R., and HARWIN L. VOSS. "Shacking Up: Cohabitation in the 1970s." *Journal of Marriage and Family* 39 (May 1977): 273-83.

CLEAGE, ALBERT B., Jr. *Black Messiah*. New York: Sheed & Ward, 1968.

CLEAVER, ELDRIDGE. *Soul on Ice*. New York: McGraw-Hill, 1968.

CLECAK, PETER. *Radical Paradoxes: Dilemmas of the American Left: 1945-1970*. New York: Harper & Row, 1973.

CLOWARD, RICHARD A., et al., editors. *Theoretical Studies in the Social Organization of the Prison*. New York: Social Science Research Council, 1960.

CLOWARD, RICHARD A., and LLOYD E. OHLIN. *Delinquency and Opportunity*. New York: The Free Press, 1960.

CLUB OF ROME. *The Limits to Growth*. 2d Edition. New York: Universe Books, 1974.

COGSWELL, BETTY E. "Variant Family Forms and Life Styles: Rejection of the Traditional Nuclear Family." *Family Coordinator* 24 (October 1975): 391-406.

COHEN, ABNER. *Two-Dimensional Man*. Berkeley: University of California Press, 1974.

COHEN, ALBERT K. *Delinquent Boys*. Glencoe, Ill.: The Free Press, 1955.

COHEN, ALBERT K., and HAROLD M. HODGES, Jr. "Characteristics of the Lower-Blue-Collar-Class." *Social Problems* 10 (Spring 1963): 303-34.

COHEN, ALBERT K., and JAMES F. SHORT, Jr. "Research in Delinquent Sub-cultures." *Journal of Social Issues* 14 (1958): 20-37.

COHEN, STANLEY, *Folk Devils and Moral Panics: The Creation of the Mods and Rockers*. London: MacGibbon & Kee, 1972.

COHN, NORMAN. *Europe's Inner Demons: An Enquiry Inspired by the Great Witch-Hunt*. New York: Basic Books, 1975.

———. *The Pursuit of the Millennium: Revolutionary Millenarians and Mystical Anarchists of the Middle Ages*. Rev. and exp. edition. New York: Oxford University Press, 1970.

COLEMAN, JAMES S. *The Adolescent Society*. New York: The Free Press, 1961.

———. "Review Essay: Inequality, Sociology, and Moral Philosophy." *American Journal of Sociology* 80 (November 1974): 739-64.

COLES, ROBERT. *Children of Crisis: A Study of Courage and Fear*. Boston: Little, Brown, 1967.

———. *Privileged Ones: The Well-off and the Rich in America*. Boston: Little, Brown, 1977.

COLLINS, RANDALL. *Conflict Sociology*. New York: Academic Press, 1975.

COMMONER, BARRY. *The Closing Circle: Nature, Man, and Technology.* New York: Knopf, 1971.

CONE, JAMES H. "Black Consciousness and the Black Church: A Historical-Theological Interpretation." *Annals of the American Academy of Political and Social Science* 387 (January 1970): 49-53.

_____. *God of the Oppressed.* New York: The Seabury Press, 1975.

CONVERSE, PHILIP, and HOWARD SCHUMAN. "Silent Majorities and the Viet Nam War." *Scientific American* 222 (June 1970): 17-25.

CONWAY, FLO, and JIM SIEGELMAN. *Snapping: America's Epidemic of Sudden Personality Change.* New York: Dell Publishing Co., 1979.

COOK, KAREN S., and RICHARD M. EMERSON. "Power, Equity and Commitment in Exchange Networks." *American Sociological Review* 43 (October 1978): 721-39.

COOPER, DAVID G. *Psychiatry and Anti-Psychiatry.* New York: Balantine Books, 1971.

COSER, LEWIS. *Continuities in the Study of Social Conflict.* New York: The Free Press, 1967

_____. *The Functions of Social Conflict.* New York: The Free Press, 1956.

COSER, ROSE LAUB, and LEWIS COSER. "Jonestown as a Perverse Utopia." *Dissent* 26 (Spring 1979): 158-63.

COWLEY, MALCOLM. *Exile's Return: A Narrative of Ideas.* New York: W. W. Norton, 1934.

COX, HARVEY. *The Feast of Fools: A Theological Essay on Festivity and Fantasy.* New York: Harper & Row, 1970.

_____. *Turning East: The Promise and Peril of the New Orientalism.* New York: Simon & Schuster, 1977.

CROSSMAN, RICHARD, editor. *The God That Failed.* New York: Harper & Row, 1949.

CUMMINGS, WILLIAM K. "The Aftermath of the University Crisis." *Japan Interpreter* 10 (Winter 1976): 350-60.

CURLE, ADAM. *Educational Problems of Developing Societies, with Case Studies of Ghana, Pakistan, and Nigeria.* Exp. and updated edition. New York: Praeger, 1973.

CUTLER, DONALD, R., editor. *The Religious Situation: 1969.* Boston: Beacon Press, 1969.

DAHRENDORF, RALF. *Class and Class Conflict in Industrial Society.* Stanford, Calif.: Stanford University Press, 1959.

DALTON, GEORGE, editor. *Studies in Economic Anthropology.* Washington: American Anthropological Association, 1971.

_____. editor. *Tribal and Peasant Economies.* Austin: University of Texas Press, 1967.

DAMRELL, JOSEPH. *Search for Identity: Youth, Religion and Culture.* Beverly Hills: Sage Publications, 1978.

DAVIDOV, Y. N. "Counter-Culture—A Symptom of Development or an Indication of Decay?" Paper presented at the World Congress of Sociology, Uppsala, Sweden, August 14-19, 1978.

DAVIDSON, SARA. "The Rush for Instant Salvation." *Harper's Magazine*, July 1971, pp. 40-54.

DAVIES, JAMES C. "Toward a Theory of Revolution." *American Sociological Review* 27 (1962): 5-19.

DAVIS, DAVID BRION. "Some Themes of Counter-Subversion: An Analysis of Anti-Masonic, Anti-Catholic, and Anti-Mormon Literature." *Mississippi Historical Review* 48 (September 1960): 205-24.

DAVIS, FRED, *On Youth Subcultures: The Hippie Variant.* New York: General Learning Press, 1971.

DAVIS, J. C., "Gerrard Winstanley and the Restoraton of True Magistracy." *Past and Present*, No. 70 (February 1976), pp. 76-93.

DAVIS, NANETTE J. *Sociological Constructions of Deviance: Perspectives and Issues in the Field.* Dubuque, Iowa: William C. Brown, 1975.

DAVIS, NATALIE Z. "The Reasons of Misrule: Youth Groups and Charivaris in Sixteenth-Century France." *Past and Present*, No. 50 (February 1971), pp. 41-75.

————. "The Rites of Violence: Religious Riot in Sixteenth-Century France." *Past and Present*, No. 59 (May 1973), pp. 51-91.

DE BERKER, PAUL, and PATRICIA DE BERKER. *Misfits.* London: Pitman Publishing Company, 1973.

DECTER, MIDGE. *Liberal Parents, Radical Children.* New York: Coward, McCann & Geoghegan, 1975.

DEGLER, CARL N. *At Odds: Women and the Family in America from the Revolution to the Present.* New York: Oxford University Press, 1980.

DELEON, DAVID. *The American as Anarchist: Reflections on Indigenous Radicalism.* Baltimore: Johns Hopkins Press, 1979.

DELLA FAVE, L. RICHARD. "The Culture of Poverty Revisited: A Strategy for Research." *Social Problems* 21 (June 1974):609-21.

DEMOTT, BENJAMIN, "The Pro-Incest Lobby." *Psychology Today* 13 (March 1980): 11-16.

DENISOFF, R. SERGE. *Solid Gold: The Popular Record Industry.* New Brunswick, N. J.: Transaction Books, 1975.

DENISOFF, R. SERGE, and MARK H. LEVINE. "Generations and Counter-Culture: A Study in the Ideology of Music." *Youth and Society* 2 (September 1970): 33-58.

DEVEREUX, GEORGE. "Normal and Abnormal: The Key Problem of Psychiatric Anthropology." In *Some Uses of Anthropology: Theoretical and Applied*, J. B. Casagrande and T. Gladwin, editors. Washington: Anthropological Society of Washington, 1956, pp. 3-32.

DeVos, George, and Lola Romanucci-Ross, editors. *Ethnic Identity*. Palo Alto, Calif.: Mayfield Publishing Co., 1975.

Dickstein, Morris. *Gates of Eden: American Culture in the Sixties*. New York: Basic Books, 1977.

Dinnerstein, Dorothy. *The Mermaid and the Minotaur*. New York: Harper & Row, 1976.

Dittmer, Lowell. "'Line Struggle' in Theory and Practice: The Origins of the Cultural Revolution Reconsidered." *The China Quarterly* 72 (December 1977): 675-712.

Djilas, Milovan. *The New Class: An Analysis of the Communist System*. New York: Praeger, 1962.

Donaldson, Ian. *The World Upside Down: Comedy from Jonson to Fielding*. Oxford: Oxford University Press, 1970.

Dorn, Dean S. "A Partial Test of the Delinquency Continuum Typology: Contracultures and Subcultures." *Social Forces* 47 (March 1969): 305-14.

Dostoevsky, Fyodor. *Notes from Underground* and *The Grand Inquisitor*. Trans. Ralph E. Matlaw. New York: E. P. Dutton, 1960.

_____. *Poor Folk*. Trans. Lev Navrozov. Moscow: Foreign Languages Publishing House, 1957

Douglas, Jack. *Youth in Turmoil*. Chevy Chase, Md.: National Institute of Mental Health, 1970.

Douglas, Mary. *Natural Symbols*. New York: Random House, 1970a.

_____, editor. *Witchcraft: Confessions and Accusations*. London: Tavistock Publications, 1970b.

Downes, David M. *The Delinquent Solution*, New York: The Free Press, 1966.

Doyle, Bertram, *The Etiquette of Race Relations in the South*. Chicago: University of Chicago Press, 1937

Drane, James, *A New American Reformation: A Study of Youth Culture and Religion*. Totowa, N. J.: Littlefield, Adams, & Co., 1974.

Drosnin, Michael. "Ripping Off: The New Life Style." *New York Times Magazine*, August 8, 1971, pp. 12-13, 47-48, 52.

Durkheim, Emile. *The Elementary Forms of the Religious Life*. Trans. Joseph Ward Swain. New York: The Free Press, 1965.

_____ *Moral Education*. Foreword by Paul Fauconnet, trans. Everett K. Wilson and Herman Schnurer, edited by Everett K. Wilson. New York: The Free Press, 1973.

_____. *The Rules of Sociological Method*. 8th edition. Trans. Sarah Solovay and John H. Mueller. Edited by George E. G. Catlin. Chicago: University of Chicago Press, 1938.

_____. *Suicide*. Trans. John A. Spaulding and George Simpson. New York: The Free Press, 1951.

DURKHEIM, EMILE, and MARCEL MAUSS. *Primitive Classification*. Trans. and edited by Rodney Needham. London: Cohen & West, 1963.

DYER, EVERETT D. *The American Family: Variety and Change*. New York: McGraw-Hill, 1979.

EASTERLIN, RICHARD A. *Birth and Fortune: The Impact of Numbers on Personal Welfare*. New York: Basic Books, 1980.

_____. "What Will 1984 Be Like? Socioeconomic Implications of Recent Twists in Age Structure." *Demography* 15 (November 1978): 397–432.

EDGERTON, ROBERT B. *Deviant Behavior and Cultural Theory*. Reading, Mass.: Addison-Wesley, 1973.

EDWARDS, CHRISTOPHER. *Crazy for God*. Englewood Cliffs, N.J.: Prentice-Hall, 1979.

EDWARDS, LYFORD P. *The Natural History of Revolution*. Chicago: University of Chicago Press, 1927.

EIDUSON, BERNICE T., and JANNETTE W. ALEXANDER. "The Role of Children in Alternative Family Styles." *Journal of Social Issues* 34, No. 2 (1978): 149–67.

EISELEY, LOREN. *The Immense Journey*. New York: Random House, 1957.

EISEN, JONATHAN, editor. *The Age of Rock: Sounds of the American Cultural Revolution*. New York: Random House, 1969.

EISENSTADT, S. N. *From Generation to Generation: Age Groups and Social Structure*. New York: Free Press, 1956.

_____. *The Political Systems of Empires: The Rise and Fall of the Historical Bureaucratic States*. New York: The Free Press, 1963.

EKEH, PETER. *Social Exchange Theory: The Two Traditions*. Cambridge, Mass.: Harvard University Press, 1974.

ELIADE, MIRCEA. *Cosmos and History*. Trans. Willard R. Trask. New York: Harper & Row, 1959.

ELLENBERGER, HENRI F. *The Discovery of the Unconscious*. New York: Basic Books, 1970.

ELLWOOD, ROBERT S., Jr. *The Eagle and the Rising Sun: Americans and the New Religions of Japan*. Philadelphia: Westminster Press, 1977.

ELSHTAIN, JEAN BETHKE. "Feminists Against the Family." *The Nation* 229 (November 17, 1979): 481, 497–500.

EMERSON, RICHARD. "Social Exchange Theory." In *Annual Review of Sociology*, Vol. 2, Alex Inkeles, James Coleman, and Neil Smelser, editors. Palo Alto, Calif.: Annual Reviews, 1974.

EMPEY, LAMAR T., and STEVEN G. LUBECK. "Conformity and Deviance in the 'Situation of Company'." *American Sociological Review* 33 (October 1968): 760–74.

ENDLEMAN, ROBERT, JOSEPH GUSFIELD, and MAX HEIRICH. "The Student Revolt: Afterthoughts and Prospects: Review Symposium of *The University Crisis Reader*" (Immanuel Wallerstein and Paul Starr, editors. Two Vols. New York: Random House, 1971). *Contemporary Sociology* 1 (January 1972): 3-18.

ERIKSON, ERIK. *Childhood and Society*. Rev. ed. New York: W. W. Norton, 1963.

_____. *Identity: Youth and Crisis*. New York: W. W. Norton, 1968.

_____."Reflections on the Dissent of Contemporary Youth." *Daedalus* 99 (Winter 1970): 154-76.

_____. *Young Man Luther: A Study in Psychoanalysis and History*. New York: W. W. Norton, 1958.

_____. Editor, *Youth: Change and Challenge*. New York: Basic Books, 1963.

ERIKSON, KAI. *Everything in Its Path: Destruction of Community in the Buffalo Creek Flood*. New York: Simon & Schuster, 1970.

_____. *Wayward Puritans: A Study in the Sociology of Deviance*. New York: John Wiley & Sons, 1966.

ERLANGER, HOWARD. "The Empirical Status of the Subculture of Violence Thesis." *Social Problems* 22 (December 1974): 280-92.

ERRINGTON, FREDERICK. "Indigenous Ideas of Order, Time, and Transition in a New Guinea Cargo Movement." *American Ethnologist* 1 (May 1974): 255-67.

ESSIEN-UDOM, E. U. *Black Nationalism*, Chicago: University of Chicago Press, 1962.

ESSLIN, MARTIN, *The Theatre of the Absurd*. Rev. ed. Woodstock, N. Y.: Overlook Press, 1973.

FAIRBANK, JOHN K. *The United States and China*, 4th edition. Cambridge, Mass: Harvard University Press, 1979.

FANON, FRANTZ. *Black Skin, White Masks*. New York: Charles Lamm Markmann, 1967.

_____. *The Wretched of the Earth*. New York: Grove Press, 1963.

FEATHERMAN, DAVID L., and ROBERT M. HAUSER. *Opportunity and Change*. New York: Academic Press, 1978.

FEINSOD, ETHAN. *Awake in a Nightmare*. New York: W. W. Norton, 1981.

FELTON, DAVID, editor. *Mindfuckers: A Source Book on the Rise of Acid Fascism in America*. San Francisco: Straight Arrow Press, 1972.

FENDRICH, JAMES M. "Activists Ten Years Later: A Test of Generational Unit Continuity." *Journal of Social Issues* 30, No. 3 (1974): 95-118.

FESHBACH, NORMA D., and SEYMOUR FESHBACK, editors. "The Changing Status of Children: Rights, Roles, and Responsibilities." *Journal of Social Issues*, Vol. 34, No. 2 (1978), whole issue.

FESHBACH, SEYMOUR, and NEAL MALAMUTH. "Sex and Aggression: Proving the

Link." *Psychology Today* 12 (November 1978): 111-17, 122.

FEUER, LEWIS. *The Conflict of Generations: The Character and Significance of Student Movements.* New York: Basic Books, 1969.

FINE, GARY A., and SHERRYL KLEINMAN. "Rethinking Subculture: An Interactionist Analysis." *American Journal of Sociology* 85 (July 1979): 1-20.

FINESTONE, HAROLD. "Cats, Kicks, and Color." *Social Problems* 5 (July 1957): 3-13.

FIRESTONE, SHULAMITH. *The Dialectic of Sex: The Case for Feminist Revolution.* New York: Bantam Books, 1971.

FIRTH, RAYMOND, editor. *Themes in Economic Anthropology,* New York: Tavistock, 1967.

FLACKS, RICHARD. *Youth and Social Change,* Chicago: Markham, 1971.

FOCAULT, MICHEL.*The History of Sexuality,* Vol. I: *An Introduction.* Trans. Robert Hurley. New York: Pantheon Books, 1977.

FOX, GEORGE. *Journal.* Rev. edition by John L. Nickalls. Cambridge: Cambridge University Press, 1952.

FOX, RICHARD G., editor. "Political Economy." *American Ethnologist,* Vol. 5 (August 1978), whole issue.

FRANK, JEROME D. "The Bewildering World of Psychotherapy." *Journal of Social Issues* 28, No. 4 (1972): 27-43.

FRAZER, JAMES G. *The Golden Bough.* New York: Macmillan. 1922.

FREE (see Hoffman, Abbie).

FREIRE, PAULO, *Education for Critical Consciousness.* New York: The Seabury Press, 1973.

_____. *Pedagogy of the Oppressed.* Trans. Myra B. Ramos. New York: Herder & Herder, 1970.

FREND, W. H. C. *Martyrdom and Persecution in the Early Church.* Oxford: Oxford University Press, 1965.

FREUD, SIGMUND. *The Basic Writings of Sigmund Freud.* A. A. Brill, editor. New York: Random House, 1938.

_____. *Civilization and Its Discontents.* Trans. James Strachey. New York: W. W. Norton & Co., 1962.

_____. "Wit and Its Relation to the Unconscious." In *The Basic Writings of Sigmund Freud.* Trans. and edited by A. A. Brill. New York: Modern Library, 1938.

FRIED, M. H. *The Evolution of Political Society.* New York: Random House, 1967.

FRIEDENBERG, EDGAR Z. *The Anti-American Generation.* Chicago: Aldine Publishing Co., 1971.

FROMM, ERICH, and MICHAEL MACCOBY. *Social Character in a Mexican Village: A Sociopsychoanalytic Study.* Englewood Cliffs. N. J.: Prentice-Hall, 1970.

FROUDE, JAMES ANTHONY. *Short Studies on Great Subjects*, Vol. 4, "Origen and Celsus," pp. 361-431. London: Longmans, Greene & Co., 1917.

FRYE, NORTHROP. *The Educated Imagination*. Bloomington: Indiana University Press, 1964.

FURST, PETER T. *Hallucinogens and Culture*. San Francisco: Chandler & Sharp, 1976.

GARDNER, HUGH. *The Children of Prosperity: Thirteen Modern American Communes*. New York: St. Martin's Press, 1978.

GEERTZ, CLIFFORD. "Deep Play: Notes on the Balinese Coockfight." *Daedalus* 101 (Winter 1972): 1-38.

_____. "Religion as a Cultural System." In *Anthropological Approaches to the Study of Religion*. Michael Banton, editor. London: Tavistock, 1966, pp. 1-46.

GELLNER, ERNEST. *Contemporary Thought and Politics*. London: Routledge & Kegan Paul, 1974.

GENNEP, ARNOLD VAN. *The Rites of Passage*. Chicago: University of Chicago Press, 1960.

GERGEN, KENNETH, MARTIN GREENBERG, and RICHARD WILLIS, editors. *Social Exchange: Advances in Theory and Research*. New York: Plenum, 1980.

GERLACH, LUTHER P., and VIRGINIA H. HINE. *Lifeway Leap: The Dynamics of Change in America*. Minneapolis: University of Minnesota Press, 1973.

GIBBS, M. A. *John Lilburne the Leveller: A Christian Democrat*. London: Lindsay Drummond Ltd., 1947.

GIDDENS, ANTHONY. *The Class Structure of Advanced Industrial Societies*. New York: Barnes & Noble, 1973.

GINSBERG, ALLEN. *Howl and Other Poems*. San Francisco: City Lights Pocket Bookshop, 1956.

GIRAUDOUX, JEAN. *The Madwoman of Chaillot*. New York: Random House, 1947.

GLAZER, NATHAN. *The Social Basis of American Communism*. New York: Harcourt Brace Jovanovich, 1961.

GLENN, NORVAL D. *Cohort Analysis*. Beverly Hills, Calif.: Sage, 1977.

GLOCK, CHARLES Y., editor. *Religion in Sociological Perspective: Essays in the Empirical Study of Religion*. Belmont, Calif.: Wadsworth, 1973.

GLOCK, CHARLES Y., and ROBERT N. BELLAH, editors. *The New Religious Consciousness*. Berkeley: University of California Press, 1976.

GLOVER, T. R. *The Conflict of Religions in the Early Roman Empire*. 12th edition. London: Methuen & Co., 1932.

GLUCKMAN, MAX. *Order and Rebellion in Tribal Africa*. New York: The Free Press, 1963.

_____. *Rituals of Rebellion in South-East Africa*. Manchester: Manchester University Press, 1954.

GLUECK, SHELDON, and ELEANOR GLUECK. *Family Environment and Delinquency*. Boston: Houghton Mifflin, 1962.

_____. *Predicting Delinquency and Crime*. Cambridge, Mass.: Harvard University Press, 1959.

_____. *Unraveling Juvenile Delinquency*. New York: The Commonwealth Fund, 1950.

GOFFMAN, ERVING. *Asylums: Essays on the Social Situation of Mental Patients and Other Inmates*. New York: Doubleday, 1961.

_____. *Stigma: Notes on the Management of Spoiled Identity*. Englewood Cliffs, N.J.: Prentice-Hall, 1963.

GOOCH, G. P. *English Democratic Ideas in the Seventeenth Century*. 2d edition. Cambridge: Cambridge University Press, 1927.

GOODE, ERICH. *The Marijuana Smokers*. New York: Basic Books, 1970.

GOODE, WILLIAM. *The Celebration of Heroes: Prestige as a Social Control System*. Berkeley: University of California Press, 1978.

GOODMAN, FELICITAS D., JEANNETTE H. HENNEY, and ESTHER PRESSEL. *Trance, Healing, and Hallucination: Three Field Studies in Religious Experience*. New York: John Wiley & Sons, 1974.

GOODMAN, PAUL. *Compulsory Mis-Education*. New York: Horizon Press, 1964.

_____. *Growing Up Absurd: Problems of Youth in the Organized Society*. New York: Random House, 1960.

GOODY, JACK. *Death, Property and the Ancestors: A Study of the Mortuary Customs of The Lodagoa of West Africa*. London: Tavistock Publications, 1962.

GOULDNER, ALVIN W. *The Coming Crisis of Western Sociology*. New York: Basic Books, 1970.

GOVE, WALTER R. *The Labelling of Deviance*. New York: John Wiley, 1975.

GRANT, GERALD, and DAVID RIESMAN. *The Perpetual Dream: Reform and Experiment in the American College*. Chicago: University of Chicago Press, 1978.

GREENFIELD, JEFF. "They Changed Rock, Which Changed the Culture, Which Changed Us." *New York Times Magazine*, February 16, 1975, pp. 12 ff.

GROSS, ALAN E., and CHRISTINE CROFTON. "What Is Good Is Beautiful." *Sociometry* 40 (March 1977): 85-90.

GUSFIELD, JOSEPH. *Utopian Myths and Movements in Modern Societies*. Morristown, N. J.: General Learning Press, 1973.

HALLIDAY, M. A. K. "Anti-Languages." *American Anthropologist* 78 (September 1976): 570-84.

HAMPSHIRE, STUART, editor. *Public and Private Morality*. New York: Cambridge University Press, 1978.

HARMON, JAMES E. "The New Music and Counter-Cultural Values." *Youth and Society* 4 (September 1972): 61-83.

HARNER, MICHAEL J., editor. *Hallucinogens and Shamanism*. London: Oxford University Press, 1973.

HAUSKNECHT, MURRAY, LIONEL ABEL, GEORGE P. ELLIOTT, CYNTHIA FUCHS EP-STEIN, IRVING HOWE, and DAVID SPITZ. "The Problem of Pornography." *Dissent* 25 (Spring 1978): 193-208.

HEATH, ANTHONY. *Rational Choice and Social Exchange: A Critique of Exchange Theory*. New York: Cambridge University Press, 1976.

HEGEL, G. W. F. *Science of Logic*. 2 Vols. Trans. W. H. Johnston and L. G. Struthers. New York: Macmillan, 1929.

HEIRICH, MAX. "Change of Heart: A Test of Some Widely Held Theories About Religious Conversion." *American Journal of Sociology* 83 (November 1977): 653-80.

_____."Cultural Breakthroughs." *American Behavioral Scientist* 19 (July-August 1976): 685-702.

HENDIN, HERBERT. *The Age of Sensation*. New York: W. W. Norton, 1975.

HENSLIN, JAMES M., editor. *Deviant Life-Styles*. New Brunswick, N. J.: Transaction Books, 1977.

HERNTON, CALVIN. "Blood of the Lamb: The Ordeal of James Baldwin." *Amistad 1*. New York: Vintage, 1970.

HESSE, HERMAN, *Steppenwolf*. Intro. by Joseph Mileck. Revision of Basil Creighton's trans. by J. Mileck and Horst Frenz. New York: Holt, Rinehart & Winston, 1963.

HEWITT, JOHN P. *Social Stratification and Deviant Behavior*. New York: Random House, 1970.

HILL, CHRISTOPHER, *Change and Continuity in Seventeenth-Century England*. London: Weidenfeld & Nicolson, 1974.

_____. *Milton and the English Revolution*. New York: The Viking Press, 1977.

_____. *The World Turned Upside Down: Radical Ideas During the English Revolution*. Harmondsworth, Middlesex, Eng.: Penguin Books, 1975.

HINCKLE, WARREN. "The Social History of the Hippies." *Ramparts* 5 (March 1967): 5-26.

HINDELANG, MICHAEL J. "Moral Evaluations of Illegal Behaviors." *Social Problems* 21, No. 3 (1974): 370-85.

HOFFMAN, ABBIE (Free). *Revolution for the Hell of It*. New York: The Dial Press, 1968.

HOLLOMAN, REGINA E. "Ritual Opening and Individual Transformation: Rites of Passage at Esalen." *American Anthropologist* 76 (June 1974): 265-80.

HOLT, JOHN. *Instead of Education*. New York: Dutton, 1976.

HOMANS, GEORGE C. "Bringing Men Back In." *American Sociological Review* 29 (December 1964): 808-18.

_____. *Social Behavior: Its Elementary Forms*. Rev. edition. New York: Harcourt Brace Jovanovich, 1974.

HORI, ICHIRO. *Folk Religion in Japan: Continuity and Change*. Edited by Joseph M. Kitagawa and Alan L. Miller. Chicago: University of Chicago Press, 1968.

HORNEY, KAREN. *The Neurotic Personality of Our Time*. New York: W. W. Norton, 1937.

HOROWITZ, IRVING, editor. *Science, Sin, and Scholarship: The Politics of Reverend Moon and the Unification Church*. Cambridge, Mass.: The MIT Press, 1978.

HOROWITZ, IRVING L., and MARTIN LIEBOWITZ. "Social Deviance and Political Marginality: Toward a Redefinition of the Relation Between Sociology and Politics." *Social Problems* 16 (Winter 1968): 280-96.

HOSTETLER, JOHN A. *Hutterite Society*. Baltimore: Johns Hopkins Press, 1974.

HOWE, FLORENCE. "Mississippi's Freedom Schools: The Politics of Education." *Harvard Educational Review* 35 (Spring 1965): 144-60.

HOWE, IRVING, editor. *The Idea of the Modern in Literature and the Arts*. New York: Horizon Press, 1967.

HOWELLS, WILLIAM W. *The Heathens: Primitive Man and His Religions*. Garden City, N. Y.: Doubleday, 1948.

HOYLAND, JOHN. "The Long March Through the Bingo Halls." *Oz*, Vol. 46, January-February 1973.

HUNT, MORTON. *Sexual Behavior in the 1970s*. New York: Playboy Press, 1975.

HUNTINGTON, SAMUEL P., editor. *Changing Patterns of Military Politics*. New York: The Free Press, 1962.

_____. *Political Order in Changing Societies*. New Haven: Yale University Press, 1968.

HURN, CHRISTOPHER J. *The Limits and Possibilities of Schooling*. Boston: Allyn & Bacon, 1978.

HUXLEY, ALDOUS L., *Brave New World*. New York: Harper Bros.; 1946.

_____. *Doors of Perception and Heaven and Hell*. New York: Harper & Row, 1954.

ILLICH, IVAN. *Deschooling Society*. New York: Harper & Row, 1971.

INGLEHART, RONALD. *The Silent Revolution: Changing Values and Political Styles Among Western Publics*. Princeton, N. J.: Princeton University Press, 1977.

INKELES, ALEX, and DAVID H. SMITH. *Becoming Modern: Individual Change in Six Developing Countries.* Cambridge: Harvard University Press, 1974.

IRWIN, JOHN, and DONALD R. CRESSEY. "Thieves, Convicts, and the Inmate Culture." *Social Problems* 10 (Fall 1962): 142-55.

JENCKS, CHRISTOPHER. *Inequality: A Reassessment of the Effect of Family and Schooling in America.* New York: Basic Books, 1972.

JENNINGS, H. S., et al. *Scientific Aspects of the Race Problem.* New York: Longmans, Green, 1941.

JESSOR, SHIRLEY L., and RICHARD JESSOR. "Maternal Ideology and Adolescent Nonconformity." *Developmental Psychology* 10 (May 1973): 246-54.

JOHNSON, BRUCE D. *Marihuana Users and Drug Subcultures.* New York: John Wiley & Sons, 1973.

JOHNSON, CHARLES S. *Patterns of Negro Segregation.* New York: Harper & Row, 1943.

JOHNSON, FRANK, editor. *Alienation: Concept, Term, and Meanings.* New York: Seminar Press, 1973.

JOHNSON, RICHARD E. *Juvenile Delinquency and Its Origins: An Integrated Theoretical Approach.* Cambridge: Cambridge University Press, 1979.

JONAS, HANS. *The Gnostic Religion: The Message of the Alien God and the Beginnings of Christianity.* Boston: Beacon Press, 1958.

JONES, LEROI (see also Amiri Baraka). *Black Magic: Collected Poetry, 1961-1967.* Indianapolis: Bobbs-Merrill, 1969.

JUDAH, J. STILLSON. *Hare Krishna and the Counterculture.* New York: John Wiley & Sons, 1974.

JURICH, A. P., and J. A. JURICH. "The Effect of Cognitive Moral Development upon the Selection of Premarital Sexual Standards." *Journal of Marriage and the Family* 36 (1974): 736-41.

KAGAN, JEROME. "The Child in the Family." *Daedalus* 106 (Spring 1977): 33-56.

KAHN, HERMAN, WILLIAM BROWN, and LEON MARTEL. *The Next 200 Years: A Scenario for America and the World.* New York: William Morrow & Co., 1976.

KANDEL, DENISE B. *Longitudinal Research on Drug Use: Empirical Findings and Methodological Issues.* New York: Wiley, 1978.

KANDEL, DENISE B., and GERALD S. LESSER. *Youth in Two Worlds.* San Francisco: Jossey-Bass, 1972.

KANTER, ROSABETH MOSS. *Commitment and Community: Communes and Utopias in Sociological Perspective.* Cambridge, Mass.: Harvard University Press, 1972.

———. *Men and Women of the Corporation.* New York: Basic Books, 1977.

KANTER, ROSABETH MOSS, D. JAFFE, and D. K. WEISBERG. "Coupling, Parenting and the Presence of Others: Intimate Relationships in Communal Households." *The Family Coordinator* 24 (1975): 433-52.

KAPLAN, HOWARD B. "Self-Attitudes and Deviant Response." *Social Forces* 54 (June 1976): 788-801.

———. "Sequelae of Self-Derogation: Predicting from a General Theory of Deviant Behavior." *Youth and Society* 7 (December 1975): 171-197.

KAPLEAU, PHILIP, editor and Trans. *Three Pillars of Zen: Teaching, Practice, and Enlightenment.* New York: Harper & Row, 1969.

KATZ, MICHAEL. *Class, Bureaucracy, and Schools.* New York: Praeger, 1971.

KAVOLIS, VYTAUTAS. "Post-Modern Man: Psychocultural Responses to Social Trends." *Social Problems* 17, No. 4 (1970a):435-48.

———. "The Social Psychology of Avant-Garde Cultures." *Studies in the Twentieth Century* 6 (Fall 1970b):13-34.

KEEN, SAM. "A Voyeur in Plato's Cove." *Psychology Today* 13 (February 1980): 85-101.

KEIL, CHARLES. *Urban Blues.* Chicago: University of Chicago Press, 1966.

KELLEY, DEAN M. *Why Conservative Churches Are Growing.* New York: Harper & Row, 1972.

KELLEY, KEN. "Blissed Out with the Perfect Master." *Ramparts* 12 (July 1973): 32-35, 50-57.

KENISTON, KENNETH. *The Uncommitted: Alienated Youth in American Society.* New York: Harcourt Brace & World, 1965.

———. *Young Radicals.* New York: Harcourt Brace & World, 1968.

———. *Youth and Dissent: The Rise of a New Opposition.* New York: Harcourt Brace Jovanovich, 1971.

KEROUAC, JACK. *On the Road.* New York: The Viking Press, 1957.

KESEY, KEN. *One Flew over the Cuckoo's Nest.* New York: Viking Press, 1962.

KILDUFF, MARSHALL, and RON JAVERS.. *The Suicide Cult: The Inside Story of the Peoples Temple Sect and the Massacre in Guyana.* New York: Bantam Books, 1978.

KLAPP, ORRIN E. *Collective Search for Identity.* New York: Holt, Rinehart & Winston, 1969.

KLINEBERG, OTTO, MARISA ZAVALLONI, CHRISTIANE LOUIS-GUÉRIN, and JEANNE BENBRIKA. *Students, Values, and Policies: A Crosscultural Comparison.* New York: The Free Press, 1979.

KLUCKHOHN, CLYDE. *Culture and Behavior.* Edited by Richard Kluckhohn. New York: The Free Press, 1962.

KOBRIN, SOLOMON. "The Conflict of Values in Delinquency Areas." *American Sociological Review* 16 (October 1951): 653-61.

KOCH, SIGMUND. "The Image of Man in Encounter Group Theory." *Journal of Humanistic Psychology* 11 (Fall 1971): 109-28.

KOMAROVSKY, MIRRA. *Dilemmas of Masculinity: A Study of College Youth.* New York: Norton, 1976.

KONVITZ, MILTON. *Religious Liberty and Conscience.* New York: Viking Press, 1968.

KOPKIND, ANDREW. "Mystic Politics: Refugees from the New Left." *Ramparts* 12 (July 1973): 26-27, 47-50.

KRAMER, HILTON. *The Age of the Avant-Garde: An Art Chronicle of 1956-1972.* New York: Farrar, Straus & Giroux, 1973.

KRAUSE, CHARLES A., with LAWRENCE M. STERN, RICHARD HARWOOD, and FRANK JOHNSTON. *Guyana Massacre: The Eyewitness Account.* New York: Berkeley, 1978.

KRAUSS, IRVING. *Stratification, Class and Conflict.* New York: The Free Press, 1976.

KVARACEUS, WILLIAM, and WALTER B. MILLER. *Delinquent Behavior.* Washington: National Education Association of the United States, 1959.

LABARRE, WESTON. *The Ghost Dance: Origins of Religion.* New York: Dell, 1972.

————. "Materials for a History of Studies of Crisis Cults: a Bibliographic Essay." *Current Anthropology* 12 (February 1971): 3-44.

LABOV, WILLIAM. *Language in the Inner City: Studies in the Black English Vernacular.* Philadelphia: University of Pennsylvania Press, 1972.

LADD, E. C., Jr., and S. M. LIPSET. *The Divided Academy: Professors and Politics.* New York: McGraw-Hill, 1975.

LADURIE, EMMANUEL LEROY. *Carnival in Romans.* Trans. Mary Feeney. New York: George Braziller, 1979.

LA FONTAINE, J. S., editor. *The Interpretation of Ritual: Essays in Honour of A. I. Richards.* London: Tavistock Publications, 1972.

LAING, R. D. *The Facts of Life: An Essay in Feelings, Facts, and Fantasy.* New York: Pantheon Books, 1976.

————. *The Politics of Experience.* New York: Random House, 1967.

LANGER, SUZANNE K. *Philosophy in a New Key: A Study in the Symbolism of Reason, Rite, and Art.* 3d edition. Cambridge, Mass.: Harvard University Press, 1972.

LANGMAN, LAUREN, RICHARD L. BLOCK, and INEKE CUNNINGHAM, "Countercultural Values at a Catholic University." *Social Problems* 20 (Spring 1973): 521-32.

LANTERNARI, VITTORIO. "Ethnocentrism and Ideology." *Ethnic and Racial Studies* 3 (January 1980): 52-66.

————. *The Religions of the Oppressed: A Study of Modern Messianic Cults.*

Trans. Lisa Sergio. New York: Alfred A. Knopf, 1963.

LAPPE, FRANCES MOORE, and JOSEPH COLLINS. *Food First: Beyond the Myth of Scarcity*. Boston: Houghton Mifflin, 1977.

LAQUEUR, WALTER. *Terrorism*. Boston: Little, Brown & Co., 1977.

_____. editor. *The Terrorism Reader: A Historical Anthology*. Philadelphia: Temple University Press, 1978.

LASCH, CHRISTOPHER. *The Agony of the American Left*. New York: Alfred A. Knopf, 1969.

_____. *The Culture of Narcissism: American Life in an Age of Diminishing Expectations*. New York: W. W. Norton, 1978.

_____. *Haven in a Heartless World*. New York: Basic Books, 1979.

LASSWELL, HAROLD D. *World Politics and Personal Insecurity*. New York: The Free Press, 1965.

LAVEY, ANTON S. *The Satanic Bible*. New York: Avon Books, 1969.

LAWRENCE, PETER. *Road Belong Cargo*. Manchester: Manchester University Press, 1964.

LAYMAN, EMMA McCLOY. *Buddhism in America*. Chicago: Nelson-Hall, 1976.

LEACH, E. R., editor. *Dialectic in Practical Religion*. Cambridge: Cambridge University Press, 1968.

_____. *A Runaway World*. London: Oxford University Press, 1968.

LEARY, TIMOTHY. *High Priest*. New York: New American Library, 1968.

LEBRA, TAKIE SUGIYAMA. *Japanese Patterns of Behavior*. Honolulu: The University Press of Hawaii, 1976.

LECLAIR, E. E., and H. K. SCHNEIDER, editors. *Economic Anthropology: Readings in Theory and Analysis*. New York: Holt, Rinehart & Winston, 1968.

LEFKOWITZ, BERNARD. *Breaktime: Living Without Work in a Nine to Five World*. New York: Hawthorn Books, 1979.

LEIGHTON, DOROTHEA, *et al. The Character of Danger*. New York: Basic Books, 1963.

LENSKI, GERHARD E. "Status Crystallization: A Non-Vertical Dimension of Social Status." *American Sociological Review* 19 (August 1954): 405-12.

_____ "Marxist Experiments in Destratification: An Appraisal." *Social Forces* 57 (December 1978): 364-83.

LERMAN, PAUL. "Argot, Symbolic Deviance and Subcultural Delinquency." *American Sociological Review* 32 (April 1967a): 209-24.

_____. "Gangs, Networks, and Subcultural Delinquency." *The American Journal of Sociology* 73 (July 1967b): 63-72.

LERNER, DANIEL. *The Passing of Traditional Society*. New York: Free Press, 1958.

LERNER, MICHAEL. "Anarchism and the American Counter-Culture." *Government and Opposition* 5 (Autumn 1970): 430-55.

LERNER, ROBERT E. *The Heresy of the Free Spirit in the Later Middle Ages.* Berkeley: University of California Press, 1972.

LESSER, ALEXANDER. "Cultural Significance of the Ghost Dance." *American Anthropologist* 35 (January -March 1933): 108-15.

LEVI-STRAUSS, CLAUDE. *Structural Anthropology.* New York: Doubleday, 1967.

_____. *Tropical Sadness.* New York: Antheneum, 1974.

LEVINE, R. A., and DONALD T. CAMPBELL. *Ethnocentrism: Theories of Conflict, Ethnic Attitudes and Group Behavior.* New York: Wiley, 1972.

LEVITAS, RUTH. "Sociology and Utopia." *Sociology* 13 (January 1979): 19-33.

LEWELLEN, TED C. "Deviant Religion and Cultural Evolution: The Aymara Case." *Journal for the Scientific Study of Religion* 18, No. 3 (1979): 243-51.

LEWIS, GEORGE H. "Capitalism, Contra-Culture, and the Head Shop: Explorations in Structural Change." *Youth and Society* 4 (September 1972): 85-102.

_____. "The Structure of Support in Social Movements: An Analysis of Organization and Resource Mobilization in the Youth Contra-Culture." *British Journal of Sociology* 27 (June 1976): 184-96.

LEWIS, OSCAR. *The Children of Sanchez.* New York: Random House, 1961.

_____. "The Culture of Poverty." *Scientific American* 215 (October 1966a): 19-25.

_____. *Five Families: Mexican Case Studies in the Culture of Poverty.* New York: Basic Books, 1959.

_____. *La Vida: A Puerto Rican Family in the Culture of Poverty.* New York: Random House, 1966b.

LEWY, GUENTER. *Religion and Revolution.* New York: Oxford University Press, 1974.

LICHTER, S. R. "Young Rebels: A Psychopolitical Study of West German Male Radical Students." *Comparative Politics* 12 (October 1979): 27-48.

LIEBERMAN, MORTON A., et al. *Encounter Groups: First Facts.* New York: Macmillan, 1973.

LIEBERT, ROBERT. *Radical and Militant Youth: A Psychoanalytic Inquiry.* New York: Praeger, 1971.

LIEBMAN, ARTHUR. *Jews and the Left.* New York: Wiley, 1979.

LIEBOW, ELLIOT. *Tally's Corner, A Study of Negro Streetcorner Men.* Boston: Little, Brown, 1967.

LIETZMANN, HANS. *A History of the Early Church.* 2 Vols. Trans. Bertram L. Wolfe. Cleveland: World, 1961.

LIFTON, ROBERT JAY. *Thought Reform and the Psychology of Totalism: A Study of "Brainwashing" in China.* New York: Norton, 1961.

LINCOLN, C. ERIC. *The Black Muslims in America.* Boston: Beacon Press, 1961.

LINTON, RALPH. *The Cultural Background of Personality.* New York: Appleton-Century, 1945.

_____. *The Study of Man: An Introduction.* New York: Appleton-Century, 1936.

LIPSET, SEYMOUR MARTIN. *Rebellion in the University.* Boston: Little, Brown, 1971.

_____. editor, *The Third Century: America as a Post-Industrial Society.* Stanford, Calif.: Hoover Institution Press, Stanford University, 1979.

LIPSKY, MICHAELS. "Protest as a Political Resource." *American Political Science Review* 62 (December 1968): 1144-58.

LOFLAND, JOHN. *Doomsday Cult: A Study of Conversion, Proselytization, and Maintenance of Faith.* Enlarged edition. New York: Irvington Publishers, 1977.

LOFLAND, JOHN, and RODNEY STARK. "Becoming a World-Saver: A Theory of Conversion to a Deviant Perspective." *American Sociological Review* 30 (December 1965): 862-75.

LORENZ, KONRAD. *On Aggression.* New York: Harcourt, Brace, & World, 1966.

LYMAN, STANFORD M. *The Seven Deadly Sins: Society and Evil.* New York: St. Martin's Press, 1978.

LYMAN, STANFORD M., and MARVIN B. SCOTT. *A Sociology of the Absurd.* New York: Appleton-Century-Crofts, 1970.

LYNCH, FREDERICK R. " 'Occult Establishment' or 'Deviant Religion'? The Rise and Fall of a Modern Church of Magic." *Journal for the Scientific Study of Religion* 18 (1979): 281-98.

LYNESS, JUDITH L., MILTON E. LIPETZ, and KEITH E. DAVIS. "Living Together: An Alternative to Marriage." *Journal of Marriage and Family* 34 (May 1972): 305-11.

MACCOBY, ELEANOR. "The Choice of Variables in the Study of Socialization." *Sociometry* 24 (December 1961): 357-71.

MACKLIN, ELEANOR D. "Heterosexual Cohabitation Among Unmarried College Students." *The Family Coordinator* 21 (October 1972): 463-72.

MACRAE, DONALD G. *Weber.* Glasgow: Fontana-Collins, 1974.

MAILER, NORMAN. *The Armies of the Night.* New York: The New American Library, 1968.

_____. *Genius and Lust: A Journey Through the Major Writings of Henry Miller.* New York: Grove Press, 1976.

MAIR, LUCY P. "Independent Religious Movements in Three Continents." *Comparative Studies in Society and History* 1 (January 1959): 113-36.

MALAMUTH, NEAL, SEYMOUR FESHBACH, and YORAM JAFFEE. "Sexual Arousal and Aggression: Recent Experiments and Theoretical Issues." *Journal of Social Issues* 33 (Spring 1977): 110-33.

MALCOLM X. with ALEX HALEY. *The Autobiography of Malcolm X.* New York: Grove Press, 1966.

MANNHEIM, KARL. *Essays in the Sociology of Knowledge.* New York: Oxford University Press, 1952.

———. *Ideology and Utopia.* Trans. Louis Wirth and Edward Shils. New York: Harcourt, Brace & World, 1936.

MANNING, FRANK E. "Celebrating Cricket: The Symbolic Construction of Caribbean Politics." *American Ethnologist* 8 (August, 1981): 616-632.

MANUEL, FRANK E., and FRITZIE P. MANUEL. *Utopian Thought in the Western World.* Cambridge: Harvard University Press, 1979.

MARCUSE, HERBERT. *Eros and Civilization: A Philosophical Inquiry into Freud.* 2d edition. Boston: Beacon Press, 1966.

———. *One Dimensional Man: Studies in the Ideology of Advanced Industrial Societies.* Boston: Beacon Press, 1964.

———. *Reason and Revolution: Hegel and the Rise of Social Theory.* 2d edition. New York: The Humanities Press, 1954.

MARITAIN, JACQUES. *True Humanism.* Trans. M. R. Adamson. London: Geoffrey Bles, Centenary Press, 1938.

MARTIN, DAVID A. *The Dilemmas of Contemporary Religion.* New York: St. Martin's Press, 1978.

MARTIN, JAMES J. *Men Against the State: The Expositors of Individualist Anarchism in America: 1827-1908.* DeKalb, Ill.: Adrian Allen Associates, 1953.

MARTY, MARTIN. "The Occult Establishment." *Social Research* 27 (Summer 1970): 212-30.

———. *A Nation of Behavers.* Chicago: University of Chicago Press, 1976.

MARX, JOHN H., and JOSEPH P. SELDIN. "Crossroads of Crisis: I. Therapeutic Sources and Quasi-Therapeutic Functions of Post-Industrial Communes." *Journal of Health and Social Behavior* 14 (March 1973): 39-50.

———. "Crossroads of Crisis: II. Organizational and Ideological Models for Contemporary Quasi-Therapeutic Communes." *Journal of Health and Social Behavior* 14 (June 1973): 183-91.

MARX, KARL. *Capital: A Critique of Political Economy.* Trans. Samuel Moore and Edward Aveling from 3d German edition. New York: The Modern Library, 1906.

_____. *Early Writings*. Trans. and edited by T. B. Bottomore. New York: McGraw-Hill, 1964.

_____. *The Eighteenth Brumaire of Louis Napoleon*. New York: International Publishers, 1963.

_____. *Selected Writings in Sociology and Social Philosophy*. Edited by T. B. Bottomore and Maximilien Rubel. New York: McGraw-Hill, 1964.

MARX, LEO. "The Uncivil Response of American Writers to Civil Religion in America." In Russell E. Richey and Donald G. Jones, editors, *American Civil Religion*. New York: Harper & Row, 1974, pp. 222-51.

MATZA, DAVID. *Becoming Deviant*. Englewood Cliffs, N. J.: Prentice-Hall, 1969.

_____. "Subterranean Traditions of Youth." *Annals of the American Academy of Political and Social Science* 338 (November 1961): 102-18.

MATZA, DAVID, and GRESHAM SYKES. "Juvenile Delinquency and Subterranean Values." *American Sociological Review* 26 (October 1961): 712-19.

MAURER, DAVID W. "The Argot of the Dice Gambler." *Annals of the American Academy of Political and Social Science* 269 (May 1950): 114-33.

MAUSS, ARMAND L., issue editor. "The New Left and the Old." *Journal of Social Issues*, Vol. 27, No. 1 (1971), whole issue.

MAUSS, MARCEL. *The Gift*. Trans. Ian Cunnison. London: Cohen & West, 1954.

McCREADY, WILLIAM C., with ANDREW M. GREELEY. *The Ultimate Values of the American Population*. Beverly Hills, Calif.: Sage, 1976.

McDONALD, MARCI. "Le Nouveau Nazism: A Rightist Fashion from France." *Saturday Review*, February 2, 1980, pp. 13-16.

McEWEN, CRAIG A. *Designing Correctional Organizations for Youths: Dilemmas of Subcultural Development*. Cambridge, Mass.: Ballinger, 1978.

McFARLAND, H. NEILL. *The Rush Hour of the Gods: A Study of New Religious Movements in Japan*. New York: The Macmillan Company, 1967.

MEAD, MARGARET. *Culture and Commitment*. Rev. edition. New York: Doubleday, 1978.

MEDDIN, JAY. "Human Nature and the Dialectics of Immanent Sociocultural Change." *Social Forces* 55 (December 1976): 382-93.

MEIER, AUGUST, ELLIOT RUDWICK and FRANCES BRODERICK, editors. *Black Protest Thought in the Twentieth Century*. 2d edition. Indianapolis: Bobbs-Merrill, 1971.

MELTON, J. GORDON. *The Encyclopedia of American Religions*. 2 Vols. Wilmington, N. C.: McGrath Publishing Co., 1978.

MELVILLE, KEITH. *Communes in the Counter Culture: Origins, Theories, Styles of Life*. New York: William Morrow, 1972.

MERTON, ROBERT K. "Insiders and Outsiders: A Chapter in the Sociology of Knowledge." *American Journal of Sociology* 78 (July 1972): 9-47.

454　反文化

_____. *Social Theory and Social Structure*. 3d edition. New York: The Free Press, 1968.

_____. *Sociological Ambivalence and Other Essays*. New York: The Free Press, 1976.

MERTON, ROBERT K., LEONARD BROOM, and LEONARD COTTRELL, Jr., editors. *Sociology Today*. New York: Basic Books, 1959.

MERTON, ROBERT K., and ROBERT A. NISBET, editors. *Contemporary Social Problems*. 2d edition. New York: Harcourt, Brace & World, 1966.

MEYER, EDUARD. *Ursprung und Anfänge des Christentums*. 3 Vols. Darmstadt: Wissenschaftliche Buchgesellschaft, 1962.

MICHAELS, LEONARD, and CHRISTOPHER RICKS, editors. *The State of the Language*. Berkeley: University of California Press, 1980. (Published in association with the English-Speaking Union).

MIDDLETON, JOHN. *Lugbara Religion: Ritual and Authority Among an East African People*. London: Oxford University Press, 1960.

MIDDLETON, THOMAS H. "Light Refractions: Me, Myself, and I." *Saturday Review*, October 28, 1978, p. 56.

MILES, MICHAEL W. *The Radical Probe*. New York: Antheneum, 1971.

MILLER, HENRY. *Tropic of Cancer.*New York: Grove Press, 1961.

MILLER, RICHARD. *Bohemia: The Protoculture Then and Now*. Chicago: Nelson-Hall, 1977.

MILLER, WALTER B. "Lower Class Culture as a Generation Milieu of Gang Delinquency." *Journal of Social Issues* 14 (1958): 5-19.

_____. "White Gangs." *TransAction* 6 (September 1969): 11-26.

MILLS, C. WRIGHT. *White Collar: The American Middle Classes*. New York: Oxford University Press, 1951.

MILLS, RICHARD. *Young Outsiders: A Study of Alternative Communities*. London: Routledge & Kegan Paul, 1973.

MINOGUE, KENNETH. "The Doctrine of Violence" (a review essay). *Times Literary Supplement*, November 7, 1975, pp. 1318-20.

MITCHELL, WILLIAM E. "The Baby Disturbers: Sexual Behavior in a Childhood Contraculture." *Psychiatry* 29 (November 1966): 367-77.

MOODY, EDWARD J. "Magical Therapy: An Anthropological Investigation of Contemporary Satanism." In *Religious Movements in Contemporary America*, Irving I. Zaretsky and Mark P. Leone, editors. Princeton N.J.: Princeton University Press, 1974: 355-82.

MOONEY, JAMES. *The Ghost-Dance Religion and the Sioux Outbreak of 1890*. Chicago: University of Chicago Press, 1965.

MOORE, JOAN W., with ROBERT GARCIA, CARLOS GARCIA, LUIS CERDA, and FRANK VALENCIA. *Homeboys: Gangs, Drugs, and Prison in the Barrios of Los Angeles*. Philadelphia: Temple University Press, 1978.

MORIOKA, KIYOMI. *Religion in Changing Japanese Society.* Tokyo: University of Tokyo Press, 1975.

MORIOKA, KIYOMI, and WILLIAM H. NEWELL. *The Sociology of Japanese Religion.* International Studies in Sociology and Social Anthropology 6. Leiden: E. J. Brill, 1968.

MORTON, A. L. *The World of the Ranters: Religious Radicalism in the English Revolution.* London: Lawrence & Wishart, 1970.

MÜHLMANN, WILHELM E., et al. *Chiliasmus and Nativismus: Studien zur Psychologie, Soziologie und historishchen Kasuistik der Umsturzbewegungen.* Berlin: Dietrich Reimer Verlag, 1961.

MUMFORD, LEWIS. *The Story of Utopias.* New York: Boni & Liveright, 1922.

MUNCY, RAYMOND LEE. *Sex and Marriage in Utopian Communities: Nineteenth Century America.* Baltimore: Penguin Books, 1974.

MURDOCK, GEORGE P. *Social Structure.* New York: Macmillan, 1949.

MURDOCK, GRAHAM, and GUY PHELPS, "Youth Culture and the School Revisited." *British Journal of Sociology* 23 (December 1972): 478-82.

MURRAY, GILBERT. *Five Stages of Greek Religion.* 2d edition. New York: Columbia University Press, 1925.

MURVAR, VATRO. "Messianism in Russia: Religious and Revolutionary." *Journal for the Scientific Study of Religion* 10 (Winter 1971): 277-338.

MUSGROVE, FRANK. *Ecstasy and Holiness: Counter Culture and the Open Society.* Bloomington: Indiana Univ. Press, 1974.

NAKANE, CHIE. *Japanese Society.* Berkeley: University of California Press, 1972.

NATIONAL CHILDREN'S BUREAU. *Britain's Sixteen-Year-Olds.* London: National Children's Bureau, 1976.

NEEDHAM, RODNEY, editor. *Right and Left: Essays on Dual Symbolic Classification.* Chicago: University of Chicago Press, 1973.

NEEDLEMAN, JACOB. *The New Religions.* Garden City, N. Y.: Doubleday, 1970.

NEEDLEMAN, JACOB, and GEORGE BAKER, editors. *Understanding the New Religions.* New York: Seabury Press, 1978.

NIETZSCHE, FRIEDRICH. *Twilight of the Idols.* Trans. with an introduction and commentary by R. J. Hollingdale. Harmondsworth, Middlesex, England: Penguin Books, 1968a.

_____. *The Anti-Christ.* Trans. with an introduction and commentary by R. J. Hollingdale. Harmondsworth, Middlesex, England: Penguin Books, 1968b.

_____. *The Will to Power.* Trans. by Walter Kaufmann and R. J. Hollingdale. New York: Random House, 1967.

NISBET, ROBERT. *The Sociology of Emile Durkeim.* New York: Oxford University Press, 1974.

NORBECK, EDWARD. "African Rituals of Conflict." *American Anthropologist* 65 (December 1963): 1254-79.

NORDHOFF, CHARLES. *Communistic Societies of the United States.* New York: Schocken Books, 1965.

OFFER, DANIEL, RICHARD C. MAROHN, and ERIC OSTROV. *The Psychological World of the Juvenile Delinquent.* New York: Basic Books, 1979.

OKEN, DONALD. "Alienation and Identity: Some Comments on Adolescence, the Counterculture, and Contemporary Adaptations." In *Alienation: Concept, Term, and Meanings.* Frank Johnson, editor. New York: Seminar Press, 1973: 83-110.

OLSEN, MARVIN E. "Perceived Legitimacy of Social Protest Actions." *Social Problems* 16 (Winter 1968): 297-310.

ORTEGA Y GASSETT, JOSÉ. *Man and Crisis.* New York: W. W. Norton, 1958.

ORTIZ, SUTTI. "The Structure of Decision-Making Among Indians in Colombia." In *Themes in Economic Anthropology*, Raymond Firth, editor. London: Tavistock, 1967, pp. 191-228.

ORWELL, GEORGE. *Nineteen Eighty-four.* New York: Harcourt, Brace, 1949.

O'TOOLE, ROGER. *The Precipitous Path: Studies in Political Sects.* Toronto: Peter Martin Associates, 1977.

PAGELS, ELAINE. *The Gnostic Gospels.* New York: Random House, 1979.

PARKER, SEYMOUR, and KLEINER, ROBERT J. "The Culture of Poverty: An Adjustive Dimension." *American Anthropologist* 72 (June 1970): 516-27.

PARSONS, ELSIE C., and R. L. BEALS. "The Sacred Clowns of the Pueblo and Mayo-Yaqui Indians." *American Anthropologist* 36 (1934): 491-516.

PARSONS, TALCOTT. *Essays in Sociological Theory.* New York: The Free Press, 1954.

_____. *The Social System.* New York: The Free Press, 1951.

PARSONS, TALCOTT, and EDWARD A. SHILS, editors. *Toward a General Theory of Action.* New York: Harper Torchbooks, 1962.

PATRICK, TED, and TOM DULACK. *Let Our Children Go!* New York: E. P. Dutton, 1976.

PARTRIDGE, WILLIAM L. *The Hippie Ghetto: The Natural History of a Subculture.* New York: Holt, Rinehart & Winston, 1973.

PAUL, ROBERT A. "Dumje: Paradox and Resolution in Sherpa Ritual Symbolism." *American Ethnologist* 6 (May 1979): 274-304.

PEARSON, GEOFFREY. *The Deviant Imagination: Psychiatry, Social Work and Social Change.* New York: Holmes & Meier, 1975.

PECKHAM, MORSE. *Man's Rage for Chaos: Biology, Behavior, and the Arts.* Philadelphia: Chilton, 1965.

PERLIN, TERRY MICHAEL, editor. *Contemporary Anarchism.* New Brunswick, N. J.: Transaction Books, 1979.

PERRUCCI, ROBERT. *Circle of Madness: On Being Insane and Institutionalized in America.* Englewood Cliffs, N.J.: Prentice-Hall, 1974.

PETEGORSKY, DAVID. *Left-Wing Democracy in the English Civil War: A Study of the Social Philosophy of Gerrard Winstanley.* London: Victor Gollancz, 1940.

PFEFFER, LEO. *God, Caesar, and the Constitution: The Court as Referee of Church-State Confrontation.* Boston: Beacon Press, 1974.

PICON, GAETAN. *Surrealists and Surrealism 1919-1939.* Trans. James Emmons. New York: Skira/Rizzoli International Publications, 1977.

PIETROPINTO, ANTHONY, and JACQUELINE SIMENAUER. *Beyond the Male Myth.* New York: Times Books, 1977.

PILARZYK, THOMAS, "The Origin, Development, and Decline of a Youth Culture Religion: An Application of Sectarianization Theory." *Review of Religious Research* 20 (Fall 1978): 23-43.

PLATO. *The Dialogues of Plato.* 2 Vols. Trans. B. Jowett. New York: Random House, 1937.

PRUESS, JAMES B. "Merit and Misconduct: Venerating the Bo Tree at a Buddhist Shrine." *American Ethnologist* 6 (May 1979): 261-73.

PUNCH, MAURICE. "The Sociology of the Anti-Institution." *British Journal of Sociology* 25 (September 1974): 312-25.

PYE, LUCIAN W. *Politics, Personality, and Nation-Building.* New Haven: Yale University Press, 1962.

RADIN, PAUL. *The Trickster: A Study in American Indian Mythology.* New York: Philosophic Library, 1956.

RAINE, KATHLEEN. *Blake and Tradition.* 2 Vols. London: Routledge & Kegan Paul, 1969.

———. *Yeats, the Tarot and the Golden Dawn.* Dublin: The Dolmen Press, 1972.

RAINWATER, LEE. "The Problem of Lower Class Culture." *Journal of Social Issues* 26 (Spring 1970): 133-48.

RAMPARTS Editors. *Conversations with the New Reality: Readings in the Cultural Revolution.* San Francisco: Canfield Press, 1971.

RAPPAPORT, ROY A. "Nature, Culture, and Ecological Anthropology." In *Man, Culture, and Society,* Rev. edition, Harry Shapiro, editor. New York: Oxford University Press, 1971, pp. 237-68.

RAWLS, JOHN. *A Theory of Justice.* Cambridge: Harvard University Press, 1971.

REDL, FRITZ, and DAVID WINEMAN. *Children Who Hate.* New York: The Free Press, 1951.

REICH, CHARLES A. *The Greening of America.* New York: Random House, 1970.

———. *The Sorcerer of Bolinas Reef.* New York: Random House, 1976.

REICH, WILHELM. *The Sexual Revolution.* 3d edition. New York: Orgone Institute Press, 1945.

REINHOLD, ROBERT, TONY SCHWARTZ, and ROBIN HERMAN. "After Woodstock: The Impact of the Counterculture." *New York Times*, August 12, 1979, pp. 1, 38; August 13, 1979, p. A-15; and August 15, 1979, p. A-20.

REISCHAUER, EDWIN O., *The Japanese*. Cambridge, Mass.: The Belknap Press, 1977.

REISS, IRA L. *The Social Context of Premarital Sexual Permissiveness*. New York: Holt, 1967.

RESTON, JAMES, Jr. *Our Father Who Art in Hell*. New York: New York Times Books, 1981.

RICHARDSON, JAMES T., editor. *Conversion Careers: In and Out of the New Religion*. Beverly Hills, Calif.: Sage Publications, 1978.

_____."People's Temple and Jonestown: A Corrective Comparison and Critique." *Journal for the Scientific Study of Religion* 19 (September 1980): 239-55.

RICHARDSON, JAMES T., MARY W. HARDER, and ROBERT B. SIMMONDS. "Thought Reform and the Jesus Movement." *Youth and Society* 4 (December 1972): 185-202.

RICHTER, HANS. *Dada: Art and Anti-Art*. Trans. David Britt. New York: Harry N. Abrams, 1965.

RIEFF, PHILIP. *Freud: The Mind of the Moralist*. New York: The Viking Press, 1959.

RIESMAN, DAVID, with NATHAN GLAZER and REUEL DENNEY. *The Lonely Crowd*. Rev. edition. New Haven, Conn.: Yale University Press, 1961.

RIGBY, ANDREW. *Alternative Realities*. London: Routledge & Kegan Paul, 1974a.

_____. *Communes in Britain*. London: Routledge & Kegan Paul, 1974b.

RIGBY, PETER. "Some Gogo Rituals of 'Purification': An Essay on Social and Moral Categories." In *Dialectic in Practical Religion*, E. R. Leach, editor. Cambridge: Cambridge University Press, 1968, pp. 153-78.

RILEY, MATILDA W. "Aging and Cohort Succession: Interpretations and Misinterpretations." *Public Opinion Quarterly* 37 (Spring 1973): 35-49.

ROACH, JACK L., and ORVILLE R. GURSSLIN. "An Evaluation of the Concept 'Culture of Poverty'." *Social Forces* 45 (March 1967): 383-92.

ROBBINS, THOMAS. "Eastern Mysticism and the Resocialization of Drug Users: the Meher Baba Cult." *Journal for the Scientific Study of Religion* 8 (Fall 1969): 308-17.

_____. "Even a Moonie Has Civil Rights." *The Nation* 224 (February 26, 1977): 238-42.

ROBBINS, THOMAS, and DICK ANTHONY. "Cults, Brainwashing, and Counter-Subversion." *Annals of the American Academy of Political and Social Science* 446 (November 1979): 78-90.

_____. "Getting Straight with Meher Baba: A Study of Mysticism, Drug Rehabilitation and Postadolescent Role Conflict." *Journal for the Scien-*

tific Study of Religion 11 (June, 1972): pp. 122-40.

ROBERTS, KEITH A. "Toward a Generic Concept of Counter-Culture." *Sociological Focus* 11 (April 1978): 111-26.

ROBINSON, JAMES M., director. *The Nag Hammadi Library in English.* San Francisco: Harper & Row, 1977.

ROBINSON, JOAN. *The Cultural Revolution in China.* Harmondsworth, Middlesex: Penguin Books, 1969.

ROBINSON, PAUL A. *The Freudian Left: Wilhelm Reich, Geza Roheim and Herbert Marcuse.* New York: Harper & Row, 1969.

RODMAN, HYMAN. "The Lower-Class Value Stretch." *Social Forces* 42 (December 1963): 205-15.

ROHEIM, GÉZA. *Pychoanalysis and Anthropology: Culture, Personality, and the Unconscious.* New York: International Universities Press, 1950.

ROHNER, RONALD P. *They Love Me, They Love Me Not: A Worldwide Study of the Effects of Parental Acceptance and Rejection.* New Haven, Conn.: Human Relations Area Files, 1975.

ROHRER, JOHN, MUNRO EDMONSON, et al. *The Eighth Generation: Cultures and Personalities of New Orleans Negroes.* New York: Harper & Row, 1960.

ROKEACH, MILTON. *The Nature of Human Values.* New York: The Free Press, 1973.

ROOF, W. CLARK. *Community and Commitment: Religious Plausibility in a Liberal Protestant Church.* New York: Elsevier, 1977.

ROOM, ROBIN. "Ambivalence as a Sociological Explanation: The Case of Cultural Explanations of Alcohol Problems." *American Sociological Review* 41 (December 1976): 1047-65.

ROSENHAN, D. L. "On Being Sane in Insane Places." *Science* 179 (January 19, 1973): 250-58.

ROSSI, ALICE S. "A Biosocial Perspective on Parenting." *Daedalus* 106 (Spring 1977): 1-31.

ROSZAK, THEODORE. *The Making of a Counter Culture.* Garden City, N. Y.: Doubleday, 1969.

_____. *Person/Planet: The Creative Disintegration of Industrial Society.* Garden City, N. Y.: Doubleday, 1978.

_____. *Where the Wasteland Ends: Politics and Transcendence in Postindustrial Society.* Garden City, N. Y.: Doubleday, 1973.

ROTH, GUENTHER. "Socio-Historical Model and Developmental Theory: Charismatic Community, Charisma of Reason, and the Counterculture." *American Sociological Review* 40 (April 1975): 148-57.

ROTHCHILD, JOHN, and SUSAN BERNS WOLF. *The Children of the Counter-Culture.* Garden City, N. Y.: Doubleday, 1976.

ROTHMAN, STANLEY. "Group Fantasies and Jewish Radicalism: A Psychodynamic Interpretation." *Journal of Psychohistory* 6 (Fall 1978): 211-39.

ROTHMAN, STANLEY, and S. R. LICHTER. "Power, Politics and Personality in 'Post-Industrial Society'." *Journal of Politics* 40 (August 1978): 675-707.

RUBERT DE VENTÓS, XAVIER. *Heresies of Modern Art.* Trans. J. S. Bernstein. New York: Columbia University Press, 1980.

RUBIN, HERBERT J., and IRENE S. RUBIN. "The Function of Liminal Events in the Succession to a Position of Power: The Transfer of the District Officer in Thailand." *American Ethnologist* 2 (May 1975): 329-46.

RUBIN, JERRY. *Do It.* New York: Simon & Schuster, 1970.

———. *Growing (Up) at 37.* New York: Warner Books, 1976.

RUBIN, VERA, and LAMBROS COMITAS. *Ganja in Jamaica: The Effects of Marijuana Use.* Garden City, N. Y.: Doubleday, 1976.

RUSSEL, JEFFREY BURTON. *Dissent and Reform in the Early Middle Ages.* Berkeley: University of California Press, 1965.

SAGARIN, EDWARD, editor. *Deviance and Social Change.* Beverly Hills, Calif.: Sage, 1977.

SALGÃDO, GĀMINI, editor. *Cony-Catchers and Bawdy Baskets: An Anthology of Elizabethan Low Life.* Harmondsworth, Middlesex: Penguin Books, 1972.

SAMPSON, EDWARD E., editor. "Stirrings out of Apathy: Student Activism and the Decade of Protest." *Journal of Social Issues*, Vol 23 (July 1967), whole issue.

SAPIR, EDWARD. "Fashion." *Encyclopedia of the Social Sciences* 6: 139-44. New York: Macmillan, 1931.

SARTRE, JEAN-PAUL. *Critique of Dialectic Reason.* Trans. Alan Sheridan-Smith. Atlantic Highlands, N. J.: Humanities Press, 1976.

———. *Nausea.* Trans. L. Alexander. New York: New Directions, 1964.

SCARPITTI, FRANK R., and SUSAN K. DATESMAN, editors. *Drugs and the Youth Culture.* Beverly Hills, Calif.: Sage, 1980.

SCHACHT, RICHARD. *Alienation.* Garden City, N. Y.: Doubleday, 1971.

SCHAMA, SIMON. "The Unruly Realm: Appetite and Restraint in Seventeenth Century Holland." *Daedalus* 108 (Summer 1979): 103-23.

SCHEFF, THOMAS J., editor. *Labeling Madness.* New York: Prentice-Hall, 1975.

SCHNEIDER, LOUIS. "Dialectic in Sociology." *American Sociological Review* 36 (August 1971): 667-78.

SCHUMACHER, E. F. *Small Is Beautiful.* New York: Harper & Row, 1973.

SCHWAB, JOSEPH J. *College Curriculum and Student Protest.* Chicago: University of Chicago Press, 1969.

SCHWARTZ, GARY. *Youth Culture: An Anthropological Approach.* Reading, Mass.: Addison-Wesley, 1972.

SCHWARTZ, GARY, and DON MERTEN. "The Language of Adolescence: An Anthropological Approach to Youth Culture." *American Journal of Sociology* 72 (March 1967): 453-68.

SCOTT, GINI GRAHAM. *Cult and Countercult: A Study of A Spiritual Growth Group and a Witchcraft Order.* Westport, Conn.: Greenwood Press, 1980.

SCOTT, ROBERT A., and JACK D. DOUGLAS, editors. *Theoretical Perspectives on Deviance.* New York: Basic Books, 1972.

SEALE, BOBBY. *Seize the Time: The Story of the Black Panther Party.* New York: Random House, 1970.

SEARS, ROBERT, ELEANOR MACCOBY, and HARRY LEVIN. *Patterns of Child Rearing.* New York: Harper & Row, 1957.

SEIKYO PRESS. *Sōka Gakkai.* Tokyo: The Seikyo Press, 1960.

SENNETT, RICHARD. *Authority.* New York: Alfred Knopf, 1980.

_____. *The Fall of Public Man.* New York: Alfred Knopf, 1977.

_____. *The Uses of Disorder: Personal Identity and City Life.* New York: Alfred Knopf, 1970.

SEWELL, WILLIAM H., and ROBERT M. HAUSER. *Education, Occupation and Earnings.* New York: Academic Press, 1975.

SHAW, CLIFFORD. *Delinquency Areas.* Chicago: University of Chicago Press, 1929.

SHEEHAN, THOMAS. "Italy: Behind the Ski Mask." *The New York Review of Books,* August 16, 1979, pp. 20-26.

_____. "Italy: Terror on the Right." *The New York Review of Books,* January 22, 1981: 23-26.

SHILS, EDWARD. "Charisma, Order, and Status." *American Sociological Review* 30 (April 1965): 199-213.

_____. *Center and Periphery: Essays in Macrosociology.* Chicago: University of Chicago Press, 1975.

SHIMAHARA, NOBUO K., and ADAM SCRUPSKI, editors. *Social Forces and Schooling: An Anthropological and Sociological Perspective.* New York: David McKay, 1975.

SILVERMAN, SYDEL. "Agricultural Organization, Social Structures, and Values in Italy: Amoral Familism Reconsidered." *American Anthropologist* 70 (1968): 1-20.

SIMMEL, GEORG. *Conflict.* Trans. by Kurt Wolff. New York: The Free Press, 1955.

SIMON, WILLIAM, and JOHN H. GAGNON. "The Anomie of Affluence: A Post-Mertonian Conception." *American Journal of Sociology* 82 (September 1976): 356-78.

SIMPSON, GEORGE E. *Religious Cults in the Caribbean: Trinidad, Jamaica, and Haiti.* Rev. and enl. edition. Rio Piedras: Institute of Caribbean Studies, University of Puerto Rico, 1970.

_____. *The Shango Cult in Trinidad.* Rio Piedras: Institute of Caribbean Studies, University of Puerto Rico, 1965.

SIMPSON, GEORGE E., and J. MILTON YINGER. *Racial and Cultural Minorities*. 4th edition. New York: Harper & Row, 1972.

SKOCPOL, THEDA. *States and Social Revolutions: A Comparative Analysis of France, Russia and China*. New York: Cambridge University Press, 1979.

SLATER, PHILIP. *The Pursuit of Loneliness: American Culture at the Breaking Point*. Boston: Beacon Press, 1971.

———. *The Wayward Gate: Science and the Supernatural*. Boston: Beacon Press, 1977.

SLOTKIN, J. S. *The Peyote Religion: A Study in Indian-White Relations*. New York: The Free Press, 1956.

SMITH, ADAM. *Powers of Mind*. New York: Random House, 1976.

SMITH, STEVEN R. "The London Apprentices as Seventeenth-Century Adolescents." *Past and Present* 61 (November 1973): 149-61.

SOHM, RUDOLPH. *Kirchenrecht*. Leipzig: Duncker & Humbolt, 1892.

SOLOMON, TED J. "The Response of Three New Religions to the Crisis in the Japanese Value System." *Journal for the Scientific Study of Religion* 16 (March 1977): 1-14.

SONTAG, SUSAN. *Against Interpretation and Other Essays*. New York: Farrar, Straus & Giroux, 1966.

———. *Styles of Radical Will*. New York: Farrar, Straus, & Giroux, 1969.

SPATES, JAMES L. "Counterculture and Dominant Culture Values: A Cross-National Analysis of the Underground Press and Dominant Culture Magazines." *American Sociological Review* 41 (October 1976): 868-83.

SPATES, JAMES L., and JACK LEVIN. "Beats, Hippies, the Hip Generation and the American Middle Class: An Analysis of Values." *International Social Science Journal* 24 (1972): 326-53.

SPIRO, MELFORD E. *Children of the Kibbutz*. 2d edition. Cambridge: Harvard University Press, 1975.

———. *Gender and Culture: Kibbutz Women Revisited*. Durham, N. C.: Duke University Press, 1979.

———. "Is the Family Universal?" *American Anthropologist* 56 (October 1954): 839-46.

———. *Kibbutz: Venture in Utopia*. 2d edition. Cambridge: Harvard University Press, 1971.

STARK, WERNER. *The Sociology of Religion: A Study of Christendom*. Vol. 2: *Sectarian Religion*. New York: Fordham University Press, 1967.

STARR, JEROLD M. "The Peace and Love Generation: Changing Attitudes Toward Sex and Violence Among College Youth." *Journal of Social Issues* 30, No. 2 (1974): 73-106.

STAUB, ERVIN. *Positive Social Behavior and Morality*. 2 Vols. New York: Academic Press, 1978.

STAVRIANOS, L. S. *The Promise of the Coming Dark Age.* San Francisco: W. H. Freeman, 1976.

STE. CROIX, G. E. M. DE. "Why Were the Early Christians Persecuted?" *Past and Present* 26 (November 1963): 6-38.

STEEGMULLER, FRANCIS, editor. *The Letters of Gustave Flaubert, 1830-1857.* Cambridge: Harvard University Press, 1980.

STEINFELS, PETER. *The Neoconservatives: The Men Who are Changing America's Politics.* New York: Simon & Schuster, 1979.

STERLING, CLAIRE, *The Terror Network.* New York: Readers Digest Press (Holt, Rinehart & Winston), 1981.

_____. "The Terrorist Network." *The Atlantic* 242 (November 1978): 37-47.

STONER, CARROLL, and JO ANNE PARKE. *All God's Children: The Cult Experience – Salvation or Slavery?* New York: Penguin Books, 1977.

STOODLEY, BARTLETT H., editor. *Society and Self.* New York: The Free Press, 1962.

STRATHERN, ANDREW. "The Red Box Money-Cult in Mount Hagen 1968-71." *Oceania* 50 (December 1979): 88-102, Part I; *Oceania* 50 (March 1980): 161-75, Part II.

STREIKER, LOWELL, D. *The Jesus Trip: Advent of the Jesus Freaks.* Nashville, Tenn.: Abingdon Press, 1971.

SUMNER, WILLIAM GRAHAM. *Folkways.* Boston: Ginn, 1906.

SWIDLER, ANN. "What Free Schools Teach." *Social Problems* 24 (December 1976): 214-27.

SYKES, GRESHAM M., and DAVID MATZA. "Techniques of Neutralization: A Theory of Delinquency." *American Sociological Review* 22 (December 1957): 664-70.

SZASZ, THOMAS. *Heresies.* New York: Doubleday, 1976.

_____. *The Myth of Mental Illness.* New York: Hoeber-Harper, 1961.

TALESE, GAY. *Thy Neighbor's Wife.* New York: Doubleday, 1980.

TALMON, YONINA. "Pursuit of the Millennium: The Relation Between Religious Change and Social Change." *Archives Européennes de Sociologie* 3 (1962): 125-48.

TASHJIAN, DICKRAN. *Skyscraper Primitives: Dada and the American Avant-Garde, 1910-1925.* Middletown, Conn.: Wesleyan University Press, 1975.

TAYLOR, A. E. *Plato: The Man and His Work.* New York: Meridian Books, 1957.

THOMAS, CHARLES W., and SAMUEL C. FOSTER. "Prisonization in the Inmate Contraculture." *Social Problems* 20 (Fall 1972): 229-39.

THORNE, RICHARD. "A Step Toward Sexual Freedom in Berkeley." *Berkeley Barb,* February 4, 1965.

THORNER, ISIDOR. "Prophetic and Mystic Experience: Comparison and Consequences." *Journal for the Scientific Study of Religion* 5 (Fall 1965): 82-96.

THRALL, CHARLES A., and JEROLD M. STARR, editors. *Technology, Power, and Social Change.* Lexington, Mass.: D. C. Heath, 1972.

THRASHER, FREDRIC M. *The Gang.* 2d Rev. edition. Chicago: University of Chicago Press, 1936.

TIRYAKIAN, EDWARD A., editor. *On the Margin of the Visible: Sociology, the Esoteric, and the Occult.* New York: John Wiley & Sons, 1974.

_____. "Toward the Sociology of Esoteric Culture." *American Journal of Sociology* 78 (November 1972): 491-512.

TOURAINE, ALAIN. "The Voice and the Eye: On the Relationship Between Actors and Analysts." *Political Psychology* 2 (Spring 1980): 3-14.

TRILLING, LIONEL. *Beyond Culture: Essays on Literature and Learning.* London: Secker & Warburg, 1966.

_____. *The Opposing Self.* New York: The Viking Press, 1955.

TRIVERS, R. L. "The Evolution of Reciprocal Altruism." *Quarterly Review of Biology* 46, No. 4 (1971): 35-57.

TRUZZI, MARCELLO. "The Occult Revival as Popular Culture: Some Random Observations on the Old and Nouveau Witch." *Sociological Quarterly* 13 (Winter 1972): 16-36.

TSURUMI, KAZUKO. *Social Change and the Individual: Japan Before and After Defeat in World War II.* Princeton, N. J.: Princeton University Press, 1970.

TURNER, RALPH H. "The Public Perception of Protest." *American Sociological Review* 34 (December 1969): 815-30.

_____. "The Real Self: From Institution to Impulse." *American Journal of Sociology* 81 (March 1976): 989-1016.

_____. *The Social Context of Ambition.* San Francisco: Chandler, 1964.

TURNER, RALPH H., and LEWIS M. KILLIAN. *Collective Behavior.* Englewood Cliffs, N. J.: Prentice-Hall, 1957.

TURNER, VICTOR W. *Dramas, Fields, and Metaphors.* Ithaca, N. Y.: Cornell University Press, 1974.

_____. *The Ritual Process: Structure and Anti-Structure.* Chicago: Aldine, 1969.

TYLER, LAWRENCE L. "The Protestant Ethic Among the Black Muslims." *Phylon* 27 (Spring 1966): 5-14.

UNDERWOOD, BARBARA, and BETTY UNDERWOOD. *Hostage to Heaven: Four Years in the Unification Church, By an Ex-Moonie and the Mother Who Fought to Free Her.* New York: Clarkson N. Potter, 1979.

UNITED STATES, PRESIDENT'S COMMISSION. *Campus Unrest.* Washington: Government Printing Office, 1972.

UNITED STATES COMMISSION ON OBSCENITY AND PORNOGRAPHY. *The Report of the U. S. Commission on Obscenity and Pornography.* Washington: Government Printing Office, 1970.

UNITED STATES DEPARTMENT OF COMMENCE, BUREAU OF THE CENSUS. *American Families and Living Arrangements.* Washington: Government Printing Office, 1980.

UYS, STANLEY. "South Africa's New Black Puritans." *New Stateman* 92 (November 19, 1976): 702-3.

VALENTINE, BETTYLOU. *Hustling and Other Hard Work: Life Styles in the Ghetto.* New York: The Free Press, 1978.

VALENTINE, CHARLES. *Culture and Poverty.* Chicago: University of Chicago Press, 1968.

VEYSEY, LAURENCE. *The Communal Experience.* New York: Harper & Row, 1973.

VOGEL, EZRA F. *Canton Under Communism: Programs and Politics in a Provincial Capital, 1949-1968.* New York: Harper Torchbooks, 1969.

_____. *Japan as Number One: Lessons for America.* Cambridge, Mass.: Harvard University Press, 1979.

VOGET, FRED. "The American Indian in Transformation: Reformation and Accommodation." *American Anthropologist* 58 (April 1956): 249-63.

WALLACE, ANTHONY F. C. *The Death and Rebirth of the Seneca.* New York: Alfred A. Knopf, 1970.

_____. *Religion: An Anthropological View.* New York: Random House, 1966.

_____. "Revitalization Movements." *American Anthropologist* 58 (April 1956): 264-81.

WALLERSTEIN, IMMANUEL, and PAUL STARR, editors. *The University Crisis Reader.* 2 Vols. New York: Random House, 1971.

WALLIS, ROY. *The Road to Total Freedom: A Sociological Analysis of Scientology.* New York: Columbia University Press, 1977.

_____, editor. *Sectarianism: Analysis of Religious and Non-Religious Sects.* New York: John Wiley & Sons, 1975.

WALZER, MICHAEL. *Just and Unjust Wars.* New York: Basic Books, 1977.

WARING, JOAN M. "Social Replenishment and Social Change: The Problem of Disordered Cohort Flow." *American Behavior Scientist* 19 (December 1975): 237-56.

WATTENBERG, BEN J. *The Real America: A Surprising Examination of the State of the Union.* New York: G. P. Putnam's Sons, 1974.

WATTS, ALAN. *This Is It, and Other Essays on Zen and Spiritual Experience.* New York: Collier, 1967.

WEBER, MAX. *From Max Weber.* Trans., edited, and with an introduction by H. H. Gerth and C. Wright Mills. New York: Oxford University Press, 1946.

_____. *The Protestant Ethic and the Spirit of Capitalism.* Trans. Talcott Parsons. London: George Allen & Unwin, 1930.

_____. *The Rational and Social Foundations of Music*. Trans. and edited by Don Martindale, Johannes Riedel, and Gertrude Neuwirth. Carbondale: Southern Illinois University Press, 1958.

_____. *The Sociology of Religion*. Trans. Ephraim Fischoff. Boston: Beacon Press, 1963.

_____.*The Theory of Social and Economic Organization*. Trans. A. M. Henderson and Talcott Parsons. New York: Oxford University Press, 1947.

WEINER, ANDREW. "Political Rock." *New Society*, No. 487, January 27, 1972, pp. 187-89.

WEINER, REX, and DEANNE STILLMAN. *Woodstock Census: The Nationwide Survey of the Sixties Generation*. New York: The Viking Press, 1979.

WESTBY, DAVID L. *The Clouded Vision: The Student Movement in the United States in the 1960s*. Lewisburg, Pa.: Bucknell University Press, 1976.

WESTHUES, KENNETH. *Society's Shadow: Studies in the Sociology of Countercultures*. Toronto: McGraw-Hill Ryerson, 1972.

WESTLEY, WILLIAM A., and NATHAN B. EPSTEIN. *The Silent Majority*. San Francisco: Jossey-Bass, 1969.

WHEELER, STANTON. "Socialization in Correctional Institutions." In *Handbook of Socialization Theory and Research*, David A. Goslin, editor. Chicago: Rand McNally, 1969, chap. 25.

WHITE, RALPH, and RONALD LIPPITT. *Autocracy and Democracy: An Experimental Inquiry*. New York: Harper & Row, 1960.

WHITMAN, WALT. *Leaves of Grass*. Edited by Malcolm Cowley. New York: Viking Press, 1959.

WIEDER, D. LAWRENCE, and DON H. ZIMMERMAN. "Becoming a Freak: Pathways into the Counter-Culture." *Youth and Society* 7 (March 1976): 311-44.

_____. "Generational Experience and the Development of Freak Culture." *Journal of Social Issues* 30, No. 2 (1974): 137-61.

WILENSKY, HAROLD L. *The Welfare State and Equality*. Berkeley: University of California Press, 1975.

WILLENER, ALFRED. *The Action-Image of Society: On Cultural Politicization*. Trans. A. M. Sheridan Smith. New York: Random House, 1970.

WILLIAMS, ROBIN, Jr. *American Society*. 3d edition. New York: Alfred A. Knopf, 1970.

_____. "The Concept of Values." *International Encyclopedia of the Social Sciences* 16:283-87, David L. Sills, editor. New York: Macmillan, 1968.

WILLIS, PAUL E. *Profane Culture*. London: Routledge & Kegan Paul, 1978.

WILSFORD, ENID. *The Fool: His Social and Literary History*. New York: Farrar & Rinehart. 1935.

WILSON, BRYAN R. *Magic and the Millennium*. New York: Harper & Row, 1973.

_____. *The Noble Savages: The Primitive Origins of Charisma and Its Con-*

temporary Survival. Berkeley: University of California Press, 1975.

WILSON, W. CODY, and HERBERT I. ABELSON. "Experience with and Attitudes Toward Explicit Sexual Materials." *Journal of Social Issues* 29, No. 3 (1973): 19-39.

WILSON, W. CODY, and MICHAEL J. GOLDSTEIN, editors. "Pornography: Attitudes, Use, and Effects." *Journal of Social Issues*, Vol. 29, No. 3 (1973), whole issue.

WINSTANLEY, GERRARD. *Law of Freedom and Other Writings.* Edited by Christopher Hill. Harmondsworth, Middlesex: Penguin Books, 1973.

WISPÉ, L. G., editor. "Positive Forms of Social Behavior." *Journal of Social Issues*, Vol. 28, No. 3, (1972), whole issue.

WOLFE, TOM. *The Electric Kool-Aid Acid Test.* New York: Farrar, Strauss & Giroux, 1968.

_____. "The 'Me' Decade and the Third Great Awakening." *New York*, August 23, 1976, pp. 26-40

_____. *Radical Chic and Maumauing the Flak Catchers.* New York: Farrar, Strauss & Giroux, 1970.

WOODEN, KENNETH. *Weeping in the Playtime of Others: America's Incarcerated Children.* New York: McGraw-Hill, 1976.

WOOLF, LEONARD SIDNEY. *Sowing: An Autobiography of the Years 1880-1904.* London: The Hogarth Press, 1960.

WORDSWORTH, WILLIAM. *Lyrical Ballads.* London: N. Douglas, 1926.

WORSLEY, PETER, *The Trumpet Shall Sound: A Study of "Cargo" Cults in Melanesia.* London: MacGibbon & Kee, 1957.

WRIGHT, RICHARD. *Native Son.* New York: Harper, 1940.

_____. *White Man, Listen!* Garden City, N. Y.: Doubleday, 1964.

WRIGLEY, E. A. *Population and History.* New York: McGraw-Hill, 1969.

WRONG, DENNIS. "The Oversocialized Conception of Man." *American Sociological Review* 26 (April 1961): 184-93.

WUTHNOW, ROBERT. "Astrology and Marginality." *Journal for the Scientific Study of Religion* 15 (June 1976a): 157-68.

_____. *The Consciousness Reformation.* Berkeley: University of California Press, 1976b.

_____. "Recent Patterns of Secularization: A Problem of Generations." *American Sociological Review* 41 (October 1976c): 850-67.

_____. *Experimentation in American Religion: The New Mysticisms and Their Implications for the Churches.* Berkeley: University of California Press, 1978.

WUTHNOW, ROBERT, and GLEN MELLINGER. "Religious Loyalty, Defection, and Experimentation: A Longitudinal Analysis of University Men." *Review of Religious Research* 19 (Spring 1978): 234-45.

YABLONSKY, LEWIS. *The Hippie Trip.* New York: Pegasus, 1968.

_____. *The Violent Gang.* New York: Macmillan, 1962.

YANKELOVICH, DANIEL. *The New Morality: A Profile of American Youth in the 70's*. New York: McGraw-Hill, 1974.

YATES, FRANCES A. *Giordano Bruno and the Hermetic Tradition*. Chicago: University of Chicago Press, 1964.

YEATS, WILLIAM BUTLER. *The Collected Poems of W. B. Yeats*. New York: Macmillan, 1924.

YINGER, J. MILTON. "Anomie, Alienation, and Political Behavior." In *Handbook of Political Psychology*, Jeanne Knutson, editor. San Francisco: Jossey-Bass, 1973, pp. 171-202.

_____. A Comparative Study of the Substructures of Religion." *Journal for the Scientific Study of Religion* 16 (March 1977): 67-86.

_____. "Contraculture and Subculture." *American Sociological Review* 25 (October 1960): 625-35.

_____. "Countercultures and Social Change." *American Sociological Review* 42 (December 1977): 833-53.

_____. *A Minority Group in American Society*. New York: McGraw-Hill, 1965.

_____. "On Anomie." *Journal for the Scientific Study of Religion* 3, No. 2 (1964): 158-73.

_____. *Religion in the Struggle for Power*. Durham, N. C.: Duke University Press, 1946.

_____. "Salvation and Witches in a 'Secular' Age." *Contemporary Sociology* 9 (July 1980): 472-77.

_____. *The Scientific Study of Religion*. New York: Macmillan, 1970.

_____. *Toward a Field Theory of Behavior*. New York: McGraw-Hill, 1965.

YINGER, J. MILTON, and STEPHEN J. CUTLER, editors. *Major Social Issues*. New York: The Free Press, 1978.

YOUNG, FRANK W. "Reactive Subsystems." *American Sociological Review* 35 (April 1970): 297-307.

ZABLOCKI, BENJAMIN D. *Alienation and Charisma: A Study of Contemporary American Communes*. New York: The Free Press, 1980.

_____. *The Joyful Community*. Baltimore: Penguin Books, 1971.

ZAENER. R. C. *Our Savage God: The Perverse Use of Eastern Thought*. New York: Sheed & Ward, 1975.

ZARETSKY, IRVING I., and MARK P. LEONE, editors. *Religious Movements in Contemporary America*. Princeton, N. J.: Princeton University Press, 1974.

ZURCHER, LOUIS A., Jr. "The Poor and the Hip: Some Manifestations of Cultural Lead." *Social Science Quarterly* 53 (September 1972): 357-76.

人名索引

人名、書名、術語中外文對照表；條目後邊的
數字爲英文原書頁碼，即中譯本邊碼。

M

名詞索引

人名、書名、術語中外文對照表；條目後邊的
數字爲英文原書頁碼，即中譯本邊碼。

T

桂冠新知叢書74

反文化：
亂世的希望與危險

著者——彌爾頓·英格

譯者——高丙中、張林

責任編輯——聶文娟

出版——桂冠圖書股份有限公司

發行人——賴阿勝

登記證——局版臺業字第 1166 號

地址——臺北市新生南路 96-4號

電話——（02）219-3338·363-1407

傳眞——（02）218-2859·218-2860

郵撥帳號——0104579-2

排版——紀元電腦排版股份有限公司

印刷——海王印刷廠

裝訂——欣亞裝訂有限公司

初版一刷——1995 年 4 月

◎ 本書如有破損、裝訂錯誤，請寄回調換。

ISBN　957-551-879-9

◎ 本書透過大蘋果股份有限公司取得Aitken,
Stone &Wylie Limited 中文獨家授權

定價一新臺幣 450 元

國立中央圖書館出版品預行編目資料

反文化：亂世的希望與危險／彌爾頓‧英格著；
高丙中，張林譯. --初版. --
　臺北市：桂冠，1995〔民84〕
　　面；　　　公分. --（桂冠新知叢書；74）
　譯自：Countercultures: the promise and
peril of a world turned upside down
　參考書目：面
　含索引
　ISBN　957-551-879-9(平裝)

1.次級文化　　2.社會變遷

541.3　　　　　　　　　　　　　　84002374